Von John Katzenbach
sind bei BASTEI-LÜBBE erschienen:

11618 Das Auge
11921 Der Sumpf

JOHN KATZENBACH

Die Rache

Aus dem Englischen von
Ari Großkopf und Dirk Muelder

BASTEI-LÜBBE-TASCHENBUCH
Band 11950

1.+2. Auflage Mai 1993

Titel der amerikanischen Originalausgabe:
Day of Reckoning
© 1989 by John Katzenbach
© 1990 für die deutschsprachige Ausgabe
by Gustav Lübbe Verlag GmbH, Bergisch Gladbach
Ungekürzte Taschenbuchausgabe
Printed in Germany Mai 1993
Einbandgestaltung: Manfred Peters
Foto des Autors: Nancy Doherty
Satz: IBV Satz- und Datentechnik GmbH, Berlin
Druck und Bindung: Ebner Ulm
ISBN 3-404-11950-9

Der Preis dieses Bandes versteht sich einschließlich der gesetzlichen Mehrwertsteuer

INHALT

Kapitel 1: Dienstag nachmittag
7

Kapitel 2: Lodi, Kalifornien. September 1968
35

Kapitel 3: Dienstag abend
75

Kapitel 4: Mittwoch früh
128

Kapitel 5: Mittwoch mittag
165

Kapitel 6: Mittwoch nachmittag – Mittwoch abend
193

Kapitel 7: Donnerstag
234

Kapitel 8: Freitag
279

Kapitel 9: Samstag
335

Kapitel 10: Sonntag
367

Kapitel 11: Sonntag abend
397

Kapitel 12: Das Ende
433

Kapitel 1

Dienstag nachmittag

Megan fühlte sich ungeheuer glücklich.

Anfang des Monats noch war sie fast sicher gewesen, daß sie den Wrights nicht helfen konnte. Sie würden bestimmt all ihr Kapital, das sie sich gerade in Boston erspekuliert hatten, nach Hamden oder Dutches County schleppen und sich dort mit einem anderen Makler ihren kleinen Bauernhof als Alterssitz suchen. Als sie sich darüber den Kopf zerbrach, fiel ihr das alte Hallidayhaus an der North Road ein. Seit Jahren stand es leer, vermutlich seitdem die alte Mrs. Halliday gestorben war und ihre Erben, Nichten und Neffen, die in Los Angeles und Tucson wohnten, es ausgeschrieben hatten. Alle Makler der Gegend hatten ihre obligatorischen Besichtigungstouren in diese abgelegene Gegend gemacht, hatten das undichte Dach bemerkt, die alten Wasserleitungen, den Altersmoder, und waren zu dem Ergebnis gekommen, daß das Anwesen nicht zu verkaufen war, besonders nicht in einer Umgebung, die einen Bau-Boom erlebte. Danach wurde es vergessen, und der Wald verleibte es sich wie ein lange brachliegendes Feld ein.

Sie hatte die Wrights durch den Wald gefahren und war den letzten Kilometer durch weichen Schlamm bis zur Eingangstür geschliddert.

Spätes Herbstlicht durchbrach die Dunkelheit des

Waldes mit besonderer Kraft, so als wolle es jedes der vertrockneten Blätter mit ihren Rissen und Runzeln einzeln ausleuchten. Die regennassen, dunklen Bäume waren vom Sonnenlicht getroffen worden, das schräg durch das Unterholz fiel.

»Nun wird Ihnen wohl klar, wieviel es hier zu renovieren gibt«, hatte sie gesagt, aber zu ihrer Erleichterung hatte das die Wrights nicht beeindruckt, offenbar wirkte auf sie das spätherbstliche Bunt stärker als das kommende Wintergrau. Fast gleich hatten sie zu planen begonnen: »Hier muß ein Wintergarten hin und auf die Rückseite eine Terrasse. Mit dem Wohnzimmer, das wird kein Problem, sicher kann man die Seitenwand rausreißen...«

Sie redeten immer noch über die geplante Umgestaltung des Hauses, als sie in ihrem Büro das Angebot gegenzeichneten. Megan hatte ihnen, während sie den Scheck entgegennahm, Architekten, Bauleiter und Dekorateure empfohlen. Sicher würden die Wrights diese Empfehlungen aufgreifen und das Haus in ein Schaustück verwandeln. Sie hatten das Geld und die Voraussetzungen dafür, nämlich keine Kinder (nur einen irischen Wolfshund) und zwei große Einkommen sowie genügend Zeit.

Tatsächlich hatte sie dann auch an diesem Morgen den unterschriebenen Vertrag des Verkäufers auf ihrem Tisch vorgefunden.

»Nun ja«, sagte sie laut, als sie mit dem Auto in die Einfahrt ihres eigenen Hauses einbog, »das war auch für mich eine ganz lukrative Sache.«

Megan Richards bemerkte den kleinen roten Sportwagen der Zwillinge, der mal wieder so geparkt war, daß er teilweise den Weg zum Haus versperrte. Sie waren also zurück aus der High School und hockten wohl schon mal wieder am Telefon, Lauren am Zweitanschluß und Karen in Sichtweite im Nachbarzimmer, so daß sie sich bei ihren Dauergesprächen untereinander mit Blicken verständigen konnten. Sie hatten ihren eigenen Telefonanschluß, ein geringer Preis für den Frieden und die Ruhe, die dadurch ihren Eltern entstanden war.

Megan lächelte und sah auf die Uhr. Duncan würde erst in einer Stunde aus der Bank kommen, falls er nicht Überstunden machte. Sie nahm sich vor, mit ihm darüber zu reden, denn auf diese Weise verkürzte er die Stunden mit der Familie, vor allem mit Tommy. Die Mädchen hatten längst ihre eigene Welt gefunden, und solange sie sich nicht in schlechter Gesellschaft herumtrieben oder tranken oder kifften, hatten die Eltern nichts dagegen. Wenn sie den Vater brauchten, wußten sie selbst, wie sie ihn am besten erreichen konnten. Einen Augenblick dachte sie über die besondere Beziehung zwischen Vätern und Töchtern nach. Bei Duncan war dies schon erkennbar gewesen, als die Zwillinge noch Krabbelkinder waren und sie zu dritt lachend und kreischend auf dem Boden herumrollten. Sie erinnerte sich, daß es mit ihr und ihrem Vater genauso gewesen war. Bei Vätern und Söhnen war es jedoch anders. Da gab es lebenslange Auseinandersetzungen und Wettstreit, Gebiet wurde verloren oder gewonnen wie im alltäglichen und so notwendigen Kampf ums Dasein.

Sie erblickte Tommys rotes Fahrrad, das er einfach ins Gebüsch geschmissen hatte.

Bei meinem Sohn ist aber alles anders, dachte sie bekümmert. Nichts ist bei ihm so ganz nach der Norm.

Wie immer, wenn sie daran erinnert wurde, traten ihr Tränen in die Augen, aber sie sagte sich leicht ironisch:

Was soll's, Megan, du hast nun wirklich schon genug darüber geheult. Und außerdem entwickelt er sich doch zum Besseren. Er ist schon fast wie jeder normale Junge.

Ihr fiel plötzlich die Zeit ein, als sie ihren Sohn zur Welt gebracht hatte. Bereits im Kreißsaal war ihr klar geworden, daß er anders war als die Zwillinge, die mit ihrem schulbuchmäßigen Verhalten bezüglich ihrer Mahl- und Schlafzeiten, später dann in der Schule und auch während der Pubertät so wenig zu Sorgen Anlaß boten. Sie hatte auf das winzige, zappelnde Bündel geblickt, das instinktmäßig nach ihrer Brustwarze suchte, und plötzlich gewußt, daß sie mit diesem kleinen Jungen immer wieder Kummer und Mühe haben würde. Megan stieg aus dem Wagen und zwängte sich durchs Gebüsch. Sie zog das Fahrrad aus dem feuchten Laub und fluchte leise, als ihr Rock mit Schlamm bespritzt wurde. Mit einer Hand hielt sie die Lenkstange, drückte mit dem Fuß den Ständer nach unten und achtete darauf, daß nicht auch noch der Schuh verschmiert wurde. Dann ließ sie das Rad auf dem Gehweg stehen und dachte bei sich:

So schwierig er auch ist, ich habe ihn nur um so lieber.

Sie lächelte. Ich habe immer gewußt, daß dies am besten helfen würde, ihn einfach trotz aller Probleme immer liebzuhaben. Sie blickte auf das Fahrrad. Und ich habe recht behalten, sagte sie sich.

Die Ärzte hatten ihre Diagnosen ständig gewechselt, von Autismus über kindliche Schizophrenie und Lernschwäche bis zu Man-muß-eben-abwarten-und-beobachten. Irgendwie war sie stolz darauf, daß er sich in keine dieser Kategorien einordnen ließ, sondern durch sein Wesen zeigte, daß die Ansichten der Experten entweder falsch oder oberflächlich waren. Es war so, als hätte er einen Dreck auf die Meinungen der Ärzte gegeben und einfach seinen Weg genommen, ohne sich um die Einstellung seiner Umwelt zu kümmern.

Das war nicht immer ganz einfach gewesen, aber sie war stolz darauf.

Sie drehte sich um und blickte auf ihr Haus. Es wirkte gediegen, war noch nicht alt und befand sich im besten Viertel von Greenfield. Es besaß einen Vorgarten, war zwar nicht das größte, aber auch nicht das kleinste Haus der Straße. Auf dem Rasen stand eine riesige Eiche, und sie erinnerte sich, wie die Zwillinge vor einem halben Dutzend Jahren eine Reifenschaukel drangehängt hatten, eigentlich weniger, um selbst darin zu schaukeln, als um die Nachbarkinder anzuziehen und so Spielkameraden zu gewinnen. Der Reifen hing noch immer da. Tommy hatte dort endlos geschaukelt, vor und zurück, vor und zurück, Stunde um Stunde, uninteressiert an anderen Kindern, am Wind, Regen oder Schnee, immer wieder streckte er seine Beine nach vorn, lehnte sich zurück und blickte mit weitaufgerissenen Augen in den Himmel.

Diese Dinge erschrecken mich heute nicht mehr, dachte Megan. Sie konnte auch nicht mehr über seine Absonderlichkeiten in Tränen ausbrechen. Als er zum Beispiel zwei Stunden lang seine Zähne geputzt hatte. Oder als er drei Tage nichts aß. Oder als er eine ganze Woche nicht gesprochen hatte, oder als er einfach nicht schlief, weil er so viel zu sagen hatte, daß er mit der Sprache nicht nachkam.

Sie schaute auf die Uhr. Bald würde er zu Hause sein. Sie würde ihm eine Rindfleischbrühe kochen und eine Pizza backen, das mochte er am liebsten. Außerdem konnten sie den Verkauf des Halliday-Hauses mit Pfirsicheis feiern. Während sie das Essen plante, überlegte sie, wieviel Maklergebühr ihr der Verkauf eingebracht hatte. Wohl genug für eine Woche Urlaub im Disney-Land in diesem Winter. Das würde Tommy Spaß machen. Die Mädchen würden sich zwar beschweren, das sei etwas für Kleinkinder, die Zeit aber dann in vollen Zügen genießen. Duncan würde das Programm insgeheim auch Spaß machen, und sie selbst konnte am Pool sitzen und sich sonnen. Warum also nicht?

Megan schaute die Straße hinunter, ob sie vielleicht schon den Wagen ihres Vaters erkennen konnte, und war von Dank erfüllt. Dreimal in der Woche holte ihr pensionierter Vater Tommy in seiner neuen Schule ab. So brauchte er nur zweimal mit dem Bus zu fahren. Sie schätzte es, wie ihr alter Vater es schaffte, Tommy zu beschäftigen. Sie tobten durchs Haus, redeten, was das Zeug hielt, und erfanden die tollsten Geschichten über die Schule. Meine beiden Tommys, dachte sie liebevoll. Ihr seid euch ähnlicher, als ihr wißt. Dann öffnete sie die Haustür und rief: »Hallo, ihr Mädchen! Ich bin zurück!«

Unverkennbare Telefoniergeräusche tönten ihr entgegen.

Momentan packte sie eine oft erlebte Unruhe. Ich wünschte, Tommy wäre schon hier, dachte sie. Ich bin so beunruhigt, wenn er unterwegs ist und ich ihn nicht in die Arme nehmen kann, auch wenn er sich beschwert, ich würde ihn viel zu stark drücken. Sie entspannte sich langsam und hörte, wie ein Wagen die Straße entlangfuhr. Das sind sie wohl, dachte sie erleichtert und ärgerte sich gleichzeitig über ihre Unruhe.

Sie hängte den Regenmantel auf und schlüpfte aus ihren Schuhen. Dabei sagte sie sich: Eigentlich will ich es gar nicht anders haben, als es jetzt ist. Kein bißchen, trotz aller Sorgen mit Tommy. Eigentlich geht es uns doch richtig gut.

Richter Thomas Pearson ging gemessenen Schrittes den Schulflur hinunter. Gerade läutete es zum Schulschluß.
 An beiden Seiten sprangen Türen auf, bald waren Flur und Eingangshalle voller Kinder. Ein fröhliches Irrenhaus, Schreien, Lachen, ein bunter Wirrwarr von Jungen und Mädchen, die nach Turnbeuteln, Regenmänteln oder Schultaschen suchten. Sie wichen zur Seite, um ihm Platz zu machen, und gleich hinter ihm schloß sich die Menge wieder. Drei Jungen liefen ungestüm an ihm vorbei und schleiften ihre Mäntel hinter sich her. Er sprang zur Seite und stieß mit einem kleinen rothaarigen Mädchen zusammen, dessen Haar mit Schleifen zu Rattenschwänzen gebunden war. »Entschuldigung!« sagte sie in der Manier des wohlerzogenen Kindes. Er trat zurück, machte eine tiefe Verbeugung, und das Mädchen brach in Lachen aus. Er fühlte sich wie in einer wild tobenden Brandung bei schönem Wetter im Sommer. Ein paar bekannten Kindern winkte er zu, lachte andere an und hoffte, damit den Ernst seiner Erscheinung ein wenig den leuchtenden Farben der Kinderkleidung und der fröhlichen Atmosphäre anzupassen. Nach längerem Schieben und behutsamem Gehen durch die wilde Menge kam er in die Nähe von Tommys Klasse und bewegte sich zur Tür. Außen war ein großer bunter Luftballon aufgemalt. Daneben hing ein Schild mit der Aufschrift *Sonderschulbereich A*. Pearson nahm die Türklinke in die Hand. Er war voller Vorfreude, seinen Enkel zu sehen, durch den er immer viel jünger wurde, dessen Gesellschaft sein Alter bereicherte.

Plötzlich öffnete sich die Tür von selbst. Pearson wartete einen Augenblick und sah, wie langsam ein Büschel brauner Haare, eine Stirn und schließlich ein blaues Augenpaar zum Vorschein kamen. Eine Sekunde blickte er auf die Augen, dann sah er seine verstorbene Frau vor sich, dann seine Tochter, und dann erst nahm er endlich seinen Enkel wahr.

»Hallo, Großvater! Ich wußte, daß du da bist!«
»Hallo, Tommy, ich wußte auch, daß du da bist.«
»Ich bin gleich fertig, kann ich eben noch mein Bild zu Ende malen?«
»Aber gern, Tommy.«
»Willst du zugucken?«
»Wenn du das möchtest.«
Der Richter fühlte, wie der Enkel nach seiner Hand faßte, und dachte bei sich, wie kräftig doch der Griff einer Kinderhand sein konnte. Sie halten intensiv am Leben fest, nur wir Erwachsenen gehen leichtfertig damit um. Er ließ sich in den Klassenraum ziehen und nickte Tommys Lehrerin zu, die ihn mit einem Lächeln begrüßte.

»Er möchte die Zeichnung fertigmachen«, gab Richter Pearson ihr zu verstehen.
»Schön. Macht es Ihnen nichts aus zu warten?«
»Keineswegs.«
Der Enkel hatte seine Hand losgelassen und hatte sich an einen langen Tisch gesetzt. Es saßen noch ein paar andere Kinder dort, die ebenfalls zeichneten. Sie schienen alle ganz von ihrer Arbeit in Anspruch genommen. Tommy nahm einen roten Stift und malte große Striche auf das Blatt.

»Was malst du denn da?«
»Brennende Blätter. Das Feuer breitet sich über den ganzen Wald aus.«

»Oh.« Er wußte nicht, was er sonst hätte sagen sollen.
»Manchmal ist es schon ganz schön beunruhigend.«
Er wandte sich um. Tommys Lehrerin stand hinter ihm. »Was sagten Sie eben?«

»Manchmal bringt's mich aus der Fassung. Ich lasse die Kinder malen oder gebe ihnen sonst eine künstlerische Beschäftigung. Und was tun sie? Sie zeichnen brennende Häuser, malen Erdbeben und Schlachten, die eine ganze Stadt verwüsten. Einer von den anderen hat letzte Woche so etwas gemalt. Sehr genau, ungeheuer fleißig. Detailgetreu. Mit Menschen, die in Abgründe fallen.«

»Ein wenig...« Er zögerte.

»Makaber wollen Sie sagen? Allerdings. Die meisten Kinder in unserer Abteilung haben so unkontrollierbare Gefühle, daß wir alles fördern, was sie näher an die Dinge heranführt, vor denen sie sich fürchten. Eine ziemlich einfache Methode.«

Richter Pearson nickte. »Sicher mögen Sie lieber Bilder mit Blumen und Bäumen.«

»Das wäre mal was anderes«, sagte die Lehrerin lächelnd. Dann fügte sie hinzu: »Könnten Sie Mr. und Mrs. Richards bitten, mich anzurufen, damit wir einen Termin vereinbaren können?«

Der Richter blickte zu Tommy, der intensiv mit seinem Bild beschäftigt war, und fragte: »Stimmt etwas nicht?«

Die Lehrerin lächelte: »Wir Menschen nehmen immer das Schlimmste an. Im Gegenteil. Er hat große Fortschritte gemacht diesen Herbst, genau wie schon im Sommer. Nach den Weihnachtsferien würde ich ihn gerne für ein paar Stunden in eine reguläre Klasse schicken.« Nach einer Pause setzte sie hinzu: »Natürlich bleibt das hier immer noch seine Klasse, und sicher gibt es auch hier und da ein paar Rückfälle. Aber wir haben uns überlegt, daß man ihn mehr fordern muß. Er ist wirklich sehr intelligent, nur wenn er enttäuscht wird, dann...«

»...verliert er vollkommen die Selbstbeherrschung«, beendete der Richter ihren Satz.

»Ja, daran hat sich leider nichts geändert. Er kann immer noch ziemlich in Rage geraten. Andererseits ist es Wochen her, seit er eine seiner Absencen hatte.«

»Ja, ich weiß«, sagte der Richter. Er erinnerte sich noch genau an das erste Mal, an dem sein Enkel, damals noch ein Kleinkind, plötzlich ins Leere geblickt hatte und seine ganze Umgebung vergessen zu haben schien. Stundenlang war er in diesem Zustand verblieben, schlief nicht, redete nicht, weinte nicht und atmete kaum. Es war, als wäre er an einem ganz anderen Ort. Nach ein paar Stunden kehrte er ins Leben zurück, so, als wäre nichts geschehen.

Pearson sah zu Tommy hinüber, der gerade dicke Streifen von hellem Orange über den Himmel malte. Wenn du wüßtest, in welche Angst du uns versetzt hast! Wo bist du nur, wenn du so auf Reisen gehst? Vielleicht an einem besseren Ort als unserem, dachte er.

»Gut, ich sage ihnen Bescheid wegen des Termins. Sie rufen dann gleich bei Ihnen an. Das sind ja wirklich erfreuliche Neuigkeiten für meine Tochter.«

»Wir müssen alle fest die Daumen halten.«

Sie verließen die Schule durchs Hauptportal. Einen Moment wunderte sich der Richter, wie schnell sich das Gewimmel nach Schulschluß aufgelöst hatte. Nur wenige Wagen standen noch auf dem Parkplatz. Ein kalter Luftzug drang durch Pearsons Mantel. Ihn fröstelte, und er knöpfte sich den Mantel zu. »Tommy, mach die Jacke zu! Meine alten Knochen spüren den Winter.«

»Großvater, was soll das heißen, alte Knochen?«

»Das ist so: Du hast noch junge Knochen, die noch wachsen und immer größer und kräftiger werden. Meine Knochen sind alt und müde, weil sie schon so lange in Betrieb sind.«

»Noch nicht so lange.«

»Doch, schon fast einundsiebzig Jahre lang!«

Tommy dachte eine Weile nach. »Ja, das ist viel. Halten meine Knochen auch so lange?«

»Wahrscheinlich noch länger.«

»Aber wie kannst du mit den Knochen etwas spüren? Ich fühle den Wind im Gesicht und an den Händen, aber nichts in den Knochen. Wie machst du das?«

Der Richter lachte. »Du mußt noch ein bißchen warten. Wenn du älter wirst, lernst du es.«

»Ich mag das nicht.«

»Was magst du nicht?«

»Daß immer alle sagen, daß ich noch warten muß. Ich will es doch jetzt wissen!«

Pearson nahm Tommys Hand. »Du hast vollkommen recht. Wenn du etwas lernen willst, laß dir nie sagen, du mußt warten. Mach dich einfach selbst dran und lerne es.«

»Und die Knochen?«

»Weißt du, das ist nur so eine Redensart. Verstehst du, was das ist?«

Tommy nickte.

»Es bedeutet, daß die Knochen, wenn man älter wird, brüchig werden. Es ist einfach nicht mehr so viel Leben drin, wie wenn man jung ist. Wenn also ein kalter Wind weht, fühle ich die Kälte besonders stark. Das tut nicht weh, aber ich merke es deutlicher. Verstehst du?«

»Ich glaube, ja.«

Ein paar Meter ging der Junge schweigend neben seinem Großvater her. »Man muß viel lernen«, sagte er dann und tat einen tiefen Seufzer.

Sein Großvater war drauf und dran, wegen dieser Bemerkung laut aufzulachen, statt dessen aber nahm er den Jungen fester an die Hand und ging mit ihm zum Auto. Gleich neben seinem Wagen parkte ein alter Ford Sedan, und als sie näher kamen, stieg eine Frau mittleren Alters aus der hinteren Wagentür. Sie war groß, wirkte recht robust und trug einen großen schwarzen Schlapphut. Leuchtend rotes langes Haar wallte unter der Krempe hervor, und ihr Gesicht war von einer großen, dunklen Brille halb verborgen. Pearson war ihr Anblick unangenehm. Ob die Frau überhaupt sehen konnte? Er ging langsamer und sah nun die Frau mit energischem Schritt auf sie zukommen.

»Kann ich Ihnen behilflich sein?« fragte der Richter.

Die Frau knöpfte ihren braunen Regenmantel auf und faßte in die Innentasche. Sie lächelte.

»Richter Pearson, guten Tag!« sagte sie. Sie warf einen Blick auf den Jungen. »Das muß Tommy sein. Du siehst aber Vater und Mutter ähnlich! Wie aus dem Gesicht geschnitten!«

»Entschuldigen Sie«, sagte Pearson. »Kennen wir uns?«

»Aber natürlich! Sie waren bei der Strafkammer, nicht wahr?« sagte die Frau, und wieder lächelte sie.

»Nun ja, aber...«

»Und das viele Jahre lang!«

»Aber was hat das...«

»Dann werden Sie sicher mit diesem Gegenstand vertraut sein.«

Langsam zog sie die Hand aus ihrem Mantel und zog einen Revolver hervor, den sie auf seine Brust richtete.

Verständnislos starrte der Richter auf die Waffe.

»Eine Dreihundertsiebenundfünfzig Magnum«, fuhr die Frau fort. Der Richter merkte, daß ihre Stimme eine Festigkeit besaß, die nur von Zorn herrühren konnte.

»Die würde ein großes Loch in Sie reißen und ein Riesenloch in den kleinen Tommy. Und er käme zuerst dran, damit Sie vor Ihrem letzten Atemzug erkennen, daß Sie an seinem Tod schuld sind. Und wenn Sie wollen, daß nicht alles zu Ende ist, bevor es überhaupt anfing, dann steigen Sie schleunigst hinten in den Wagen.«

»Sie können mich mitnehmen, aber nicht...«, begann der Richter. In fliegendem Tempo ging er alle Entscheidungen und Urteile durch, an denen er beteiligt gewesen war. Fieberhaft ließ er alle Fälle Revue passieren, die er verhandelt hatte. Welcher der Verurteilten hatte seine Drohung wahr gemacht, wer von ihnen hatte ihn ausfindig gemacht, um Rache zu üben? Er sah die Gesichter von hundert aufgebrachten Männern vor sich, Männer, in deren Augen Verbrechen und die Jahre ihre Spuren hinterlassen hatten. An eine Frau jedoch konnte er sich nicht erinnern. Und am wenigsten an die, welche gerade den Lauf ihres Revolvers gegen seine Rippen hielt.

»O nein«, sagte die Frau jetzt. »Er ist sehr wichtig, er ist der Schlüssel zu allem.«

Sie fuchtelte mit dem Revolver herum. »Ganz brav jetzt und schön langsam. Beruhigen Sie sich. Bedenken Sie, wie dumm es wäre, wenn Sie beide hier sterben müßten. Was Sie damit Ihrem Enkel wegnehmen. Sein Leben, Herr Richter! So viele Lebensjahre! Aber Ihnen ist das ja wohlvertraut. Wie oft haben Sie anderen Jahre ihres Lebens gestohlen, Sie Schwein! Aber jetzt ist das vorbei!«

Die Wagentür war von innen aufgestoßen worden. Also war noch jemand dabei. Tausend Gedanken gingen ihm durch den Kopf. Weglaufen. Schreien. Um Hilfe rufen. Um sich schlagen. Aber er tat nichts dergleichen.

»Tu, was sie sagt, Tommy«, sagte er schließlich. »Und hab keine Angst, ich bin ja bei dir.«

In diesem Moment wurde er von zwei kräftigen Armen gepackt und auf den Boden des Wagens gestoßen. Es roch nach Leder und Schweiß. Er sah Bluejeans und Stiefel, dann wurde ihm ein schwarzer Stoffsack über den Kopf gezogen, der ihm den Atem nahm.

Er fühlte sich an den Sack erinnert, den ein Henker seinem Opfer überstülpt, und versuchte, sich zu wehren. Aber da waren wieder zwei Hände, die ihn gewaltsam niederdrückten. Er fühlte, wie Tommys leichter Körper auf ihn fiel, und stöhnte. Er versuchte, ihm gut zuzureden. »Hab keine Angst, ich bin ja da«, aber es klang durch den Sack wie ein Grunzen. Er hörte eine Männerstimme ruhig, aber in bitterem Ton sagen:

»Willkommen bei der Revolution. Und jetzt gute Nacht, Alter!«

Ein schwerer Gegenstand schlug gegen seinen Kopf, es war wie eine Explosion, dann wurde es dunkel um ihn, und er verlor das Bewußtsein.

Die Sekretärin klopfte leise an die Glastür, dann steckte sie den Kopf hinein und sagte: »Mr. Richards, wollen Sie heute abend auch so lange arbeiten? Ich bleibe natürlich gerne länger, aber ich hatte meiner Freundin versprochen, heute einkaufen zu gehen. Ich kann sie aber anrufen.«

Duncan Richards blickte von den Akten auf, die vor ihm lagen, und lächelte. »Nur noch ein wenig, Doris. Aber Sie können schon gehen. Ich will nur den Auftrag der Harris Company noch durchgehen.«

»Wirklich, Mr. Richards? Macht es Ihnen nichts aus...«

Er schüttelte den Kopf. »Ich habe schon zu viele Abende gearbeitet. Wir sind Bankangestellte, und wir sollten auch nicht mehr arbeiten als bei Bankleuten üblich.«

Doris lächelte. »Gut, aber bis fünf bin ich sowieso noch da.«

»Schön, Doris. Und vielen Dank.«

Duncan Richards wandte sich nicht gleich wieder seiner Arbeit zu, sondern lehnte sich zurück und legte die Hände in den Nacken. Dann drehte er seinen Sessel zum Fenster und blickte hinaus. Es war schon fast dunkel, die Autos, die den Parkplatz verließen, hatten ihre Lichter eingeschaltet, die weiße Lichtkegel in die Dämmerung warfen. Auf der Main Street konnte er noch eine Reihe Bäume erkennen, die sich vor dem grauen Himmel abzeichnete. Eigentlich wäre er lieber in dem alten Bankgebäude geblieben, ein wenig weiter die Straße hoch. Aber es war zu klein geworden und für eine moderne Bank nicht mehr geeignet. Es lag jedoch ein wenig abseits von der Straße auf einer kleinen Anhöhe, und so hatte er einen schönen weiten Blick in die Landschaft gehabt. Das neue Gelände sah architektonisch perfekt und nichtssagend aus. Kein Ausblick, nur Verkehr. Moderne Möbel nach dem letzten Schrei. Die Dinge hatten sich geändert, seit er hier angefangen hatte. Greenfield war keine kleine Universitätsstadt mehr. Geschäftsleute, Makler, Geldleute aus New York und Boston waren eingezogen.

Die Stadt verliert ihre Anonymität, dachte er. Vielleicht bedeutet das für uns das gleiche. Er betrachtete die Bauunterlagen, die vor ihm lagen. In den letzten sechs Monaten hatte er sie ein halbes dutzendmal angesehen;

eine kleinere Baufirma wollte ein zusammenhängendes Stück Ackerland kaufen, von dem aus man einen Ausblick auf die Green Mountains hatte. Auf vierundzwanzig Acres Land würden sechs Landhäuser entstehen – Spekulationsobjekte. Rechnet man pro Haus an die dreihunderttausend Dollar, würde die kleinere Baufirma auf einen Schlag ein mittleres Unternehmen sein. Das rechnet sich gut, dachte er, wir werden den Ankauf finanzieren, anschließend die Baukosten, und vermutlich werden wir auch die Hypotheken bekommen, wenn die Häuser weiterverkauft werden. Er brauchte keinen Rechner, um den erheblichen Profit der Bank zu erkennen. Mehr beschäftigte ihn das Bauunternehmen. Er holte tief Luft, weil er daran dachte, wie riskant die Sache werden würde. Nimm jede Chance wahr, mach alles auf Kredit, sei erfolgreich – die amerikanische Art. Nichts hatte sich geändert.

Ein Bankier muß jedoch auf die Art der Alten Welt vorsichtig vorgehen – nie unter Druck, nie in Eile!

Aber auch das war in Veränderung begriffen. Kleine Banken wie die First State Bank von Greenfield wurden von den Großbanken unter Druck gesetzt. Baybanks aus Boston hatte gerade eine Filiale unten in der Prospect Street eröffnet, und Citicorp war von Springfield National, ihrem Hauptkonkurrenten, aufgekauft worden.

Vielleicht werden wir auch gekauft. Wir sind ein interessantes Übernahmeprojekt. Die Bilanz des nächsten Vierteljahres würde einen erheblichen Sprung nach oben ausweisen. Er nahm sich vor, in diesem Fall Aktien zu erwerben. Aber bisher hatte es keine Gerüchte gegeben, wie es sie gewöhnlich immer gibt. Er überlegte, ob er den alten Phillips fragen sollte, den Präsidenten der Bank, entschied sich aber dagegen. Er hat sich immer um mich gekümmert, seit dem ersten Tag. So würde er es auch weiterhin tun.

Er erinnerte sich, als er vor achtzehn Jahren zum erstenmal die Bank betreten hatte. Megans Vater hatte die Tür für ihn aufgehalten, als er zögerte. Sein neuer Haarschnitt hatte ihn plötzlich gestört; immer wieder war er sich mit der Hand durch das Haar gefahren, weil er sich wie ein Amputierter nach der Operation fühlte.

Sein Magen zog sich zusammen, als er sich an seine Angst erinnerte und an die Mühe, sie den ganzen Tag nicht zu zeigen. Warum denke ich daran?

Er blickte aus dem Fenster hinter sich. Obwohl er versuchte, die Erinnerung zu unterdrücken, nahm sie doch langsam von seinen Gedanken Besitz.

Es war früher Morgen und schönes Wetter. In der Bank herrschte reges Treiben. Alles war voller Licht und Menschen und Geschäftigkeit, niemandem wäre meine Nervosität aufgefallen. Ich dachte nicht, daß ich jemals wieder die Kraft haben würde, eine Bank zu betreten. Phillips sagte, ich könne als Kassierer anfangen, Richter Pearson hätte sich für mich verbürgt. Sie spielten zusammen Golf. Mit zitternden Händen zahlte ich zum erstenmal Geld aus, und immer wenn die Eingangstür aufschwang, erwartete ich, daß gleich alles vorbei wäre. Mürrisch dreinblickende Männer in unauffälligen Anzügen würden mich schließlich doch holen.

Wann habe ich diese Angst verloren, fragte er sich. Nach einer Woche, einem Monat, einem Jahr?

Warum denke ich überhaupt daran? Es ist doch vorbei. Achtzehn Jahre her und vorbei.

Er konnte sich nicht erinnern, wann er das letzte Mal an seinen Start in der Bankwelt gedacht hatte. Wohl jahrelang nicht. Warum überkam es ihn jetzt wieder? Er wälzte seine Zunge im Mund, als wolle er einen bitteren Geschmack vertreiben. Ich will mich nie wieder daran erinnern, nahm er sich vor. Alles hat sich verändert.

Er nahm die Planungsunterlagen auf und starrte auf die Zahlen. Zustimmung unter Vorbehalt, dachte er. Laß es durch die Behörden laufen und warte ab, was sie meinen. Baufirmen gehen jetzt nicht so leicht pleite wie in den frühen achtziger Jahren. Aber der Zentralbankrat hat den Vorzugszins am Morgen um einen halben Punkt erhöht, vielleicht sollten sie in der nächsten Vorstandssitzung ausführlich darüber reden. Er machte sich eine Notiz in seinen Kalender.

Das Telefon auf seinem Schreibtisch summte, und die Wechselsprechverbindung wurde aktiviert. Es war seine Sekretärin.

»Mr. Richards, Ihre Frau möchte Sie sprechen.«

»Danke.« Er nahm den Hörer auf. »Hör mal, Meg, heute komm' ich nicht spät nach Hause. Ich mache gerade Schluß...«

»Duncan, hat Papa dir nicht gesagt, daß er Tommy abholen will? Sie sind noch nicht da, und ich frage mich, ob er vielleicht mit dir gesprochen hat.«

Duncan Richards sah auf seine Uhr. Beinahe eine Stunde Verspätung. Er spürte eine leichte Unruhe in der Stimme seiner Frau.

»Nein. Hast du in der Schule angerufen?«

»Ja, Papa war pünktlich da wie immer. Er hat eine Weile gewartet, weil Tommy noch etwas fertigmachen mußte, dann sind sie weggegangen.«

»Ich glaube nicht, daß man sich zu große Sorgen machen muß. Er hat ihn wahrscheinlich mit ins Zentrum genommen und macht mit ihm Videospiele.«

»Aber ich habe ihn doch gebeten, das nicht mehr zu tun, es regt Tommy zu sehr auf.«

»Beruhige dich doch. Sie kommen so gut miteinander aus. Und übrigens ist es mehr dein Vater, der diese Spiele liebt.«

In ihrer Stimme klang Erleichterung. »Aber ich habe ein besonderes Abendessen gemacht, und er füttert Tommy bestimmt mit diesen gräßlichen Hamburgern ab.«

»Du kannst ja mit deinem Vater reden, aber ich glaube nicht, daß das helfen wird. Er liebt eben Fast food. Eigentlich müßte er es nach einundsiebzig Jahren besser wissen.«

Sie lachte. »Du wirst vermutlich recht behalten.«

Er legte den Hörer auf, griff nach einem Schreibblock und brachte ein paar Gedanken darüber zu Papier, wie das Projekt dem Vorstand präsentiert werden sollte. Er hörte ein Klopfen an der gläsernen Trennwand, seine Sekretärin winkte ihm zu. Sie trug schon ihren Mantel. Er winkte zurück und sagte sich, mach morgen weiter!

Das Telefon summte wieder, er nahm ab und erwartete die Stimme seiner Frau.

»Hallo! Hör mal – ich bin schon so gut wie weg«, sagte er ohne Einleitung. »Ich komme.«

»Ach, tatsächlich?« antwortete die Person am anderen Ende. »Kann ich mir aber nicht vorstellen, daß du noch irgendwo hinkommen wirst. Jetzt nicht mehr!«

Diese wenigen Worte, diese Stimme, ihr Tonfall rissen ihn mit schrecklicher Gewißheit in die Vergangenheit, erschütterten seine Existenz und bliesen sie wie in einem Sturm hinweg. Er ergriff die Kanten des Schreibtisches, um sich festzuhalten. Schwindel erfaßte ihn, weil er wußte, daß alles verloren war. Alles.

Megan Richards legte den Hörer auf, sie war eher verwirrt als besorgt. Duncan findet immer so verdammt einleuchtende Argumente. Er ist so vernünftig, ich könnte manchmal verzweifeln. Sie ging ins Wohnzimmer und zog die Vorhänge zurück, um die Straße besser im Blick zu haben, die jedoch dunkel und leer blieb. Eine Weile stand sie da, sah hinaus, bis sie Verzweiflung ergriff. Sie zog die Vorhänge heftig zu und lief in die Küche zurück.

In Gedanken sagte sie sich: Halt das Essen auf jeden Fall warm. Vielleicht haben sie doch noch nichts gegessen. Sie sah kopfschüttelnd auf die Uhr. Tommy hatte nach der Schule immer einen Heißhunger. Ein paar Minuten lang beschäftigte sie sich mit Töpfen und Pfannen und kontrollierte die Temperatur des Herdes. Dann ging sie in die Eßecke und inspizierte die fünf Gedecke. Ein plötzlicher Einfall ließ sie in die Küche zurücklaufen. Sie öffnete eine Schublade und holte schnell ein weiteres Besteck heraus. Aus einem Regal nahm sie Teller und Glas und aus einem anderen ein Platzdeckchen. So, dachte sie, während sie ein weiteres Gedeck auflegte, wenn Papa kommt, wird er sehen, daß ich für ihn mitgedeckt habe. Vielleicht schämt er sich dann ein bißchen, wenn er Tommy vorher mit Hamburgern vollgestopft hat.

Während sie einen letzten Blick auf ihr Werk warf, hörte sie ein Auto kommen. Voller Erleichterung ging sie ins Wohnzimmer zurück, spähte vorsichtig durch den einen Spalt geöffneten Vorhang, um nicht als Spionin gehänselt zu werden, und dachte: Ich muß Papa das hundertste Mal sagen, daß er Bescheid geben muß, wenn er Tommy irgendwohin mitnehmen will. Er kann's ja tun, aber er muß es mir halt sagen. Aber er hat das ja schon öfter gemacht, ohne daß ich so nervös war. Sie schüttelte heftig den Kopf, als ob sie dadurch ihre Gedanken mit

Gewalt vertreiben könnte. Wieder lugte sie hinaus und fluchte, als die Scheinwerfer vorbeifuhren und in eine andere Einfahrt des Häuserblocks einbogen.

»Verdammt!« Wieder sah sie auf die Uhr. Von oben drang Gelächter zu ihr. Sie entschloß sich nachzufragen, ob nicht die Zwillinge eine Nachricht erhalten und sie nicht weitergegeben hatten. Das erschien ihr so selbstverständlich, daß sie sich wunderte, nicht früher daran gedacht zu haben. Wieder schaute sie hinaus auf die leere Straße, dann stieg sie die Treppe hinauf.

»Hallo, Lauren, Karen?«

»Wir sind hier, Mama.«

Sie öffnete die Tür des Kinderzimmers und fand beide ausgestreckt zwischen Schreibheften und Schulbüchern liegend.

»Mama, mußtest du auf der High School Hausaufgaben machen?«

»Natürlich.« Sie mußte lachen. »Warum fragt ihr?«

»Ich meine, als du ein Senior warst, wie wir.«

»Natürlich, auch dann.«

»Das ist nicht sehr gerecht. Wir gehen immerhin im nächsten Jahr aufs College, und ich sehe nicht ein, warum wir uns mit diesem altmodischen Kram herumschlagen sollen. Zehn Matheaufgaben! Ich habe das Gefühl, daß ich seit meiner Geburt jede Nacht zehn Matheaufgaben gelöst habe.«

Karen fing an zu kichern, bevor ihre Mutter antworten konnte.

»Also Laura, wenn du die richtigen Lösungen fändest, würdest du vielleicht mehr als ein B-minus bekommen.«

»Das sind doch nur Zahlen. Die sind nicht so wichtig wie Worte. Und was hast du eigentlich bei deinem letzten Englisch-Test bekommen?«

»Das ist nicht fair. Es war eine Arbeit über Bleak House, und ihr wißt genau, daß ich sie nicht fertigmachen konnte, weil ihr mir meinen Text weggenommen hattet.«

Lauren griff nach einem kleinen Kissen und warf damit nach ihrer Schwester, die es lachend zurückwarf. Beide Würfe gingen fehl.

Megan hob die Hände. »Frieden!« verkündete sie.

Die Zwillinge wandten sich ihr zu, und sie war wie immer bewegt über die Ähnlichkeit ihrer Augen, ihres Haares, über die Art, wie sie gleichzeitig zu ihr aufschauten. Wie zauberhaft sie sind, dachte sie. Sie haben die gleichen Gefühle, die gleichen Einfälle und trösten den Schmerz der anderen so leicht. Sie sind nie allein.

»Hört mal«, fragte Megan, »hat heute eine von euch mit Großvater gesprochen? Er hat Tommy von der Schule abgeholt, und die beiden sind noch nicht zurück. Hat er euch vielleicht Bescheid gesagt, daß er später kommt?«

Sie versuchte, keine Angst in ihrer Stimme aufkommen zu lassen.

Karen und Lauren schüttelten die Köpfe.

»Nein«, antwortete Karen. Sie war neunzig Sekunden früher als ihre Schwester auf die Welt gekommen und antwortete immer zuerst. »Machst du dir Sorgen?«

»Nein, nein, nein, es sieht nur eurem Großvater nicht ähnlich, keinen Bescheid zu geben, wenn sie ins Zentrum gehen.«

»Aber es ist auch nicht unbedingt sicher, daß er anruft«, sagte Lauren. »Großvater macht das einfach so. Das weißt du doch. Er denkt noch immer, er wäre in seinem Gerichtssaal und könnte alles machen, weil er im Amt ist.«

Das klang nicht traurig, eher sachlich.

Megan lächelte. »Manchmal scheint er wirklich so zu denken, nicht?«

»Er ist besonders lieb zu Tommy«, sagte Karen.
»Tommy ist auch jemand Besonderes.«
»Ich weiß, aber...«
»Kein Aber, er ist eben so.«
»Gut, aber manchmal übersehr ihr uns einfach und kümmert euch nur um ihn.«
Diese Klage war alt, aber berechtigt.
»Karen, du weißt doch, daß das nicht das gleiche ist. Der Grund für die unterschiedliche Behandlung liegt doch darin, daß jeder seine besonderen Bedürfnisse hat. Tommy braucht eben mehr Zuwendung als ihr zwei. Wir haben doch schon so oft darüber gesprochen.«
»Ich weiß.«
»Machst du dir Sorgen, daß irgendwas passiert ist?« fragte Karen.
»Nein, ich würde mir nur genauso den Kopf zerbrechen, wenn ihr beide nicht rechtzeitig aus der Schule nach Hause kämt. Seht mal, in diesem Fall behandle ich euch alle gleich.«
Das hielt sie jedoch selbst für eine Lüge. Sie fragte sich, warum sie sich wegen ihres Sohnes verwundbarer fühlte als wegen ihrer Töchter. Eigentlich sollte es umgekehrt sein. Alles war verkehrt.
»Willst du, daß wir ins Zentrum gehen und versuchen, sie zu finden? Ich wette, daß ich weiß, wo sie sind.«
»Sicher«, antwortete Karen. »Die spielen in der Passage dieses Weltraum-Videospiel. Sollen wir nicht gehen, Mama, wir kommen auch gleich zurück.«
Megan schüttelte den Kopf. »Nein, nein, sie werden schon kommen. Macht erst mal eure Hausaufgaben fertig. Bis dahin kein Fernsehen.«
Die Zwillinge murrten, als sie die Tür hinter sich schloß.

Sie ging in das Schlafzimmer, zog Rock und Strümpfe aus und schlüpfte in abgetragene Jeans. Sie hängte ihre Bluse in den Schrank und zog einen Pulli über, dann fuhr sie in ein Paar abgetragene Joggingschuhe und ging zum Fenster.

Von hier oben konnte sie auch in der Dunkelheit weiter die Straße hinuntersehen. Draußen war es erschreckend ruhig. Von ihrem Standort aus konnte sie in Wakefields Wohnzimmer auf der anderen Straßenseite hineinsehen. Schatten bewegten sich darin. Nebenan waren die beiden Autos von Mayers in der Einfahrt geparkt. Wieder sah sie die Straße hinunter und dann auf die Uhr.

Spät, dachte sie, sehr spät.

Ihr wurde plötzlich sehr heiß. Spät, spät, spät war alles, was sie denken konnte. Sie setzte sich auf die äußerste Bettkante.

Wo sind sie nur?

Der Drang, etwas zu tun, ließ sie zum Telefon greifen. Sie wählte 911.

»Polizei und Feuerwehr Greenfield.«

»Hallo, hier ist Megan Richards, Queensbury Road. Es ist kein Notfall oder so was, ich hoffe jedenfalls nicht, aber ich mache mir Sorgen... Wissen Sie, mein Sohn und mein Vater kommen sehr spät aus der Schule. Er hat ihn heute abgeholt, normalerweise kommen sie gleich nach Hause über die South Street und dann die 116. Straße, und ich mache mir Sorgen und dachte...«

Eine routinierte Stimme unterbrach sie. »Wir haben heute abend keinen Unfall gehabt, auch keinen Verkehrsstau in diesem Bereich. Es wurde kein Krankenwagen bestellt, auch kein Streifenwagen. Mir liegen auch keine Informationen über Einsätze der State Police vor bis auf einen Unfall auf der Interstate, Nähe Deerfield.«

»Nein, nein, das können sie nicht sein, das ist die falsche Richtung. Vielen Dank.«

»Keine Ursache.« Das Telefon wurde aufgelegt. Sie kam sich einerseits blöd vor, andererseits fühlte sie sich erleichtert. Dann verwandelte sich ihr Kummer in Zorn.

»Diesmal wird er von mir etwas zu hören kriegen«, sagte sie laut, »auch wenn er einundsiebzig Jahre alt und Richter ist!«

Sie stand auf, glättete den Bettüberwurf, auf dem sie gesessen hatte, und ging zurück zum Fenster.

Wo sind sie? dachte sie wieder. Dieser Gedanke brachte ihren Kummer zurück. Sie wählte auf dem Telefon im Schlafzimmer die Nummer ihres Mannes. Niemand meldete sich. Dann ist er jedenfalls bald zu Hause, sagte sie sich und war erleichtert. Ziellos ging sie im Zimmer herum und überlegte, was sie als nächstes tun sollte. Geh nach unten, sieh nach dem Abendessen.

Als sie aus dem Schlafzimmer trat, erblickte sie aus den Augenwinkeln etwas Rotes hinter der Tür von Tommys Zimmer. Sie ging hinein und fand einen formlosen Haufen Kleidung, einen roten Pullover, Jeans, gebrauchte Socken und Unterwäsche, alles zu einem Bündel gerollt und achtlos in die Ecke geworfen. Er wird es nie lernen, einen Wäschekorb zu benutzen. Das geht über seinen Horizont. Einen Moment lang zögerte sie und erinnerte sich: Anfangs haben wir gedacht, alles ginge über seinen Horizont. Sie versuchte, die Erinnerung an all die Nächte voller Enttäuschung und Hoffnungslosigkeit zu unterdrücken. Und jetzt sind wir auf einem erfolgreichen Weg, dachte sie. Endlich haben wir doch gewonnen. Nichts scheint ihn jetzt mehr zu überfordern. Ihr wurde klar, daß sie sich das erste Mal erlaubte, einem sehr gewöhnlichen Elterntraum nachzuhängen, nämlich sich vorzustellen, was aus ihrem Kind später einmal werden könnte. Er wird erwachsen werden, dachte sie. Er wird etwas darstellen.

Sie blickte sich im Zimmer um, sah das unordentlich gemachte Bett, das Spielzeug, die Bücher und all den seltsamen Kram, der auf Dauer das Zimmer jedes Jungen füllt, wertlose Dinge, die jedoch kleine Schätze darstellen. Sie versuchte vergeblich, etwas zu finden, das auf Tommys Probleme hinwies. Mach dich nicht selbst verrückt, ermahnte sie sich. Es gibt sie bestimmt, aber sie verschwinden langsam. Ein Arzt hatte ihr vor Jahren einmal empfohlen, Tommys Zimmer auszupolstern, falls er tobsüchtig werden sollte. Gott sei Dank haben wir nicht auf ihn gehört.

Sie setzte sich auf Tommys Bett und nahm wahllos einen Spielsoldaten in die Hand. Tommy war immer mutig wie ein Soldat. All die Behandlungen, Spritzen, EEGs und psychomotorischen Tests, die er über sich ergehen lassen mußte. Er machte es Duncan und mir leicht. Wir litten nur, er war tapfer.

Sie legte das Spielzeug hin.

Wo ist er bloß?

Verdammt!

Sie stand abrupt auf und lief die Treppe hinunter zur Eingangstür. Sie stieß sie auf, trat hinaus in die kalte Nachtluft und wartete dort, bis sie begann, an Armen und Beinen zu frieren.

Wo ist er?

Sie ging ins Haus zurück und hielt sich an der Ablage im Flur fest. Hör auf mit der Schauspielerei, ermahnte sie sich. Du bist dabei, dich selbst verrückt zu machen, und in ein paar Minuten kommen die beiden durch die Tür gelaufen und wollen etwas zu essen haben.

Das half ihr einen Moment lang, dann kam die Angst zurück. Sie ging zur Treppe und rief hinauf: »Hallo, ihr zwei!«

Karen und Lauren antworteten.

»Alles okay«, rief sie zurück. »Ich wollte nur Bescheid sagen, daß es bald Essen gibt.«

Eine halbherzige Lüge. Sie wollte nur ihre Stimmen hören, um sicher zu sein, daß es ihnen gut ging.

Du bist total verrückt, sagte sie sich. Nein, bin ich nicht, sie kommen sehr, sehr spät. Sie ging zum Telefon in der Küche, begann die 91 zu wählen, zögerte jedoch bei der letzten Zahl. Mit dem Hörer in der Hand sank sie auf einen Stuhl. Plötzlich hörte sie ein Auto in ihre Einfahrt einbiegen. Erleichtert knallte sie den Hörer auf die Gabel, rannte zur Tür, öffnete sie und sah ihren Mann auf sich zukommen, nicht ihren Vater mit Tommy an der Hand.

»Duncan«, rief sie.

Er war in wenigen Sätzen bei ihr. Trotz des schwachen Lichts, das durch die Tür nach draußen fiel, sah sie seine geröteten Augen.

»Duncan, oh, mein Gott! Etwas ist passiert! Tommy! Was ist mit ihm? Wo ist Papa?«

»Es geht ihnen gut«, antwortete Duncan. »Ich glaube es wenigstens. Oh, Megan! Sie sind weg. Sie haben sie geschnappt. Alles ist vorbei! Alles.«

»Wer hat sie geschnappt? Was meinst du damit?« Sie kämpfte um ihre Selbstbeherrschung.

»Ich bin so dumm gewesen«, sagte Duncan. Er redete über sie hinweg in die Nacht hinaus. »All die Jahre habe ich geglaubt, es wäre alles vorbei, nur eine böse Erinnerung, vielleicht ein schlechter Traum. Alles wäre nie passiert, habe ich mir eingeredet. Was für ein verdammter Narr ich war!«

Megan nahm alle ihre Kräfte zusammen, um nicht herauszuschreien.

»Sag mir, wo Tommy ist? Wo ist mein Vater? Wo sind sie?«

Duncan sah sie an. »Die Vergangenheit«, sagte er leise. Er führte sie zum Haus. »Neunzehnhundertachtundsechzig.« Er schlug verzweifelt mit der Faust gegen die Wand.

»Erinnerst du dich an das Jahr? Weißt du noch, was damals passiert ist?«

Sie nickte und hatte dabei das Gefühl, daß alles Leben aus ihr wich. Hunderte schrecklicher Bilder standen ihr vor Augen, sie schloß sie, als könne sie sie dadurch vertreiben. Dann starrte sie benommen ihren Mann an.

Sie standen eine Weile im schwachen Licht des Eingangs nebeneinander, unfähig, sich zu berühren. Sie verstanden nichts, außer, daß das Schreckliche, vor dem sie sich bisher sicher gefühlt hatten, sie eingeholt und seine Fangarme um sie geschlagen hatte.

Kapitel 2

Lodi, Kalifornien. September 1968

Kurz nach Morgendämmerung erwachte die Brigade. Das Licht des frühen Morgens schimmerte durch die schweren Vorhänge vor den Fenstern und drang in die letzten Winkel des kleinen eingeschossigen Blockhauses. Die Bewohner regten sich träge. Ein Teekessel pfiff in der Küche. Mit einigem Stöhnen und Murren wurden Matratzen vom Boden hochgenommen und gegen die Wand des Wohnzimmers gestellt. Schlafsäcke wurden zusammengerollt, wiederholt hörte man die Klospülung rauschen. Jemand stieß eine halbvolle Bierflasche um, deren Inhalt sich von Flüchen begleitet auf den Boden ergoß. Aus dem hinteren Teil des Hauses drang rauhes Lachen. In der stickigen Luft hingen noch Reste von Zigarettenrauch.

Olivia Barrow, die sich mit Kriegsnamen Tanya nannte, ging zu einem der vorderen Fenster und zog vorsichtig die Vorhänge zurück. Sie blickte aufmerksam hinaus auf die staubige Straße, um festzustellen, ob irgend etwas Auffälliges zu sehen wäre. Jede Person, jedes vorbeikommende Fahrzeug unterzog sie einer gründlichen Inspektion. Sie beobachtete den haltenden Zeitungswagen, den Penner in einem Hauseingang, der einen eher munteren als teilnahmslosen Eindruck machte. Dann forschte sie nach etwas, das vielleicht zu normal erschien

– der Straßenreinigungswagen, die Schlange an der Bushaltestelle. Ihre Blicke verweilten auf jedem Detail, wachsam suchte sie nach irgendeinem Alarmzeichen. Schließlich stellte sie zufrieden fest, daß man sie nicht beobachtete, schloß die Vorhänge und trat vom Fenster zurück.

Sie stieß einen Stapel alter Zeitungen und Abfälle beiseite. Ihr Blick fiel einen Moment in die Ecke, die sie Bibliothek nannten. Dort waren politische Zeitschriften, Handbücher und Militärwaffen und Sprengstoffe gestapelt. Die gammeligen Wände waren mit politischen Parolen und Rock 'n' Roll Plakaten bedeckt.

Olivia übersah das Durcheinander und den Schmutz. So etwas war unvermeidlich, wenn zu viele Menschen zusammen in einer engen und baufälligen Hütte hausten. Die begrenzten Verhältnisse im Hause waren ihr jedoch recht. Kein Platz, um Geheimnisse zu wahren, dachte sie. Geheimnisse sind Schwachstellen. Wir sollten uns nackt gegenüberstehen. Das stärkt die Disziplin der Truppe, und Disziplin macht stark.

Sie lud ihre 45er Halbautomatik durch und drückte die ungeladene Pistole mehrmals ab. Das scharfe Klicken durchdrang die verschwommene Müdigkeit des Raumes und zog die Aufmerksamkeit der anderen Personen sofort auf sich. Sie liebte das Geräusch, das das Durchladen der Waffe vor dem Schuß verursacht.

»Zeit für unser Morgengebet!« rief sie laut.

Das Tappen schneller Schritte und das metallische Klicken von Waffen, die überprüft werden, ertönte, als sich die übrigen Mitglieder der Truppe in einem Kreis um Olivia versammelten. Es waren zwei weitere Frauen und vier Männer. Zwei der Männer hatten Bärte und schulterlange Haare, die anderen beiden waren Schwarze und trugen wilde Afro-Frisuren. Sie waren mit Jeans und alten Militärklamotten bekleidet. Einer der Schwarzen trug ein helles Stirnband und zeigte beim Lachen einen Goldzahn. Einer der weißen Männer hatte eine rote Narbe an der Kehle. Beide Frauen waren blaß und dunkelhaarig. Alle legten ihre Waffen in der Mitte des Kreises ab, verschiedene Pistolen, zwei Schrotflinten und ein halbautomatisches Browning-Gewehr. Dann gaben sie sich die Hände, und Olivia begann feierlich: »Wir sind das neue Amerika.« Sie betonte immer die letzte Silbe und genoß sichtlich ihren Redefluß. »Ob schwarz, braun, rot, weiß, gelb, Frauen, Männer, Kinder, wir sind alle gleich. Wir haben uns aus der Asche der Alten erhoben. Wir sind die Phönix-Brigade, die Fackelträger der neuen Gesellschaft. Wir kämpfen gegen die faschistischen, rassistischen, kriegsgewinnlerischen Werte unserer Väter und zeigen der Menschheit einen neuen Horizont. Heute ist der erste Tag der neuen Welt. Die Welt, die wir mit Waffen aus dem Kadaver dieser korrupten Gesellschaft erschaffen wollen. Uns gehört die Zukunft, wir glauben an die Gerechtigkeit. Wir sind das neue Amerika.«

Die Truppe wiederholte: »Wir sind das neue Amerika!«

»Die Zukunft?«
»Sind wir!«
»Heute ist?«
»Der erste Tag!«
»Wir sind?«
»Die Phönix-Brigade!«
»Womit kämpfen wir?«
»Mit Waffen!«
»Die Zukunft gehört...?«
»Uns!«

»Tod den Ausbeutern!«

»Tod den Ausbeutern!«

Olivia hob ihre Pistole hoch und schwenkte sie über dem Kopf. »Gut so«, rief sie. »Gut so.«

Einen Moment herrschte Stille, und die Gruppe blickte reglos auf die waffenschwenkende Olivia. Eine der Frauen preßte sich die Hände an den Leib und flüsterte: »Entschuldigt bitte.«

Sie stieg eilig über den Waffenstapel und hastete aus dem Kreis. Ihre Turnschuhe quietschten auf dem Linoleum, als sie durch den Flur in das Badezimmer lief und die Tür hinter sich zuschlug. Schweigend starrten die anderen hinter ihr her.

Olivia durchbrach die Stille.

»He, Zahlentyp, paß besser auf dein Püppchen auf!« Ihre Stimme klang spöttisch.

Einer der Bärtigen trat aus dem Kreis heraus, eilte den Flur hinunter und blieb zögernd vor der Badezimmertür stehen. Er flüsterte: »Meg, hörst du mich? Geht's dir nicht gut?«

Die Gruppe hinter ihm geriet in Bewegung. Die Leute nahmen die Waffen wieder an sich und sicherten sie. Aus der Küche, in der sie jetzt anfingen zu frühstücken, erscholl Gelächter.

Der Bärtige hörte, wie sich jemand übergab.

»Meg, sag doch was. Geht's dir besser?« flüsterte er wieder.

Er merkte nicht, daß jemand hinter ihm stand, und schrak auf, als er die Stimme hörte.

»Scheint, dein Püppchen ist nicht einsatzbereit, Zahlentyp.«

Der Bärtige drehte sich hastig um. Seine Stimme überschlug sich vor Anspannung.

»Ich habe dir doch gesagt, daß sie fit ist. Du hast mich gefragt, und ich habe dir ehrlich geantwortet. Sie ist so zuverlässig wie jeder von uns. Sie weiß, weshalb wir hier sind. Gib doch endlich Ruhe, Tanya!«

»Du mußt dich auch noch ganz schön ändern«, sagte Olivia, die sich ungern unterbrechen ließ. Ihre Stimme klang geringschätzig. »Du mußt deine alten bourgeoisen Ideen ausmerzen und sie durch revolutionäres Feuer ersetzen.«

»Ich habe es dir gesagt: Wir sind bereit.«

»Du bist das schwächste Glied in der Kette, Zahlentyp. Vollgestopft mit all dem Kram, den man dir im College eingetrichtert hat. Und immer noch bist du ein kleiner Student, der Revolution nur spielt.«

»Hör mal, Tanya, ich spiele überhaupt nicht! Laß mich doch endlich in Ruhe. Schließlich sind wir hier, oder? Ich bin kein Mathematiker mehr, zum Teufel! Das liegt jetzt alles hinter mir. Nur du quatschst immer wieder davon. Wir haben schon so oft darüber diskutiert, mir hängt es jetzt langsam zum Hals raus. Das College ist Vergangenheit, es liegt weit hinter mir. Mir ist die Phönix-Brigade genauso wichtig wie dir. Du hast schließlich auch nicht von Geburt an Revolution gemacht, oder?«

»Nein«, erwiderte Olivia mit einem bitteren Ton in der Stimme. »Ich war auch mal so ein bourgeoises Schwein. Aber jetzt nicht mehr. Ich habe alles in die Bewegung gesteckt. Deshalb habe ich auch den anderen Namen angenommen, deshalb könnte ich noch heute sterben, und zwar glücklich. Könntest du glücklich sterben, Zahlentyp? Was hast du denn aufgegeben? Die Herrschenden kennen Sundiata und Kwanzi mit ihren alten Knastnamen, wir reden sie mit ihren Revolutionsnamen an. Sie haben im Ghetto überlebt und sind bereit, in dem Krieg heute zu sterben. Auch die anderen, Emily und Bill Lewis, nette, ganz normale amerikanische Namen, oder? Aber jetzt heißen sie Emma und Ché. Sie sind richtige Soldaten, keine Schauspieler. Über euch beide zerbreche ich mir den Kopf.«

»Laß doch endlich das Gerede!«

»Du redest doch dauernd. Alles, was wir hier von dir gehört haben, ist nichts als Geschwätz. Über die Zeit, in der man dich eingesperrt und geschlagen hat. Aber wo sind deine Wunden, Zahlentyp? Jetzt wollen wir sehn, was du kannst. Jetzt hast du die Chance zurückzuschlagen, aber ich frage mich, ob du das auch schaffst. Kein pazifistisches Gelabere mehr. Schluß mit der Wochenendrevolution! Krieg! Sie haben es so gewollt, und jetzt bekommen sie ihn.«

Er zögerte. Schließlich sagte er: »Ich habe dir doch gesagt, daß wir bereit sind zu kämpfen. Und wir werden unsere Pflicht auch tun.«

»Das werden wir sehen, und wir werden es bald sehen.«

Olivia sah den Bärtigen durchdringend an. Sie war beinahe so groß wie er und konnte ihm direkt in die Augen sehen. Dann lachte sie höhnisch. Bevor er etwas erwidern konnte, drehte sie sich auf dem Absatz um und verschwand in ihrem Schlafzimmer hinten im Haus. Der Bärtige sah ihr einen Moment ärgerlich nach. »Sie bildet sich ein, sie macht die ganze Show allein«, sagte er leise. Aber irgendwie wußte er, daß es stimmte.

Er klopfte an die Badezimmertür und rief: »Meg, sag mal, was ist mit dir?«

Er hörte das Rauschen der Toilette, dann ging langsam die Tür auf.

Das Mädchen sah bleich und angestrengt aus.

»Tut mir leid, Duncan, mir ist schlecht geworden. Wahrscheinlich die Nerven. Mach dir nichts draus. Es ist wieder gut. Du mußt mir nur sagen, was ich tun soll.« Sie sah den Flur hinunter zu dem Zimmer, in dem Olivia gerade verschwunden war.

»Du weißt, wie ich darüber denke. Aber ich werde tun, was du mir sagst.«

»Es wird schon gut ausgehen. Sieh mal, das ist mehr eine Demonstration. Und auf jeden Fall wird keiner dabei verletzt, du brauchst also nicht nervös zu sein.«

Megan wußte, daß es nicht die Nerven waren. Es lag an dem neuen Leben, das in ihr heranwuchs. Einen Moment überlegte sie, ob es nicht an der Zeit wäre, es ihm zu sagen. Nein, dachte sie schließlich, nicht hier und nicht jetzt. Aber wann? Die Zeit war knapp.

Megan streichelte ihm übers Gesicht. »Und du, geht es dir gut?«

»Sicher, warum denn nicht?«

»Ich wollte es nur wissen.«

»Aber warum? Ich meine, was sollte nicht in Ordnung sein?«

Sie sah ihn einfach nur an.

»Verdammt«, sagte er schließlich zornig, »nun fang nicht wieder von vorne an. Wir werden durchkommen, wir haben oft genug darüber diskutiert, und jetzt ist Schluß. Ich will nicht mehr nur protestieren. Das hat uns nicht weitergebracht. Damit sind wir endgültig fertig. Das einzige, was die Leute verstehen, die in unserer Gesellschaft an der Macht sind, ist, auf gleiche Weise zurückzuschlagen. Triff sie ins Herz, vielleicht ändert das den Lauf der Welt. Das ist der einzige Weg!« Nach einigem Zögern fügte er hinzu: »Das ist die Sprache, die sie verstehen. Das wird sie aufmerksam machen, und das ist dringend nötig.«

Sie antwortete zunächst nichts. Dann sagte sie ruhig: »Na gut, an Veränderungen zu glauben ist eine Sache. Aber hör auf so zu reden wie Tanya, das paßt nicht zu dir.« Sie seufzte leise.

»Wir waren uns doch darüber im klaren.«

Sie nickte.

»Also, dann laß es doch jetzt.«

Er faßte sie an den Schultern, um sie auf Abstand zu halten, sie klammerte sich an ihn.

»Jetzt nicht«, flüsterte er. »Ich hätte dich wirklich nie hierher bringen sollen. Das ist nicht deine Welt. Ich habe das gewußt.«

»Meine Welt ist deine Welt«, antwortete sie und lächelte ihn an. »Klingt ganz schön kitschig, was?« fügte sie dann lachend hinzu.

Sein Blick war angestrengt, und sie hoffte, daß er an der Richtigkeit der Unternehmung zweifelte. Ich muß einen Weg finden, Duncan und mich hier herauszubringen, dachte sie. Wir müssen beide hier weg.

Nach einer Weile löste er sich aus ihrer Umarmung. »Komm, laß uns etwas essen gehen«, sagte er in normalem Ton und faßte sie am Kinn.

Sie schüttelte den Kopf. »Ich glaube, ich habe überhaupt keinen Appetit«, sagte sie, fügte aber nach kurzem Nachdenken hinzu: »Komisch, wenn ich so daran denke, ich könnte ein ganzes Pferd verspeisen. Mit Schlagsahne.«

»Zum Frühstück?« fragte er lachend.

»Komm«, sagte sie und nahm seine Hand. Eigentlich müßte ich es ihm sagen. Alles ist jetzt anders, es geht nicht mehr nur um uns beide. Verzweifelt suchte sie nach den passenden Worten und nahm sich vor, die nächste Gelegenheit wahrzunehmen.

Olivia Barrow stand vor dem kleinen Frisiertisch in ihrem engen Schlafzimmer und betrachtete sich im Spiegel. Ihr Haar war kurz geschnitten, wodurch ihr Gesicht ein wenig kantig wirkte. Sie prüfte ihr Aussehen: die gerade Nase, die hohen Wangenknochen und die hohe Stirn. Ihre Mutter hatte ihr früher immer über den Kopf gestrichelt, wenn sie vor dem Spiegel standen, und ihr gesagt, daß sie später auf jeder Party sicher das hübscheste Mädchen sein würde. Bei dieser Erinnerung mußte sie lächeln. Ihre Mutter hatte wohl kaum an die Art von Party gedacht, zu der sie heute gehen würde. Sie schnaubte verächtlich, als sie an die Modelagentur dachte, die sie unter Vertrag nehmen wollte, als sie gerade ins College kam. Ich brauchte eine Narbe, dachte sie. Irgendein rotes Mal, das sich mitten durch diese hübsche Fassade zieht wie ein Riß durch das Gemälde eines Künstlers. Ich würde lieber etwas plumper sein, ein bißchen unscheinbarer. Ich wäre besser ein Hippie-Mädchen mit Hängebusen und schlaffem Hintern, das Lieder über den Frieden singt, über Liebe und Blumen und sich in Wirklichkeit für nichts anderes interessiert als den nächsten LSD-Trip. Man würde mich dann schwerer wiedererkennen. Zugleich war sie sich jedoch bewußt, daß ihre Schönheit sie auch stark machte. Sie beugte sich plötzlich nach vorn, berührte ihre Zehen und legte dann die Handflächen auf den Fußboden. Es war wichtig, körperlich fit zu sein.

Ihre Mutter war Tänzerin gewesen. Olivia erinnerte sich, wie sie ihr im Studio bei Sprüngen und Drehungen zugeschaut hatte. Immer war ihre Mutter stark. Aber warum hatte sie zum Schluß nicht gekämpft? Warum hatte sie sich so wenig gegen ihre Krankheit gewehrt? Sie hatte zusehen müssen, wie der Krebs ihrer Mutter innerhalb von kürzester Zeit alle Kraft raubte. Sie erschien klein und bemitleidenswert. Olivia dachte mit Abscheu an diese Zeit. Noch immer haßte sie die Niederlage, die Unfähigkeit der Ärzte und ihre diversen Ausreden. Und die schwächliche Schicksalsergebenheit ihres Vaters.

Was machte er wohl gerade? Vermutlich hockte er in seiner Höhle am Washington Square, las in Gesetzbüchern und brütete über die Verteidigungsstrategie für irgendeinen hoffnungslosen Fall, der unweigerlich scheitern würde. Immer kämpft mein Vater gegen Windmühlen, dachte sie. Wenn keine zu ihm kommen, sucht er sich selbst welche.

Sie haßte und liebte ihn in merkwürdiger Widersprüchlichkeit. Sie war sich bewußt, wieviel er ihr beigebracht hatte und wie sehr ihr die Art imponiert hatte, mit der er an seine Rechtsfälle heranging. Er hatte ihr beigebracht, daß ein Leben ohne Leidenschaft und Glauben kalt und leer ist. Er hatte ihr gezeigt, daß aktives Handeln, soziale Verantwortung und Protest die Grundlagen eines gerechten Sozialwesens waren. Wie oft war sie mitten in der Nacht in den Armen ihres Vaters aufgewacht, der sie aus ihrem Zimmer ins Elternschlafzimmer trug, weil irgendein wichtiger Besuch, meistens mit Bart und Gitarre, ihr Bett für die Nacht brauchte. Das waren meine ersten Opfer für den großen Kampf, dachte sie.

Im dritten College-Jahr, als die anderen Interpretationen über Jane Austens »Stolz und Vorurteil« oder Thackerays »Barry Lyndon« schrieben, arbeitete sie über Joe Hill und die Internationale Arbeiterbewegung. Sie dachte an all die Demonstrationen, zu denen sie mit ihrem Vater gegangen war. Mit sieben oder acht, sie wußte es nicht mehr genau, hatte er sie in einen riesigen Saal in Greenwich Village mitgenommen. Dort hatten Hunderte von Menschen wie mit einer Stimme »Freiheit! Freiheit!

Freiheit!« gerufen. Es war eine Solidaritätskundgebung für Julius und Ethel Rosenberg gewesen. Sie erinnerte sich daran, wie beeindruckt sie von dieser Solidarität der Menschen in der heißen, überfüllten Halle gewesen war.

Die Begeisterung der Menschen war ungeheuer groß, und Olivia war überzeugt, den Angeklagten würde geholfen. Auch deshalb, weil ihr Vater an dem Prozeß beteiligt war. Als sie dann ein paar Monate später die Schlagzeilen von der Hinrichtung der Rosenbergs in der Zeitung las, weinte sie vor Zorn und Enttäuschung. Typisch Vater, dachte sie jetzt. Er steckte seine ganze Kraft und sein Geld in solche Sachen, immer war er voller Mitgefühl, aber geführt hat es zu nichts. Der Staat hat die Rosenbergs umgebracht, er hat über Idealisten wie Vater doch nur gelacht. Aber über mich, das schwöre ich, werden sie nicht lachen!

Sie sah ihren Vater vor sich. Immer trug er blaue, graue oder braune Nadelstreifenanzüge. Kollektive Tarnung nannte er das. Sieh aus wie dein Feind! pflegte er lächelnd zu sagen.

Er verlor zwar die meisten Prozesse, nie jedoch seinen Humor. Diesen Humor hatte Olivia geliebt, nicht aber seine ständigen Niederlagen. Seine Grundsätze waren stets untadelig, seine Einstellung war immer gerecht. Seine Fälle waren meistens brisant, seine Beweise messerscharf, seine Prozeßführung war klug, sein Vortrag eindrucksvoll, aber er verlor immer.

Olivia sah wieder in den Spiegel und versuchte, die Gedanken an ihren Vater beiseite zu schieben.

Heute zeige ich denen, daß Handeln Stärke ist. Sie sah einen Moment lang die Schlagzeilen vor sich. Die Vorfreude auf ihre Aktion erregte sie. Prüfend sah sie in ihre graublauen Augen und lächelte zufrieden.

Kein Makel. Der Plan war perfekt. Lange genug hatte sie gewartet und die Szene beobachtet. Sie kannte die Route des gepanzerten Fahrzeugs, sie wußte, wie die Geldübergabe vonstatten ging. Es geschah immer am Ende der Geschäftszeit an jedem zweiten Mittwoch. Eine ruhige Stunde in der Bank. Sie dachte an die beiden Wachbeamten. Diese machten sich nicht einmal die Mühe, ihre Revolverriemen zu lösen. In der letzten Woche hatte einer der beiden seine Waffen am Boden abgelegt, als ein Geldsack vom Wagen fiel. Der Mann hatte gestöhnt, als er sich bückte, so beleibt und träge war er. Beide Männer machten einen gelangweilten, sorglosen Eindruck. Sie waren gänzlich unvorbereitet auf das, was sie mit ihnen veranstalten würde.

Das war im Grunde nicht verwunderlich. Lodi lag in einer Weinbaugegend. Hier war nichts zu spüren von der Hitze wie in San Francisco, das zwei Stunden entfernt lag, aber ein Jahrhundert weit weg zu sein schien. Was auf den Straßen der großen Städte geschah, nahm man hier nur in Fotos in der Abendzeitung wahr. Niemand hatte besonderes Interesse daran.

Das hat sich durch meine Ankunft hier geändert, dachte Olivia stolz.

Ihr Plan hatte zwei politische Momente: Erstens kam das Geld, das sie rauben wollten, hauptsächlich von einer Niederlassung des Dow-Chemical-Konzerns. Obwohl hier nur Unkrautvernichtungsmittel hergestellt wurden, gehörte der Betrieb doch zu der Kette von Fabriken, in denen Napalm und andere Stoffe für die chemische Kriegführung produziert wurden. Zweitens traf der Überfall eine ganze Reihe von reaktionären Eisenhower-Anhängern, die endlich aus dem Schlaf geweckt werden mußten. Sie waren reif zum Ausnehmen. Die meisten Polizisten am Ort waren Söhne armer Bauern, die ihre Höfe an die Bank verloren hatten. Jetzt würden sie endlich kapieren, daß nur eine Revolution ihre Situation verbessern konnte.

Am besten gefiel Olivia der Überraschungseffekt. Aus lauter Vorfreude lächelte sie ihr Spiegelbild an. Sie nahm ihren Revolver zur Hand, richtete ihn auf die Gestalt im Spiegel und blieb einige Zeit so stehen. Das Gefühl, eine Waffe zu halten, tat ihr gut und erregte sie. Mit der freien Hand streichelte sie ihre Brust.

So fühlen sich alle Kämpfer vor der Schlacht, dachte sie.

Als sich die Tür hinter ihr öffnete, reagierte sie nicht. Emily Lewis trat ein. Olivia sah sie im Spiegel.

»Tanya«, sagte Emily. »Können wir einen Augenblick miteinander reden?«

»Haben wir nicht schon genug gequatscht?«

»Eigentlich hast du recht, aber in unserm Plan gibt es ein paar Sachen, die ich für falsch halte.«

Olivia drehte sich um und umarmte die andere Frau. Sie streichelte ihr die Schultern und fuhr ihr mit der Hand durch das schwarze, lockige Haar. Dann führte sie sie zum Bett.

»Sag mir, was du hast.«

»Der Fluchtplan. Mir leuchtet das mit den zwei Fluchtautos ja ein, und ich verstehe auch, daß es besser ist, sie auszuwechseln. Aber warum muß die Fluchtroute wieder direkt vor der Bank vorbeiführen? Das halten wir nervlich doch nie durch!«

»Das ist ja gerade das Schöne an der Flucht. Wir hauen in die eine Richtung ab, und bevor die Schweine es kapiert haben und mit der Verfolgung beginnen, fahren wir schon wieder zurück, an ihnen vorbei in die Gegenrichtung. Du hast recht, das kostet ein paar Nerven, aber wir sind stark. Es wird schon alles klappen, du wirst sehen.«

»Meinst du, sie kann das schaffen, ich meine das mit dem Fahren? Was zum Beispiel ist, wenn wir angehalten werden?«

»Deshalb habe ich Duncan doch gerade veranlaßt, sie in die Brigade mitzubringen. Erst mal tut sie alles, was ihr Typ von ihr verlangt. Außerdem hatte sie noch nie eine Verkehrsstrafe. Sie ist auf keiner Liste, in keinem Computer. Und dann guck dir an, wie sie aussieht. Wie eine harmlose, kleine, ein bißchen flippige College-Mieze. Stell dir vor, ein aufgeregter Bulle, der Berufsrevoluzzer sucht, muß sich mit ihr abgeben, und er findet nichts! Er muß sie einfach laufen lassen. Und wir sitzen alle hinten drin und lachen uns tot!«

Emily lehnte sich zurück. »Wenn du das erzählst, klingt es so einfach.«

»Es ist auch einfach, Kwanzi und Sundiata haben so was schon ein halbes Dutzend Mal gemacht. Die kennen sich bestens aus.«

»Einmal sind sie auch geschnappt worden.«

»Da hatten sie noch nicht die richtige Einstellung.«

»Und jetzt?«

»Jetzt haben sie sie«, antwortete Olivia, überrascht, wie leicht ihr diese Lüge über die Lippen ging. Und sie log weiter: »Sie waren mal Kriminelle, jetzt sind sie Revolutionäre. Jetzt können sie alle Kenntnisse nutzen, die sie damals erworben haben.«

Die schwarzhaarige Frau schloß die Augen.

»Also«, sagte sie, »ich hätte mir für den Anfang eine ruhigere Sache gewünscht, aber ich vertraue dir.«

»Gut. Denk an das Geld! Neue Waffen, ein besseres Quartier, neue Mitstreiter. Die Phönix-Brigade wird allen ein Begriff sein. Wir sind eine revolutionäre Organisation. Die Öffentlichkeit wird aufwachen.«

Emily lachte. »Lieber Gott, die Schweine werden angeschmiert sein!«

Olivia beugte sich zu ihr hinunter und strich ihr mit dem Finger über den Nacken. »Du mußt mir vertrauen«, sagte sie. »Du mußt tun, was ich dir sage. Zusammen sind wir wie eine ganze Armee.«

»Ja, das werde ich. Wir alle werden tun, was du sagst.«

Olivia öffnete die Knöpfe von Emilys Jeans-Hemd und strich ihr über die Brust. Emily schloß die Augen.

»Bill wird ganz eifersüchtig, wenn wir das tun«, sagte sie und begann zu zittern.

Olivia berührte ihren Unterleib. Emily streichelte ihr die blonden Haare.

»Er wird begreifen müssen, daß ich dich auch liebe«, sagte sie dann.

»Ich liebe dich sehr«, sagte Olivia, während sie die Jeans der Freundin öffnete. »Ich habe dich immer geliebt und werde dich auch weiter lieben.« Sie sagte nicht: »Du bist die einzige, die mir etwas bedeutet, und wenn hier alles vorbei ist, gehen wir fort, irgendwohin, und fangen ein neues Leben an. Dann sind wir all die Herumtreiber und Politparasiten los. Wir sind die wahre Phönix-Brigade, du und ich.«

Emily kicherte: »Wir sind schon alle ganz aufgeregt. Am liebsten wäre es uns, wenn alles schon heute losginge.« Beide Frauen lachten. Dann zogen sie sich eilig aus. Als Olivia sich auf die andere Frau legen wollte, hörte sie, wie die Tür einen Spalt aufging.

»Komm rein!« befahl sie und wartete, bis sie das bärtige Gesicht von Emilys Mann erblickte.

»Du kannst ruhig zusehen«, sagte sie herrisch zu ihm.

»Aber sag kein Wort und bleib ein Stück abseits.« Sie sagte das in einem Befehlston, der keinen Raum für Diskussionen ließ. Mit einer Kopfbewegung wies sie ihn in die Ecke des Zimmers.

Bill Lewis errötete vor Zorn, die Narbe an seinem Nacken rötete sich. Einen Moment zögerte er, dann nickte er und ging an die ihm zugewiesene Stelle, ohne ein Wort zu sagen.

Olivia lächelte, glitt über den Körper ihrer Partnerin, und die beiden liebten sich leidenschaftlich.

Kurz vor Mittag des folgenden Tages versammelte sich die Brigade im Wohnzimmer.

»Also«, sagte Olivia. »Laßt uns die Aufgabenverteilung noch einmal durchgehen. Es ist wichtig, daß jeder genau weiß, welche Rolle er hat.«

Sie zeigte auf Emily: »Was ist deine Aufgabe?«

»Ich gehe in die Bank und fülle am Schalter ein Formular aus. Ich übernehme die Wachleute in der Bank, wenn sie auf den Geldtransporter zugehen.«

Olivia wandte sich den beiden Schwarzen zu. »Und ihr?«

Kwanzi antwortete: »Wir fangen mit dem Spiel an. Wir nehmen die beiden bewaffneten Wächter aus dem Transportwagen in Empfang, gerade wenn sie durch die Tür kommen. Sundiata kommt von innen, ich von außen.«

»Und Ché?«

»Ich halte die Kassierer in Schach und sorge dafür, daß keiner Alarm auslöst.«

Olivia nickte und wandte sich an Duncan. »Und?«

»Ich fahre den ersten Lieferwagen. Ich parke an der Ecke River- und Sunset-Street, von dort aus kann ich den Haupteingang der Bank beobachten. Sobald ich Kwanzi und Sundiata sehe, fahre ich vor die Bank und öffne die hinteren Türen.«

»Und dann?«

»Nerven behalten.«

»Megan?«

Megan holte tief Luft und gab sich Mühe, mit ruhiger Stimme zu antworten: »Ich warte in dem zweiten Wagen hinter der Drogerie. Den Motor lasse ich laufen. Ich warte, bis ich den ersten Wagen sehe. Wenn alle eingestiegen sind, fahre ich los Richtung Sunset, an der Bank vorbei.«

»Gut.«

Nach einer kurzen Pause fragte Olivia: »Was passiert in der Bank?«

Kwanzi antwortete schnell: »Keine Schießerei, nur wenn es nicht anders geht. Und wenn du schießt, dann nur in die Decke. Denkt daran, nichts macht den Schweinen mehr Beine als Schüsse.«

Alle nickten.

»Und ich will keine Toten!«

»Wir sollten besser unsere Waffen nicht entsichern«, sagte Duncan. »Auf diese Weise können wir vermeiden, Fehler zu machen. Wir müssen uns auf unser Hauptziel konzentrieren: das Geld nehmen und eine Erklärung zurücklassen. Wenn wir den Laden zusammenschießen, wird uns die kapitalistische Presse eine Horde von Bankräubern nennen.«

Die anderen nickten. Olivia sagte: »Unser Bruder hat recht. Denkt daran. Keiner darf nervös werden und die Waffe gebrauchen.«

»Und wenn die Wächter zu den Revolvern greifen?« fragte Emily.

»Das wird nicht passieren«, erwiderte Olivia.

»Wenn wir die Waffen zuerst zücken, werden sie alles stehen und liegen lassen.« Sie lachte. »Es ist ja auch nicht ihr Geld!«

Die anderen grinsten.

»Wir sind drin und wieder draußen, bevor die überhaupt kapieren, was los ist«, fuhr Olivia fort.

Sundiata meldete sich zu Wort: »Noch 'ne andere Sache. Laßt die Schalter in Ruhe. Die haben zwar viel Geld, aber die Scheine sind markiert. Ihr dürft da nicht so gierig drauf sein. Wir wollen nur das Geld aus dem Transporter. Also, Brüder und Schwestern! Nerven behalten!«

Sundiata erhielt allgemeine Zustimmung.

»Könnten fast hundert Mille sein.«

Alle schwiegen beeindruckt. Nach einer Weile durchbrach Olivia die Stille.

»Noch Fragen?«

»Wer überwacht den Zeitplan?« fragte Duncan.

Olivia antwortete: »Das mache ich selbst. Ich stehe vor der Tür und beobachte die Straße. Vier Minuten fürs Rein- und Rausgehen. Wenn irgendeiner blöd genug ist, Alarm auszulösen, haben wir genau fünf Minuten. Bevor die erste Streife auftaucht, haben wir also noch sechzig Sekunden, um die Sache drinnen zu erledigen. Die Bullen werden zuerst in die Bank rennen und nicht an uns denken. Denkt daran: Wenn ich sage ›Abhauen!‹, dann hauen wir auch ab. Hat das jeder begriffen?«

»Die Schwester hat recht«, sagte Kwanzi. »Ich bin mit Sundiata in dem Schnapsladen nur geschnappt worden, weil wir nicht rechtzeitig abgehauen sind. Ha'm wir selbst versaut, Mann.«

»Wir sind eine Armee«, sagte Olivia. »Benehmt euch auch so.«

»Schon gut«, sagten die beiden Schwarzen gleichzeitig.

»Denkt daran«, sagte Olivia mahnend, »wir verlassen die Bank in derselben Reihenfolge, in der wir reingehen.«

Nervöses Lachen der anderen.

»Gut«, sagte Olivia und sah auf die Uhr. »Es ist bald soweit, in einer Stunde gehen wir.«

Die Gruppe wartete auf den Aufbruch. Kwanzi zog eine Flasche Scotch heraus, nahm einen langen Zug und reichte ihn Sundiata weiter. »Das beruhigt die Nerven«, sagte er. Die beiden Schwarzen sahen sich an und lachten.

Verdammte Tunten, spielen hier die großen Machos, dachte Olivia. Im Knast das edelste Schwulenpärchen. Die glauben wahrscheinlich, ich wäre so blöd, ihnen zu trauen. Sie benutzen uns nur mit all ihrem vorgetäuschten revolutionären Geschwätz und ihren schönen neuen afrikanischen Namen. Ich durchschaue sie. Sie haben keine Ahnung, mit wem sie es zu tun haben. Sie kennen mich nicht und werden sich noch die Finger verbrennen.

Megan traf Duncan in der Küche. Er saß an einem kleinen, wackeligen Tisch mit Linoleumbelag und starrte auf eine Pistole und einen Ladestreifen. Als sie hereinkam, sah er auf.

»Ich glaube nicht, daß ich so was brauche, Meg. Ich hab' doch nur zu fahren und brauche beide Hände fürs Steuer.« Er versuchte zu lächeln, was ihm jedoch nur schlecht gelang. »Weißt du, die ganze Woche über habe ich Angst gehabt, mich ins Bein zu schießen. Es ist ganz verrückt, wie sich alle Ängste in so einer konkreten Vorstellung konzentrieren. Ich sehe mich vor der Bank, neben dem Lieferwagen, die Waffe in der Hand, und alles klappt. Dann geht das Ding los. Alles geschieht wie in

Zeitlupe. Ich sehe, wie die Kugel mein Bein trifft. Ich spüre keinen Schmerz, aber überall ist Blut, und ich kann den Wagen nicht mehr fahren. Sie müssen mich zurücklassen. Allein wenn ich darüber spreche, bricht mir der kalte Schweiß aus.«

Er schüttelte den Kopf. »Verrückt, was?«

»Ich weiß nicht, du hast dich im Schlaf dauernd gedreht und mit den Armen gerudert.«

»Kein vernünftiger Schlaf in letzter Zeit. Ich fühle mich ziemlich am Ende.«

Megan holte tief Luft und sah sich eilig um. Die anderen waren im Haus verstreut. Jeder wollte offenbar noch eine Weile mit sich allein sein. Jetzt ist die Gelegenheit, es ihm zu sagen, dachte sie.

»Duncan, bist du dir darüber im klaren, was wir da tun?«

Duncan wurde zornig, und Megan machte sich den Vorwurf, das Gespräch völlig falsch angefangen zu haben.

»Ich weiß, was du jetzt sagen willst«, fuhr sie schnell fort und bemühte sich, ruhig zu bleiben. »Ich habe volles Verständnis für dein Engagement und für diese Aktion. Ich weiß doch auch, daß etwas geschehen muß. Aber wenn du uns so ansiehst, glaubst du, für uns ist das der richtige Weg?«

»Darüber will ich nicht schon wieder reden«, fuhr er sie an.

Verbohrter Kerl, dachte sie. Wenn er sich so benimmt, hasse ich ihn richtig. Nimmt an so einer Sache teil und denkt kein bißchen über die Folgen nach. Aber eins gibt es, darüber hat er sich noch nie Gedanken gemacht.

»Gut«, erwiderte sie, ohne ihren Zorn zu verbergen. »Wir reden nicht mehr darüber. Reden wir über etwas ganz anderes. Ich glaube, ich bin schwanger.«

Mit einem Ausdruck von Freude und Überraschung sah er sie an und fragte: »Was sagst du da?«
»Du hast mich richtig verstanden.«
»Sag das bitte noch mal.«
»Ich glaube, daß ich schwanger bin.«
»Schwanger, ein Baby?«
»Mein Gott, Duncan.«
»Also, das ist ja, das ist...«
»Was?«
»Also, das ist ja phantastisch! Wir bekommen ein Baby. Da bringen wir schnell alles in Ordnung. Heiraten und so. Bist du dir denn sicher?«
»Nicht ganz. Aber alle Anzeichen sind da. Ich könnte zum Arzt gehen und es mir bestätigen lassen. Ich bin aber auch so ziemlich sicher.«
Sie sah ihn an und erkannte den typischen alten Duncan wieder. Halb vergnügter, ausgelassener Junge, halb vorausdenkender erwachsener Mann. Sein Gesicht strahlte vor Begeisterung, seit Monaten hatte sie ihn nicht mehr so erlebt. Beruhigt stellte sie fest, daß die gefährliche revolutionäre Aktion für ihn plötzlich an Bedeutung verlor.
Duncan lehnte sich in seinem Stuhl zurück.
»Ich weiß überhaupt nicht, was ich sagen soll«, sagte er grinsend. »Weißt du, jeder fragt sich doch, wie er in so einem Fall wohl reagiert. Das ist wirklich toll. Es ist wie auf eine fahrende Achterbahn zu springen. Mannomann! Wir müssen unseren Eltern Bescheid sagen, oder? Seit Monaten hast du keinen Kontakt mehr mit zu Hause. Die werden ja vielleicht überrascht sein...«
Megan sah ihn zärtlich an. Er war wieder der Duncan, den sie liebte, in seinem Gesicht eine Mischung aus Freude, Erstaunen und Verwirrung. Plötzlich sah er sie

besorgt an. »Sag mal, Meg, ich habe gar nicht daran gedacht, was ist mit dir, willst du das Baby überhaupt?«

»Duncan, um Gottes willen!«

»Schon gut, tut mir leid. Ich wollte es nur genau wissen, weißt du.« Wieder grinste er froh. Alles andere schien er völlig vergessen zu haben.

»Das haut mich wirklich aus den Socken, Meg! So was Schönes und...« Er brach mitten im Satz ab und starrte auf die Waffe, die vor ihm lag. »O verdammt, jetzt kapier' ich erst...«

Er sah Megan durchdringend an. »Machst du mir auch nichts vor, Meg?«

Sie fiel ihm ins Wort. »Duncan, du Vollidiot! Glaubst du, daß ich bei so was Wichtigem lügen könnte?«

Ihr plötzlicher Zorn gab ihm Gewißheit.

»Nein, nein, nein, ich denke nur an das, was du gesagt hast, und das, was wir mit der Gruppe vorhaben.«

Er rutschte unruhig auf seinem Stuhl hin und her. »Das ist vielleicht eine Scheiße, eine Riesenscheiße!«

Sein Blick ging zwischen ihr und der Waffe hin und her. »Was sollen wir jetzt bloß tun?«

»Das ändert alles«, sagte sie eindringlich.

»Was ändert es? Ich meine, wir können doch jetzt nicht mehr zurück. Wie stehen wir da? Wir haben uns den anderen und der Sache gegenüber verpflichtet.«

Sie hätte tausend Sachen antworten können. Sie kam jedoch nicht dazu, weil sie hastige Schritte hörte.

Bill und Emily betraten die Küche.

Ché und Emma, dachte Megan, die großen Revolutionäre!

Was machen wir jetzt bloß?

Es blieb keine Zeit mehr zu überlegen.

Emily hielt eine halbautomatische Zwölf-Millimeter-

Schrotflinte in der Hand, sie öffnete den Lauf und lud eine Patrone. Das Geräusch ließ Megan erstarren. »Es ist Zeit«, sagte Emily kalt und sachlich, »Zeit zu gehen.«

»Achtung, fertig, los!« sagte Bill. Er hatte sich ein Tuch um den Hals gebunden, das die Narbe verbarg. »Zeit zum Aufbruch. Gehen wir!«

Mit wachsender Verzweiflung beobachtete Megan, wie Duncan den Ladestreifen in die Pistole schob, aufstand und die Waffe in seinen Gürtel steckte.

Duncan war wie benommen, so als ob Hunderte von Armen ihn in verschiedene Richtungen zogen. Als wären sie von einer Flut ins offene Meer gerissen worden, folgten Duncan und Megan den beiden anderen durch die Tür.

Vor der Niederlassung von American Pesticide hielt ein alter gepanzerter Lieferwagen in der Nähe des Haupteingangs. Zwei Männer stiegen aus und gingen hinein. Der eine war untersetzt und um die Fünfzig; sein Gesicht war vor Anstrengung rot angelaufen. Sein Begleiter war eher drahtig und nur halb so alt. Er wirkte ein wenig nervös, aber energisch. Immer wieder nahm er seine blaßblaue Kopfbedeckung ab, die Imitation einer Polizeimütze, fuhr sich durchs Haar und setzte sie wieder auf. Schließlich faßte der ältere Mann seinen Begleiter am Arm und redete beruhigend auf ihn ein. »Hör mal, Bobby, immer mit der Ruhe. Ich will noch meine Pension genießen, aber wenn du weiter so rennst, schaffe ich das nicht, weil ich 'n Herzanfall kriege. Das kannst du dann dem Boß erklären!«

»Tut mir leid, Mr. Howard. Ich halte mich jetzt zurück.«

»Und, Bobby, nenn mich bitte Fred.«

»Gern, Mr. Howard.«

In gemäßigterem Tempo gingen sie weiter. Der Ältere fragte: »Das ist wohl dein erster Einsatz? Du bist ziemlich nervös.«

Der Jüngere nickte. »Klar, in den letzten Monaten bin ich jede Nacht in irgendwelchen Lagerhallen rumgelaufen. Bin erst seit April aus der Army. Das war nicht so 'n richtiger Job wie hier.«

»Stimmt. Warst du auch in Übersee?«

»Klar.«

»Was vom Krieg mitgekriegt?«

»Ja, etwas schon. Ein paar Dutzend Schießereien. Aber meistens hab' ich's so gemacht wie die anderen: im Dschungel unterkriechen, nicht viel sehen und versuchen, nicht verrückt zu werden und die eigene Haut zu retten.«

»Hast du schon was mitgekriegt. Wieso bist du denn jetzt so nervös?«

»Ich mußte noch nie Geld schleppen. Jedenfalls nicht das von anderen Leuten.«

Der Ältere lachte. »Gewöhn dich beizeiten dran, Junge, das paßt zu deiner Mütze.«

Der Jüngere zögerte. »Für mich ist das nur so 'ne Art Wartejob.«

»Hast du dich bei der Polizei beworben?«

»Ja, ich hab' schon beide Prüfungen gemacht, bei der kommunalen und der Staatspolizei. Mein Onkel war auch Polizist. Is' 'n guter Job.«

»Richtig für dich, Junge. Die meisten in deinem Alter haben nix für die Polizei übrig. Tragen die Haare lang und rauchen Dope. Polizei, is' 'ne gute Sache. Menschen helfen. Was für die Gesellschaft tun und so, weißte. Ich war auch mal Polizist.«

»Wirklich? Hab' ich nicht gewußt.«
»Hm. Militärpolizei in Korea, dann zwanzig Jahre Parkersville. Nur ich und noch drei Mann. Vor ein paar Jahren wurde ich entlassen und habe bei Pinkerton's angefangen. In acht Monaten gehe ich das dritte Mal in Rente. Die Army, Parkersville und dann das hier.«
»Nicht schlecht, Mr. Howard. Und was machen Sie dann?«
»Kauf' mir 'n kleinen Wohnwagen und gehe mit der Frau 'ne Weile nach Florida. Richtig angehn, weißte?«
»Klingt verdammt gut.«
»Kannste drauf wetten.«
Der Ältere zeigte auf ein Büro. »Hier rein. Hey, Junge, haste schon mal« – er sah auf einen Zettel – »einundzwanzigtausendneunhundertdreiundzwanzig Eier und siebenunddreißig Cent auf einem Haufen gesehen?«
»No, Sir.«
»Na, dann fängt jetzt deine Ausbildung an. Fang aber bloß nich' wieder an, nervös zu werden, das sind nur kleine Fische. Warte ab, bis es 'ne Million zu schleppen gibt.«
Er grinste den Jüngeren an und öffnete die Tür zur Buchhaltung. Die beiden traten ein.
Eine junge Sekretärin begrüßte den älteren Wachmann.
»Fred Howard, fünf Minuten später als sonst! Wie geht's denn?«
»Gut, Martha. Und wer guckt ständig auf die Uhr?«
Sie lachte und sagte: »Wo ist denn Mr. Williams heute?«
»Der alte Dummkopf liegt mit 'm Hexenschuß im Bett.«
»Wollen Sie mir Ihren neuen Kollegen nicht vorstellen?«

»Klar doch, Martha, das ist Bobby Miller. Bobby, Martha Matthews.«

Die jungen Leute begrüßten sich mit Handschlag. Bobby brachte nur ein verlegenes Hallo heraus.

»Du solltest dieses hübsche Mädchen mal einladen«, sagte der Ältere.

Die beiden wurden rot. »Fred«, rief Martha, »Sie sind unverbesserlich!«

»Das verstehe ich nicht«, antwortete er lachend.

Die junge Frau wandte sich an Bobby: »Hören Sie besser nicht auf ihn. Er ist ein altes Fossil, den hätte man schon vor hundert Jahren auf die Weide schicken müssen.«

Der ältere Mann lachte entzückt über diese Frozzelei.

»Wird das Ihr richtiger Job?« fragte sie Bobby.

Er nickte. »Eine Zeitlang. Bis ich meine andere Bewerbung durchhabe.«

»Schön!« sagte sie lächelnd, »wirklich gut. Ich bin immer hier. Dann sehen wir uns sicher auch beim nächsten Mal.«

Der ältere Wachmann stieß einen vielsagenden Pfiff aus. Die Sekretärin sagte: »Okay, Fred, Sie wissen, wo das Geld ist. Quittieren Sie's mir und verschwinden Sie, Sie alter Hecht, bevor die Bank geschlossen hat.«

Sie lächelte den älteren Mann an, während er seine Unterschrift auf irgendein Dokument kritzelte.

Als sie wieder im Lieferwagen saßen und zur Bank fuhren, bemerkte der Ältere: »Glaube, das Mädchen hat was übrig für dich. Oder haste schon 'ne Freundin?«

»No, Sir. Glauben Sie das wirklich?«

»Na klar!«

Der junge Mann freute sich. »Ich kann's ja mal versuchen bei ihr.«

»Sie is' 'n richtig nettes Mädchen. Ich kenne sie schon ungefähr ein Jahr. Hat als Schreibkraft und Buchhalterin angefangen und hat sich ziemlich schnell zur Sekretärin der Bilanzbuchhaltung hochgearbeitet. Sie hat 'n verdammt helles Köpfchen.«

»Das haben nich' viele«, antwortete der Jüngere.

Beide lachten.

Nach längerem Schweigen fragte der Ältere: »Sag mal, als du draußen warst, ging's da wirklich hart zu?«

»Paarmal, bei Schießereien. Wissen Sie, es war meistens dunkel, und ich habe auf alles geschossen. Keine Ahnung, ob ich jemand erwischt habe. War aber trotzdem die Hölle. Und wie war's bei Ihnen?«

»Korea war hart. Ihr habt euch wenigstens nicht den Arsch abgefroren. Das schlimmste war für mich 'ne Verfolgungsjagd. Ich war hinter 'n paar Jungen her, die 'n Schnapsladen überfallen hatten. Die fuhren 'ne Corvette, weißte, un' ich mein' Streifenwagen. Auf 'ner Geraden hab' ich sie eingeholt, aber immer wenn's um 'ne Ecke ging, konnten sie runterschalten und abhauen. Ich dachte, mit hundertzwanzig kannste sie kriegen. War das 'n Glück, als die ins Schleudern kamen! Mit 'n paar von der State Police haben wir's dann mit denen ausgeschossen. Überall flogen Kugeln rum, aber ich hatte wenigstens Boden unter den Füßen, wenn du mich verstehst.«

Der jüngere Mann nickte, und beide lachten.

»Dabei kannst du schnell alt werden«, sagte der Ältere grinsend.

Vor der Bank hielt das Fahrzeug an.

»Okay, gehen wir, ich nehme die Flinte...«

»Ach, Mr. Howard, wenn es Ihnen recht ist, möchte ich sie nehmen.«

»Wieso? Irgendwas nicht in Ordnung?«

»Wissen Sie, ich hab' noch nie soviel Geld geschleppt, und das macht mich nervös. Ich möchte wenigstens die Knarre tragen.«

Der ältere Mann lachte. »Nur 'ne kleine Summe. Aber das nächste Mal, mein Junge, schleppst du die Säcke, nicht ich.«

Der Jüngere nickte zustimmend, grinste und lud das Gewehr durch. Dann löste er den Riemen über seinem Revolver.

»Mach' mir sonst nicht viel aus den Vorschriften«, sagte der Ältere, »wir brauchen nur die Säcke auf die Karre laden, durch die Tür gehn, in den Tresorraum rein, das Papier abzeichnen, und wieder weg.«

»Beim Training haben die sich wie wild auf die Vorschriften gestürzt. Wir wurden richtig getrimmt.«

»Hör mal, mein Junge, nur weil du's bist, heute machen wir mal alles genau so, wie's in den Büchern steht. Wirst schon sehen, das ist reine Routinesache. Keine große Angelegenheit. Also, der Kollege da drinnen ist Ted Andrews. War früher Polizist in Frisco, hat vor 'n paar Jahren einen Schuß ins Bein bekommen. Weiß nich', was du von Schwarzen hältst, aber er is' 'n prima Kerl, mußt nett zu ihm sein.«

»Ja, Sir.«

»Kannst dir mal von ihm 'n paar Geschichten erzählen lassen. Kannst 'ne Masse über Polizei lernen. Wie's da so zugeht.«

»Ja, Sir.«

Der Ältere löste den Riemen seiner Pistole.

»So, alles nach Vorschrift.« Er grinste. Dann warf er einen Blick durch die Windschutzscheibe vorne auf die Straße. Dann sah er in den Rückspiegel nach hinten.

»Linke Seite klar!«

»Rechte Seite klar!«
»Ich geh' raus, gib mir Deckung!«
»Okay.«
Der ältere Mann stieg aus und ging zur Beifahrerseite.
»Alles klar, ich übernehme die Deckung.«
»Ich komme.«
Der Jüngere stieg mit entsicherter Waffe aus.
»Ich gehe nach hinten«, sagte der Ältere.
»Geb' dir Deckung, der Kollege kommt gerade raus.«
»Tür ist geöffnet. Ich habe das Geld. Geld ist auf dem Karren.«
»Decke Sie, Sir, 's kann losgehen.«
»Okay, mein Junge, bin schon dabei.«
Der ältere Mann hielt eine Hand am Revolver, mit der anderen schob er den Handkarren, auf dem drei Geldsäcke lagen, durch die erste Eingangstür. Als er dem Bankwächter drinnen zuwinkte, bemerkte er einen Schwarzen, der sich von hinten auf den Kollegen zubewegte. Er überlegte nicht lange, sondern schrie: »Aufpassen, 's gibt Stunk!«

Der Jüngere drehte sich hastig um und sah einen anderen Schwarzen, der um die Ecke bog und nur wenige Meter vor ihm stehenblieb. Er stutzte und griff nach etwas.

»Träume ich?« fragte sich der junge Wachmann, schrie aber laut: »Halt, stehenbleiben!«

Der Schwarze hörte nicht auf ihn, zog eine Schrotflinte unter seinem Regenmantel hervor und legte auf ihn an. Damit haben wir wirklich nicht gerechnet, dachte er, und als er den Schuß hörte, rief er laut: »Sie schießen!«, schoß zurück und ging hinter dem Lieferwagen in Deckung. Er war jedoch nicht schnell genug und wurde von Kwanzi in die Hüfte getroffen. »Hilfe, Mr. Howard! Helfen Sie mir! Ich bin verletzt! Einen Arzt, einen Arzt! Schnell!«

Der Ältere drehte sich nicht um, sondern versuchte, den Karren weiter vorwärts durch die Tür zu schieben. Als er die Pistole in der Hand des Schwarzen sah, zog auch er seine Waffe. Er zog einmal durch, bevor er das Geräusch von Schüssen hörte. Gleichzeitig hatte er das Gefühl, daß ihn eine Faust an der Brust traf. Er fiel rückwärts in die Splitter der zerschossenen Türscheibe. Ihm war vage bewußt, daß ihm etwas Schreckliches passiert war, und er fragte sich, warum er solche Mühe hatte zu atmen. Er begriff nicht, was das Blut zu bedeuten hatte, das ihm aus dem Hemd rann.

In der Bank richtete Sundiata seine Waffe auf die Kassierer und suchte nach dem Wächter. Im Innenraum war die helle Panik ausgebrochen.

An einem der Schalter stand Emily und zog ihre Waffe unter dem Mantel hervor. In der Aufregung hätte sie sie beinahe fallen lassen. Jetzt schrie sie: »Halt! Keine Bewegung!« und suchte ebenfalls nach dem Bankwächter.

Bill, der seine Waffe auf einen Bankangestellten hielt, schrie: »Halt, keiner bewegt sich!«

Die Leute sprangen in alle Richtungen davon, verbargen sich hinter Schreibtischen, Stühlen, Schaltern und allem, was Deckung bot. Einige krochen auf allen vieren in die Ecken. Überall hörte man laute Entsetzensschreie.

Der Bankwächter hatte sich bereits nach dem ersten Schuß hinter einem der Schalter versteckt. Er atmete tief durch, kroch mit entsichertem Revolver aus seinem Versteck hervor und hielt die Waffe mit beiden Händen fest im Anschlag. Aus einer Entfernung von weniger als drei Metern schoß er schnell viermal hintereinander auf Sundiata, der sich wie ein Kreisel drehte und zusammenbrach.

Das laute Schreien der Menschen in der Bank vermischte sich mit dem jaulenden Geräusch der Alarmsirene, das der Phönix-Brigade mit einem Schlag die Geistesgegenwart raubte und Olivias Plan zunichte machte.

Mit aufgerissenem Mund starrte Emily auf Sundiatas Leiche zu ihren Füßen, erst dann erinnerte sie sich, daß sie sich um den Bankwächter zu kümmern hatte. Sie begann auf ihn zu feuern. Die Scheiben des Bankschalters zersplitterten, den Mann traf sie nicht. Der Wächter verschoß seine beiden letzten Kugeln, um Emily unschädlich zu machen. Dann duckte er sich wieder hinter den Schalter und versuchte aufgeregt, die Waffe neu zu laden. Dazu mußte er die Patronen einzeln aus ihrer Halterung in seinem Gürtel holen. Er war immer der Ansicht gewesen, daß er sie nur zur Dekoration trug. Er blickte plötzlich auf, als er Schritte hörte, die sich ihm näherten. Dann sah er eine hochgewachsene Frau, die mit einer 45er auf ihn zielte. Sie war totenblaß im Gesicht.

»Du Schwein!« brüllte sie und drückte ab. Das Geschoß pfiff an seinem Ohr vorbei und traf den Schaltertisch. Holzsplitter sprangen ihm ins Gesicht. Wie durch einen Stoß wurde er nach hinten geworfen.

Olivia fluchte laut, zielte und zog wieder den Abzug durch. Die Waffe hatte Ladehemmung. Verzweifelt hantierte sie am Abzug.

Der Wächter drückte die Patronen in die Trommel seines Revolvers, schloß den Zylinder und richtete die Waffe auf die wehrlose Olivia. Er zielte sorgfältig, überrascht, noch am Leben zu sein. Er nutzte die unerwartete Chance zurückzuschlagen.

Aber er übersah Emily, die, ohne zu zielen, einen zweiten Schuß abgab, der den Wächter am Kopf traf und zur Seite schleuderte. Sein Körper rutschte über eine Tischplatte – er war tot.

Olivia warf ihre Pistole weg und ergriff den Revolver des Toten. Sie sah zu Emily hinüber und dachte: So haben wir uns das wirklich nicht vorgestellt.

Schräg gegenüber der Bank wartete Duncan, vor Angst wie erstarrt. Er hatte Kwanzi wie geplant um die Ecke der Bank kommen sehen und pflichtbewußt wie abgesprochen den Lieferwagen in Gang gesetzt. Er war eben erst ein kurzes Stück gefahren, als der erste Schuß durch den ruhigen, heißen Nachmittag hallte. Als er sah, wie der junge Wächter seine Waffe abfeuerte und in Deckung ging, trat er auf die Bremse. Er konnte nicht in die Bank hineinsehen, weil sich die schrägstehende Nachmittagssonne in den Scheiben brach. Er drehte sich um und sah, wie Kwanzi durch den Schuß gegen die Gebäudewand geworfen wurde und langsam blutüberströmt nach unten glitt.

Duncan wollte irgend etwas rufen, aber ihm versagte die Stimme. Dann sah er, wie ein Bankfenster durch einen Schuß zertrümmert wurde. Er hörte, daß in der Bank mehrmals geschossen wurde. Er war dem Zusammenbruch nahe. Ohne zu überlegen, griff er nach der Waffe in seinem Gürtel, öffnete die Fahrertür, um aus dem Wagen zu springen. Plötzlich begannen in der Bank die Alarmsirenen zu heulen. Duncan erstarrte. Jetzt hörte er auch in der Ferne Sirenen, zuerst eine, dann mehrere. Sie kamen näher und wurden immer lauter.

»O Gott, die Bullen! Die Bullen kommen!« rief er.

Er sah Olivia und die anderen vor seinen Augen, wie sie erschossen im Schalterraum der Bank lagen. Er dachte an Megan, die ein paar Straßen weiter wartete. Sie ist allein, ganz allein, dachte er. Einen Moment lang wußte er nicht, ob er ein- oder aussteigen sollte, seine

Waffe hatte er noch in der rechten Hand auf dem Lenkrad liegen.

Er war unfähig, irgend etwas zu tun.

Olivia schrie: »Lauft, lauft! Es ist alles vorbei!«

Sie hörte die Polizeisirenen näher kommen und rannte los. Emily stand bewegungslos vor der Leiche des Bankwächters. Olivia ergriff ihren Arm. »Wir hauen ab, mach schnell!«

»Wo ist Bill?« fragte Emily.

Olivia hatte keine Ahnung. »Er kommt, los, lauf schon!«

»Was ist passiert?« fragte Emily. »Ich kapier' nichts mehr!«

»Da ist nichts zu kapieren! Es ist vorbei«, sagte Olivia. Sie zog Emily Richtung Ausgang hinter sich her. Beide hörten, wie sich die Streifenwagen näherten. Sie liefen durch die inneren Türen des Eingangs, wo Emily die Leiche des älteren Wachmanns liegen sah. Abrupt blieb sie stehen.

»O mein Gott«, rief sie.

»Komm weiter, komm weiter!« schrie Olivia und packte Emily erneut am Arm.

»Wir müssen hier raus. Komm, los, komm doch!«

Sie schob Emily an der Leiche vorbei auf die Straße. Auf dem Bürgersteig rutschte Emily aus. Als sie sich wieder aufrichtete, sah sie Kwanzi tot daliegen. »O nein, er auch!« jammerte sie.

»Hör auf, sieh nicht hin und bring dich in Sicherheit!« forderte Olivia sie auf.

Wir fangen neu an, wenn wir es schaffen, hier wegzukommen, dachte sie und zerrte Emily hinter sich her.

»Alles wird gut«, rief sie. »Wir schaffen es.«

Sie sah Duncan, der vor dem Fluchtauto stand. Er schien zu zögern. Dann trafen sich ihre Blicke.

Wo bleibst du, warum kommst du nicht her? fragte sich Olivia. Los, komm her, hier sollst du warten! Duncan, los, komm her und rette uns!

Sie winkte ihm zu, doch Emily stolperte erneut, und sie mußte sie wieder auf die Füße bringen.

Wieder sah sie zu Duncan und fuchtelte mit dem Arm in der Luft. »Hierher!« schrie sie. »Du feiger Lump, du gemeiner Verräter!«

Sie zog Emily weiter. »Wir müssen laufen, los, wir schaffen es schon, wir kommen hier raus. Es ist nicht mehr weit!« Die beiden Frauen liefen auf Duncan zu. In diesem Moment kam der erste Streifenwagen mit quietschenden Reifen um die Ecke gefahren und hielt mit jaulenden Bremsen ungefähr sechs Meter hinter ihnen. Olivia hob die Waffe des toten Bankwächters und feuerte auf einen Polizisten, der aus dem Wagen heraussprang. Der weitere Weg zu Duncan wurde ihr durch den nächsten Streifenwagen abgeschnitten. Jetzt hielten ein dritter und vierter Wagen. Sie wandte sich wieder zur Bank, immer noch Emily neben sich.

»Komm!« rief sie ihrer Geliebten zu. »Wenn wir wieder reinkommen, können wir Geiseln nehmen.«

Bis zu diesem Augenblick hatte sie den angeschossenen jungen Wächter nicht bemerkt. Er war um den Kühler seines Fahrzeugs herumgekrochen, hinter sich eine dünne Blutspur. Olivia feuerte auf sein Gesicht. Er hatte sich jedoch rechtzeitig geduckt, und das Geschoß erwischte nur einen der Scheinwerfer. Schnell richtete er die Waffe auf Olivia. »Nein!« schrie sie.

Emily hob ihr Gewehr.

»Nein!« schrie Olivia wieder.

Der junge Wächter schoß.

»Nein!« schrie Olivia ein drittes Mal.

Die Kugel riß Emily, die dicht bei ihr stand, zur Seite. Olivia weinte laut auf, versuchte, die Freundin festzuhalten. Emily stürzte jedoch mit einem Röcheln zu Boden. Ihre Brust war nur noch eine blutige Masse aus gebrochenen Knochen und zerfetztem Fleisch. Sie sah Olivia seltsam fragend an, als ob sie vertrauensvoll auf eine Antwort wartete. Dann brachen ihre Augen.

Olivia fiel neben Emily auf die Knie, schrie laut: »Nein, nein, nein!«, ließ ihre Waffe fallen und bettete den Kopf der Freundin in ihren Arm. Sie warf den Kopf vor und zurück und weinte verzweifelt.

Plötzlich überkam sie große Wut. Töte, töte sie alle, sagte sie zu sich selbst. Sie langte nach ihrer Waffe. Da hörte sie eine Stimme hinter sich: »Lassen Sie das!«

Als sie sich umwandte, blickte sie in den schwarzen Lauf eines Polizeirevolvers.

Mit einem kehligen Aufschrei wandte sie sich wieder Emily zu. Dann drehte sie sich um und suchte mit den Augen Duncan. Sie konnte jedoch nichts erkennen, weil sie von einem dichten Ring Polizeibeamter umgeben war.

Verzweifelt schloß sie die Augen und ergab sich ihrem Schicksal. Zugleich empfand sie unbändigen Haß.

Duncan hatte das Geschehen beobachtet. Er war ausgestiegen und hatte seine Waffen unter dem Hemd verborgen. Am liebsten wäre er davongelaufen. Keiner hat dich gesehen, hau ab, sagte ihm eine innere Stimme. Hau ab, verdammt noch mal! Los!

Langsam ging er die Straße hinunter. Am Ende des Häuserblocks sah er sich noch einmal um und ging dann ohne Eile weiter. Nachdem er um die Ecke gebogen war, begann er zu rennen. Sein Atem ging schwer. Er hatte Angst. Sein Puls raste. Während er lief, erwartete er, jeden Moment die Polizeisirene des Verfolgungsautos zu hören.

Auch Bill Lewis hatte vom Schalterraum aus das Geschehen beobachtet. Er hatte gesehen, wie Olivia Emily ergriffen und mit sich weggezerrt hatte. Das Geld haben wir nicht, dachte er. Wir haben gar nichts. Die Leute um ihn herum waren auseinandergelaufen, einige liefen mit über dem Kopf erhobenen Händen, andere nahmen schützend den Kopf in die Arme, so als könnten sie ihn dadurch vor einer Kugel schützen. Was ist nur passiert? fragte sich Bill fast träge. Alles ist schiefgegangen.

Nachdem er ein paar Schritte auf die Eingangstür zugegangen war, sah er, wie der erste Streifenwagen auf der Straßenmitte bremste, schlingerte und dann stehenblieb. Nein, dachte er. Das darf nicht sein.

Er zog sich zurück, um dem Gewehrfeuer zu entkommen.

Ich muß hier raus. Raus, raus!

Bill packte eine Kassiererin am Arm und hielt ihr die Pistole unter das Kinn. Bei all der Schießerei hatte er selbst seine Waffe nicht abgefeuert. Wie seltsam, dachte er, das ändert gar nichts.

»Gib mir das Geld!« schrie er, überrascht, seine eigene Stimme zu hören und zu spüren, daß er, statt wie betäubt dazustehen, handelte. Der durch den Schock hervorgerufene Adrenalinstoß bestimmte sein Tun. Er ließ die Kassiererin los, sie gehorchte, und er schaufelte bündelweise Geld in sein Hemd.

»Wo geht's hier raus?« schrie er. »Die Hintertür! Bring mich raus!«

Sie zeigte ihm die Richtung, und er zog sie mit sich. Sie kamen vor eine schwere, verriegelte Tür mit der Aufschrift »Notausgang«. Er schob kräftig den Riegel zurück, stieß sie auf und löste damit einen neuen Alarm aus. Er stieß die Frau heftig zur Seite und rannte in eine kleine Gasse. In der Ferne hörte er Schüsse. Sein einziger Gedanke war, sich so weit wie möglich von der Schießerei zu entfernen.

Die anderen sind alle tot, dachte er plötzlich entsetzt. Er blieb stehen. Seine Kehle schnürte sich zu. Er hatte Mühe zu atmen, ihm wurde schwindelig.

Du hast die Möglichkeit, aus diesem Hexenkessel zu entkommen, sagte er sich mit letzter Kraft. Lauf, los, lauf!

Als Megan die Alarmsirenen hörte, begann sie zu weinen. Kurz zuvor hatte sie entfernt Schüsse gehört. Eine Zeitlang saß sie da wie gelähmt. Sie wußte nicht, was sie tun sollte. Als die Schüsse und die Sirenen nicht aufhörten, war sie der Verzweiflung nahe.

Ich wußte es, ich wußte es! dachte sie. Alles ist vorbei, bevor es angefangen hat. Warum habe ich ihn nicht daran gehindert? Warum habe ich es ihm erlaubt?

Sie weinte hemmungslos. Er ist tot, ich weiß es, er ist tot!

Sie schlug die Arme um sich, so gut sie konnte, und schaukelte auf dem Fahrersitz des Wagens vor und zurück. Ich will nach Hause, dachte sie. O mein kleines Baby, es tut mir so leid! Ich hab' zugelassen, daß sie dir deinen Vater nehmen, ehe du überhaupt auf der Welt warst! Mein Gott, ich habe alles falsch gemacht.

Weil ihr entsetzlich übel war, öffnete sie die Tür und taumelte aus dem Wagen. Sie lehnte sich gegen eine

Hauswand und versuchte, sich wieder in die Gewalt zu bekommen. Tut mir so leid, kleines Baby. Ich habe einen Riesenfehler gemacht, jetzt aber werde ich dich hier herausbringen. Du sollst nicht in einer Gefängniszelle zur Welt kommen. Du wirst zu Hause sein und es gut haben. Das verspreche ich dir. Hörst du?

Sie trug wie alle anderen dünne Gummihandschuhe, um keine Fingerabdrücke zu hinterlassen. Sie streifte die Handschuhe ab und warf sie in einen Abfallkorb, der in der Nähe stand. Danach fühlte sie sich erleichtert.

Sie ging zum Lieferwagen zurück und überlegte, ob es eine erkennbare Verbindung zwischen dem Auto und der Phönix-Brigade gab. Er war gemietet worden, nicht gestohlen wie der andere. Olivia hatte gemeint, daß der eine Wagen ruhig heiß sein konnte, weil sie ihn sowieso zurückließen. Das zweite Fahrzeug war korrekt gemietet und mit den notwendigen Papieren versehen. Erst in drei Tagen mußte es die Firma in Sacramento zurückerhalten.

Damit können wir hier wegkommen, dachte Megan. Sie zwang sich, wieder in das Fahrzeug einzusteigen. Sie dachte an die anderen, die alle tot waren.

Sie ließ den Motor an und wischte sich mit dem Ärmel ihres Pullovers die Tränen weg. Sie schaltete den ersten Gang ein und fuhr langsam an. An der Kreuzung hielt sie, sah sich nach beiden Seiten um und bog nach rechts in den fließenden Verkehr ein. Aus der Ferne hörte sie noch Sirenengeheul, aber die Situation auf der Straße erschien ihr normal. Ich bin hier so gut wie unsichtbar, dachte sie. Ich könnte genausogut eine alte Dame sein wie die dort nebenan in dem Sedan. Oder der Mann in dem Cadillac vor mir. In einem fluoreszierend angemalten VW-Bus fuhr eine Gruppe langhaariger Teenager vorbei. Ich könnte sein wie sie, sie könnten sein wie ich. Ihr war, als hätte sich eine Art Schutzschild um sie gebildet, hinter dem sie sich sicher fühlte.

»Wir schaffen das«, sagte sie laut.

Vor einer roten Ampel hielt sie. Als sie zur Seite blickte, sah sie Duncan halb laufend, halb gehend zwischen zwei Häusern auftauchen.

»Duncan!« flüsterte sie. Ohne an die Gefahr zu denken, stieg sie aus und winkte ihm zu. Da war er, der Mann, den sie liebte, der Vater ihres Kindes. Sie vergaß vollkommen, daß er vielleicht verfolgt wurde. Als die Ampel auf Grün schaltete, sprang sie wieder hinter das Lenkrad. Sie überquerte die Kreuzung, fuhr in eine Bushaltespur.

Duncan schöpfte Hoffnung, als er Megan sah. Er lief auf den Wagen zu und sprang auf den Beifahrersitz.

»Wo sind sie, wo sind die anderen?« fragte Megan.

»Fahr los, bitte, schnell! Sie sind wahrscheinlich tot. Oder die Bullen haben sie geschnappt. Fahr los!«

Megan fädelte sich in den Verkehr ein und war bald auf der Ausfallstraße.

»Was ist passiert?« fragte sie, als sie einen vierspurigen Highway erreicht hatten. Sie achtete nicht auf den Weg, es war ihr gleichgültig, wohin sie fuhren.

»Alles ist schiefgegangen, von Anfang an. Sie sagte, die Wachmänner würden die Waffen gleich weglegen und gar nicht mehr beachten. Dabei haben sie sofort geschossen, und dann gingen auch gleich die Sirenen los. Es war die Hölle. Alles ging so schnell, daß ich nicht wußte, was ich tun sollte.« Er zog sein Hemd hoch und zeigte auf die Pistole. »Ich hätte ihnen helfen können, ich hätte es gekonnt.«

Megan beruhigte ihn. »Es war schon gut so. Du hättest gar nichts ausgerichtet. Wir hätten das wissen können, wir hätten das wirklich vorher wissen können.«

Sie brauchte ihn nicht weiter zu ermahnen oder an das Leben in ihrem Bauch zu erinnern. Er wußte vermutlich genau, was sie empfand, obwohl er es noch nicht in Worte fassen konnte. Er lehnte sich im Sitz zurück und schloß die Augen. »Wahrscheinlich werden sie uns sofort verhaften. Du wehrst dich am besten erst gar nicht. Tu alles, was sie sagen. Wir werden uns einfach und ganz selbstverständlich ergeben. Ich werde aussagen, daß du mit der Sache nichts zu tun hast. Dein Vater wird dir einen guten Anwalt besorgen. Du wirst es gut haben mit dem Baby. Ich möchte nicht, daß man dir etwas antut...« Er lachte bitter. »Ich möchte auch nicht gerne sterben.«

Nach einer Weile fuhr er fort: »Ich hätte sie retten können. Ich habe nicht getan, was ich hätte tun können. Ich habe sie einfach im Stich gelassen. Ich war ein Feigling.«

Megan erwiderte ärgerlich: »Sie waren von Anfang an verloren. Wir sind auf eine Verrückte hereingefallen. Diese Hexe von Tanya hat uns verführt. Du hast das Richtige für mich und das Baby getan. Du bist abgehauen, das war gut.«

»Habe ich das wirklich? Ich glaube, ich habe für keinen das Richtige getan.«

Verzweifelt lehnte er sich wieder zurück und schloß die Augen. Nach einer Weile sah er auf die Straße und fragte: »Wohin fahren wir?«

»Nach Hause«, antwortete Megan.

Sie sah ihn beruhigt nicken.

Ihre Antwort verlieh ihr Kräfte, die sie bei sich nie vermutet hatte. Sie sagte zu dem Baby in ihrem Leib: »Sei ruhig, mein Liebling, es wird alles gut werden, wir fahren nach Hause.«

Schweigend fuhren sie Richtung Osten, in den dämmernden Abend.

KAPITEL 3

Dienstag abend

Warum haben sie mich nicht verprügelt? fragte sich Tommy. Das letzte, was er wahrgenommen hatte, bevor sie die schwarze Haube über seinen Kopf gezogen hatten, war die Hand eines Mannes, die eine Pistole gegen den verhüllten Kopf seines Großvaters richtete. Als er dann auf dem Boden des Autos lag, hörte er den flachen Atem des alten Mannes, aber er war beruhigt, daß der Atem regelmäßig ging. Für Tommy war das ein vertrautes Geräusch, denn oft war sein Großvater abends beim Vorlesen, wenn Tommy sich an seine Brust gelehnt hatte, friedlich eingeschlafen.

Er wollte sich nicht bewegen, um Großvater nicht weh zu tun, aber seine Beine begannen, sich zu verkrampfen, und er wußte nicht, ob er die Schmerzen aushalten würde. Er versuchte herauszufinden, wie lange sie wohl schon im Wagen lagen. Wahrscheinlich erst ein paar Minuten, aber er war sich nicht sicher, denn es kam ihm wie eine Ewigkeit vor.

Er hörte den Motor, das Geräusch der Reifen auf dem Asphalt und spürte jede Unregelmäßigkeit der Straße. Niemand sprach; deshalb wußte er nicht, wie viele Leute mit ihm und dem Großvater im Wagen waren.

Er hatte keine Ahnung, warum sie ihn und Großvater gekidnappt hatten und was sie mit ihnen anstellen würden. Er wußte nur, daß er große Angst hatte, und deshalb verhielt er sich ganz ruhig.

In die Stille hinein hörte er jemanden lachen, anscheinend mehr aus Erleichterung denn aus Freude.

»Mensch«, sagte die Stimme, »das war einfacher, als ich gedacht habe.«

Eine Männerstimme, stellte Tommy fest. Das war also Nummer eins.

»Ich wußte, daß es leicht sein würde, ein Kinderspiel«, antwortete eine weitere, tiefere Männerstimme. Das war also Nummer zwei.

»Die einfachste Art, jemanden zu schnappen, ist, ihn total zu überraschen. Dann, wenn er sich überhaupt nicht vorstellen kann, was eigentlich geschieht. Wenn er gar nicht weiß, daß jemand hinter ihm her ist. Der ist dann verdammt geschockt und unfähig, auch nur einen Gedanken zu fassen. Deshalb macht er auch brav alles mit, was du von ihm verlangst. Diese beiden hier sind wirklich super. Sie funktionieren perfekt.«

Das sagte Nummer eins.

»Hast du schon mal jemanden geschnappt, der wußte, was du vorhattest?« fragte Nummer zwei.

»Nee, aber ich habe mal 'ne Sache mitgeplant...«

»Haltet die Klappe!«

Unwillkürlich schauderte Tommy beim Klang dieser Frauenstimme. Sie jagte ihm Angst und Schrecken ein.

»Hört mit der Quatscherei auf, bis wir zu Hause sind!« fuhr die Frau fort. »Warum gebt ihr dem Alten und dem Kleinen nicht gleich eure Visitenkarten? Seid doch nicht so blöd!«

»Tut mir leid«, erwiderte Nummer eins.

»Wir sind noch nicht zu Hause«, sagte sie jetzt und lachte unangenehm.

Tommy kamen jetzt zum ersten Mal Tränen. Er war traurig, weil er an seine Mutter und seinen Vater denken mußte. Ich will nach Hause, dachte er, und seine Lippen zitterten.

»Wir sind aber schon bald da, verdammt bald.« Nummer eins und Nummer zwei lachten mit ihr zusammen.

Tommy spürte, wie sich die Atmosphäre entspannte. Der Wagen fuhr stetig weiter, gelegentlich spürte er ein Rucken. Für ein paar Minuten waren alle still. Dann sagte die Frau: »Da wären wir.«

Der Wagen bog von der Straße ab und fuhr auf einen Kiesweg. Tommy konnte das Knirschen der Steine unter den Reifen hören. Langsam zählte er bis fünfunddreißig und dachte: Das muß aber eine lange Einfahrt sein, nicht wie bei uns zu Hause. Als der Wagen hielt, suchte Tommy in der Dunkelheit die Hand seines Großvaters. Er fand sie und hielt sie fest. Als sein Großvater den Händedruck erwiderte, wurde er froh. Er durfte jetzt nicht mehr weinen.

»So«, hörte er die Frau sagen, »ihr könnt langsam aussteigen.«

Sein Großvater drückte ihm noch einmal fest die Hand und ließ sie dann los. Tommy fühlte sich bestärkt und wartete, was jetzt mit ihnen geschehen würde.

Der Wagen wurde geöffnet, zwei Hände griffen nach ihm, er wurde aus dem Wagen gehoben, auf die Erde gestellt. Als er draußen stand, schüttelte Tommy das eine Bein, das ihm eingeschlafen war. Die Luft war kalt, und ihn fror.

Unter dem übergestülpten Sack war tiefe Nacht. Er hoffte, sie würden den Sack bald herunternehmen. Sein Großvater stöhnte leise, als er aus dem Wagen geführt wurde. Tommy konnte seinen unsicheren Schritt hören.

Dann fühlte er ihn plötzlich ganz nah bei sich und griff wieder nach seiner Hand. Das gab ihm Kraft. Als er sich nah an ihn herandrängte, legte der Großvater ihm den Arm um seine Schultern.

»Alles in Ordnung, Tommy. Ich bin bei dir. Tu schön, was sie sagen. Ich werde nicht zulassen, daß dir etwas geschieht.«

»Hübsche Ansprache«, hörte Tommy die Frau sagen, »starke Worte.«

Sein Großvater wollte etwas erwidern, hielt sich aber zurück.

»Wir gehen jetzt ins Haus«, sagte die Frau. »Geht langsam! Alter, du behältst den Jungen an der Hand. Ich gehe neben euch und führe euch. Seid ihr fertig? Ihr müßt zehn Schritte geradeaus gehen, dann kommen einige Stufen.«

Tommy ging los, er umklammerte immer noch fest die Hand seines Großvaters. Seine Füße knirschten erst über Kies, dann spürte er eine Art Trampelpfad. Er blieb stehen, als der alte Mann anhielt.

»Gut«, sagte die Frau. »Jetzt drei Stufen hoch, dann ist da eine kleine Veranda, und dann geht's eine Stufe rauf durch die Tür.«

Sie taten, was die Frau ihnen sagte. Tommy fand, es war ein bißchen wie das Blindekuhspiel, das er beim Kindergeburtstag im Nachbarhaus gespielt hatte. Da hatten sie ihn ein paarmal um sich selbst gedreht und dann in einer bestimmten Richtung losgeschickt.

»Gut. Und jetzt ein ganz kleines bißchen nach rechts. Richter, strecken Sie die Hand aus! Fühlen Sie das Geländer?... Gut. Und jetzt die Treppe hinauf. Oben angekommen, wenden wir uns nach rechts, da ist der Treppenabsatz. Dann geht es noch eine kleine Treppe hinauf, ein paar Stufen.«

Die beiden Tommys stiegen die Treppe hinauf. Tommy stolperte einmal, aber die Hand seines Großvaters packte ihn schnell und hielt ihn fest.

»Gut, gut«, sagte die Frau. »Wir wollen ja nicht, daß euch was passiert.« Sie gab dem alten Mann von hinten einen Stoß, so daß er aufpassen mußte, daß er nicht hinfiel. Sie stiegen die zweite Treppe hinauf. »All right, jetzt gehen wir den Gang hinunter, fünfzehn Schritte geradeaus... genau! Und jetzt wartet, ich mache die Tür auf. Und jetzt geht's wieder los. Vorsichtig, die Treppe hier ist schmal.« Das muß der Dachboden sein, dachte Tommy.

»Na also!« sagte sie schließlich. »Willkommen in eurer neuen Behausung.«

Tommy spürte, daß sie neben seinem Großvater stand und ihn zu etwas hinschob. Er hielt sich dicht bei ihm. »Hinsetzen«, sagte sie. Sie fühlten ein Bett unter sich und nahmen vorsichtig darauf Platz.

»So, nun könnt ihr die Dinger abnehmen.«

Richter Pearson faßte den Rand des schwarzen Stoffbeutels an, den sie ihm über den Kopf gestülpt hatten, er erstickte fast darunter und wollte ihn mit einem Ruck herunterreißen. Er fühlte sich halbtot, verletzlich wie ein Neugeborenes. Er hatte gedacht: Ich will es sehen, wenn es passiert. Wenn sie mich umbringen wollen, sollen sie mir ins Auge sehen, bevor sie es tun. Er lüftete den Beutel bis zur Nasenspitze, zögerte dann aber. Ein scheußlicher Gedanke kam ihm: Wenn wir wissen, wer sie sind... Er ließ den Beutel einen Augenblick dort, wo er war, und sagte: »Wir brauchen nicht zu wissen, wer ihr seid. Jetzt haben wir keine Ahnung. Es ist doch besser, wenn wir –«

Sie unterbrach ihn wütend und schrie:

»Die Dinger runter! Los!«

Der Richter tat, was sie ihm sagte, aber er wandte die Augen von dem Gesicht der Frau ab.

»Sie verstehen wohl nicht, was ich sage, Alter!« rief sie ärgerlich.

Sie streckte den Arm aus und packte den Richter mit ihrem Daumen und Zeigefinger am Kinn und drehte seinen Kopf herum, so daß sie sich, ein paar Zentimeter voneinander entfernt, direkt in die Augen sahen. Sie stand über ihn gebeugt wie eine zornige Lehrerin, die ihren unartigen Schüler züchtigt.

»Sehen Sie mich an«, flüsterte sie. Tommy kamen ihre Worte schrill vor, wie ein Schrei. »Prägen Sie sich mein Gesicht genau ein. Alles, jede Einzelheit. Können Sie sehen, daß es einmal ein sehr schönes Gesicht war? Sehen Sie jetzt die Falten an den Augenbrauen? Sehen Sie sich mal die Krähenfüße an in den Winkeln der Augen! Und das Fett, das von meinen Kinnbacken herunterhängt! Was für eine Farbe haben meine Augen? Welche Form hat meine Nase? Und mein Kinn? Sehen Sie die Backenknochen? Und hier auf meiner Stirn, unterm Haaransatz, diese kleine Narbe?«

Sie schob sich mit einer jähen Bewegung das Haar aus der Stirn und zeigte ihm die kleine gezackte, von weißer Haut umrandete Linie.

»Erkennen Sie sie? Denken Sie dran. Die dürfen Sie nie vergessen, prägen Sie sich die genau ein.«

Sie richtete sich auf, sah dann herunter auf die beiden Tommys.

»Bis das hier alles vorbei ist, werden wir einander ja noch ganz genau kennenlernen«, sagte sie. »Sie müssen 'ne Menge lernen. Ihr beide.«

Die Frau beugte sich über sie und stieß plötzlich den Richter auf das Bett zurück. Sie griff ihm in die Tasche und zog seine Autoschlüssel heraus. Dann stand sie wieder aufgerichtet, lachend da und sah auf ihn herab.

»Du Schwein mußt besonders viel lernen. Dir werden wir hier schon die richtigen Flötentöne beibringen.«

Sie lächelte. Tommy hatte Angst vor ihrem Lächeln.

»Sehen Sie sich ruhig einmal um, Richter. Gehen Sie auf und ab, von einer Wand bis zur anderen und wieder zurück. Waren Sie schon mal in einer von diesen Zellen, in die Sie die Leute schicken? Schon mal eingelocht gewesen wie ein Krimineller? An der Wand da können Sie Ihre Striche machen. So ist das üblich im Knast. Nun stellen Sie sich bitte sechstausendfünfhundertsiebzig Striche vor. Alles klar?«

Sie machte eine Pause, und ihr Haß lag erstickend über dem engen Gefängnis.

Ein Lächeln erschien auf ihrem Gesicht. »Ich bringe euch bald euer Abendessen.« Dann wandte sie sich um und fügte im Gehen hinzu: »Es wäre am besten, wenn Sie sich hier nicht mucken würden.«

»Wir tun, was Sie uns sagen«, antwortete der Richter.

»Genau, ganz genau«, sagte die Frau. »Denn sonst werdet ihr krepieren.«

Sie sah Tommy an und sagte: »Ihr beide. Du auch.«

Dann ging sie. Sie hörten den Riegel, der ins Schloß krachte, als sie die Tür hinter sich zuzog.

Richter Pearson nahm seinen Enkel in die Arme und drückte ihn an sich.

»Nun, da stecken wir ja ganz schön in der Patsche«, sagte er. »Aber mach dir keine Sorgen. Wir kommen hier schon wieder raus.«

»Wie denn, Großvater?« Tommys Stimme zitterte.

»Ich weiß noch nicht genau, aber wir schaffen es bestimmt.«

»Ich will nach Haus«, sagte Tommy und kämpfte gegen die Tränen an. »Ich will nach Haus zu Mom und Dad.« Die Tränen fingen an, ihm über das Gesicht zu laufen.

Der Großvater wischte sie ihm zärtlich von den Wangen. »Wird schon wieder gut«, sagte er leise. »Mach dir keine Sorgen. Ich bin doch bei dir.«

Tommy schluchzte los und preßte das Gesicht gegen das Hemd des Großvaters, während sein Oberkörper zuckte. Der alte Mann wiegte ihn in den Armen, hielt ihn fest und flüsterte immer wieder dieselben Worte: »Ich bin doch hier, ich bin doch hier.« Nach einigen Minuten ließ das Schluchzen des Jungen nach.

»Es tut mir leid, Großvater.«

»Schon gut, Tommy. Wenn man so ein bißchen weint, fühlt man sich hinterher besser.«

»Ich fühle mich auch besser.« Er rückte ganz nahe an seinen Großvater heran. »Paß mal auf, ich bin ganz stark. Ich werde später sicher ein Soldat, genau wie du.«

»Bestimmt.«

»Großvater, es ist aber schwer, tapfer zu sein, wenn man Angst hat. Sie hat gesagt, daß sie uns umbringen will.«

»Sie will uns nur Angst einjagen. Das ist alles.«

»Sie jagt mir Angst ein.«

»Mir auch, Junge. Ich weiß nicht so richtig, was sie mit uns vorhat, aber ich glaube, vor allem will sie uns Angst einjagen, damit wir das tun, was sie will. Je mehr Angst wir vor ihr haben, um so mehr hat sie uns in der Gewalt. Darum müssen wir aufpassen, daß unsere Angst nicht zu groß wird. Wenn wir gut aufpassen, fällt uns irgendwas ein, um hier rauszukommen.«

»Großvater, haben die uns entführt?«

Der alte Mann lächelte und wiegte den Enkel hin und her.

»Es sieht ganz so aus.« Er versuchte, es leicht dahinzusagen. »Wo hast du denn das Wort schon wieder aufgeschnappt?«

»Dad hat mir letztes Jahr so ein Buch vorgelesen. Ist sie eine Piratin?«

Richter Pearson versuchte sich an das Buch zu erinnern, aber es fiel ihm nur die *Schatzinsel* ein, und er mußte an Billy Bones und Long John Silver denken.

»Könnte man, glaube ich, sagen. So ein moderner Typ.«

Tommy nickte. »Sie benimmt sich genauso.«

Richter Pearson preßte den Jungen an sich. »Wirklich, ja«, sagte er. »Ganz genau.«

»Meinst du, daß sie uns umbringt?« fragte er.

»Nein, nein, nein, wie kommst du denn darauf?« widersprach ihm der Richter. Wahrscheinlich klang es nicht sehr überzeugend.

Tommy antwortete nicht, er schien angestrengt nachzudenken.

»Ich glaube, sie möchte das. Ich weiß nicht, warum, aber ich glaube, sie haßt uns.«

»Nein, Tommy, da irrst du dich. Das kommt dir nur so vor, weil sie auch Angst hat. Was weißt du denn über Entführungen?«

»Nicht viel.«

»Es ist verboten, darum ist sie so nervös.«

»Könntest du sie ins Gefängnis bringen, Großvater?«

»Und ob, Tommy. Sie aus dem Verkehr ziehen, damit sie keinen kleinen Jungen mehr Angst einjagen kann.«

Tommy lächelte, Tränen in den Augen.

»Ob die Polizei hierherkommt?«

»Ich glaube, ja.«

»Tun die ihr was?«

»Nur wenn sie sich wehrt.«

»Ich hoffe, sie tun ihr was. Sie hat dir weh getan.«

»Hat mir gar nichts ausgemacht.«

Richter Pearson hob die Hand an die Schläfe und berührte eine Beule. Etwas angeschwollen, dachte er, aber nichts Ernstes. Das würde wieder weggehen.

»Es sind drei Leute. Zwei Männer.«

»Das stimmt, Tommy. Aber vielleicht sind es noch mehr. Drei Stimmen haben wir gehört, aber es können noch andere dasein. Darum laß uns vorsichtig sein. Wir halten die Ohren steif und passen auf, wie viele es sind.«

»Wenn sie dich noch mal schlägt, schlage ich sie.«

»Nein, Tommy, das laß bitte!« Er drückte den Jungen wieder fest an sich. »Du kannst jetzt noch nichts gegen sie ausrichten. Warte, bis wir mehr wissen über das, was hier los ist. Für uns ist es ganz wichtig, nur zu tun, was uns hier wieder rausbringt.«

»Großvater, was ist hier denn eigentlich los?«

»Meistens geht es um Geld, das die Entführer verlangen. Wahrscheinlich ruft sie jetzt gerade Mammi und Daddy an und sagt ihnen, uns geht es gut, und wenn sie ihr etwas Geld zahlen, läßt sie uns wieder frei.«

»Wieviel Geld?«

»Das weiß ich nicht.«

»Können wir ihr denn nicht das Geld geben und dann nach Haus fahren?«

»Nein, mein lieber Junge, so einfach geht das leider nicht.«

»Warum hat sie nicht Karen und Lauren entführt?«

»Ich glaube, sie hat sich ausgerechnet, wie lieb dich deine Mammi und dein Pappi haben, und da hat sie gedacht, die würden ihr eine Menge zahlen, damit sie dich wiederbekommen.«

»Wenn sie aber nicht genug Geld haben?«

»Mach dir darüber keine Sorgen. Dein Dad kann in seiner Bank immer etwas bekommen.«

Der Junge schien darüber nachzudenken, und Richter Pearson wartete auf seine nächste Frage.

»Großvater, ich habe immer noch Angst, aber ich habe auch Hunger. In der Schule gab's heute gebackenen Käsetoast, und den mochte ich nicht so gern.«

»Sie bringen uns etwas zu essen. Du mußt nur etwas warten.«

»Ja, gut, aber ich warte nicht so gern. Mammi hat bestimmt Schmorfleisch und Gemüse gemacht, und das mag ich sehr.«

Richter Pearson hätte am liebsten auch losgeweint. Er sah seinen Enkel an und strich ihm mit der Hand durch das zerzauste Haar, dann nahm er sein Gesicht in beide Hände. Auf ihnen zeichneten sich blau und geschwollen die Adern ab, und Altersflecken bedeckten die Handrükken; darunter lag die blasse, zarte Haut des Kindes. Er holte tief Luft, zog das Gesicht seines Enkels näher zu sich heran und dachte: Mach dir bitte keine Sorgen, Tommy. Ich lasse nicht zu, daß sie dir etwas antun. Er lächelte dann, und der Junge lächelte zurück. Sie wissen nicht, daß du noch dein ganzes Leben vor dir hast, und ich werde nicht zulassen, daß sie es dir nehmen.

»Einverstanden, Tommy, wir sind jetzt wieder zwei Soldaten.«

Sein Enkel nickte.

Der alte Mann sah sich um in dem Dachraum, in den sie eingesperrt waren. Fenster gab es nicht, nur eine niedrige, staubige Zimmerdecke und zwei primitive eiserne Bettstellen. Der Raum war kaum größer als eine Gefängniszelle, genau wie die Frau gesagt hatte, und ebenso beängstigend. Hoffnungslos. Die Decke fiel schräg nach einer Seite hin ab und gab der Dachkammer eine dreieckige Form. Auf dem einen Bett lagen ein paar Wolldecken, aber der Raum war warm. Er ging zur Treppe und sah hinunter auf die einzige Tür, durch die man hinein- und hinausgelangte. Er sah das nagelneue Schloß, das sich nur von außen mit einem Schlüssel öffnen ließ. Dann schritt er den Raum ab, warf einen Blick in alle Ecken und fand nichts Bemerkenswertes. Aber irgendwo muß etwas sein, dachte er. Jeder Raum hat seine Geheimnisse. Man braucht nur Zeit, um sie zu entdecken.

Er sah sich die Eisenbetten und den Stapel olivfarbener Wolldecken an und erinnerte sich, wo er das alles schon einmal gesehen hatte. In einem anderen Leben, dachte er. Er erinnerte sich, wie er durch das warme Wasser gewatet war, das sich wie Blut angefühlt hatte, und den Sand geschmeckt hatte, in den er sich warf, als der Strand erreicht war. An den Tod zu denken war keine Zeit gewesen, so sehr hatte die Angst ihn in Atem gehalten. Damals war ich jung, dachte er, fast noch ein Kind, und trotzdem bin ich elfmal unter Beschuß gelandet. Er wußte noch, wie der Feldwebel sie angeschrien hatte: »Wenn Marinesoldaten hier fallen, dann lohnt es sich, darum zu kämpfen!« Er hatte nicht verstanden, was der Mann meinte – erst als es losging zum Strand, hatte er es begriffen: Erst kam Guadalcanal, dann Tarawa, dann Okinawa. Jedesmal hatte er gedacht, es wäre der letzte Einsatz, wenn er sich über Bord des Truppentransportschiffs in das dröhnende, stampfende Landungsboot herabließ. Er hatte sich zwingen müssen, und immer hatte er gedacht, nun würde er dort fallen und nie mehr nach Haus kommen, außer in einer Kiste. Er wußte noch, wie überrascht er war, als er den Krieg überlebte. Er dachte:

Ich habe doch nicht als Junge den ganzen Pazifikkrieg überlebt, nur um mich hier als alter Mann wie ein Rindvieh abschlachten zu lassen!

Er packte Tommys Schulter und drückte sie fest.

»Tommy, weißt du, wir werden uns etwas einfallen lassen.«

Der Junge nickte.

Richter Pearson dachte: Es ist zwar kein richtiges Schlachtfeld, aber wenn's sein muß, lohnt es sich, auch hier zu fallen.

Olivia Barrow schloß die Tür hinter sich ab und schob den Riegel vor. Das Krachen erinnerte sie an all die haßerfüllten Jahre im Gefängnis, und ihr war, als verschlösse sie sie nun in jener Kammer. Aber sie dachte: Sei vorsichtig, das ist nur der Anfang, leg die Karten eine nach der anderen auf den Tisch!

Sie spürte ein Kribbeln der Erregung.

Es klappt, dachte sie. Sie hatte soviel Zeit und Mühe und Grips investiert, und nun zahlte es sich aus. Achtzehn Jahre habe ich mir das alles bis ins letzte ausgedacht, und nun schnurrt es ab, dachte sie. Ich finde es großartig.

Sie sprang die Treppe hinunter und traf Bill Lewis in der Küche an, wo er die Sandwiches zubereitete. »Was meinst du?« fragte er. »Möchten sie lieber Mayonnaise oder Senf?« Sie sahen einander an und platzten vor Lachen. Immer noch lachend wandte er sich wieder dem Buffet zu und schmierte die Brote zu Ende. »Ich mache ihnen auch ein bißchen Suppe«, sagte er. »Sie sollen wissen, daß wir sie hier gut behandeln. Ihnen muß klarwerden, daß sie uns völlig ausgeliefert sind.«

Olivia trat hinter ihn und preßte ihren Körper gegen seinen Rücken.

»Wir haben sie in der Hand«, flüsterte sie.

Er legte Brot und Messer hin und wollte sich zu ihr umdrehen.

»Nein«, sagte sie und wich einen Schritt zurück. »Später.«

Sie strich ihm mit den Fingern über die Brust und die Gürtelschnalle und den Reißverschluß. Er wendete sich zu ihr, aber sie hob die Hand.

»Es gibt zuviel zu tun.«

»Ich kann nicht dagegen an«, sagte er. »Es ist so viele Jahre her.«

Sie beruhigte ihn mit einem strengen Blick. »Wo ist Ramon?« fragte sie.

»Er ist ein Stück die Landstraße hinuntergegangen, um festzustellen, ob jemand uns gesehen haben könnte.«

»Gut. Ich rufe jetzt an. Er kann mich hinfahren.«

»Und was ist mit unseren Gästen?«

»Für die bist du verantwortlich.«

»All right«, sagte er. »In einer Stunde seid ihr wohl wieder da.«

»So lange wird's wahrscheinlich nicht dauern.«

Sie ließ Bill Lewis, den sie nun nicht mehr Ché nannte, am Buffet stehen, wo er gerade eine Dose Tomatensuppe öffnete. Sie hob eine kleine Stofftasche auf, die sie am Eingang bereitgestellt hatte, und trat in die kühle Abendluft hinaus. Dann spähte sie in die Dunkelheit und suchte Ramon Gutierrez. Schließlich hörte sie seine Schritte auf dem Kiesweg der Einfahrt und wartete, bis er heran war. Er war ein drahtiger, kleiner Mann mit einem glänzenden, schwarzen Schnurrbart und Kraushaar. Sogar seine Bewegungen haben etwas Öliges, dachte sie. Bill hatte ihn angeheuert, er war früher mal sein Liebhaber gewesen, vor Jahren, als die beiden im Untergrund gelebt hatten.

Ramon war bei der Puertoricanischen Nationalistischen Bewegung gewesen, aber die hatte ihn wegen eines Zwischenfalls mit der zehnjährigen Tochter eines Führers der Bewegung abgehängt. Er war ein nervöser Mann, kriminell erfahren und knastologisch voll ausgebildet, ein Opfer seiner heftigen, widerstreitenden sexuellen Wünsche. Er hatte eine Zeit wegen der Vergewaltigung einer alten Frau abgesessen. Ein kleines Mädchen, eine alte Frau, eine Affäre mit einem anderen Mann – diese Schwächen waren es gewesen, die ihn zu Olivia hingezogen hatten. Solange sie seinen erotischen Neigungen zuvorkam und sich bemühte, sie zu beherrschen, konnte sie alles von ihm verlangen. Er will mich, dachte sie. Bill will mich. Jetzt gehören sie mir beide.

»Ramon«, sagte sie barsch, »hol die Schlüssel. Wir müssen jetzt anrufen, und wir müssen das Auto von dem alten Schwein da wegholen, bevor es jemand entdeckt.«

Er lächelte. »Du hast das alles prima ausbaldowert«, sagte er.

»Stimmt«, sagte sie. »Ich hatte ja auch Jahre Zeit dafür.«

Als sie im Auto saßen, sagte er: »Ich hab' dem Alten nicht gern eins übergebraten, aber das hat mich so gepackt. Ich mußte an all die Brüder und Schwestern denken, die er wahrscheinlich schon verknastet hat, und da habe ich zugeschlagen. Wenn er eine Verletzung abbekommen haben sollte, würde mir das leid tun, weil wir ihn noch brauchen.«

»Was du gemacht hast, war genau richtig. Aber du mußt immer dran denken, daß es darauf ankommt, nicht den Kopf zu verlieren. Wenn etwas schiefgeht, dann immer deshalb, weil jemand nicht mehr weiß, was er tut. Bei uns läuft alles nach Plan. Wir wissen, was wir tun, sie haben keine Ahnung. Darum bleiben wir immer Herr der Lage. Sie wissen nicht, was Sache ist, und sind deshalb aktionsunfähig. So muß es bleiben, und das gilt für beide, für unsere Gäste und unsere Gegner.«

Eine Zeitlang rollten sie schweigend dahin. Es fuhren noch andere Autos auf der Landstraße, und die Scheinwerferlichter bohrten sich durch die Abenddämmerung. Sie fahren alle von der Arbeit nach Hause, dachte sie. Ein nettes Abendessen, vielleicht noch ein bißchen Fernsehen.

Dann machen sie eine Dose Bier auf und sehen sich ein Baseballspiel an oder Football oder auch eine der zwei von diesen Komödien und dann eine Krimiserie, irgendwas mit Bullen. Ein bißchen Brutalität vor den Nachrichten und vielleicht noch ein bißchen Beine-breit und Stoß- und-Ächz unter der Bettdecke vor dem Einschlafen. Alles so selbstgefällig und gleichgültig und gewöhnlich. Und sie haben keine Ahnung, wer hier ist, mitten unter ihnen.

»So wie du es einem erklärst, ist alles ein Kinderspiel«, sagte er, und es war so etwas wie Bewunderung in seiner Stimme.

»Bisher läuft ja auch alles wie am Schnürchen«, sagte sie. »Und weißt du was?«

»Was?«

»Jetzt kommt der zweite Teil des Kinderspiels.«

Sie fuhren die Hauptstraße des Städtchens hinunter. Am Postamt vorbei, an der Polizeiwache vorbei, dann kamen das College Inn und noch ein paar Restaurants. Sie sah eine Menge Studenten auf Pizzabäckereien und Sandwich-Bars zusteuern, Geschäftsleute und Frauen in Mänteln und mit Aktentaschen strebten ihre geparkten Autos an. So ein richtiges, gemütliches Kleinstadtgewimmel.

Sie deutete auf eine Telefonzelle an der Ecke gegenüber einem bescheidenen, modernen Bürohaus. »Laß mich dort raus und bleib im Wagen sitzen, während ich anrufe.«

»Ist es hier?« fragte Ramon. Seine Stimme klang etwas nervös.

»Ja, hier!« lachte sie ihn aus. »Genau hier. Da drin ist sein Büro, und er weiß nicht, was jetzt mit ihm passiert.«

Ramon nickte und schluckte.

»Ich tanke«, sagte er. »Man sollte immer einen vollen Tank haben.«

»Richtig«, sagte sie.

Sie sah ihren Atemhauch in der Dämmerung, er sah wie Rauch aus. Sie blickte zu Ramon, der vom Bordstein abfuhr, auf die Selbstbedienungstankstelle zu. Er winkte, als er losfuhr.

Er hat keinen Mumm in den Knochen, dachte sie. Wenn er irgendwas macht, tut er es entweder aus Angst oder aus Schwäche.

Dann schob sie den Gedanken von sich und konzentrierte sich auf die vor ihr liegende Aufgabe. Sie betrat die Telefonzelle und steckte einen Vierteldollar in den Schlitz. Sie hatte sich die Nummer eingeprägt und wählte rasch. Es war kurz nach siebzehn Uhr. Sie wußte nicht genau, ob die Sekretärin noch da war. Das Telefon läutete zweimal, und dann hörte sie die Stimme. Die Stimme, die sie hören wollte, auf die sie all die Jahre gewartet hatte.

»...Hallo! Hör mal – ich bin schon so gut wie weg«, sagte er ohne irgendeine Einleitung. »Ich komme.«

Ohne nachzudenken sagte sie:

»Ach tatsächlich? Kann ich mir aber nicht vorstellen – daß du noch irgendwohin kommen wirst. Jetzt nicht mehr.«

Ihr Herz machte einen Freudensprung, als er nicht antwortete.

Er hat's kapiert! dachte sie. Er hat verstanden!

Ich wußte das. Ich wußte es die ganze Zeit.

Und in diesen wenigen Sekunden, als Duncan Richards in Panik über diese Erinnerung geriet, war ihr, als hätte es diese achtzehn Jahre nie gegeben. Sie konnte sich kaum noch beherrschen.

Oben in der Dachkammer hatte Richter Pearson gehört, daß jemand den Motor des Wagens startete und dann über den Kies die Einfahrt hinunterrollte. Jetzt fahren sie los, um anzurufen, dachte er. Sie sind schlau genug, nicht ihr eigenes Telefon zu benutzen. Er saß auf der Bettkante und hielt Tommy im Arm. Dann richtete er sich rasch auf.

Eine Gelegenheit, dachte er. Vielleicht.

Er erhob sich mit einem Ruck.

»Paß auf, Tommy, wir probieren jetzt etwas aus. Du versteckst dich hinter dem Bett. Duck dich, daß man deinen Kopf nicht sieht, falls wir Ärger kriegen. Mach schnell.«

Tommy nickte und quetschte sich hinter das Bett, bis man ihn nicht mehr sah. Der Richter ging an die Tür der Dachkammer und klopfte sehr laut.

»He! He da draußen! Herkommen! Hilfe!«

Er zögerte, dann fing er an, gegen die Tür zu hämmern. Er merkte, daß das Schloß sehr fest zu sein schien, aber die ganze Tür vibrierte leicht, als er dagegenschlug. Die Tür selbst, das begriff er, war nicht massiv, sondern bestand wie viele moderne Türen aus zwei Spanplatten mit einem leeren Zwischenraum in der Mitte.

»Hallo da draußen!«

Er wartete und hörte endlich Schritte die Treppe heraufkommen.

»Was willst du denn, Alter?«

Nummer zwei, dachte Tommy. Er duckte sich tiefer hinunter, aber er hielt den Kopf oben, damit er seinen Großvater sehen und hören konnte, was vor sich ging.

»Hören Sie mal, ich muß einmal austreten. Ich habe es an der Blase und – und« – der Richter zögerte – »diese ganze Aufregung hat es noch schlimmer gemacht.«

»Was?«

»Ich muß auf die Toilette.«

»Himmelherrgott!«

»Hören Sie, einer von Ihnen kann auf mich aufpassen und mitkommen, und der andere paßt auf den Jungen auf. Bitte...«

»Nein, nein, nicht jetzt.«

Er ist allein, dachte der Richter. Es sind nur drei, und zwei sind mit dem Wagen weggefahren. Er überlegte, was jetzt zu tun war.

»Hören Sie mal, benutzen Sie den verdammten Eimer«, sagte Bill Lewis.

»Was für einen Eimer?«

»Mist, es ist kein Eimer da?«

»Nein.«

»Himmelherrgott!«

Bill Lewis sah sich um und entdeckte den Eimer, den er vor der Aktion in die Dachkammer hatte stellen wollen, in einer Ecke der Diele. Er verfluchte seine Gedankenlosigkeit. Verdammt, dachte er, die ganze Sache gefällt mir gar nicht. Ich traue diesem Alten kein bißchen. Wo, zum Teufel, ist Olivia?

Richter Pearson atmete tief durch.

Der Mann war allein, das wußte er jetzt. Die anderen

waren tatsächlich im Wagen weggefahren und hatten ihn hiergelassen. Er war unerfahren und unsicher und hatte Angst.

Er atmete durch. Jetzt, dachte er. Jetzt.

Wenn er die Tür öffnet, um mich zur Toilette zu begleiten oder um mir diesen Eimer zu geben, ist die Gelegenheit da. Ganz gleich, was er für eine Waffe hat.

Der alte Mann duckte sich, sprungbereit, und redete seinen uralten Muskeln gut zu: Beine, ihr müßt auf ihn draufspringen. Arme, ihr müßt ihn packen. Hände, würgt ihn, bis er tot ist. Er spannte sich, beugte sich vor und wartete, daß die Tür aufging.

Bill Lewis zögerte.

Es ist so lange her, dachte er. Und so etwas habe ich noch nie gemacht. Plötzlich ergriffen ihn Zweifel, und sein Herz schien sich zusammenzukrampfen. Dann schob er alles Zögern von sich und sagte sich: Dazu bin ich ja hier. Das bringt doch die Kohle. Eine Menge Kies. Sei nicht albern. Mach keine Sachen.

Einen kurzen schwankenden Augenblick lang fragte er sich, ob er sich das alles nur vormache.

Dann schluckte er heftig und nahm die Waffe, die er sich über die Schulter gehängt hatte, als er den Alten rufen hörte. Es war eine kleine Maschinenpistole, und er sah zweimal nach, ob der Ladestreifen richtig eingerastet war. Er schnippte den Sicherungsflügel los und drückte den kleinen Hebel an der Seite vorwärts auf Vollautomatik. Er dachte, es wäre wohl besser gewesen, wenn er mehr als einmal Gelegenheit gehabt hätte, die Waffe zu benutzen. Vorsichtig und ängstlich berührte er den Abzug.

Dann legte er die Hand auf den Türriegel.

»Bitte, ich muß ganz dringend...«

Richter Pearson hockte sprungbereit mit verkrampften Muskeln hinter der Tür. Er lauschte auf seine heuchlerisch zittrige Stimme, als ob sie von jemand anderem käme. Er schloß einmal die Augen, konzentrierte sich und bereitete sich vor, über den Mann da draußen vor der Tür herzufallen.

»Also gut, einverstanden«, sagte Lewis.

Aber statt die Tür zu öffnen, zögerte er noch einmal.

»Hören Sie mal«, sagte er, nachdem er einen Augenblick nachgedacht hatte. »Alter, paß mal auf: Ich bin bewaffnet, und mit mir macht man keine Spielchen und keine krummen Touren. Ich stelle den Eimer neben die Tür. Dann mache ich die Tür auf, das heißt: Ich schiebe den Riegel beiseite. Und du wartest, bis ich dir sage, daß du die Tür aufmachen und den Eimer nehmen kannst.«

Er holte tief Luft und schob den Eimer mit dem Fuß bis an die Tür der Dachkammer.

»Hör mir jetzt mal genau zu, Alter. Ich bring' dich um. Ich mach' dich so schnell kalt, daß du nicht mal Zeit hast zu kapieren, daß du auf dem Weg zur Hölle bist. Wenn du irgendeine Bewegung machst, die mir nicht gefällt, dann bist du tot, Alter.«

Er machte eine Pause, damit der Richter über seine Worte nachdenken konnte.

»Und dann haben wir immer noch den Jungen.«

Bill Lewis wartete, die Hand auf dem Türriegel.

»Alter, was sagst du? Ich will hören, was du sagst.«

»Ja, gut«, sagte Richter Pearson. Er erstarrte in der gekrümmten Haltung, die er eingenommen hatte.

»Hör mal genau zu«, sagte Bill Lewis.

Er riß den Hebel zurück, der die erste Patrone des Ladestreifens in die Gewehrkammer drückte, so daß die Waffe voll schußbereit war.

»Kennst du das Geräusch, Alter?«
»Nein...«
»Das ist eine schußbereit gemachte Maschinenpistole.«
Er legte wieder eine Pause ein.
»Eine häßliche Art zu sterben. Lauter Kugeln und eine blutverschmierte Leiche.«
»Ich verstehe.« Er spürte, daß seine Muskeln erschlafften, die Spannung ließ nach. Er fühlte sich hin- und hergerissen. Ist das jetzt der richtige Augenblick? Er ist allein, aber werde ich mit ihm fertig? Einfach drauf! Nein, warte! Warte. Nein, jetzt ist der Moment! Los!
Es war, als schrien zwei unbekannte Stimmen in ihm aufeinander los, die beide seine Aufmerksamkeit heischten.
Er richtete sich auf. Eine dritte Stimme, seine eigene, ihm bekannte, die nach so vielen Streitigkeiten Entscheidungen gefällt hatte, meldete sich:
Nein. Nicht jetzt. Warte.
»Ich kann gar nicht danebenschießen. Nicht mit dieser Waffe.«
»Ja, ich habe verstanden«, sagte der Richter. Einen Augenblick fühlte er die Last all seiner Jahre, eine große, deprimierende Müdigkeit.
Bill Lewis schrie: »Bist du soweit, Alter?«
»Ja.«
»Ich höre dich nicht, Alter.«
»Ja, ich bin soweit. Ich nehme den Eimer.«
Während Richter Pearson noch sprach, nahm Bill Lewis den Schlüssel, steckte ihn ins Schloß, drehte ihn herum und schob den Riegel zurück, dann trat er beiseite. Er hob die Maschinenpistole bis in Hüfthöhe und richtete sie auf die Tür.

»So. Jetzt mach die Tür auf und nimm dir den Eimer.«

Er sah die Tür langsam aufgehen, hinter der der Richter erschien, der ihn von unten bis oben ansah, bis sein Blick an der Maschinenpistole haften blieb. Lewis deutete mit der Maschinenpistole auf den Eimer. Der Richter nickte und nahm ihn beim Henkel.

»Danke«, sagte der Richter. »Wir sind Ihnen dankbar dafür.«

Lewis starrte ihn an.

»Kein Problem. Wir wollen, daß Sie sich während der ganzen Dauer Ihres Aufenthalts bei uns so richtig wohl fühlen.« Er rollte seine R's genüßlich und grinste, als der alte Mann nickte.

»Ach – Herr Richter?«

»Ja?«

»Möchten Sie Mayonnaise oder Senf auf Ihre Brote?«

Bill Lewis lachte, als er die Tür hinter dem alten Mann wieder abschloß und verriegelte. Er ging fort und erinnerte sich nicht einmal mehr daran, was für eine Angst er zuerst gehabt hatte – was eine ebensogroße Schwäche wie die Angst selbst war.

Olivia Barrow ließ das Schweigen in der Telefonleitung anwachsen, bis es sich in alle Endlosigkeit auszudehnen schien. Sie konnte sich das käsebleiche Gesicht ihres Opfers vorstellen.

»Wer spricht denn da?« hörte sie ihn schließlich fragen.

»Duncan, na hör mal! Wirklich! Du weißt, wer ich bin.«

Sie sprach diese Worte wie eine Lieblingstante, die ihren verzärtelten Neffen halbherzig ausschilt, weil er ihr eine häßliche alte Vase zerbrochen hat.

»Müssen wir wirklich solche Ratespiele spielen?« fragte sie ihn.

»Nein«, antwortete er.

»Dann sag meinen Namen«, bat sie ihn. »Sag, wie ich heiße.«

»Olivia. Tanya.«

»Richtig.«

»Ja, willst du deine alte Kampfgefährtin denn nicht begrüßen?« fragte sie. »Es ist doch so lange her, und da hatte ich mir ein nettes, herzliches Hallöchen vorgestellt und wie es mir geht und wie es mir ergangen ist und was all die Jahre aus mir gemacht haben. So eine Art Klassentreffen-Hallöchen, weißt du.«

»Es ist lange her«, erwiderte er.

»Aber wir erinnern uns doch wohl noch, oder etwa nicht? Wir erinnern uns an alles, auch wenn es schon sehr lange her ist.«

»Ja. Ich erinnere mich.«

»Tatsächlich, Duncan. Du erinnerst dich, wie du mich im Stich gelassen hast, damit ich krepiere, du feiger Hundesohn?«

»Ich erinnere mich«, sagte er.

»Du erinnerst dich, wie Emily krepiert ist, weil du nicht da warst? Weil du uns alleingelassen hast auf der Straße mit all den Bullenkanonen, die auf uns gerichtet waren, du schleimige feige Ratte, du Bastard du?«

»Ich erinnere mich.«

Olivia konnte sich nicht mehr beherrschen. Der Hörer zitterte in ihrer Hand.

»Weißt du, wie lange ich an diesen Tag gedacht habe?«

»Ich kann es mir vorstellen.«

»Jede Minute und jeden Tag, achtzehn Jahre lang.«

Duncan sagte nichts.

Olivia holte Luft und atmete zweimal tief durch. Dann hielt sie den Atem an und lauschte in die anbrechende

Nacht hinaus, horchte auf die Atemgeräusche, die durch die Telefonleitung kamen. Sie hörte, daß er Angst hatte, und sie sog die kalte Luft tief ein, um ihre Beherrschung wiederzugewinnen.

»Hast du irgend etwas zu sagen?« fragte sie ihn.

Er schwieg und wartete.

»Damit hatte ich auch nicht gerechnet.«

Sie holte noch einmal tief Luft und fühlte, wie der wahnsinnige Zorn, der in ihr hochgekommen war, von dem altbekannten, stetigen Haßgefühl abgelöst wurde.

»Der Zahltag ist da«, sagte sie.

Sie ließ das Wort aushallen.

»Wie meinst du das?« fragte er.

»Das ist ein Knastausdruck, Gefängnissprache, Duncan, etwas, worin ich mich sehr gut auskenne und du nicht, meinetwegen nicht. Weil ich denen nie gesagt habe, wer du warst. Dieses Wort benutzt man, wenn einem jemand etwas schuldet und man kommt, um die Schulden einzutreiben. Darum bin ich hier, Duncan. Ich komme, um dich abzukassieren.«

Sie flüsterte ins Telefon: »Ich habe sie, du Ratte, du Bastard. Ich hab' sie, und du wirst zahlen.«

»Wen? Was? Wovon redest du? Was sagst du?«

Sie spürte seine Panik, und eine tiefe Zufriedenheit erfüllte sie.

»Ich hab' sie beide. Ich hab' sie auf dem Parkplatz an der Schule abgefangen, und jetzt habe ich sie. Du weißt, von wem ich rede.«

»Bitte...« Duncan wollte etwas sagen.

Das Wort versetzte sie in Wut.

»Bitte mich nicht! Bettele nicht, du Feigling, du hast deine Chance gehabt, und du hast versagt. Du hättest dasein sollen, und du warst nicht da!«

Wieder herrschte Schweigen in der Leitung.

»Was willst du?« fragte Duncan, nachdem ein paar elende Sekunden verronnen waren.

Sie zögerte.

»Nun, Duncan, es scheint dir ja ganz gut zu gehen. Du hast Glück gehabt, hast es zu etwas gebracht, es hat sich für dich gelohnt. Du hast verdammt gut abkassiert.«

Sie holte tief Luft und ließ eine Pause eintreten. »Ich will alles haben, alles.«

»Bitte, tu ihnen nichts. Du kannst alles haben.«

»Richtig. Ich kann.«

»Bitte«, sagte Duncan wieder, vergaß, wozu sie ihn gerade ermahnt hatte.

»Du willst sie wiedersehen, dafür mußt du zahlen, Duncan.«

»Das tue ich.«

»Ich nehme nicht an, daß ich all diese albernen Drohungen aufzählen muß, oder muß ich das? So wie sie das im Fernsehen machen. Daß du nicht die Bullen anrufen sollst. Zu keinem Menschen einen Ton. Nur das tun, was ich dir sagen werde. Muß ich dir das alles erzählen?«

»Nein, nein, nein, alles, was du willst, ich tu alles – alles –«

»Gut. Wir unterhalten uns bald wieder darüber.«

»Nein – warte! Großvater, mein Sohn, wo –«

»Er ist okay. Auch der Alte, dieses Faschistenschwein, der Richter. Keine Angst. Ich habe sie noch nicht umgelegt. Noch nicht – so, wie du Emily umgelegt hast. Sie haben immer noch eine Chance –«

»Bitte, ich weiß nicht –«

»Aber ich, Duncan. Ich lege sie genauso locker um, wie du Emily umgelegt hast und mich beinahe auch. Verstehst du das?«

»Ja, ja, aber —«
»Ob du das verstehst?!« schrie sie.
»Ja.« Er sagte nichts mehr.
»Gut, Duncan. Jetzt brauchst du etwas Geduld. Ich melde mich wieder bei dir. Ich habe achtzehn Jahre dringesessen. Jetzt kannst du bestimmt ein paar Stunden warten.«

Sie lachte ihn aus.
»Gute Nacht. Viele Grüße an deine Puppe, Rechenkünstler.«

Dann hängte sie den Hörer auf.

Olivia Barrow trat rasch aus der Telefonzelle. Dann starrte sie gedankenversunken auf die Zelle wie ein Vermessungsbeamter, der ein Grundstück abmißt. Dann entdeckte sie Ramon, der den Wagen ein Stück weiter die Straße hinauf auf einen Parkplatz gefahren hatte. Sie winkte und ging rasch zu ihm hinüber. Er öffnete ihr die Tür, und sie setzte sich in das Fahrzeug.

»Wie war's?« fragte Ramon.

Sie war furchtbar erregt. Sie ballte die Fäuste und schlug auf das gepolsterte Armaturenbrett, und es hörte sich an wie ein Trommelwirbel.

»Irgendwas schiefgelaufen?« fragte Ramon besorgt.

»Nein«, sagte sie. »Es ist nur so 'n tolles Gefühl, ich muß irgendwas tun.«

Ramon schien sich zu entspannen.

»Gut, gut«, sagte er. »Erzähl mir, wie es war.«

»Später, wenn wir zu Hause sind«, sagte sie. »Ich erzähl's euch dann, beiden, dir und Bill.«

»Okay«, sagte er, immer noch nervös. »Er kommt mit dem Zaster rüber? Was?«

»Er zahlt. Keine Angst.«

Ramon lächelte.

»Okay«, sagte er. Er schaltete die Zündung ein.

»Warte«, sagte sie.

»Wollen wir jetzt hier nicht weg?«

»Nein«, sagte sie. »Da ist noch was.«

»Ich versteh' nicht«, sagte er. Aber sie schwieg und sah aus dem Fenster des Wagens.

»Dauert bestimmt nur noch ein oder höchstens zwei Minuten.«

Sie beobachtete die Vorderseite der Bank. Komm, Duncan, dachte sie. Ich möchte dein Gesicht sehen.

Während sie die Front der Bank anstarrte, begannen die Lichter im Inneren zu erlöschen. Ein Moment verging, dann öffnete sich die Eingangstür. Sie sah über die Straße hinweg und erblickte Duncan.

»Na also«, lachte sie. »Wenigstens hat er keinen Herzanfall gekriegt.«

Olivia sah, wie er die Schlüssel für die Bank auf die Erde fallen ließ. Sie sah, wie er sich bückte und noch einmal anfing, die Türen abzuschließen. Sein Regenmantel hing schief an seinem Rücken, seine Hände bewegten sich in rasender Eile. Sein Aktenkoffer war offen und voll von Papieren. Sie sah, mit welch panischer Eile er seine Handlungen verrichtete. Sie stellte fest, daß er zwei Sorten Schlüssel benutzte, und dann schloß er einen elektrischen Kontrollkasten neben der Eingangstür auf. Sie sah ihn eine Reihe von Zahlen auf etwas drücken, das sie für ein Schaltbrett hielt. Sie wunderte sich, wie ruhig seine Hand war.

»Also, ich glaube, ich...«, sagte sie laut. »Der Bastard weiß, wie man die Sicherungsanlage aktiviert.« Sie sah zu, wie Duncan die Vorderfront der Bank verließ und halb stolpernd zu einem kleinen Parkplatz rannte.

Ramon grinste sie nervös an.

»Wollen wir jetzt los?« fragte er.

»Geduld, Ramon, Geduld. Wir erfahren hier was.«

Sie sah Duncans Wagen aus der Einfahrt herauskommen und beschleunigen, als er an dem Parkplatz vorbeifuhr, auf dem sie standen.

»Okay, Ramon, jetzt ganz schnell hinter dem Bastard und seinem hübschen neuen BMW her.«

»Warum?«

»Tu's einfach!«

Ramon fuhr los, bog um die Ecke auf die Straße und hatte Duncans Wagen bald erreicht.

»Angenommen, er knallt dich ab...«

»Wie soll er das denn schaffen? Der blöde Hund ist doch froh, wenn er es ohne einen Unfall bis nach Haus schafft. Aber wenn es dich glücklich macht, gib ihm einen kleinen Vorsprung und achte nur darauf, daß du ihn im Auge behältst.«

»Alles klar.«

Ramon nahm den Fuß einen Augenblick lang vom Gaspedal, bis sich der Abstand zwischen ihnen vergrößert hatte, und beschleunigte dann wieder.

»Warum machen wir das? Wir wissen, wo er wohnt. Wir waren doch schon da.«

»Stimmt. Ich möchte nur sicher sein, daß er wirklich nach Hause fährt und nicht zum FBI.«

»Ach, ich verstehe. Nur zur Sicherheit.«

»So ist es.« Mit der Erklärung konnte Ramon etwas anfangen. Er fuhr mehrere Minuten lang mit größerer Anteilnahme hinter dem BMW her. Sie gelangten rasch aus der Stadtmitte in von Bäumen gesäumte, stille Vorortstraßen. Olivia behielt Duncans Scheinwerfer im Auge.

»Er biegt jetzt in die East Street ab.«

»Noch ein halber Block. Gib ihm eine Minute Vorsprung, und dann fahren wir ganz langsam und gemütlich vorbei.«

Sie drehte sich um, als sie an dem Haus vorbeikamen, und sah Megan und Duncan im Eingang stehen, wie erstarrt von dem Ereignis, das sie über sie gebracht hatte.

»All right«, sagte sie mit größter Befriedigung. »Jetzt lassen wir ihnen noch einmal viel Zeit, damit sie in Ruhe über alles nachdenken können. Damit die Sorgen und die Angst sich langsam steigern, bis es in ihnen kocht.«

Ramon nickte und griente. »Zurück nach Haus?«

»Erst muß ich mir den Wagen von dem Richter holen und irgendwo in den Wald fahren. Dann kümmern wir uns um unsere Gäste.«

Sie dachte: Es ist, als ob man sich etwas zu essen kocht. Jetzt lassen wir es eine Zeitlang schmoren, bevor wir die Hitze voll andrehen.

Megan und Duncan taumelten in das Wohnzimmer ihres Hauses und setzten sich einander gegenüber, überwältigt von der Flut der Fragen und unfähig, etwas zu sagen. Nach dem ersten Schock und dem Tränenschwall, der auf Duncans Heimkehr folgte, waren die beiden nun wie gelähmt und am Rand der Panik.

Megan versuchte sich zu beherrschen, wußte nicht mehr genau, ob eine Stunde oder erst eine Viertelminute vergangen war. Es kam ihr vor, als hätte die Zeit sich ihrem Zugriff entzogen und wirbelte nun außer Kontrolle um sie herum. Sie versuchte ihre Gedanken auf ein paar einfache Dinge zu konzentrieren: Es ist Dienstag. Wir sind zu Haus. Es ist Zeit zum Abendessen.

Aber die Anstrengung war zu groß, sie schaffte es nicht. Ich muß mich auf etwas konzentrieren, redete sie sich zu. Sie blickte im Raum herum und sah all die bekannten Gegenstände, suchte sich einige aus und zwang sich, daran zu denken, wie sie sie erworben hatte: Die antike Kommode dort hatte sie in einem Laden in Hadley erstanden und mühevoll selbst restauriert; die Keramikschalen stammten aus der Töpferei in Mystic; das Aquarell mit den Schiffen im Hafen war von einer Freundin, die wieder zu malen angefangen hatte, nachdem die Kinder aus dem Haus waren. Jeder dieser Gegenstände war mit ihrem Leben erfüllt, erinnerte sie daran, wer sie an jenem Tag gewesen war, wer sie am folgenden werden sollte. Trotzdem zerfloß alles vor ihren Augen. Sie fand keinen Trost in den Sachen, sie war gar nicht da, irgendwo anders hin hatte es sie geschleudert. So muß es sein, wenn man tot ist, dachte sie.

»Ich versteh' nichts«, sagte sie schließlich.

»Was verstehst du nicht?« schnauzte er sie an.

»Also: Ich weiß auch nur folgendes: Kurz nach fünf, ein paar Minuten nach deinem Anruf, klingelt das Telefon und Olivia Barrow ist dran. Sie sagt, sie hat die beiden Tommys vom Schulhof abgeholt und in ihrer Gewalt. Sie sagt, wir müssen Geld zahlen, wenn wir sie wiederhaben wollen.«

»Aber ich dachte, sie wäre im Gefängnis...«

»Offenbar ist sie das aber nicht!«

»Bitte, laß deinen Spott!«

»Ich verstehe nicht, wieso es nicht scheißegal ist, wie sie hergekommen ist! Sie ist hier! Nur das zählt!«

Megan sprang auf und rannte durchs Zimmer, von ihrer Angst getrieben, wußte sie nicht mehr, was sie tat. »Du hast das gemacht! Du warst das! Meinen Tommy! Meinen Dad! Es ist alles deine Schuld! Das waren deine blöden Freunde! Ich wollte ja nichts mit ihnen zu tun ha-

ben! Revolution spielen! Wie konntest du?! Du Hund!«
Sie schlug auf Duncan ein, der überrascht zurückwich. Ihr erster Hieb traf ins Leere, den zweiten fing er ab. Sie warf sich auf ihn und drosch mit beiden Armen wild auf ihn ein und stöhnte. Er hielt sie fest, und schließlich brach ihr Widerstand in seinen Armen zusammen. Er legte die Arme um sie, und zusammen wiegten sie sich hin und her.

Nachdem sie eine Zeitlang geschwiegen hatten und nur das Knarren des Sessels von ihren Schaukelbewegungen und ihr leises Schluchzen zu hören gewesen waren, brachte sie schließlich die Worte heraus: »Es tut mir leid. Ich konnte einfach nichts dagegen tun. Ach, Duncan.«

»Ist schon gut«, flüsterte er. »Ich verstehe dich ja.«

Er machte eine Pause. »Damals waren wir anders«, sagte er.

Sie sah durch die Tränen zu ihm auf. »Duncan, bitte, du mußt vernünftig sein. Mein ganzes Leben lang, seit wir uns zum erstenmal getroffen haben, warst du immer der ruhige Punkt, bitte, bleib jetzt so. Sonst weiß ich nicht, wie wir das durchstehen sollen.«

»Ja«, sagte er. »Ich werde mein Bestes versuchen.«

Sie waren still. Sie spürte ein Würgen im Hals. »Oh, mein armes Baby«, sagte sie. Sie drückte seine Hand ganz fest, und hunderterlei Gedanken schossen ihr wie wild durch den Kopf. Sie schluckte heftig.

»Was sollen wir tun?« fragte sie schließlich mit gleichmäßiger, tonloser Stimme.

»Ich weiß es nicht.«

Sie nickte, und sie wiegten sich weiter hin und her.

»Mein Baby«, sagte sie. »Mein Vater.«

»Megan, hör mir zu. Sie kommen gesund wieder. Er als Richter weiß, wie er sich zu verhalten hat. Er wird aufpassen, daß Tommy nichts geschieht. Ich weiß es.«

Sie richtete sich auf und sah ihn an.

»Glaubst du das?«

»Klar. Der alte Junge hat noch eine Menge auf dem Kasten.«

Sie lächelte.

»Das hat er.«

Megan legte die Hand auf Duncans Wange. »Sogar wenn es nicht stimmt, der Gedanke tut jedenfalls gut.«

»Worauf es ankommt, ist, daß wir nicht in Panik geraten.«

»Aber wie sollen wir das verhindern, Megan?«

»Ich wollte, ich wüßte das.«

Sie fing wieder an zu weinen, hörte jedoch augenblicklich auf, als eine andere Stimme sie rief: »Mom? Dad? Was ist los?« Es war Karen, sie stand in der Türöffnung. Hinter ihr steckte Lauren den Kopf herein.

»Wir haben gehört, wie du geweint hast, und dann habt ihr euch gestritten. Wo ist Tommy? Wo ist Großvater? Ist irgend etwas passiert? Geht es ihnen gut?« In beiden Stimmen hörte man die Angst.

»Oh, Gott, Mädchen«, sagte Megan.

Duncan sah die Mädchen bleich werden. Einen Augenblick lang konnte er nicht sprechen, als er den Schreck über ihre Gesichter huschen sah.

»Sind sie verletzt?« fragte Karen, und ihre Stimme erhob sich, als ob sie plötzlich begriff, daß sie etwas verloren hatten.

»Wo sind sie? Was ist los?« fragte Lauren wieder. »Mom? Dad?« Beide Mädchen fingen vor Verwirrung und Angst zu weinen an.

Duncan holte tief Luft.

»Kommt her, Mädchen, setzt euch. Es geht beiden gut, soweit wir wissen...«

Er sah die beiden ins Zimmer treten, ihre Bewegungen waren wie immer gleichmäßig, als ob sie unsichtbar miteinander verbunden wären. Er sah ihr Entsetzen, etwas Unverständliches hatte sie getroffen. Sie nahmen auf einem Sofa gegenüber ihren Eltern Platz.

»Nein, kommt näher«, sagte er.

Die Zwillinge setzten sich auf den Boden, nahe den Füßen ihrer Eltern. Sie weinten beide leise vor sich hin, wußten noch nicht, weshalb, ahnten nur, daß etwas das Gleichgewicht der Familie gestört hatte.

Duncan packte den Stier bei den Hörnern:

»Tommy und Großvater sind entführt worden«, sagte er.

Die Gesichter der beiden Mädchen wurden rot, ihre Augen weiteten sich.

»Entführt! Wer?«

»Wie?«

Er wußte nicht, wie er darauf antworten sollte. Das Schweigen breitete sich im Zimmer aus. Er sah, daß etwas anderes als Traurigkeit ihre Tränen ersetzt hatte. Es war auch keine Angst. Er konnte sich nicht vorstellen, was in ihren Köpfen vor sich ging, und das machte ihm Sorgen.

Er hob die Hand. »Ihr müßt einfach ein bißchen abwarten und Geduld haben.«

Er fühlte Megans Hand auf dem Knie, drehte sich um und sah einen anderen Ausdruck als zuvor auf ihrem Gesicht.

»Wir müssen es ihnen erzählen«, sagte Duncan. »Sie gehören mit dazu. Wir sind immer noch eine Familie, und wir stecken alle genauso drin. Sie müssen irgendwann die Wahrheit erfahren.«

»Was ist die Wahrheit? Wieviel Wahrheit?«

Er schüttelte den Kopf. »Ich weiß nicht.«

»Duncan, sie sind noch Kinder!« Sie streckte die Arme nach den beiden aus, drückte sie an sich. Die Zwillinge machten sich frei.

»Sind wir nicht! Wir müssen es wissen!«

»Genau! Komm, Mama!«

Duncan schwieg einen Augenblick. »Megan, da ist mir gerade noch etwas eingefallen: Woher wissen wir, daß sie nicht auch in Gefahr sind?«

Megan brach in ihrem Sessel zusammen, als ob sie etwas erschlagen hätte.

»Oh, nein, glaubst du wirklich?«

»Ich weiß es nicht. Wir wissen gar nichts.«

Megan nickte. Sie schluckte schwer und zwang sich dazu, gerade zu sitzen.

»Mädchen, ich möchte, daß ihr in die Küche geht und Kaffee kocht. Wenn ihr Hunger habt, nehmt euch etwas zu essen. Laßt euern Vater und mich ein paar Minuten allein, während wir das ein bißchen durchsprechen, dann könnt ihr wiederkommen, und wir erzählen euch alles«, sagte Megan mit ihrer Mutter-weiß-es-am-besten-Stimme, die sie immer benutzte, wenn sie ein uferloses Gespräch beenden mußte.

»Aber Mom!«

»Los!« befahl sie.

Duncan sah, daß Karen ihre Schwester am Ärmel zog. Sie wandten sich ihm zu, und er nickte. Sie machten mürrische, enttäuschte Gesichter, aber sie standen auf und gingen in die Küche, ohne sich weiter zu beklagen.

Duncan wandte sich Megan zu. »So«, sagte er. »Was wollen wir ihnen erzählen?« Seine Stimme wurde immer schneller. »Fangen wir damit an, ihnen zu sagen, daß ihr Dad ein Verbrecher ist? Daß ihn die Polizei draußen in

Lodi, Kalifornien, immer noch liebend gern einlochen würde, obwohl es schon achtzehn Jahre her ist? Oder sagen wir ihnen besser erst mal, daß er ein Feigling ist, der seine Genossen im Stich gelassen hat, damit sie auf der Straße krepierten, während er den Schwanz einklemmte und weglief? Und was ist damit, daß sie vor der Ehe gezeugt sind? Ich bin sicher, daß sie das total durcheinanderbringen wird. Wie erklären wir ihnen, daß das Leben, das wir gelebt haben, eine einzige Lüge ist, eine Tarnung für etwas, das inzwischen längst Geschichte sein sollte?«

»Das stimmt nicht!« schrie Megan zurück. »Unser Leben ist keine Tarnung für irgendwas. Wir sind, wer wir sind. Wir sind nicht mehr die, die wir waren. Keiner ist das!«

»Olivia aber.«

Das brachte Megan zum Schweigen.

»Stimmt«, sagte sie voller Angst. Dann dachte sie angestrengt nach: Ist sie das wirklich? Das wissen wir nicht. Noch nicht.

»Also«, sagte Duncan, »wo fangen wir an? Wie erklären wir es ihnen?«

»Ich weiß es nicht«, sagte Megan. »Ich finde, wir fangen einfach an.«

Duncans Zorn war so rasch verraucht, wie er gekommen war. Er überlegte und nickte dann.

»Gut«, sagte er. »Wir erzählen es ihnen und hoffen, daß alles gutgeht.«

Aber in diesem Augenblick rechneten sie beide mit dem Schlimmsten. Nur konnten sie sich nicht vorstellen, wie es aussehen würde.

Olivia Barrow stand auf dem Parkplatz neben dem Wagen des Richters und spürte, wie die kühle Nachtluft sie einhüllte. Ihre Augen suchten in der Dunkelheit. Als sie niemanden entdeckte, schloß sie die Tür auf und glitt hinter das Steuer der teuren Limousine des Richters. Einen Augenblick lang streichelte sie die Ledersitze. Dann ließ sie den Motor an, legte den Gang ein und horchte auf das dumpfe Krachen des Getriebes.

Sie fuhr schnell, aber vorsichtig durchs nächtliche Greenfield. Das Städtchen wirkte noch provinzieller als am Tage; nur wenige Menschen befanden sich auf den Straßen. Sogar die Neonreklamen der Fast-food-Restaurants und Läden schienen kleiner geworden zu sein.

Sie brauchte nicht lange vom Zentrum zum Stadtrand, wo sie eine Wohngegend durchquerte. Sie warf kaum einen Blick auf die gepflegten Häuser und Grundstücke, die gediegene Ordnung, sondern fuhr zügig auf ihr Ziel zu, und bald lagen die Lichter der Stadt hinter ihr.

Sie bog auf eine Landstraße ab und dann auf eine andere, bis sie die Zufahrt zu ihrem Haus sah und den Fuß vom Gashebel nahm. Sie fuhr noch vierzig oder fünfzig Meter weiter und bog dann auf einen halb mit Gras bewachsenen Feldweg ein, der in den Wald führte. Dort mußte sie langsamer fahren, und die Limousine bewegte sich holpernd immer tiefer in den Wald hinein. Baumäste und Buschwerk kratzten an den Seiten des Wagens, es klang, als wären es brünstige Tiere. Nach einiger Zeit fand sie die Stelle, die sie vor Wochen bei einem Gang über den Besitz entdeckt hatte. Sie achtete darauf, daß die Räder nicht im Schlamm steckenblieben, und wendete.

Sie schaltete den Motor aus, nahm die kleine Stofftasche und prüfte noch einmal den Inhalt: Kleidung zum Wechseln, ein paar Toilettensachen, ein falscher Ausweis, hundert Dollar in bar, falsche Kreditkarten und die 357er Magnumpistole.

Zufrieden schloß sie die Tasche und ließ sie auf der Beifahrerseite zu Boden gleiten. Dann stieg sie aus dem Wagen, ließ aber die Schlüssel drin. Meine Rückversicherung, dachte sie. Falls was schiefgeht.

Dann lief sie zwischen den dunklen Bäumen und Brombeerbüschen hindurch und erreichte bald das in der Nähe gelegene Farmhaus.

Tommy löffelte eifrig seine Suppe, und deren Wärme ließ ihn momentan die Umgebung vergessen. In Gedanken war er zu Haus, und einen Augenblick lang fragte er sich, ob seine Eltern und Schwestern jetzt wohl alle bei Tisch saßen und ihr Abendessen zu sich nahmen. Dann wurde ihm klar, daß sie wahrscheinlich seinetwegen und Großvaters wegen nicht dazu kamen, und er überlegte, was sie wohl sonst tun mochten. Ob sie auch Angst hatten? Er stellte sich seine Schwestern vor und wünschte sich, daß sie bei ihm wären. Er dachte, so gute Soldaten wie er und sein Großvater würden sie wohl nicht sein, aber sie kannten so viele Spiele, mit denen man sich die Zeit vertreiben könnte. Sie hatten immer mit ihm gespielt, auch wenn die anderen Kinder nicht wollten, sogar wenn die ihn ausgelacht und beschimpft hatten, ihnen hatte das nie etwas ausgemacht. Er wußte noch, einmal hatte es geschneit, und er stand eine Stunde lang draußen und versuchte, eine Schneeflocke auf der Hand einzufangen. Die anderen Kinder aus der Nachbarschaft hatten ihn gehänselt und gesagt, das könnte er nicht, aber dann waren Karen und Lauren herausgekommen und hatten versucht, ihm zu helfen, und ziemlich bald versuchten die anderen Kinder es auch alle. Und ein Kind war da, ein Junge, der früher eine Querstraße weiter wohnte, der hatte ihm immer so fest auf den Arm geboxt, bis Karen ihn eines Tages zurückboxte, und da hörte er auf. Bei der Erinnerung daran mußte Tommy lächeln. Sie hatte ihm richtig eine heruntergehauen, dachte er; er kriegte Nasenbluten, und sie wollte sich nicht entschuldigen. Er dachte an die Nächte, wenn er Angst vor der Dunkelheit gehabt hatte, dann brachten Karen und Lauren ihre Schlafsäcke in sein Zimmer und schliefen auf dem Teppich, bis er eingeschlummert war und sie gehen konnten. Er wußte genau, daß sie wieder weggingen, aber trotzdem war die Angst vor der Nacht dann nicht mehr so groß. Er sah das Brot an, daß er in der Hand hielt. Zu Haus hätten sie ihm extra Tomaten und Salat und ein paar Chips dazu gegeben. Und Lauren hätte ihm noch einen Schokoladenkeks von dem Regal ganz oben heruntergeholt, wo Mom sie aufbewahrte.

Sie kommen her, alle vier, und retten uns, dachte er. Und Dad haut dann die Frau, die mir so angst macht, und nimmt sie fest, damit Großvater sie ins Gefängnis stecken kann, wo sie hingehört.

Hoffentlich vergaßen Karen und Lauren nicht, ihm ein paar Kekse mitzubringen.

Er machte Pause, um etwas Milch zu trinken, die mit etwas Schokoladensirup darin besser geschmeckt hätte, und biß dann wieder von seinem Butterbrot ab. Als er kaute, sah er seinen Großvater, der auf dem Rand des anderen Betts saß und vor sich hinstarrte.

»Großvater, du mußt etwas Suppe essen. Sie schmeckt gut«, sagte er.

Richter Pearson schüttelte den Kopf, aber er lächelte dem Jungen zu.

»Ich habe im Augenblick keinen Hunger«, sagte er.

»Aber wir brauchen beide viel Kraft, wenn wir kämpfen wollen.«

Richter Pearson lächelte. »Habe ich das gesagt?«
»Das hast du.«

Tommy stellte seinen leeren Teller beiseite und setzte sich neben den alten Mann.

»Bitte, Großvater«, sagte er mit etwas zittriger Stimme. »Bitte iß.« Er nahm die Hand seines Großvaters. »Mom sagt immer, mit leerem Magen kann man nicht laufen. Da kann man weder spielen noch sonstwas.«

Richter Pearson sah herab auf das Kind und nickte.

»Alles, was du sagst, ist sehr vernünftig, Tommy.«

Er zog seinen eigenen Teller zu sich heran und fing an, die Suppe hinunterzuschlürfen. Er war überrascht, wie gut sie schmeckte. Er aß weiter, während sein Enkelsohn zusah, wie ein Löffelvoll nach dem anderen in seinem Mund verschwand.

»Du hast recht, Tommy. Ich fühle mich jetzt schon stärker.«

Der Junge lachte und klatschte in die Hände.

»Tommy, ich glaube, du solltest das Kommando übernehmen. Du solltest der General sein, und ich bin der Gefreite. Du scheinst zu wissen, was für die Armee am besten ist.«

Richter Pearson fing an, auf seinem Brot herumzukauen. Nicht genug Mayonnaise.

Mein Gott, dachte er, es ist Jahre her, seit ich eine Mahlzeit aus Milch, Suppe und einem Butterbrot zu mir genommen habe. Eine Kindermahlzeit. Ich frage mich, ob sie denken, daß wir dadurch abhängiger von ihnen werden – daß sie mich unmündig machen können, dadurch, daß sie mich mehr wie ein Kind behandeln.

Zum erstenmal kam Richter Pearson der Gedanke, daß noch etwas anderes als Gewalt nötig sein könnte, wenn sie aus der Dachkammer heraus wollten. Er beschloß, sich zu einem späteren Zeitpunkt mit den psychologischen Folgen seiner Gefangenschaft zu befassen. Zuerst, dachte er, mußte etwas geschehen.

»Tommy, ist dir klar, daß wir schon mehrere Stunden gefangen sind und immer noch nicht unsere Gefängniszelle untersucht haben?« Er warf einen Blick auf die Armbanduhr. Es war nach einundzwanzig Uhr. Sie waren ziemlich dumm, dachte er. Sie hätten ihm die Uhr wegnehmen sollen. Damit wären wir noch orientierungsloser gewesen. Aber so wissen wir, wie spät es ist und daß fast genau fünf Stunden seit unserer Gefangennahme vergangen sind. Damit haben wir etwas in der Hand.

»Was meinst du, Großvater?«

»Was wissen wir über den Ort, an dem wir uns befinden?«

Richter Pearson stand auf. Er spürte, daß seine Energie zurückkehrte.

»Es ist eine Dachkammer«, antwortete Tommy.

»Und wo befinden wir uns? Was meinst du?«

»Auf dem Land irgendwo.«

»Wie weit von Greenfield entfernt?«

»Es kann nicht sehr weit sein, wir sind ja nicht so weit gefahren.«

»Was wissen wir sonst noch?«

»Die Zufahrt zum Haus ist sehr lang.«

»Woher weißt du das?«

»Ich habe bis fünfunddreißig gezählt von dem Augenblick, als wir von der Straße abgebogen sind.«

»Das war klug von dir.«

»Da haben Mom und Dad es nicht so weit, wenn sie uns holen kommen.«

Er lächelte. »Wahrscheinlich werden sie uns zu ihnen bringen. Meist ist das so in diesen Fällen.«

»Okay. Ich möchte, daß sie sich beeilen. Großvater, glaubst du, daß wir heute nacht noch nach Haus kommen?«

»Nein, glaube ich nicht.«

»Dad könnte ihnen einen Scheck schreiben.«

»Sie wollen wahrscheinlich Bargeld.«

»Ich habe fast fünfzig Dollar in meiner Spardose zu Haus. Meinst du, sie würden die nehmen?«

Richter Pearson lächelte wieder. »Nein. Du wirst dein Geld behalten. Hast du für etwas gespart?«

Tommy nickte, aber er antwortete nicht.

»Na?«

»Du mußt mir versprechen, Mom nichts zu sagen.«

»Okay. Ich verspreche es.«

»Ich möchte ein Skateboard.«

»Sind sie nicht ein bißchen gefährlich?«

»Ja, aber ich werde immer einen Helm und Kniepolster tragen, wie die älteren Kinder in der Schule.«

»Aber du hast so ein schönes Rad. Weißt du noch, als dein Vater, du und ich es ausgesucht haben?«

Er nickte.

»Jetzt magst du es nicht mehr?«

»Doch... aber es ist, na ja...«

»Du möchtest auch ein Skateboard.«

»Ja.«

»Ich werde es niemandem erzählen. Und weißt du was, Tommy? Wenn wir nach Haus kommen, dann kriegst du von mir einen Fünfdollarschein, und den kannst du zu deinen Ersparnissen dazutun.«

»Toll.«

Richter Pearson sah sich wieder in der Dachkammer um. Eine einzige helle Glühbirne hing in der Mitte der Decke. Der Schalter befand sich neben der Tür.

»Tommy, ich glaube, es ist Zeit, daß wir unsere Dachkammer ein bißchen besser kennenlernen.«

»Okay«, sagte Tommy und stand auf.

»Zieh einfach die Schuhe aus«, sagte der Richter leise. »Laß sie nicht auf den Boden fallen, stell sie aufs Bett. Dann gehen wir ganz vorsichtig umher, okay?«

»Warum, Großvater?«

»Die Leute da unten brauchen nicht zu merken, daß wir hier herumspazieren.«

Tommy nickte und tat, was der Großvater ihm gesagt hatte.

»So«, sagte Richter Pearson. »Jetzt kann's losgehen.«

Der alte Mann und der Junge fingen an, in den Ecken der Dachkammer herumzutasten. »Was suchen wir?« flüsterte der Junge.

»Ich weiß nicht. Mal sehen.«

Sie suchten an der einen Wand entlang, und Tommy fand einen langen Nagel, der am Boden verstaubte. Er gab ihn dem Großvater. »Gut, gut«, sagte der alte Mann und steckte ihn in die Tasche. Sie setzten ihre Untersuchung längs der anderen Wand fort. Plötzlich hielt der alte Mann an. Er legte die Hand auf eine Holzplanke. »Fühl mal.«

»Es ist kalt. Das ganze Stück hier ist kalt.«

Richter Pearson preßte eine Hand gegen einen kalten Fleck.

»Vielleicht könnten wir hier durchbrechen. Hier ist keine Isolierung. Was mag da sein? Vielleicht war da früher mal ein Fenster, das sie zugebaut haben.«

Sie suchten weiter. Als sie die Tür der Dachkammer errreichten, wies Tommy darauf hin, daß die Nägel, mit denen die Tür an der Angel befestigt war, nicht ganz drinsteckten.

Sie prüften auch die beiden Eisenbettstellen. Eine Strebe an einer von beiden war locker. Richter Pearson lockerte sie noch etwas mehr. »Ich könnte sie losbekommen«, sagte er. Er setzte sich auf das Bett und zog die Schuhe wieder an. Tommy tat dasselbe.

»Wir haben nicht viel gefunden«, sagte der Junge.

»Nein, nein, nein, da irrst du dich. Du hast den Nagel gefunden, und wir haben den schwachen Punkt entdeckt, durch den wir vielleicht hinauskommen, und dazu ein Stück Metall, aus dem wir eine Waffe machen könnten, außerdem haben wir eine Schwachstelle der Tür gesehen, wenn wir auch noch nicht wissen, wozu es gut sein kann. Wir haben mehr Erfolg gehabt, als ich erwartet hatte. Viel mehr.«

Der Optimismus in seiner Stimme gab dem Jungen neue Hoffnung.

»Ach, Großvater«, sagte er nach einem Augenblick. »Ich bin müde und wünschte, ich wär' zu Haus.« Er kletterte hoch und legte den Kopf in den Schoß des Großvaters. »Ich hab' auch immer noch Angst. Nicht mehr soviel, aber immer noch etwas.«

Der Junge schloß die Augen, und Richter Pearson hoffte, daß er einschlafen würde. Er streichelte die Stirn des Jungen und merkte, daß auch seine eigenen Augen müde wurden und zufallen wollten. Er fragte sich, wo seine innere Spannung geblieben war. Er merkte, wie er einzunicken anfing, wie sein Körper sich gegen die Anspannung und Angst zur Wehr setzte. Er ließ den Kopf nach vorne sinken.

Plötzlich sprang Tommy hoch. »Sie kommen!« sagte er.

Richter Pearson schlug die Augen auf.

Er hörte Schritte auf der Diele und Geräusche an der Tür.

»Ich bin bei dir, Tommy. Keine Angst.«
Was für ein albernes Gerede, dachte er. Aber es fiel ihm nichts anderes ein.

Olivia Barrow riß die Tür auf und betrat die Dachkammer. Sie sah, daß ihre Schützlinge bis zur Wand zurückgewichen waren, sie schienen sich vor ihr verkriechen zu wollen, und sie sah auch die Angst in ihren Gesichtern.
»Habt ihr alles aufgegessen?« fragte sie.
Tommy und der Großvater nickten.
»Gut. Ihr müßt bei Kräften bleiben«, fuhr sie fort, wobei sie unbewußt Tommys Ermahnung wiederholte. »Keiner weiß, wie lange das hier dauern wird.«
Sie näherte sich dem Paar.
»Alter, laß mich mal deine Stirn ansehn.«
»Da ist nichts weiter«, sagte Richter Pearson. Ich lasse mich von ihr nicht herumkommandieren, dachte er. Einmal reicht.
»Laß mich sehen!«
»Ich sagte, es ist nichts.«
Sie zögerte. »Willst wohl deine Spielchen machen, ha?«
Er schüttelte den Kopf.
»Du kapierst wohl immer noch nichts, du alter Bastard?«
»Was?«
»Ich habe dich etwas gefragt!«
»Was verstehe ich nicht?«
»Daß wir alles mit euch machen können.«
»Hören Sie mal«, sagte Richter Pearson und begann mit einer Art juristischem Plädoyer: »Sie haben uns. Sie haben uns ergriffen, ohne uns auch nur eine Chance zu geben. Sie haben mich geschlagen und dem Jungen Angst

eingejagt. Sie haben uns in dieses Loch von einer Dachkammer geworfen. Sie haben seinen Eltern wahrscheinlich eine schreckliche Angst eingejagt. Sie sind der Boß. Warum kümmern Sie sich jetzt nicht um Ihr Geschäft? Was ist das hier für ein Unternehmen? Sie sind offenbar blutige Anfänger. Bringen Sie die Sache zu Ende, meine Dame, und dann hat sich's. Wir brauchen das hier nicht unnötig in die Länge zu ziehen. Holen Sie sich Ihr verdammtes Geld, und lassen Sie uns nach Haus!«

Olivia lächelte.

»Ach, der Herr Richter versteht nicht.«

»Hören Sie auf, in Rätseln zu sprechen.«

Sie schüttelte den Kopf, als lache sie über einen nur ihr verständlichen Witz.

»Ach Alter, du bist mir ja ein Herzchen. Meinst, du kannst noch irgendwas retten, indem du dich wehrst. Nicht körperlich natürlich, aber geistig. Mit denen, die dich gefangen haben, argumentieren, was? Daß sie dir irgendwelche Sachen bringen – zum Beispiel einen Eimer. Versuchen, uns zu manipulieren. Als nächstes verlangst du wahrscheinlich ein paar Extradecken – obwohl es hier wirklich warm genug drin ist –«

»Ja, wir könnten noch ein paar gebrauchen, und noch ein paar Extrakissen –«

»Oder Klagen äußern über das Essen –«

»In der Tat, Suppe und Sandwiches sind wohl kaum ausreichend für –«

»Fünf Stunden sind um, und dein erster Schock ist vorbei. Du hast schon ein bißchen Zeit gehabt, dich mit deiner Situation zu beschäftigen. So schlimm sieht's gar nicht aus. Keiner von euch beiden ist verletzt. Die Dachkammer? Du hast schon Schlimmeres erlebt. Wir, die Leute, die euch gefangengenommen haben, sind vielleicht ein bißchen unberechenbar, aber du meinst, du kannst mit uns fertig werden. Wie so eine Entführung läuft, hast du als Richter bestimmt schon mal mitgekriegt. Also? Es gibt Schlimmeres. Und schon fängst du an herumzuknobeln, stimmt's?«

»Kommen Sie bitte zur Sache.«

Olivia holte einen großen Revolver heraus und wedelte damit in der Luft herum. »Die Sache ist, daß ich euch jeden Augenblick abknallen kann. Ich kenne euch Typen. Gefangenenaufseher sind alle gleich. Die werden mit jeder Art von Gewalt fertig. Die haben ihre Häftlinge in der Hand. So läuft das im Knast, Richter, obwohl du wahrscheinlich noch nie einen von innen gesehen hast.

Hunderte und Aberhunderte der brutalsten und gemeinsten, der gewalttätigsten Knakis fressen ein paar uniformierten Aufsehern aus der Hand. Ist alles oben in der Birne gespeichert – Autorität, Gewalt, Macht. Und hier läuft das auch so. Ich bin der Aufseher. Ihr seid die Gefangenen. Ich kann mit euch machen, was ich will. Ihr versucht, noch ein bißchen von eurer Menschenwürde zu retten. Aber da passe ich auf.« Sie grinste und richtete den Revolver auf sie, schwenkte ihn dann beiseite. Ihre Bewegungen hatten beinahe etwas Spielerisches. »Eins müßt ihr lernen: Ich bin hier der Experte.«

Sie sah plötzlich herab auf Tommy.

»Jetzt nehme ich den Jungen mit.«

»Was?«

»Klarer Fall, Richter. Ihr beide unterstützt einander moralisch. Ich werde euch wohl trennen. Es gibt hier auch noch einen Keller, weißt du. Wir haben schon überlegt, ob wir euch da unten einlochen, aber dann dachten wir, das wäre zu grausam. Wirklich. Schlimmer als irgendein Loch, in dcm ich je gesessen habe. Kein Licht.

Kalt, feucht, schimmlig. Und riecht nach Kloake. Sehr deprimierend, voller Krankheiten und sonstwas. Vielleicht legen wir den Jungen da unten eine Weile gefesselt rein.«

»Bitte, nein! Ich möchte hierbleiben!« rief Tommy mit halberstickter Stimme. Richter Pearson fühlte, wie der Körper seines Enkels sofort zu zittern anfing.

»Das wird nicht nötig sein«, sagte er. »Wir tun alles, was Sie sagen.«

»Zeig deine Stirn her.«

»Bitte! Sehen Sie sich es an!«

Olivia steckte den Revolver weg und holte ein Erste-Hilfe-Kästchen heraus. Sie tupfte etwas Betadin auf die Beule an der Stirn des Richters.

»Irgendwelche Kopfschmerzen?« fragte sie.

»Nicht mehr als in so einer Situation zu erwarten ist.«

»Wenn du Schwindelgefühle hast, sag's.«

»Wenn ja, sage ich Bescheid.«

Sie steckte das Medizinkästchen ein und richtete sich auf. »Du hast nur etwas noch nicht kapiert, Richter.«

»Was denn?«

»Ich hab's dir vorhin schon gesagt. Daß das hier keine normale Entführung ist. So was wie hier hast du noch nicht erlebt.«

Sie lachte.

»Paß gut auf. Wir zeigen euch jetzt, was Angst ist.«

Er starrte sie an, ohne zu begreifen.

Sie klatschte energisch in die Hände.

»All right, Jungs, wer muß vor dem Schlafengehen noch mal auf den Topf?«

Weder der Richter noch Tommy reagierte.

»Also, jetzt hopp hopp. Hier ist eure Chance – jetzt könnt ihr euch die schmachvolle Benutzung des Kübels ersparen. Wer will gehen?«

Sie rührten sich nicht.

»Na, ihr geht beide. Richter, du bist zuerst dran. Steh auf, geh durch die Tür. Mein Landsmann erwartet dich da draußen mit seiner hübschen kleinen MP – ausgezeichnetes Gerät, Richter. Schon mal eine benutzt? Weißt du, man hört fast gar nichts, wenn man jemanden damit umnietet.«

Richter Pearson wußte nicht, ob sie sich nur aufspielen wollte oder ob sie aus Erfahrung sprach.

Sie lachte wieder.

»Ich sehe, was du denkst, Herr Richter. Aber dieses kleine Geheimnis wollen wir euch noch nicht verraten, nicht wahr?«

Sie veränderte jäh ihren Tonfall, aus dem Spiel wurde Ernst: »Jetzt geht's ab mit Karacho, Alter, soll ich dir Beine machen? Los, in die Toilette, ich bleibe hier und leiste unserem kleinen Tommy Gesellschaft.«

»Großvater, bitte, laß mich nicht allein!«

Richter Pearson stand da und zögerte.

»Zisch los, Alter!«

»Großvater!«

Olivia stand neben dem Bett und legte die Hand auf Tommys Schulter.

»Bitte, laß mich nicht allein, Großvater. Bitte! Ich will nicht, daß du gehst! Großvater!«

»Siehst du, Richter, wie schwer zu durchschauen all unsere Entscheidungen sind? Fühlst du dich hin- und hergerissen? Was werde ich hinter deinem Rücken tun? Was wird nun passieren? Vielleicht gehst du jetzt los, und wenn du zurückkommst, ist der Junge weg und liegt schon unten im Keller. Aber wenn du nicht gehst, nehme ich ihn mir vielleicht einfach, und es läuft auf dasselbe hinaus. Komm, Richter, triff deine Entscheidung. Das tun Richter doch immer, oder? Es kann schieflaufen, wenn du gehst, aber auch, wenn du nicht gehst. Komm, Alter, rate mal! Was werde ich wohl tun? Wie grausam kann ich sein? Welches ist die richtige Entscheidung?«

»Großvater?«

»Ich gehe«, sagte der Richter. »Tommy, du bleibst hier. Ich bin gleich wieder da.«

»Großvater! Bitte!«

Olivia packte den Jungen bei der Schulter. Sie starrte den Richter an.

Du Bestie! dachte er. Er drehte sich um, eilte zur Tür der Dachkammer hinaus und hörte bei jedem Schritt, den er tat, den Jungen schreien und schluchzen. Das belastete ihn so schrecklich, daß er schwankte, ob er nicht auf Tommys Schreien reagieren sollte, statt sich von den Drohungen beeindrucken zu lassen. Was wird sie tun? Tommy! Er wollte rufen, um seinen Enkel zu beruhigen, der nicht aufhörte zu schreien. Dann sah er Bill Lewis, der ihn grinsend mit der Maschinenpistole unten in der Diele erwartete.

»Hier rein«, sagte Lewis mit einer Geste. »Die Tür bleibt offen. Du möchtest das bestimmt hören.«

Der Richter beeilte sich, stand ungeduldig vor dem Klosettbecken, während er urinierte.

»Los, Beeilung, Richter!«

Er betätigte die Spülung und rannte zur Dachkammer zurück, aus der er Tommy ununterbrochen schreien und weinen hörte. Er atmete erleichtert auf: Wenigstens hatte sie ihn nicht fortgebracht!

»Ich bin ja hier, Tommy, ich bin ja wieder hier, beruhige dich doch, ist ja alles wieder gut.«

Er nahm den Jungen in die Arme und tröstete ihn. Er war voller Wut, als er den Jungen drückte und wiegte.

Olivia ließ sie etwa eine Minute lang so fortfahren. Dann schritt sie ein und sagte:

»Das war doch gar nicht so schlimm. Aber jetzt wird's unangenehm. Tommy! Steh auf! Du bist dran!«

»Er kann den Eimer benutzen«, sagte der Richter zornig.

»Nein, das kann er nicht. Jetzt nicht. Das ist nicht erlaubt.«

»Bitte«, sagte Richter Pearson. »Lassen Sie mich mit ihm gehen.«

»Ausgeschlossen.«

»Großvater!« stöhnte Tommy. »Sie bringt mich in den Keller, ich weiß es!«

Olivia grinste. »Kann sein. Gut möglich. So ist das Leben nun mal. Gehen wir?«

»Nein, Großvater, nein, bitte. Ich möchte hier bei dir bleiben. Ich muß gar nicht. Nein! Bitte, laß mich hierbleiben, bitte, Großvater, bitte!«

Richter Pearson wußte, daß die Frau auf die Bitten des Jungen nicht reagieren würde. »Ist ja gut, Tommy. Sei tapfer. Du kannst doch tapfer sein. Du schaffst es, und dann wird alles gut.«

Vorsichtig half er Tommy auf.

»Ich bleibe hier. Nun geh, mach dein Geschäft und komm gleich zurück. Ich bleibe hier, keine Angst.«

Der Junge weinte bitterlich, und seine Schultern zuckten. Aber sein Großvater sah, wie er mit dem Kopf nickte. Richter Pearson legte die Arme um seinen Enkel und drehte ihn zur Tür herum. Er war plötzlich ganz verdammt stolz auf ihn. »Beeil dich. Ich warte.«

Tommy marschierte entschlossen hinaus.

Olivia sah einen Augenblick hinter ihm her, dann wandte sie sich dem Richter zu und deutete auf das Bett.

»Hinsetzen!«

Er gehorchte. Er rechnete damit, wieder eine ihrer absurden, weitschweifigen Reden zu hören. Statt dessen drehte sie sich um und ging schnell hinaus.

»He!« sagte der Richter.

Sie verschwand, und der Riegel krachte ins Schloß.

»He! Verdammt! Warte! Tommy!«

Er hörte den Jungen »Großvater! Großvater!« schreien.

Richter Pearson sprang auf. Er hechtete durch die winzige Kammer und die Treppe hinunter. Er fing an, mit der Faust gegen die Dachkammertür zu hämmern.

»Bringen Sie ihn zurück! Bringen Sie ihn zurück! Tommy! Tommy! Bringen Sie ihn zurück, Sie verdammte...«

Wut und Angst, Überraschung und Entsetzen kochten in ihm durcheinander, er fühlte sich betrogen, und ein unbändiger Haß erfüllte ihn. Er merkte, wie seine Augen sich mit Tränen füllten. »Tommy! Tommy!« schluchzte er los.

Er kippte vorwärts, lehnte sich an die Wand, verzweifelt über diese Niederlage.

Und ebenso rasch öffnete sich die Tür.

Er streckte, ohne nachzudenken, die Arme aus, sofort überwältigt von der Freude und der Erleichterung, den kleinen Jungen vor sich zu sehen. Dann erstarrte er. Olivia hatte Tommy gepackt und hielt ihm mit der einen Hand den Mund zu. Dann ließ sie ihn los, und er warf sich seinem Großvater in die Arme.

Richter Pearson schlang sie um den schluchzenden Jungen, und seine eigenen Tränen vermischten sich mit denen seines Enkelsohns. »Ich bin hier, Tommy, keine Angst, ich bin ja bei dir. Ich passe auf dich auf. Du brauchst keine Angst zu haben. Ich bin doch hier, hier, hier..."

Er flüsterte ihm die letzten Worte ins Ohr, beruhigte ihn langsam, aber sicher.

Richter Pearson hob die Augen auf. Er strich Tommy übers Haar und drückte den Kopf des Jungen an die Brust. Aber sein Blick traf den Olivias.

»Wer führt hier das Kommando, Alter?« fragte sie ihn brutal.

»Sie.«

»Das ist alles ein Teil unserer Ausbildung, du Schwein«, erwiderte sie, drehte sich um und verschloß die Tür hinter sich.

Kapitel 4

Mittwoch früh

Zuerst kam ihnen das Wort wie elektrisch geladen vor, eine Energie lag darin, die sie beide zu überwältigen drohte: entführt. Sie hatten nicht gewußt, wie sie darauf reagieren sollten: Noch nie war ihnen etwas derartiges zugestoßen – sie waren noch nie Opfer eines Verbrechens geworden und kannten auch niemanden, der so etwas erlebt hatte: Kein Straßenraub und kein Wohnungseinbruch, nicht mal ein Autodiebstahl hatte sich in ihrer kleinen Welt ereignet. Einmal war ihnen ein Mann von der Junior High School bis nach Haus gefolgt, aber als ihre Mutter die Polizei anrief, stellte man fest, daß es sich um den zurückgebliebenen, erwachsenen Sohn des Vorsitzenden der Schulbehörde handelte. Er hatte sich verlaufen und war völlig harmlos, und die Zwillinge brachten ihn, nachdem sie ihm etwas zu essen gemacht hatten, zum Vater zurück.

Als sie sich also darüber klar zu werden versuchten, was denn nun genau über sie gekommen war, verwirrten sich ihre Gedanken. Dazu kam auch noch etwas Scham, eine Art Wut auf sich selbst, weil Aufregung und Faszination der Angelegenheit die Tatsache, daß sie sich nur um ihren Großvater und Bruder Sorgen machen sollten, an den Rand zu drängen drohte. Die Gefahr, in der die beiden schwebten, schien aber so seltsam und unbegreiflich, daß die Aufregung doch das beherrschende Element ihrer Gedanken blieb. Sie hockten sich in die Küche, verbittert über die Zumutung, daß sie in so einem Augenblick Kaffee kochen und Essen machen sollten, und fragten sich, wie jemand da auch noch Hunger haben konnte und warum sie aus dem Zimmer gehen sollten und ob sich jetzt ihr ganzes Leben verändern würde, aber am meisten, was nun als nächstes geschehen würde.

Karen und Lauren kochten Wasser für den Kaffee und legten ein paar Essensreste auf eine Platte. Durch die Küchentür konnten sie ihre Eltern heftig streiten hören, aber nicht genau verstehen, was sie eigentlich sagten. Wie sie wußten, gehörte es sich nicht, daß man andere Leute belauschte, aber wenn sie sich scheinbar zufällig neben die offene Tür stellten, war das nicht so schlimm.

»Irgendwas, ob sie uns die Wahrheit sagen sollen«, flüsterte Karen. »Was könnte das sein?«

»Keine Ahnung. Glaubst du, daß sie's uns sagen?«

Karen zuckte die Achseln. »Sagen wollen sie uns nie irgendwas, aber schließlich verplappern sie sich doch immer irgendwann.«

»Meinst du, die haben irgendein schreckliches Geheimnis, das sie vor uns verstecken?« fragte Lauren ganz außer Atem. Sie war die romantische von den beiden.

»Mom und Dad?« erwiderte Karen schroff. Sie war die praktische, und ihre Stimme klang wie die ihres Vaters in seinem geschäftsmäßigsten Bankerton. »Komm! Guck sie dir doch an, um Himmels willen. Sehen sie so aus?«

»Ach«, sagte Lauren ziemlich unberührt, »alles ist möglich. Wir kennen sie überhaupt nicht. Sie reden kaum mal über die Zeit vor unserer Geburt.«

»Sie waren Hippies, du weißt doch, bevor Dad angefangen hat, in der Bank zu arbeiten. Frieden-Liebe-Blumen. Erinnere dich an das Foto, wo Dad die langen Haare hat und die Großmutterbrille und Mom das Kleid mit den Blumen drauf...«

»...und keinen BH.«

Sie lachten.

Sie waren eineiige Zwillinge; gertenschlank mit muskulösen Armen wie ihr Vater und dem rotbraunen Haar, den blauen Augen und den gymnastischen Fähigkeiten ihrer Mutter. Sie spielten Fußball und Basketball, mischten im Theaterklub mit und quälten sich mit Fremdsprachen herum. Karen hatte so eine Art, die Mundwinkel herabzuziehen; Lauren zog die Augenbrauen hoch. Karen strich sich das Haar mit beiden Händen aus dem Gesicht und schüttelte es dann wie wild. Lauren pflegte sich wie die Karikatur eines alten Philosophen über das Kinn zu streichen, wenn sie nachdenklich war. Beide trugen sie ein Goldkettchen um den Hals mit einem Silberblättchen in der Mitte, auf das ihr Name eingraviert war. Das stellte eine Konzession an alle dar, die nicht zur Familie gehörten; ihren Eltern war es nie schwergefallen, sie voneinander zu unterscheiden. Duncan hatte oft den Eindruck, daß es einfach nur die Kopfhaltung oder ein kleiner Unterschied in ihrer Stimmlage waren, die ihm sagten, wer von beiden sich an ihn wandte. Megan war nie auch nur auf den Gedanken gekommen, daß ihr diese Gleichheit Anlaß zur Verwechslung geben könnte. Es waren ihre Kinder, und sie hätte sie sofort aus einem Spiegelkabinett herausgefunden.

Allerdings gaben sie gern ihren Freunden und möglichen Freiern gegenüber an, die ihre Ähnlichkeit verwirrend fanden. Die Zwillinge hatten ihr Vergnügen daran. Obwohl sie sich in ihren Klassen vom Kindergarten über die Grundschule bis zur High School immer sehr integriert gefühlt hatten, gaben sie sich doch letzten Endes am liebsten mit sich selbst ab. Megan hatte festgestellt, daß die wenigen Freunde, denen sie sich wirklich anvertrauten, fast immer zu den einsamsten gehörten; es waren Einzelkinder, zu denen sie sich hingezogen fühlten.

»Meinst du, Tommy ist okay?« fragte Lauren.

In ihrem gleichförmigen Leben hatte es eine Konstante gegeben, die alle anderen übertraf: ihren Bruder.

Sie hatten oft über jenen Augenblick vor vielen Jahren gesprochen, als ihre Mutter zu ihnen kam und ihnen erklärte, sie wisse nicht, was mit Tommy los sei, aber er sei anders. Auch ihr Vater hatte mit ihnen darüber gesprochen. Er hatte sie einmal zum Essen und ins Kino eingeladen, dann nach Haus gebracht und mit ihnen im Wagen gesessen, bis sie ruhig waren und ihm zuhörten: »Ihr müßt immer daran denken, daß ihr einander habt und daß er ganz allein ist, und ihr müßt immer für ihn einstehen, weil er auch ein Teil von euch ist. Alle Familien haben irgendein Problem, und Tommy wird unser Problem sein.«

Lauren und Karen hatten das nie vergessen.

Sie meinten jedoch, daß ihre Eltern zuviel von Tommys Unfähigkeit und Geistesabwesenheit hermachten. Sie hatten seine Besonderheiten immer einmalig und wundervoll gefunden: »Wie ein Kind in einem Buch, das in sein eigenes Wunderland weggetragen wird wie Narnia oder Middle-Earth«, sagte Lauren einmal. »Er ist vielleicht sehr glücklich da draußen, wenn er träumt. Vielleicht ist er wie der Kleine Prinz und fängt sich manchmal einen Meteor ein, mit dem er auf Reisen geht.«

Aber während Lauren ein bißchen eifersüchtig gewesen war, hatte Karen verständnisvoll reagiert. Wenn Tommy seine Anfälle bekam, sich heulend und schreiend zu Boden warf, gegen die Wände stieß und so rot im Gesicht wurde von all dem, das in ihm gegeneinander kämpfte, hatte ihn immer die praktische Karen fast so gut wie seine Mutter zu trösten und zu beruhigen verstanden. Sie nahm ihn einfach in die Arme und redete ihm irgendeinen Unsinn ins Ohr, und dann ließ seine Wut allmählich nach, er wurde still, und schließlich hob er das Gesicht zu ihr auf und lächelte. Sie sagte etwas auf von Ogden Nash oder »Jabberwocky« von Lewis Carroll und die schrecklichen Witze, die sie kannte, und dann wurde er ganz zahm.

Tommy hatte es auch nie schwer gefunden, die beiden Mädchen zu unterscheiden, nicht mal, wenn sie die Kleider getauscht hatten, um ihn auf den Arm zu nehmen. Das war eines ihrer Lieblingsspiele gewesen, und Tommy hatte sie immer erkannt.

»Bestimmt. Mit dem wird kein Entführer fertig, Tommy ist eisern. Weißt du noch, mit vier, als er von der Schaukel herunterfiel und sich das Handgelenk brach und zwei Tage lang keinem was erzählt hat? Erst als du merktest, wie schwarz und blau und geschwollen die Hand war, ist Mom schließlich zu Doktor Schwartzmann gegangen.«

Lauren lächelte. »Ich weiß noch. Ich hab' mir nur immer Sorgen gemacht, weißt du, wenn er so einen von seinen geistesabwesenden Augenblicken hatte und sich so zurückzog, gar nichts mehr sagte und nur noch dasaß und vor sich hinstarrte. Da hätte ihm jeder weh tun können. Stell dir vor, er hat wieder so einen Anfall, und die Entführer verstehen ihn nicht. Und tun ihm vielleicht weh.«

»Großvater ist ja da. Er kann es ihnen erklären.«

»Wenn sie ihn lassen. Und vielleicht tun sie ihm auch weh.«

»Mensch, du hast ja keine Ahnung von Entführungen. Das nützt ihnen doch gar nichts, wenn sie den Leuten weh tun, die sie sich schnappen. Dann kriegen sie kein Geld.«

»Ich weiß. Das weiß doch jeder. Aber manchmal kriegen die Leute Angst. Und Großvater wird sie wahrscheinlich wütend machen, weil er so ein saurer alter Meckerbock ist und sich von keinem etwas sagen läßt. Darüber mach' ich mir Sorgen.«

»Wo sind denn die Sahne und der Zucker?«

»Genau vor deiner Nase, du Träne.«

»Au ja. Hab' schon.«

»Und wieso entführen die ausgerechnet Tommy und Großvater?«

»Ja. Das versteh' ich ja auch nicht. Meistens schnappen die sich doch reiche Leute. Söhne von Ölmilliardären und so. Oder Filmstars.«

»Wie können Mom und Dad sie denn bezahlen?«

»Ach, die haben wahrscheinlich genug Geld.«

»Woher weißt du denn das?«

»Ich habe seine Kontoauszüge gesehen, und da waren mehr als siebentausend Eier drauf.«

»Entführer verlangen meistens Millionen.«

»Könnte er sich die leihen?«

»Von wem?«

»Weiß ich nicht.«

»Worüber streiten die sich eigentlich?«

»Das möchte ich auch wissen. Und warum haben sie nicht die Polizei angerufen? Hast du dir das schon mal überlegt?«

»Entführer sagen einem immer, daß sie die Leute umbringen, wenn man die Polizei anruft.«

»Ja, aber im Fernsehen rufen sie trotzdem immer die Bullen an.«

»Ja. Ich weiß. Oder so einen Privatdetektiv wie Magnum.«

»Meinst du, daß sie das tun werden?«

»Ich weiß nicht. Ich glaube, es gibt keine Privatdetektive in Greenfield. Ich hab' da noch niemand entdeckt, der so aussieht.«

»Meinst du, wir müssen morgen in die Schule?«

»Daran hab' ich noch nicht gedacht.«

»Armer Tommy. Ich wette, er hat Angst.«

»Ja, wahrscheinlich. Meinst du, sie haben ihn gefesselt?«

»Nein. Höchstens vielleicht die Füße. Sie wissen wahrscheinlich nicht, wie schnell er rennen kann.«

»Ja. Schneller als du, Pummelchen.«

»Wir wiegen beide dasselbe, also faß dir an deine eigene Nase.«

»Nein, ist nicht wahr. Ich habe fünf Pfund abgenommen. Ich hab's dir nur nicht erzählt.«

»Das stimmt nicht.«

»Doch, das stimmt.«

»Ich wette, weil du soviel Grapefruit gegessen hast. Igitt.«

»Jedenfalls läuft er immer noch schneller als wir beide.«

»Nimm mal an, sie bringen ihn wirklich um.«

Lauren erschrak und legte sich die Hand auf den Mund, nachdem sie es ausgesprochen hatte. Sie redete schnell weiter: »Nein, nein, daran dürfen wir einfach gar nicht denken. Ich kann gar nicht glauben, daß ich das gesagt habe.«

»Was ist, wenn sie's tun?« fragte Karen.

Sie sahen einander an und spürten beide, wie ihnen die Tränen kamen. Sofort lagen sie sich in den Armen.

»Ich lasse nicht zu, daß sie das tun«, schluchzte Lauren. »Ich lasse das nicht zu. Er ist doch noch ein kleiner Junge, und das ist nicht fair.«

»Wir müssen etwas unternehmen«, sagte Karen. »Wenn Tommy was passieren würde... Verdammt, ich lasse das genausowenig zu.«

»Aber was können wir machen?«

»Ich weiß es nicht. Aber wenn sie Tommy auch nur ein kleines bißchen weh tun dann bring' ich... bringen wir sie um.«

»Stimmt. Das können sie mit uns nicht machen. Weißt du noch, Alex Williams, wie der Tommy immer gehauen hat? Ja, dem hast du's aber gegeben.«

»Der hat nie geglaubt, daß ich ihm eine scheuern würde.«

Karen lächelte.

»Ja, die denken immer, weil man ein Mädchen ist und so, tut man das nicht. Aber wir sind schließlich keine Kinder mehr. Wir könnten sogar schon beim Militär sein, wenn wir wollten.«

»Die nehmen dich erst mit achtzehn.«

»Na und? Neun Monate ist doch ein Klacks. Und außerdem nehmen sie auch schon Jüngere, wenn die Eltern einverstanden sind. Weißt du noch, als der Offizier in der Aula zu uns gesprochen hat?«

»Natürlich.«

»Pssst! Merkst du was?«

»Was?«

»Sie sind still. Sie streiten sich nicht mehr.«

»Sollen wir reingehen?«

»Ich glaube ja.«

Aber bevor sie sich rühren konnten, hörten sie die Stimme ihres Vaters, der sie hineinrief.

Sie nahmen ihren Eltern gegenüber auf dem Sofa Platz. Still saßen sie da und warteten auf die Erklärung.

Megan sprach zuerst:

»Mädchen, wir können euch nicht viel erklären, aber eins können wir euch sagen: Irgendwelche Leute haben Tommy und Großvater entführt. Wir wissen nicht, wer sie sind oder was sie wollen. Noch nicht. Sie haben Dad angerufen und mit ihm gesprochen, kurz bevor er nach Haus gekommen ist. Sie sagten, sie würden sich bald wieder bei ihm melden. Und darauf warten wir jetzt eigentlich.«

»Sind sie okay?«

»Sie sagten, es ginge beiden gut. Ich glaube nicht, daß sie Tommy oder Großvater irgend etwas tun wollen, bis...« Sie zögerte. »Ja, also, wir wissen einfach nicht, was sie vorhaben. Sie wollen Geld.«

»Wieviel?«

»Das wissen wir noch nicht.«

»Warum ruft ihr nicht die Polizei an?« fragte Lauren.

Duncan schnappte nach Luft. Jetzt kommt's, dachte er.

»Ja, sie haben uns gedroht, oder genauer, sie haben gedroht, daß sie Tommy und Großvater was tun würden, wenn wir die Polizei riefen. Also, jetzt im Augenblick, finde ich, sollten wir es nicht tun.«

»Aber die Bullen wissen, wie man mit Entführern umgeht –«

»Meint ihr, die Polizei von Greenfield könnte uns helfen?«

»Nein, aber vielleicht die vom Staat oder das FBI –«

Jetzt sollte ich ihnen lieber alles sagen, dachte Duncan. Er warf einen Blick zu Megan hinüber.

»Nein, Lauren, wir werden erst mal abwarten.«

»Einfach abwarten? Aber ich finde, das ist –«
Duncan unterbrach sie: »Keine Widerrede bitte.«
Lauren ließ sich zurückfallen, und Karen beugte sich vor. »Das ergibt aber keinen Sinn«, sagte sie. »Die Polizei könnte uns helfen. Angenommen, wir haben nicht genug Geld für die Entführer.«
»Wir müssen einfach abwarten und sehen.«
Sie waren alle stumm, bis Karen schließlich wieder anfing.
»Mom, warum ist das passiert?«
»Ich weiß es nicht, Liebling.«
Karen schüttelte den Kopf.
»Das ergibt gar keinen Sinn.«
Alle waren still.
Karen streckte den Arm aus und nahm Laurens Hand. Die beiden richteten sich auf. Sie fühlte, daß sie mehr Kraft hatte, wenn sie ihre Schwester berührte. Lauren drückte ihre Hand, um sie zu ermutigen.
»Es ergibt immer noch keinen Sinn. Ihr denkt, wir wären noch so kleine Babys, und ihr könntet es uns nicht erzählen, aber Tommy ist auch unser Bruder, und wir verstehen überhaupt nichts. Das ist nicht fair, und das gefällt mir nicht. Ihr denkt, wir wollen es nicht wissen, aber wir wollen es wissen. Ihr denkt, wir werden nicht damit fertig, aber er ist unser Bruder, und wir wollen helfen, aber wie können wir helfen, wenn wir nichts wissen?«
Lauren fing an zu weinen, als ob die Beschwerde der Schwester ihre eigene gewesen wäre. An Karens Augenrändern erschienen auch Tränen.
Megan war es, als bräche ihr selbst das Herz. Sie ging hinüber, setzte sich zwischen die beiden Mädchen, legte die Arme um sie und drückte sie an die Brust.
Duncan stand auf, setzte sich neben Karen und legte

auch die Arme um sie, so daß sie alle eng miteinander verbunden dasaßen.

»Du hast recht«, sagte er einfach. »Wir haben euch nicht einmal die Hälfte erzählt.«

Er sah zu Megan hinüber.

»Es ist besser, wenn sie es erfahren«, sagte er.

Sie nickte. »Tut mir leid – du hast recht. Wir sagen es ihnen.«

Sie hielt die beiden Mädchen fest in ihren Armen, aber sie merkte, daß ihre Muskeln sich versteiften und daß sie ihre Aufmerksamkeit dem Vater zuwandten.

»Ich weiß kaum, wo ich anfangen soll«, sagte er, »aber ich will erst ein paar eurer Fragen beantworten. Wir haben die Polizei deshalb nicht angerufen und um Hilfe gebeten, weil ich, wir, eure Mutter und ich – wissen, wer die Entführer sind.«

»Ihr kennt sie?«

»Es ist eine Frau, die wir beide vor achtzehn Jahren gekannt haben. Bevor ihr geboren wurdet.«

»Wieso?«

»Wir waren mit ihr zusammen in einer Gruppe von Radikalen.«

»Was?«

»Radikalen. Wir dachten, wir wären Revolutionäre. Wir wollten die Welt verändern.«

»Ihr?«

Duncan stand auf und ging im Zimmer auf und ab.

»Ihr wißt nicht, wie das war«, sagte er. »Der Krieg hat das aus uns gemacht. Der war so falsch und so böse, und das ganze Land wurde einfach verrückt. Das war neunzehnhundertachtundsechzig. Da waren die Tet-Offensive und Bilder von den Marines, die auf Lastwagen rausgekarrt wurden, und Pioniere auf dem Botschaftsgelände und das Bild von dem Vietcong, der erschossen wird. Und dann wurde Martin Luther King umgebracht, erschossen, als er auf einem Balkon in Memphis stand, und da waren Unruhen in Newark und Washington und überall. Sie mußten Maschinengewehre auf die Stufen des Capitols stellen. Es war, als ob das ganze Land an einem Faden hing. Dann wurde Bobby Kennedy erschossen – vom Fernsehen direkt übertragen –, es sah so aus, als ob nichts mehr ohne Gewalt ginge. Und dann war der Parteitag in Chicago. Ihr könnt euch nicht vorstellen, wie das war, die Polizei benahm sich wie eine Kampfgruppe, und die Jugendlichen bluteten auf den Straßen. Es war, als ob die ganze Welt verrückt geworden wäre. Jeden Abend das gleiche in den Nachrichten. Bomben, Aufstände, Demonstrationen und der Krieg. Immer wieder, immer wieder. Der Krieg war überall. Das war es, was niemand begriff. Der Krieg war hier genauso wie in Vietnam.«

Er zögerte, dann wiederholte er leise: »Neunzehnhundertachtundsechzig.«

Duncan holte Luft und sammelte seine Gedanken und redete weiter:

»Und wir hatten einen Haß darauf. Wir dachten, wir müssen dafür sorgen, daß das aufhört. Wir haben versucht zu marschieren. Protestmärsche. Wir versuchten zu demonstrieren. Es ging trotzdem weiter. Keiner wollte auf uns hören! Keiner! Ihr könnt euch nicht vorstellen, wie grauenhaft das war. Es war ihnen alles egal! Der Krieg war für uns ein Symbol der ganzen verfaulenden Gesellschaft. Nichts ging mehr. Fairneß gab es nirgendwo mehr. Also dachten wir, die Gesellschaft müßte sich ändern. Und wir dachten: Erst müssen wir alles niederreißen, die ganze Gesellschaft, bevor wir wieder ganz neu anfangen können.

Und daran haben wir geglaubt. Ich habe wirklich daran geglaubt. Das klingt jetzt so albern und kindisch und altmodisch, aber damals war es real, und wir dachten, wir müßten unser Leben opfern, um eine Veränderung zu bewirken. Wir waren gerade mal den Kinderschuhen entwachsen, aber wir hatten diesen Glauben. Gott, wie haben wir daran geglaubt.

Und so müßt ihr das verstehen, so war das, als wir Olivia kennenlernten.«

Er machte eine Pause, als dächte er nach.

»Olivia hatte Pläne. Große Pläne, die unsere romantischen Gefühle ansprachen. Statt uns verprügeln und mit Tränengas bombardieren zu lassen, wollten wir nun endlich was tun und zurückschlagen! Und sie war leider so ein Mensch, der einen zu allem überreden konnte. Wenn Olivia etwas vorschlug, dann sah es so aus, als ob es ganz genau so und nicht anders laufen müsse. Sie war schön und intelligent und reaktionsschnell. Sie hatte uns alle eingewickelt, außer vielleicht eure Mutter. Sie ging mit jedem von uns auf ganz spezielle Weise um. Mich behandelte sie mit beißendem Spott, sie beschämte mich, und sie demütigte mich. Und so köderte sie mich, daß ich bei ihrer Aktion mitmachte. Bei den anderen arbeitete sie mit sexuellen Anreizen, mit Argumenten und mit ihrer Logik – sie setzte alles ein, was sie hatte.«

Die Mädchen waren an den Sofarand gerutscht und beobachteten ihren Vater, während er sich wand und es ihnen zu erklären versuchte.

»Wir taten etwas mit ihr zusammen«, sagte Duncan vorsichtig. »Wir – nein, ich hauptsächlich, eure Mutter war immer dagegen – ich begleitete sie bei dem, was wir als einen revolutionären Akt ansahen. Eine Aktion, um der Gesellschaft, die wir so sehr haßten, einen Schlag mitten ins Herz zu versetzen. Oh, ich hatte mir verdammt noch mal einfach eingeredet, daß das, was wir taten, gerecht und korrekt und angemessen war. Und bestimmt kein Verbrechen. Nein, wir waren keine Verbrecher. Wir waren Revolutionäre. Es war ein reiner Akt revolutionärer Begeisterung!«

Er wandte sich ab, redete aber weiter:

»Ich war so naiv. Ich war einfach ein alberner Student mit albernen Idealen, und ich brachte uns in eine Situation, der wir nicht gewachsen waren.«

Er zögerte.

»Nein«, sagte Megan. »Das stimmt nicht.«

Duncan drehte sich um und sah sie an.

»Es war nicht albern, daß wir etwas ändern wollten. Es war nicht falsch, daß wir den Krieg beenden wollten.«

Sie holte tief Luft. »Wir folgten nur dem falschen Führer, das ist alles. Wir haben nicht selbst nachgedacht.«

»Olivia?« fragte Karen.

»Sie konnte einen gut zu etwas überreden«, sagte Megan. »Ihr könnt euch nicht vorstellen, wie überzeugend sie wirkte. Vor allem, wenn man reif war, sich überzeugen zu lassen.«

Lauren sagte: »Ich verstehe immer noch nicht. Wieso können wir nicht die Polizei anrufen und diese Frau verhaften lassen?«

Duncan wandte sich ab.

Megan holte tief Luft.

»Diese Sache, die wir da gemacht haben – sie hat man erwischt und ins Gefängnis gesteckt. Wir kamen davon. Vor achtzehn Jahren.«

»Aber –«

Megan sprach schnell weiter.

»Sie hat nie verraten, wer sonst noch daran beteiligt gewesen ist. Wenn wir zur Polizei gingen, würden sie uns wahrscheinlich mit ihr in Verbindung bringen.«

»Aber es ist achtzehn Jahre her, und heute ist alles anders –«

»Etwas ändert sich nie«, sagte Duncan abrupt.

Die beiden Mädchen sahen ihn an, und Megan sah weg.

»Fünf Menschen sind dabei umgekommen.«

Die beiden Mädchen starrten ihren Vater mit aufgerissenen Augen an.

»Hast du –«, fing Lauren an.

»Nein. Also nicht direkt. Habe ich jemanden getötet? Nicht mit einer Waffe. Aber war ich daran beteiligt? Ja.«

»Aber was ist passiert?« fragte Karen.

Duncan holte tief Luft. »Wir haben versucht, eine Bank auszurauben.«

»Was habt ihr?«

»Wir haben eine Bank auszurauben versucht. Der Überfall war genau für den Augenblick geplant, in dem ein Geldtransporter Bargeld und Quittungen aus einem Chemiewerk brachte. Das Chemiewerk hing nämlich mit einer Firma zusammen, die Napalm herstellte –«

»Ja und?«

»Ihr müßt das verstehen. Napalm wurde im Krieg eingesetzt und –« Er zögerte. »Es klingt jetzt wirklich verrückter, als ich je gedacht hatte.«

»Aber warum eine Bank?«

»Um Geld zu beschaffen. Um Waffen zu kaufen und Propaganda machen zu können. Damit die Leute auf uns aufmerksam wurden.«

»Das haben wir wirklich geschafft«, flüsterte Megan verbittert.

»Aber, Dad –«, fing Lauren an.

»Hört zu! Ich weiß, daß all diese Erklärungen idiotisch klingen, aber so war das nun mal.«

»Aber was ist passiert?« fragte Karen leise.

Duncan seufzte. »Es ist vom ersten Augenblick an schiefgegangen. Die Sicherheitsbeamten der Bank warfen nicht ihre Waffen weg, wie wir gedacht hatten. Sie fingen an zu schießen. Zwei von ihnen und drei aus unserer Gruppe wurden erschossen. Es war eine Katastrophe. Ich fuhr den Lieferwagen, mit dem wir nach Beendigung der Aktion alle zusammen flüchten wollten. Ich sah, was geschah, und statt ihnen zu helfen, haute ich ab. Ich hatte sehr großes Glück. Ich fand eure Mutter, und wir kamen einfach wieder zurück hierher in den Osten und versuchten, es zu vergessen. Wir versteckten uns. Wir vergaßen es. Die Welt änderte sich. Und jetzt haben wir die Bescherung.«

»Aber warum können wir jetzt nicht zur Polizei gehen?« fragte Lauren wieder. Sie hatte aufgehört zu weinen und sah ihn mit großen Augen an.

»Weil ich dann ins Gefängnis käme.«

»Oh.«

Die ganze Familie war ein paar Augenblicke still. Duncan wußte, daß die Mädchen immer noch viele Fragen auf dem Herzen hatten, die sie sich aber für ein anderes Mal aufsparen würden.

»Nun«, sagte Karen mit überraschender Festigkeit. »Ich schätze, das heißt, daß wir selbst damit fertigwerden müssen. Können wir das tun? Ihnen das geben, was sie verlangen, und dann ist die Sache erledigt?«

Duncan und Megan nickten.

»Ich hoffe«, sagte Megan leise.

Richter Thomas Pearson schlug die Augen auf und blinzelte in das Licht, das die Kammer erfüllte. Er war steif; sein Hals fühlte sich an, als ob eine große Hand ihn verrenkt hätte, während er schlief. Er bewegte ihn – vorsichtig, um seinen Enkel nicht zu wecken, der mit dem Kopf im Schoß des Großvaters lag und mit leicht geöffnetem Mund weiterschlummerte. Der Junge stieß einen leisen Klagelaut aus und bewegte die Hände einmal vor dem Gesicht hin und her, als ob er einen bösen Traum verjagen oder einer alpdruckartigen Erscheinung entgehen wollte, rollte dann herum und versank wieder in tiefen Schlaf. Der Richter ließ den Kopf des Jungen vorsichtig aufs Bett gleiten, dann breitete er eine Decke über ihn, ohne daß Tommy wach wurde, sondern nur im Schlaf kurz aufseufzte.

Einen Augenblick überlegte der Richter, ob er die Deckenbeleuchtung ausschalten sollte, entschied sich aber dagegen. Er wollte nicht, daß das Kind in der Nacht aufwachte und Angst bekam. Er warf einen Blick auf die Armbanduhr. Es war kurz nach zwei Uhr morgens.

Ich bin ein alter Mann, dachte er, der nachts nicht gut schlafen kann und deshalb immer am Tage einnickt. Es ist, als ob mein ganzer Körper abgenutzt ist. Er funktioniert nicht mehr so gut wie früher. Er verglich sich gern mit einer alten Standuhr und ihren Federn und Hebeln und Gewichten, die alle ineinandergriffen und sich aneinander rieben, um die Zeit zu messen – ganz anders als diese modernen Quarzuhren mit den Digitalanzeigern und den präzisen, von einem Computerchip gesteuerten Bewegungen.

Er sah sich wohl zum hundertsten Mal in dem Raum um. Nun, dachte er, ein bißchen werde ich ja wohl noch weiterticken.

Er lauschte, aber er konnte außer den regelmäßigen Atemzügen seines Enkels im Haus keine Geräusche hören.

Er wunderte sich, wie ein Kind so eine Sache verkraftete und sich im Schlaf von seiner Angst erholte. Bisher hat der Junge durchgehalten. Aber ich frage mich, dachte er, ob das Schlimmste nicht noch kommt. Wieviel kann er wohl verkraften?

Ihn schauderte bei der Erinnerung an die scheußliche Sache mit dem Gang zum Badezimmer.

Sie hatte ihm damit etwas gezeigt. Sie wollte demonstrieren, daß sie grausam sein kann und daß sie es versteht, andere seelisch zu manipulieren. Sie hatte ihm auf eindrucksvolle Weise bewiesen, wer hier das Kommando führte, aber das deutete gleichzeitig auch darauf, wie schwach die Position der Entführer war. Wahrscheinlich gab es gar keinen feuchten, finsteren, übelriechenden Keller, wie sie behauptet hatte; aber die Drohung damit war trotzdem genauso wirksam, vielleicht sogar noch effektiver. Er nahm sich vor, in Zukunft vor solchen psychologischen Tricks auf der Hut zu sein; sie soll mir erst mal die Beweise bringen, dachte er. Fakten will ich sehen, dazu muß ich sie zwingen. Mit solchen Vorspiegelungen grauenhafter Möglichkeiten darf sie bei mir nicht durchkommen, das schwächt meine Entschlußkraft.

Richter Pearson schüttelte den Kopf. Wenn er allein gewesen wäre, hätte er ihnen gesagt: Sie können mich mal! Erschießen Sie mich doch!

Er sah hinunter auf Tommy und strich dem Kind gedankenverloren über das Haar. Er war aber nicht allein, und er durfte nicht zulassen, daß die Entführer sie trennten. Darum ging es ja vor allem, dachte er, diese Schlacht mußte zuerst gewonnen werden, obwohl das den Gangstern vielleicht nicht einmal bewußt war. Nicht eine einzige Sekunde würde er Tommy nunmehr aus den Augen lassen – ganz gleich mit wie vielen Waffen sie herumfuchtelten. Wenn wir erst einmal diese kleine Schlacht gewinnen, und wir können sie gewinnen, dachte er, dann sind unsere Chancen auch in den folgenden Entscheidungskämpfen besser, und schließlich fällt uns sogar etwas ein für den ganz großen Sieg. Sie sind hinter dem Geld her. Da werden sie doch nicht die Ware verderben lassen, nur um zu beweisen, wie stark sie sind.

Daß er diese Entscheidung fällte, gab ihm Kraft. Er merkte, daß seine Hand unbeabsichtigt auf Tommys Schulter hinabgeglitten war, und er fühlte, wie sich der Körper des atmenden Kindes unter der groben Wolldecke hob und senkte. Er lächelte. Es ist praktisch unmöglich, dachte er, ein Kind schlafen zu sehen und nicht das überwältigende Bedürfnis zu verspüren, ihm über den Kopf zu streichen und die Bettdecke noch etwas fester um ihn zu ziehen.

Dann setzte er sich auf das andere Feldbett und ließ die Gedanken umherwandern, gab sich den Tagträumen jener ersten Morgenstunden hin.

Zu Beginn dachte er an seine Frau, was natürlich war, denn er fand so viele ihrer Züge in dem Jungen wieder. Er war froh, daß sie nicht da war und sich keine Sorgen um sie machen konnte. Etwas egoistisch von ihm, aber so verhielt sich die Sache nun mal, und daran ließ sich auch nichts ändern. Er erinnerte sich an ihre Beerdigung und wie lächerlich er sich vorgekommen war, peinlich berührt, daß er noch lebte und Hände schütteln und all ihre alten Freunde begrüßen mußte. Es war ein Nachmittag im Frühherbst, und die Blätter fingen gerade erst an zu welken, kleinste braune Kräuselungen am Rande des

Grüns waren schon sichtbar. Aber es war noch sehr heiß gewesen, und er erinnerte sich, wie warm ihm in dem schwarzen Anzug gewesen war. Er hätte ihn so gerne ausgezogen und gebrüllt, das sei doch alles gar nicht wahr und jeder Blinde mit dem Krückstock sähe ja, daß da jemand etwas versaut hätte. Der Richter hatte der Predigt des Geistlichen nicht zugehört, auch nicht dem stetigen Strom der Beileidsworte seiner Trauergäste. Statt dessen hatte er die dicken grauen Wolken über den fernen Bergen beobachtet, die sich zu einer Gewitterfront zusammenbrauten, und vergeblich gehofft, daß sie sich über ihm entladen und der Regen auf ihn herunterprasseln würde. Er lächelte: Die Zwillinge waren es gewesen, die ihn bei den Ellbogen genommen und von der Grabstelle weggeführt hatten, und er erinnerte sich noch, welch jugendliche Kraft ihn da durchströmt hatte. Der Regen war nicht gekommen. Der Tag blieb sonnig und warm, und das Leben ging weiter.

Trotzdem kam es ihm absurd vor, daß er sie überlebte, und dieser Gedanke quälte ihn weiter. In all den Jahren ihres Ehelebens hatte er nie an eine solche Möglichkeit gedacht. Mit einer Sicherheit, die die Frucht alberner männlicher Anmaßung sein mußte, hatte er gewußt, daß er zuerst sterben würde und daß es darauf ankam, für sie Vorsorge zu treffen. All ihre Versicherungszahlungen waren darauf zugeschnitten; in ihren Testamenten war die Möglichkeit, daß sie vor ihm sterben könnte, fast überhaupt nicht berücksichtigt. Er erinnerte sich an das blöde Gefühl, das er gehabt hatte, als er beim Arzt im Sprechzimmer saß und begriff, daß sie tot war. Er hatte den Arzt angesehen und gedacht: Das ist ja Quatsch; das läßt sich bestimmt im Berufungsverfahren korrigieren. Er hatte nicht begriffen, wie absurd es war, zu glauben, daß der Tod nichts anderes als einer seiner Rechtsfälle sei.

Er lächelte, als er sich daran erinnerte.

Das Problem bei der Juristerei war, daß es alle Gedanken in dieses eine Schema hineinzwang: Man sah alles im Leben nur unter dem Aspekt, was für Präzedenzfälle und Einschätzungen vorlagen, die man alle überprüfen konnte. Da war so eine unpersönliche Angelegenheit – Worte und Entscheidungen, starrsinnig versuchte man, das so vielfältige menschliche Verhalten in feste Regeln zu pressen. Seine Frau hatte immer die Auswirkungen dieser Amtssprache auf die Menschen erkannt, wodurch juristische Fragen erst Leben gewannen. An all diesen Entscheidungen, in denen es um Leben und Freiheit ging, in all den Jahren, in denen Fragen nach Schuld und Unschuld beantwortet werden mußten, war sie beteiligt gewesen, bis sie starb, und danach konnte er eigentlich nicht mehr weitermachen.

Das war vor zehn Jahren, und nun saß er immer noch da. Er hatte gedacht, er würde einfach zusammenklappen und sterben, aber er tat es nicht, und das verwunderte ihn immer noch.

Ich wollte, sie wäre hier, dachte er. Sie würde dieses Frauenzimmer in der Luft zerfetzen.

Er lächelte bei diesem Gedanken – auch wenn es nicht stimmte.

Der Richter streckte sich auf dem Feldbett aus, kroch unter die Decke und krümmte sich zusammen. Es ist kalt, dachte er. Heute nacht wird es frieren, und bald fällt Schnee. Es ist kalt hier drin, das kommt wohl daher, daß die Wände dünn sind und kalte Luft durch diese eine Stelle hereinströmt, die ich nicht vergessen darf.

Er fragte sich, was für eine Art Haus es sein mochte.

Wahrscheinlich ein altes Farmhaus, zweistöckig in der Mitte und mit Flügeln an beiden Seiten.

Und wahrscheinlich einsam in den verdammten Wäldern gelegen, ohne Nachbarn und ohne Verkehr, sagte er sich wütend.

Nun, dachte er und holte tief Luft, warten wir's ab. Es gibt kein Versteck, so weit entfernt es von der zivilisierten Menschheit auch liegen mag, das dem Auge des Gesetzes auf Dauer verborgen bleibt. Überallhin reicht seine Macht.

Einen Augenblick lang dachte er an die Entführer, und die Wut packte ihn. Sie hatten noch nicht mal eine Wache an der Tür aufgestellt. Sie waren sich ihrer Sache so sicher, daß sie sich einfach ins Bett gelegt hatten. Sie fürchteten sich nicht vor Tommy und ihm, sie fürchteten sich nicht vor Megan und Duncan, sie fürchteten sich auch nicht vor der Polizei, die das Haus stürmen und sie mit einem fürchterlichen Kugelhagel zur Hölle expedieren würde – wenn sein Wunsch sich erfüllte.

Er schämte sich etwas über seinen letzten Gedanken. Ich sollte mir lieber wünschen, daß man sie festnimmt und vor ein ordentliches Gericht bringt und ihrer gerechten Strafe zuführt.

Aber er hatte dreißig Jahre lang auf der Richterbank gesessen und traute den Gerichten nicht. Kein bißchen.

Es überraschte ihn selbst, wie zynisch er war. Dann dachte er wieder über die Situation nach, in der Tommy und er sich befanden.

Warum waren die Entführer so selbstsicher? Sie mußten doch eigentlich nervös sein, schwitzen, Angst haben und unter dem Druck dieser ganzen Anspannung keinen Schlaf finden. Statt dessen war es so still im Haus, als handelte es sich um eine typische kleinbürgerliche Familie, die sich in ihrem Vorortbungalow für den nächsten Tag ausruht.

Er begriff es nicht. Sie müßten doch eigentlich wachsam und in Alarmbereitschaft sein. Ausschau halten, überall.

Sie haben überhaupt keine Angst, sich uns zu zeigen. Das paßt nicht zu einer Entführung.

Richter Pearson wälzte sich leise stöhnend auf seinem Lager herum.

Er hatte in den dreißig Jahren bei Gericht Dutzende von Entführungen aller Art behandeln müssen. Er grübelte und versuchte sich an irgendwelche Fälle zu erinnern, die diesem ähnelten, aber er merkte, daß er sich nicht konzentrieren konnte, er sah nur immer diese Frau mit dem bitteren Lächeln im Gesicht vor sich, die ihnen auf dem Parkplatz entgegengetreten war.

Was haben sie getan? Sie haben uns mitgenommen, und sie tut so, als kenne sie uns – oder als wisse sie etwas über uns. Es gibt da irgend etwas, das ich noch nicht verstehe.

Er spürte die Kälte der Nacht und wickelte sich fester in die Decke.

Sie ist sehr gefährlich, dachte er. Die anderen nicht ganz so, trotz ihrer Waffen. Die anderen gehorchen ihr nur; sie ist die treibende Kraft. Sie sagt ihnen, was sie tun sollen, darum ist sie auch so arrogant. Sie allein führt das Kommando und entscheidet über den Einsatz.

Er wälzte sich herum. Er konnte kein Auge zutun. Statt dessen starrte er in das Licht hinauf und wartete auf den Morgen.

Olivia Barow glitt nackt aus dem Bett.

Von der Kälte der Nacht bekam sie eine Gänsehaut an

Armen und Beinen, und ein Frösteln durchlief ihren Körper. Sie zog eine Decke vom Bett und warf sie sich wie einen Umhang über die Schultern. Sie sah, wie Bill Lewis sich bewegte und dann wieder in den Schlaf zurückglitt. Er war ein langweiliger Liebhaber, ein grunzender, ächzender, pumpender Simpel. Er bockte auf ihr herum, als wäre es einfach ein Akt der Fortpflanzung, und brach nach dem Orgasmus wie tot zusammen. Sie erinnerte sich an Augenblicke im Bett mit Emily Lewis und biß sich auf die Lippe, als der scharfe Schmerz der Trauer sie durchzuckte.

Sie ging zum Fenster und starrte hinaus in die Dunkelheit, über der der Mond stand. Das ist der Wintermond, dachte sie; er sendet das Licht des Todes aus. Alles sieht jetzt viel kälter aus, wie vom Frost geätzt. Das Fenster lag auf der Rückseite des Hauses, und sie sah über ein kleines, von Gras bedecktes Feld hinweg zum Waldrand. Es war, als ob man am Rande eines Ozeans stand und die Bäume die Brandung bilden würden. Sobald man sie erreichte, konnte man sich sofort darin verlieren.

Aber nicht ich, dachte sie. Sie hatte den Besitz zu oft durchstreift. Zuerst mit der verdammten albernen Maklerin, die ihr immerzu etwas näher bei der Stadt Gelegenes zeigen wollte. Ihre Legende hatte sie sofort geschluckt: frisch geschiedene Schriftstellerin, die absolute Ruhe und Stille brauchte, Einsamkeit, ganz weit vom Schuß. Weitere Fragen erledigten sich beim Anblick des Bargelds. Und seither dann hundertmal, bis sie sich mit der Umgebung ganz vertraut gemacht hatte.

Olivia ging noch einmal die Ereignisse des Tages durch. Er schien seltsam zerstückelt, als ob Tage oder Wochen vergangen wären und nicht Stunden.

Es war alles so bemerkenswert leicht gewesen. Sie

hatte es zu lange geplant, als daß es schiefgehen konnte. Schon vom ersten Tag an, als die Zellentür hinter ihr zukrachte.

Sie lächelte. Sie erinnerte sich: Die Polizisten hatten gedacht, sie würde auspacken. Wenn sie das Knastleben erst mal so richtig genossen hätte, würde sie singen. Würde ihnen alles erzählen, was sie wissen wollten, und die anderen verpfeifen.

Sie dachte an den eleganten FBI-Agenten, tipptopp mit grauem Anzug, weißem Hemd und militärisch kurzem Haarschnitt, der sich so gut mit revolutionären und konspirativen Theorien auskannte. Er hatte ihr gegenüber hinter einem kleinen Tisch Platz genommen und ihr erst mal eine Rede gehalten, um es ihr leichter zu machen. »Wir können Ihnen helfen«, hatte er gesagt. »Wir können dafür sorgen, daß Sie ein bißchen Zeit in einem leichten Knast absitzen und dann draußen ein neues Leben anfangen können. Kommen Sie, Miß Barrow, Sie sind doch intelligent, Sie sehen sehr gut aus. Werfen Sie doch nicht Ihr Leben weg! Finden Sie wirklich, daß Sie hierhergehören, unter all diese Huren und Fixer? Die machen Sie doch fertig. Die reißen Ihnen Ihre hübsche weiße Haut fetzenweise ab, jeden Tag ein Stückchen, bis nichts mehr da ist. Wenn Sie rauskommen, sind Sie alt, häßlich und kaputt. Warum? Sagen Sie mir, warum?«

Der Schnüffler hatte sich vorgebeugt und sie angestarrt und auf eine Antwort gewartet.

Sie hatte ihm ins Gesicht gespuckt.

Sie grinste, als sie sich daran erinnerte. Er war so überrascht gewesen: Es erinnerte sie an den Moment in der High School, als sie sich dem Footballcaptain verweigert hatte.

Der Knast hatte ihr überhaupt keine Angst eingejagt.

Mit ein oder zwei Kämpfen hatte sie gerechnet, dann würde man sie widerwillig akzeptieren. In ihrem Herzen hatte sie gewußt, daß all die Huren und Fixer angekrochen kommen würden, um das zu tun, was sie ihnen sagte.

Komisch, aber irgendwie hatte sie sich auf den Knast gefreut. Natürlich hatte sie das diesem FBI-Agenten nicht sagen können und auch nicht ihrem Vater, dessen Tränen sie nicht verstand, genausowenig wie dem Anwalt, den er ihr besorgt hatte und der so aufgebracht war, weil sie sich weigerte, einen Verteidiger zu akzeptieren. Dabei konnte sie sich selbst viel besser verteidigen, von diesem Richter ganz zu schweigen, der sie wütend verurteilt hatte nach einer sinnlosen Belehrung, daß sie dem System gegenüber Respekt erweisen solle.

Am schwersten war ihr in den ersten Tagen ihrer Haft weniger die Gewöhnung an die Gefangenschaft selbst, als vielmehr an die qualvolle Enge gefallen. Man hatte sie in einer Abteilung, die ›Classification Area‹ hieß, in eine Einzelzelle gesteckt. Sie erfuhr dann gleich, daß sie dort bleiben würde, bis die Gefängnisverwaltung entschieden hatte, zu welcher Art von Gefangenen sie gehörte. In der Zelle befanden sich ein Bett, ein Waschbecken und eine Toilette. Sie war zwei Meter fünfzig lang und zwei Meter breit. Sie war einmal, zweimal auf und ab gegangen, und auf einmal merkte sie, daß sie es schon hundertmal getan hatte. Die Gitter, die Geräusche des Knasts, die fast ununterbrochenen Rufe, Schreie, hallenden Schritte, krachenden Gittertüren, die man öffnete und schloß, ignorierte sie. In der Ferne konnte sie immer die elektronischen Summer hören, wenn die Ausfalltore benutzt wurden. Summ, krach, krach, summ, krach, krach. Das war der Knastrhythmus, das war der Lärm, der die Größe des Raums und die Grenzen der Bewegung definierte.

Sie schüttelte den Kopf, um sich von der Erinnerung zu befreien.

Sie lachte: Gedacht hatten die, sie ließe sich einfach so klassifizieren!

Bei ihrer ersten Mahlzeit in der Gefängniscafeteria warf sie ihren Blechteller, nachdem sie aufgegessen hatte, scheppernd auf den Fußboden. Sie warf den Kaffeebecher der ersten Aufseherin, die sie erreichte, ins Gesicht und schlug die zweite so hart, daß sie ihr den Kiefer brach.

So klassifizierte sie sich selbst.

Sie erinnerte sich an die Prügel, die sie bezogen hatte. Sie hatten ihr nichts ausgemacht. Sie lächelte und schüttelte den Kopf, weil es eine Lüge war. In Wirklichkeit waren sie wie die Bestien über sie hergefallen. Sie war noch einen Monat danach voll grüner, blauer und schwarzer Flecke, Quetschungen und Blutergüssen. Sie dachte danach, sie würde ewig humpeln.

Aber sie konnten ihr nie innen drin weh tun. Das war wichtig, das mußte sie ihnen zeigen. Sie hatten gar nichts in ihrer Gewalt außer den Türen und Gittern und Toren, die sie öffneten und schlossen. Sie mußte wieder an den FBI-Agenten denken: ein bißchen Zeit in einem leichten Knast absitzen. Das war ein ganz leichter Knast. Von der ersten bis zur letzten Minute.

Am Waldrand sah sie etwas sich bewegen. Ein halbes Dutzend Hirsche kam heraus auf das vom Mond beschienene Feld. Was für ein schreckliches Leben, dachte sie. Ein Hirsch hat immer Angst. Er flieht Hals über Kopf beim geringsten Laut. Er friert im Winter, im Sommer quälen ihn Flöhe und Zecken. Wann hat ein Hirsch mal Ruhe? Mit Sicherheit nicht im Herbst, wenn ihn jeder Strolch mit einer Flinte von New Jersey bis Kanada jagt.

Sie lächelte. Wie schändlich der Tod eines Hirsches doch sein mußte: abgeknallt von einem Wochenendkrieger, der mehr Glück als Verstand hatte, daß er nicht sich selbst, seinen Partner oder die blöde Kuh irgendeines Farmers traf. Oder er starb vielleicht auf der Flucht, auf einem sogenannten Wildwechsel, von einem angetrunkenen Geschäftsmann mit dem Wagen gerammt und mit gebrochenen Läufen in das Brombeerdickicht kriechend, um allein einen schmerzhaften Tod zu sterben, während die Drecksau wutentbrannt über die Beule an seinem Kotflügel schimpfte. Sie leben ihr ganzes Leben lang von Panik zu Panik. Sie sind die dümmsten und feigsten unter den wilden Tieren, auch wenn sie im Mondlicht so schön aussehen.

Sie sah die Tiere äsen und dann und wann den Kopf hochwerfen, um in die Nacht hinauszulauschen. Innerhalb weniger Augenblicke war die Gruppe auf wenigstens zwei Dutzend Hirsche angewachsen, die sich vor ihr im offenen Gelände aufhielten. Als sie schließlich etwas beunruhigte, setzten sie in großen, weiten Sprüngen über das Feld, es war, als ob der Wind viele dunkle Wellen über einen Teich blasen würde.

Als die Hirsche im Wald verschwunden waren, ordnete sie ihre Gedanken und konzentrierte sie zuerst auf die Gefangenen im Dachgeschoß und dann auf Megan und Duncan.

Ob sie wohl weinen? fragte sie sich. Schluchzen sie die ganze Nacht, oder sitzen sie nur da und starren hilflos ins Leere? Haben sie eine Ahnung von dem, was sie erwartet?

Sie warf einen Blick zurück auf Bill Lewis und erinnerte sich daran, daß sie Ramon noch ein bißchen anheizen mußte, damit er so richtig scharf auf sie würde. Auch

Bill muß er haben wollen. Sie lauschte seinem Schnarchen und dachte nach, daß sie ihn auch ein bißchen in Fahrt bringen mußte.

Wenn ich sie unter Spannung halte, werden sie nicht darauf achten, was ich in Wirklichkeit tue. Ich muß sie beide streicheln und wild und verrückt machen. Sie sind wie alle Männer, unfähig, über ihre steifen Schwänze hinauszusehen.

Aber was sie wirklich tat, ging nur sie allein und sonst niemanden etwas an. Sie würden ihr helfen, solange sie glaubten, daß es um etwas anderes ging, und dann würden sie zu überrascht sein, als daß sie begreifen könnten, wozu sie ihr gedient hatten.

Und dann war sie wieder allein.

Sie stand auf, ließ die Decke zu Boden fallen und das Mondlicht über ihren Körper gleiten.

Es war ihr, als fühle sie, wie die Nacht in sie eindrang und sie mit trägen, langsam pumpenden Bewegungen erregte. Ihr Magen krampfte sich zusammen, ihr Atem ging schneller, ihr Inneres erglühte vom Rhythmus der Dunkelheit, die in ihr war. Sie wölbte die Hüften vor und spreizte die Beine etwas auseinander und fühlte die kalte Luft, die sie streichelte, kitzelte und liebkoste. Sie schlang ihre Arme fest um sich selbst, als wollte sie diese neue Geliebte noch enger an sich drücken.

Als der Tag graute, sah Duncan sich im Wohnzimmer seines Hauses um und dachte an das Problem, das gelöst werden mußte. Megan war schließlich auf der Couch eingeschlafen. Die Mädchen hatten sie irgendwann nach Mitternacht hinaufgeschickt. Man hörte sie nicht; er wußte nicht, ob sie schliefen, aber er nahm es an; die Fähigkeit der Teenager, im Angesicht so gut wie jeder Sachlage oder Gefahr schlafen zu können, hatten sie bereits mehrfach bewiesen.

Duncan lag ausgestreckt in einem Sessel. Er sah auf die dunkle Wand, die mit jeder Minute, die verging, heller wurde. Einen Augenblick lang glaubte er, daß der Anblick ihn hypnotisierte; dann schüttelte er den Kopf und versuchte, sich auf den neuen Tag zu konzentrieren.

»So«, sagte er laut. »Was habe ich jetzt zu tun?«

Er ließ sich noch einmal Olivias Anruf durch den Kopf gehen. Sie hatte ihn davor gewarnt, zur Polizei zu gehen, was er ja nicht getan hatte. Davon abgesehen waren ihre Warnungen allgemeiner Art gewesen, und Anweisungen von ihr gab es keine. Er hatte weder eine Aufforderung erhalten, Geld abzuheben, noch war er darum gebeten worden, irgendeine andere Aufgabe zu übernehmen.

Das kam noch, sagte er sich.

Aber was war nun zu tun?

Der Gedanke, daß er in sein Zimmer hinaufgehen, ein frischgewaschenes Hemd und eine Krawatte herauslegen, einen gediegenen Anzug aus dem Schrank nehmen, duschen und sich anziehen mußte, – widerte ihn beinahe an. Wie konnte er den ganzen langen Tag so tun, als ob nichts geschehen wäre, lächelnd, Hände schüttelnd, in Besprechungen gehen, Vorgänge prüfen?

Er sah sich im Zimmer um und blickte auf all die vertrauten Gegenstände im Raum. Es wirkte alles so normal und wohlgeordnet und akzeptabel. Ich habe so hart um all diese Äußerlichkeiten gerungen, dachte er: das neue Auto, das vornehme Haus, ein kleines Feriengrundstück draußen im Wald. Und Vorsorge getroffen für später. Das habe ich getan, ich habe immer Vorsorge getroffen. Meine Familie hat von meiner Tüchtigkeit profitiert. Es hat ihnen an nichts gemangelt.

Und es ist alles nur Schein gewesen.

Einen Augenblick dachte er, er beneide Olivia. In den ersten Jahren hatte er oft an sie gedacht, als er noch fürchtete, jeden Tag, gleich könnte es zu Ende sein und seine Vergangenheit würde ihn einholen. Er fragte sich damals, was sie wohl für ein Leben im Gefängnis führen mochte, und die Angst war da, daß ihn die gleiche Haft, die gleichen Schläge und die gleiche Reglementierung erwarten könnten.

Jahre hatte es gedauert, bis er allmählich begriff, daß sie sich den Luxus leistete, auch weiterhin ihrem Idealismus zu huldigen, der für sich genommen schon eine Art von Freiheit darstellte. Und ich, dachte er, bin ein ganz normaler Mittelklassemensch geworden, was in sich auch eine Art Gefangenschaft ist. Sie hatte sich nicht zu ducken gebraucht, aber als er die Zwillinge gesehen hatte, diese neugeborenen hilflosen Würmer, war ihm klar geworden, daß die Hervorbringung einer neuen Gesellschaft eine Sache, die Sorge für die Kinder jedoch die wichtigere war. Und dann, als Tommy zur Welt kam, hatte sich längst alles vollkommen geändert.

Er schüttelte den Kopf. Aber für sie war immer noch alles so wie früher. Im Gefängnis war Tag für Tag ununterbrochen dasselbe.

Duncan erhob sich aus seinem Sessel. Er hielt an, als er bei Megan vorbeikam, streckte die Hand aus, wollte sie wecken, hielt es aber dann für besser, darauf zu verzichten. Er hätte sie gern angefaßt, als ob das etwas nützen könnte. Aber er zog die Hand wieder weg und ließ sie schlafen. Es ist Mittwoch, dachte er. Zeit, weiterzumachen. Er ging die Treppe hinauf zur Dusche. Zuerst stellte er sie heißer als normal ein und ließ das Wasser über seinen Körper spülen. Dann schäumte er sich heftig ein, scheuerte die Seife in das Haar und über seine Haut. Als der Raum sich mit Wasserdampf füllte, drehte er den Duschknopf ärgerlich auf Kalt und strafte sich mit einem eisigen Schwall.

Megan erwachte von dem Lärm, der aus dem Badezimmer kam, wunderte sich, daß sie eingenickt war, und zweifelte daran, ob sie sich ausgeruht hatte. Ihre Empfindungen zerrten sofort wieder an ihr wie ein Sog am Meeresstrand, der die Beine unter einem wegreißt.

Als erstes wurde sie ärgerlich; sie haßte den Gedanken, daß Duncan mit so alltäglichem Zeug wie Duschen Zeit vergeudete. Sie fand, daß Schmutz und Häßlichkeit besser zu ihnen paßten, als ob ihr äußeres Erscheinungsbild den Gefühlen, die sie hatte, entsprechen müßte.

Sie schwang die Beine vom Sofa und setzte sich, strich sich mit den Händen das Haar aus dem Gesicht und versuchte, die Müdigkeit aus ihrem Kopf herauszupressen. Nein, sagte sie sich dann, er hat ja recht. Wir müssen frisch sein. Man weiß nicht, was der Tag für Überraschungen bereithält.

Sie stand auf und tastete sich wacklig vorwärts die Treppe hinauf.

In ihrem Zimmer sah sie sich Duncan gegenüber.

»Was sollen wir tun?«

»Ich weiß es nicht genau«, sagte er. Er trocknete sich kräftig ab und schlug seinen Körper mit dem Handtuch, bis seine Haut rote Streifen bekam. »Aber ich nehme an, es wird von uns erwartet, daß wir uns ganz genauso verhalten, als ob gar nichts geschehen wäre und sie bedienen. Sie meldet sich. Das hat sie gesagt.«

»Ich hasse das.«

»Ich auch, aber was bleibt uns anderes übrig?«

»Nichts.« Megan zögerte. »Was wirst du tun?«

Duncan holte tief Luft. »Letztesmal hat sie im Büro angerufen. Also ziehe ich mich an, gehe in mein Büro und tue so, als arbeitete ich, und warte, daß sie wieder anruft.«

»Glaubst du, sie sind okay?«

»Ja. Bitte, Meg, denk nicht daran. Es war ja nur eine Nacht, und ich bin sicher, es geht ihnen prima.«

»Was ist mit Tommys Schule? Sie erwarten ihn doch.«

»Ruf sie an und sag ihnen, er hat ein bißchen Fieber.« Sie nickte.

»Die Zwillinge?«

Duncan überlegte. »Gott, ich weiß nicht. Und was ist mit dir? Hast du heute Termine?«

»Keine, die ich nicht absagen oder für die ich nicht jemand anderen finden kann. Ich erzähle halt, ich hätte Grippe.«

Sie machte eine Pause, dann fügte sie hinzu: »Ich könnte es nicht ertragen, wenn ich nicht wüßte, wo die Zwillinge sind. Ich muß sie hier bei mir behalten.«

»Na gut. Dann ruf ihre Schule an...«

»Und sag, sie haben Grippe. Und dann?«

»Warte auf meinen Anruf.«

»Gott, ich weiß nicht, wie ich das kann.«

»Du mußt einfach.«

»Ich halt's nicht aus.«

Duncan stand da und versuchte, die Krawatte um seinen Hals zu knoten. Er versuchte es einmal, und das schmale Ende war zu lang. Er versuchte es wieder, und wieder war es unebenmäßig. Er versuchte es ein drittesmal, aber der Knoten saß schief und sah schräg aus. Er riß sich die Krawatte vom Hals und schleuderte sie fest auf den Boden. »Glaubst du, das gefällt mir? Glaubst du, daß ich das besser aushalte als du? Gott! Ich weiß nicht, ich weiß nicht, ich weiß nicht. Da! Da hast du all meine Antworten auf all deine Fragen. Wir müssen einfach warten, verdammt!«

Megan wurde zornig, aber dann biß sie sich auf die Zunge.

»Gut«, sagte sie. »Gut.«

Sie schwiegen beide einen Augenblick.

»Dusch doch auch und zieh dich an. Ich mache uns ein Frühstück. Weck die Mädchen auf, wenn du angezogen bist.«

Sie nickte und fing fast ohne nachzudenken an, ihre Kleider zu Boden fallen zu lassen. Duncan, immer noch mit der Krawatte beschäftigt, verließ das Zimmer. Er zwang sich, nicht den Gang hinunter zu Tommys Zimmer zu blicken, und ging die Treppe hinunter.

Megan ließ sich vom Wasser überströmen und weinte hemmungslos.

Als sie fertig war, rubbelte sie sich schnell ab und zog sich Jeans und ein Sweatshirt an.

Sie konnte den gebratenen Speck aus der Küche riechen, und sie mußte sich beinahe übergeben. Sie schluckte heftig und ging in das Zimmer der Zwillinge.

»Kommt, Mädchen, steht auf.«

»Ist irgend etwas geschehen?« fragte Lauren.

»Wo ist Dad?«

»Nichts ist geschehen, und er ist unten und macht Frühstück. Wascht euch bitte und zieht euch an.«

»Gehen wir nicht zur Schule?«

»Nein, ihr bleibt bei mir.«

Die Mädchen nickten.

»Und macht eure Betten.«

»Mom!«

»Hört zu, verdammt, wir sind immer noch eine Familie, und wir machen immer noch so weiter wie gewöhnlich. Macht eure Betten!«

Lauren und Karen nickten.

Megan ging langsam die Treppe hinunter, ihr war schwindlig. Immer noch eine Familie. Einfach normal verhalten. Sie haßte alles, was sie gesagt hatte. Sie haßte, was sie getan hatte. Sie konnte die Mädchen im Badezimmer hören, und sie haßte, daß sie völlig sauber und bereit für den Tag waren und daß sie ihnen gesagt hatte, sie sollten ihre Betten machen, was, wie sie plötzlich empfand, das Albernste und Dümmste auf der Welt war, das sie an dem Tag tun konnten, an dem ihr Bruder entführt worden war.

Sie ging in die Küche und fragte sich, ob das Morgenlicht ihr weh tun würde.

Duncan sah sie an.

»Geht's?« fragte er.

Sie antwortete nicht.

»Letzte Nacht hat's gefroren«, sagte er. »Alles ist wie erstarrt.«

»Ich weiß«, sagte sie, ohne hinzusehen. Es fröstelte sie, und sie begriff, daß die aufgehende Sonne sie nicht im mindesten wärmen würde.

Olivia Barrow ließ den Motor laufen, und die Auspuffgase wölkten sich wie Rauch hinter ihr. Es war stickig warm in dem Mietwagen, und sie öffnete ihren Mantel. Sie drehte den Spiegel zu sich herüber und richtete ihren Hut und ihre lange rothaarige Perücke. Dann ließ sie die Augen prüfend die Straße hinauf- und hinunterwandern und sah die anderen Wagen aus Einfahrten herauskommen und der Stadt zustreben. Sie schaute sich noch einmal im Spiegel an und wischte einen Fleck ihres Make-up aus dem Mundwinkel. Sie trug einen hübschen Rock und ein weiße Hemdbluse, dazu einen teuren wollenen Mantel. Neben ihr auf dem Sitz lag eine Aktentasche, die mit wertlosem Papier vollgestopft war. Die gehörte zu ihrer Verkleidung. Sie stand ihr großartig, fand sie. Sie dachte: Ich sehe genau wie eine typische Hausfrau aus, die ihre Kinder bis zur Junior High School gebracht hat und jetzt auf dem Weg zu ihrem Job ist. Diese Kleinstadt ist so wundervoll anständig und berechenbar. Hypotheken und Zinssätze für erste Adressen und Vorzugsaktien und Im-Leben-vorankommen. Neocolonial houses und weiße Staketenzäune und teure ausländische Autos und private Colleges. Es fehlt ihnen nur noch ein goldfarbener sabbernder Apportierhund, der überall seine Haare verstreut.

Sie warf einen Blick auf Megans und Duncans Haus weiter unten an der Straße. Von Polizei nicht das geringste Anzeichen. Keine komischen grauen Autos in der Nähe. Keiner weit und breit, der wie ein Arbeiter angezogen war. Keine Fernmeldemonteure, die so taten, als reparierten sie eine Leitung, und die in Wirklichkeit eine Fangschaltung installierten, damit die Bullen sie bei ihrem nächsten Anruf greifen könnten. In dieser Umgebung müßten sie auffallen. Ich könnte sie gar nicht übersehen, dachte sie. Nicht schlecht, Duncan und Megan. Ihr habt die erste Regel befolgt. So weit, so gut.

Das Sonnenlicht funkelte auf der Kühlerhaube, und sie setzte ihre Sonnenbrille auf. Sie sah auf die Armbanduhr. Komm schon, Duncan, dachte sie. Deine Arbeit wartet auf dich.

In diesem Augenblick sah sie seinen Wagen rückwärts aus der Einfahrt herauskommen.

»Guten Morgen, Duncan«, sagte sie.

Sie lachte, als sie seinen Wagen die Straße hinunter verschwinden sah.
»Ich wünsche dir einen schönen Tag.«
Sie legte den Rückwärtsgang ein.
»Einen wundervollen Scheißtag, Duncan.«

KAPITEL 5

Mittwoch mittag

Duncan wartete. Den ganzen Morgen. Immer wenn das Telefon summte, kamen Angst und Aufregung in ihm hoch. Und dann war es doch nur ein Geschäftsmann aus Greenfield oder ein anderer Antragsteller, der irgend etwas fragen wollte, und keiner von den Entführern. Die Angst verstärkte sich. Er fertigte jede Anfrage summarisch ab und entwickelte eine roboterhafte Routine. Einer der Anrufer, überrascht von seiner Schroffheit, fragte ihn, ob es ihm nicht gut gehe, und er sagte, bei ihm sei wahrscheinlich eine Grippe im Anzug. Er wiederholte diese Diagnose seiner Sekretärin gegenüber, die ihn fragte, ob ihm vielleicht nicht ganz wohl sei, weil er abwesend gewirkt hatte, als sie ihn über ein bevorstehendes Bankmeeting informieren wollte. Sie hatte ihn gefragt, ob er nach Haus gehen würde, und er hatte die Geistesgegenwart besessen, nein zu sagen, er hätte zu viele Vorgänge, Papiere zu erledigen, aber es könnte sein, daß seine Arbeitszeiten in den nächsten ein, zwei Tagen etwas unregelmäßig sein würden und daß sie alle vereinbarten Termine absagen solle. Sie hatte genickt, wirkte besorgt und voller Verständnis und hatte ihn gefragt, ob er etwas Hühnersuppe aus dem Schnellimbiß unten an der Straße haben wolle.

Was für eine wundervolle Entschuldigung die Grippe

war: Im Nordosten akzeptierten die Leute das als Grund für fast jede Art von abweichendem Verhalten. Dann wartete er wieder, ängstlicher als zuvor. Mit jeder vergehenden Stunde wuchs seine Angst. Er verstand nicht, warum die Entführer die Dinge aufschoben. Müßten sie nicht eigentlich darauf aus sein, die Sache so schnell wie möglich zu erledigen? Er hatte gedacht, daß Olivia sofort mit ihren Forderungen anfangen würde; wenn es mit rechten Dingen zuging, hätte sie als erstes an diesem Morgen anrufen müssen. Daß sie die Sache auch nur eine Minute länger als nötig verzögerte, erstaunte ihn. Verzögerung war das letzte, mit dem er gerechnet hatte, dachte er, und dann überlegte er wieder: In Wirklichkeit hatte er sich auf gar nichts vorbereitet.

Jede Minute hatte 60 Sekunden, das gilt für alle Menschen auf der Welt, dachte er. Die Zeit vergeht nicht schneller oder langsamer bei verschiedenen Leuten. Aber er glaubte es nicht.

Alles ist okay, sagte er sich.

Sie wird in Kürze anrufen.

Tommy geht es gut. Er ist verzweifelt und erschreckt, aber es geht ihm gut.

Der Richter ist wütend und aggressiv, aber es geht ihm gut.

Sie läßt mich nur ein bißchen schmoren, weil sie mich unvorbereitet und durcheinander antreffen will.

Alles wird all right sein.

Er schaukelte sich in seinem Sessel vorwärts und rückwärts, und das Quietschen der Sprungfedern diente ihm als rhythmischer Hintergrund für seine Gedanken. Er starrte auf seinen Schreibtisch, sein Telefon. Es war eines von diesen neuen Modellen, ganz knappes italienisches Design. Er wünschte sich einen von diesen alten Telefonapparaten, einen von diesen mit den Wählscheiben, die klickediklickediklick machten, wenn man sie drehte, und die anständig laut läuteten und nicht diese winzigen Summtöne von sich gaben, an die er sich gewöhnt hatte.

Sie sind am Leben. Sie müssen es sein.

Er hörte ein leichtes Klopfen an der Tür, sie sprang auf, und seine Sekretärin stand da.

»Mr. Richards, es ist fast eins, und ich gehe mit noch ein paar anderen essen. Sind Sie sicher, daß ich Ihnen nichts mitbringen soll?«

»Danke, Doris, nein. Bitte sagen Sie dem Mädchen in der Telefonzentrale, daß ich hier bin und daß sie alle Gespräche durchstellen soll.«

»Ja, gut. Aber wollen Sie sicher nichts? Ich meine, mir macht es gar nichts aus, und Sie sehen ein bißchen blaß aus.«

»Nein, danke. Ich sehe Sie nachher wieder.«

»Sie sollten wirklich nach Hause gehen und sich erholen.«

»Danke Ihnen, Doris.«

»Also gut, aber ich habe Sie gewarnt.«

»Ich danke Ihnen, Doris.«

»Aus einer Grippe kann eine Lungenentzündung werden.«

»Ich danke Ihnen, Doris.«

»Okay, Mr. Richards. Ich sehe Sie dann in ungefähr einer Stunde wieder.«

»Lassen Sie sich Zeit.«

Sie schloß die Tür, und er sah aus dem Fenster. Das Sonnenlicht vom Morgen hatte einer dicken grauen Wolkenschicht Platz gemacht. Der Wind pfiff durchgehend und füllte die Atmosphäre mit einem kalten und feuchten Hauch, der bereits winterlich war. Es schauderte ihn auf seinem Stuhl, und er hoffte, daß Tommy irgendwo im Warmen säße. Er versuchte sich zu erinnern, was sein Kind am Vortag getragen hatte: Jeans und einen Rollkragenpullover und ein altes Sweatshirt mit einem Aufdruck von den New England Patriots, der sich auf einen vor ein paar Jahren stattgefundenen Wettkampf bezog. Tommy hatte auch einen Hut auf und Handschuhe gehabt, und den Parka vom vorigen Jahr, der an den Rändern ausfaserte, ihn aber immer noch warm hielt. Nein, es regnete den ganzen Morgen, und Tommy hätte deshalb auch seinen gelben Regenmantel nehmen können, der nicht sehr warm war. Duncan schlug sich mit der Faust in die Handfläche und drehte sich ärgerlich in seinem Sessel herum. Ich will nicht, daß er friert.

Wo mag sie sein? Er stand auf und ging in dem kleinen Büro auf und ab. Wo mag sie sein, und was mag sie tun?

Er sah Olivia plötzlich so wie letztesmal, damals, als sie Emily Lewis auf der Straße draußen vor der Bank hatte helfen wollen, als sie sich gerade in Richtung auf die eingebildete Sicherheit seines Lieferwagens schleppten.

Wie muß sie mich hassen! dachte er. All diese Jahre im Gefängnis, in dem sie nur daran gedacht und sich mit Haß aufgeladen hat. Die Sünden der Väter. Er ging an das Fenster. Wenn du einmal ein Feigling bist, fragte er sich, bist du dann immer ein Feigling? Er sah hinaus auf die dürren Äste einer Eiche, die sich gegen den kalten Wind sträubten.

Das Telefon hinter ihm summte, und er sprang durchs Zimmer, um es abzuheben.

»Ja – Duncan Richards.«

»Duncan, ich bin's, Megan. Ich habe noch nichts gehört...«

»Ich auch noch nicht«, unterbrach er sie. »Noch nicht.«

»Oh, Gott«, stöhnte Megan. »Warum nicht?«

»Ich weiß es nicht. Aber... spekuliere nicht herum. Laß dich nicht von deinen Vorstellungen verrückt machen. Das habe ich den ganzen Morgen getan, während ich hier herumhing und gewartet habe... Alles wird okay, das wirst du sehen.«

»Meinst du?« Megans Stimme klang ungläubig.

»Ja, das tue ich. Behalte du dich nur fest in der Gewalt, und wir werden es schaffen. Sobald ich mit Olivia oder mit einem ihrer Komplizen gesprochen habe, sage ich dir Bescheid. Bist du okay?«

»Mach dir um uns keine Sorgen. Mir geht es gut, wirklich, ich hasse nur die Warterei, das ist alles, und ich mußte deine Stimme hören.«

»Wie geht es Karen und Lauren?«

»Gut. Du kennst sie ja. Sie halten es einfach nicht den ganzen Tag eingesperrt aus.«

»Aber sie müssen zu Hause bleiben«, sagte er.

»Mach dir um uns keine Sorgen.«

»Gut. Ich sag's dir, wenn ich etwas weiß.«

Er legte auf und fühlte sich noch elender.

Verzweifelt starrte er das Telefon an. Wo bist du, verdammt? Da summte es wieder. Er packte das Telefon.

»Ja – Duncan Richards?«

Große Enttäuschung, es war die Stimme der Dame aus der Rezeption. Seine Sekretärin mußte also noch beim Essen sein.

»Ja, was ist«, sagte er enttäuscht.

»Ihre Verabredung für halb zwei ist da. Kann sie hereinkommen?«

»Meine was?«

»Ihre Verabredung für halb zwei.«

»O Gott, warten Sie...«

Duncan durchwühlte seine Unterlagen und suchte den Terminkalender. Verdammt! dachte er. Ich habe Doris gesagt, daß sie alle Termine absagen soll. Zum Teufel mit ihr! Ich kann jetzt niemanden sehen.

Er fand das kleine Lederbuch, konnte jedoch keine Eintragung über eine Verabredung entdecken. Er schlug es zu. Ich habe ihr hundertmal gesagt, daß sie immer alles eintragen soll. So was Blödes!

Er holte tief Luft. Nun gut. Bringen wir es hinter uns. Sollen sie zwei Minuten haben. Dann schicke ich sie zu einem anderen Bankbeamten weiter. Er streckte sich, bereitete sich auf ein paar höfliche Ausreden vor und hoffte, daß nicht gerade in dem Augenblick das Telefon summen würde, wenn er mit diesem Unternehmer oder Geschäftsmann oder wer es auch immer war, sprach.

»All right«, sagte er zur Empfangsdame. »Schicken Sie sie her.«

Er packte die Papiere, die auf dem Tisch lagen, und schob sie alle in das oberste Fach. Dann strich er sich über die Krawatte, richtete die Brille, sah sich im Raum um, hielt Ausschau nach irgendwelchen sichtbaren Zeichen der Katastrophe, die ihn überkommen hatte. Alles war normal. Er wandte sich zur Tür, als die Empfangsdame kam und eine Besucherin hereinführte. Er sprang sofort auf und begann:

»Hallo, es tut mir leid, ich scheine unseren Termin vergessen zu haben.«

Dann stoppte er.

»Hallo, Duncan«, sagte Olivia Barrow.

Sie wandte sich an die Empfangsdame:

»Vielen Dank.«

Die Rezeptionistin lächelte, schloß die Tür und ließ sie allein.

Olivia wartete, während Duncan sie anstarrte.
»Willst du mir nicht mal Platz anbieten?« fragte sie.

Megan ging im Haus herum. Schließlich fand sie Karen und Lauren in der Küche. Sie saßen da und machten Hausaufgaben. Karen arbeitete an einem Aufsatz über *Oliver Twist*, und Lauren sah ihr zu. Einen Augenblick lang wollte Megan sie anschreien, wie sie sich mit so etwas Gewöhnlichem beschäftigen könnten, während alles so aus den Fugen und aus dem Tritt war.

Statt dessen holte sie tief Luft und begriff, daß die Zwillinge vielleicht viel vernünftiger waren als sie.

»Mom«, sagte Lauren und sah auf. »Hat Dad schon etwas gehört?«

»Noch nichts.«

»Was kann denn das bedeuten?« fragte Karen.

»Ich weiß es nicht. Wichtig ist, uns klarzumachen, daß es vielleicht gar nichts bedeutet.«

»Ich mache mir Sorgen wegen Tommy. Nehmen wir an, er erkältet sich oder so.«

»Alles wird okay. Du mußt nur daran glauben«, sagte Megan.

Karen stand von ihrem Stuhl auf, ging zu ihrer Mutter und legte die Arme um sie. Lauren kam und hielt die Hand der Mutter. Megan spürte, wie die Wärme ihrer Töchter in sie hineinfloß. Sie dachte: Ruhig Blut, Mädels.

»Mach dir keine Sorgen, Mom«, sagte Karen. »Wir sind hier, und Tommy passiert nichts.«

»Ich wette, Großvater macht denen jetzt die Hölle heiß«, sagte Lauren. »Wuh! Die haben sich den falschen geschnappt, als sie sich den gegriffen haben. Der schnauzt herum und meckert und verdirbt ihnen den Spaß, nicht wahr, Mom?«

Megan holte tief Luft und wünschte, die Zuversicht ihrer Töchter ebenfalls empfinden zu können.

»Ich bin sicher, ihr habt recht«, sagte sie.

Die Mädchen drückten sie und ließen sie dann los.

»Weißt du, Mom, wir haben gar keine Milch mehr...«

»Und die Diät-Sodas sind auch alle.«

Megan überlegte. »Ich wollte eigentlich heute einkaufen fahren. Aber ich kann nicht.«

»Wir fahren«, sagte Karen. »Gib uns einfach eine Liste.«

»Nein, ich möchte euch Mädchen hier haben, wo ich euch im Auge behalten kann. Wir wissen nicht viel über diese Leute. Wenn sie versuchen sollten, euch Mädchen zu greifen, also, ich glaube nicht, daß euer Vater und ich das aushielten.«

»Oh, Mom, das ist doch verrückt.«

»Wieso weißt du das?« schnauzte Megan sie an.

Die Mädchen waren beide still. Sie beobachteten ihre Mutter aufmerksam.

Ich nehme an, das soll so ein Test sein, dachte Megan. Wie weit traue ich ihnen? Für wie erwachsen halte ich sie?

Sie zögerte. Sie begreifen es einfach noch nicht. Sie sind wirklich noch Kinder. Sie haben keine Vorstellungen von dem, was sich abspielt, weil es für sie noch nicht Wirklichkeit ist. Sie wissen nur, etwas ist passiert, und trotzdem sind sie noch hier, und das Leben scheint normal weiterzugehen.

»All right«, sagte Megan schließlich. »Milch, Sodawasser, ein paar Scheiben Fleisch und ein Brot. Das ist alles. Oh, und noch Instant Coffee. Ich gebe euch zwanzig Dollar, und ihr könnt zu dem Convenience Store auf dem East Prospect fahren. Auf direktem Weg dahin, auf geradem Weg hinein und dann sofort wieder nach Haus. Redet mit niemandem, und bleibt nirgendwo stehen. Wenn ihr glaubt, daß jemand etwas tut, was euch verdächtig vorkommt, laßt ihr sofort alles liegen und kommt augenblicklich nach Haus, verstanden?«

»Mom...«

»Verstanden?«

»Okay, okay, okay. Können wir wenigstens ein paar Zeitschriften kaufen?«

»Und eine Tageszeitung«, sagte Megan. »Klar.« Sie fand ihre Brieftasche und nahm ein paar Scheine heraus. »Aber kein Kaugummi«, sagte sie. »Auch nicht ohne Zucker.«

Sie gab ihnen das Geld und kam sich blöd vor, daß sie sich Sorgen machte, und dann wieder verrückt, weil sie sich nicht noch mehr ängstigte.

Als die Mädchen das Haus verließen, lief sie hinüber zum Fenster und sah sie in ihren Wagen steigen. Sie sah Lauren hinter dem Steuer, was sie beruhigte, weil sie, die jüngere der beiden, die bessere Fahrerin war. Karen winkte, und dann stotterte der Wagen und fuhr los, die Straße hinunter.

Megan drehte sich um und ging zurück in die Küche.

»Das darf doch nicht wahr sein«, sagte Bill Lewis laut, obwohl er in dem Leihwagen an seinem Beobachtungsposten etwas weiter unterhalb des Hauses allein war. Er sah den roten Sportwagen der Mädchen an der Stelle vorbeifahren, wo er geparkt hatte. »Die anderen Kids gehen aus. Das gibt's doch wohl nicht.«

Er dachte schnell darüber nach, was das hieß: Megan allein im Haus. Die beiden Zwillinge ab mit unbekanntem Ziel. Olivia hatte ihm gesagt, er solle etwas, das sie lockere Überwachung des Hauses nannte, durchführen, nämlich ein paar Minuten parken und ungefähr alle fünfundvierzig Minuten daran vorbeifahren. Gerade noch genug, um zu sehen, ob sich am Haus irgend etwas verändert hatte, aber nicht so oft, daß jemand ihn identifizieren würde oder ihn verdächtig fände. Er trug einen Anzug mit Krawatte, was die Gefahr verringerte, daß jemand, der hier zu Fuß die Straße lang käme, zweimal über seine Gegenwart nachdächte. Er wußte, daß er auf Beamte achten mußte, auf die Bullen oder das FBI. Er hatte nicht erwartet, daß die Familie in verschiedene Richtungen aufbrechen würde.

Er begriff, daß sich ihm eine Gelegenheit bot, und er fragte sich einen Augenblick lang: Was würde Olivia tun?

Er lächelte vor sich hin und kam zu einem Entschluß.

Duncan bekam kein Wort heraus.

Er starrte Olivia an, die vor ihm stand. Sie ist es, dachte er. Er schluckte heftig, deutete auf einen Stuhl und fragte sich einen Augenblick, warum er nicht durchs Zimmer hechtete, sie am Hals packte und erdrosselte. Er sah Olivia Platz nehmen, und dann wies sie ihn an, sich zu setzen. Er war sich bewußt, daß seine Muskeln darauf reagierten – in dem einen Augenblick stand er, in dem anderen saß er schon und beobachtete sie über die weite Fläche seines Schreibtisches hinweg. Sie kam ihm vor wie eine Gestalt aus *Alice im Wunderland,* in dem einen Augenblick unmittelbar vor ihm, so nah, daß er die Hand ausstrecken und sie berühren konnte, im nächsten weit entfernt, als lägen viele Meilen zwischen ihnen. In seinem Kopf drehte es sich, und sein Mund war trocken, als er schließlich sprechen konnte, kamen seine Worte wie das Gekrächze eines Ochsenfrosches heraus:

»Wo sind sie? Wo ist mein Junge?«

»Nicht zu weit weg«, sagte Olivia, als antworte sie auf leeres Gerede über das Wetter.

»Ich möchte...«, fing er an, aber sie schnitt ihm das Wort ab.

»Ich weiß, was du willst«, sagte sie. »Und es ist kaum von Bedeutung. Gefällt dir das Haar?« Sie berührte den Rand ihrer roten Perücke.

Duncan blinzelte. Er sah es erst jetzt.

»Es ist rot«, sagte er.

Sie lachte.

»Stimmt.«

»Daran erinnere ich mich nicht.«

Ihr Lächeln verschwand.

»Nichts ist so, wie du es in Erinnerung hast. Außer einem: Ich führe das Kommando, und du folgst meinen Befehlen. Nur wirst du die Aktion diesmal nicht versauen – nicht wahr, Duncan? Weil nämlich ein bißchen mehr auf dem Spiel steht. Es geht diesmal nicht um deine miese Haut. Es geht um die deines Sohnes. Und auch um die deines Alten. Vergiß ihn nicht. Denke mal einen Augenblick darüber nach, Duncan: Wie sehr hasse ich wohl alles, wofür dieser alte Drecksack steht? Wie leicht es mir fallen würde, ihn abzuknallen, nach all dem, was Richter aus mir gemacht haben!«

»Wo ist der Junge?« würgte Duncan hervor.

»Ich hab's dir gesagt. Nicht weit. In meiner Hand.« Sie wischte seine Angst mit einer kleinen Handbewegung weg.

»Bitte«, sagte er.

Sie hob die Hand, und er hielt sofort an.

»Duncan, reiß dich zusammen. Es macht alles viel schlimmer.«

Er nickte wieder und versuchte sich zu beherrschen. Er konnte sein eigenes Herz schlagen hören und fühlte den Druck in den Schläfen.

Olivia lehnte sich in ihrem Sessel zurück und machte es sich bequem. Sie lächelte Duncan an.

»Zeit zum Verhandeln, meinst du nicht?«

»Ja. Ich bin zu allem bereit.« Duncan atmete tief ein und setzte sich aufrecht hin. Seine Augen wurden schmal, und er legte die Hände in den Schoß, ließ sie unter dem Schreibtisch verschwinden, damit sie nicht sah, wie sie zitterten.

»Gut.«

»Ich möchte meinen Jungen wiederhaben. Wenn du ihm auch nur ein Haar krümmst —«

»Drohe mir nicht!«

»Ich drohe nicht. Ich verspreche etwas.«

Sie lachte und beugte sich vor.

»Hast du nun genug geredet? Möchtest du noch irgend etwas sagen? Noch irgendwie beweisen, daß du mutig bist? Deine Männlichkeit demonstrieren? Deine Bankbeamtenmentalität?«

»Ich könnte die Wache rufen, sie wäre in einer Minute hier.«

»Und sie wären innerhalb von einer halben Stunde tot.«

»Du bluffst.«

»Glaubst du, Zahlenkünstler. Ruf sie! Probier mal aus, ob ich bluffe!«

Er rührte sich nicht.

»Komm, Mr. Große Kanone von einem Banker. Ruf sie! Teste mal, ob ich bluffe!«

Er rührte sich nicht.

»Ich habe auch nicht gedacht, daß du's tun würdest.«

»Warum bist du hier?«
»Endlich mal eine vernünftige Frage.«
»Ja. Warum läßt du uns nicht in Ruhe?«
»Sei nicht albern.«
»Was willst du?«
»Ich habe es dir gesagt. Alles.«
»Ich verstehe nicht.«
»Du wirst.«
Er war still. Er spürte, wie sehr sie ihn haßte.
»Warum hast du das getan?« fragte er wieder.
»Weil du mich bestohlen hast. Überlege mal, was ich dir alles vorwerfe: Verrat. Emilys Tod. Achtzehn Jahre. Ich kann sehen, wie du profitiert hast. Meinst du nicht, daß es Zeit ist zu teilen?«
»Warum hast du uns nicht angezeigt?«
»Wieso denkst du, daß ich es nicht tun werde?«
Duncan antwortete nicht.
»Komm schon, Duncan! Wieso denkst du, daß ich es nicht tun werde?«
»Ich weiß nicht.«
Sie lachte rauh.
»Siehst du, ich hab' einen Joker in meinem Spiel, und das ist meine beste Karte. Ich habe mich in meiner Freizeit in den achtzehn Jahren ein bißchen mit Strafrecht beschäftigt, mußt du wissen. Gefängnisse sind großartige Universitäten, nach Harvard und Yale wahrscheinlich die besten, die wir haben, und ganz gewiß mit einer besseren praktischen Ausbildung. Jedenfalls schätze ich, daß du, technisch gesehen, des Mordes schuldig bist in Tateinheit mit anderen Verbrechen – genau wie ich. Eine Verschwörung mit dem Ziel, einen bewaffneten Banküberfall zu begehen. Eine Verschwörung mit dem Ziel, einen Mord zu begehen.

Bankraub, Autodiebstahl. Vergehen gegen die den Waffenbesitz regelnden Bestimmungen. Zum Teufel, Duncan, als du wegranntest, bist du bei Rot über die Straße gelaufen; das würden sie dir wahrscheinlich auch noch anhängen. Nun, nehmen wir den günstigsten Fall an: Verjährung. Nicht gültig für alle mit Mord zusammenhängenden Verbrechen. Nehmen wir an, du nimmst dir einen gewieften Anwalt, der erklärt, du seist jetzt eine Stütze der Gesellschaft, und sowieso wärest du ja nur der Mann am Steuer gewesen et cetera et cetera. Du weißt, daß beide Männer, die dabei erschossen wurden, früher Bullen gewesen sind – und das vergessen sie nie. Also was würde dabei rauskommen? Bewährung? Aussatz des Strafvollzugs? Verdammt unwahrscheinlich, Duncan. Vielleicht für Megan – laß uns auch ihre Rolle in dem Ganzen nicht vergessen – aber du, Duncan? Ein bißchen Zuchthaus, würde ich schätzen...«

Olivia grinste und zögerte.

»...Natürlich kann ich mich auch völlig irren. Vielleicht werden diese Herrschaften da draußen dir einfach auf den Rücken klopfen und die Vergangenheit ruhen lassen. Was glaubst du?«

»Rede weiter.«

Olivias Stimme schien sich zusammenzupressen, ihr Haß war förmlich zu hören: »Darum habe ich ihnen nie etwas erzählt, Duncan. Obwohl es bedeutet hätte, daß ich früher herausgekommen wäre. Ich wollte nicht, daß du deine Schulden dem Staat Kalifornien zahlst. Was du schuldest, schuldest du mir.«

Sie zögerte, dann zischte sie im Flüsterton:

»Mir, du Hundesohn!«

Wieder legte sie eine Pause ein und lehnte sich in ihrem Sessel zurück.

»Und du wirst zahlen und zahlen. Selbst wenn du deinen Jungen wiederbekommst – selbst wenn du das schaffst, und persönlich zweifle ich daran, daß du das Zeug hast –, habe ich immer noch das As im Ärmel. Du weißt, daß es da draußen einen Staatsanwalt gibt, der sich die Finger nach dir lecken würde. Auch noch ein paar FBI-Agenten. Und laß uns nicht die Familienangehörigen der Toten vergessen. Auch die würden gern die Namen von den anderen Mitgliedern der Phoenix...«

Er fühlte, daß er am ganzen Körper zitterte.

»...Sie werden es nie vergessen. Nicht in achtzehn Jahren. Nicht in hundert Jahren. Sie werden es nie vergessen.«

Sie flüsterte wieder: »Genau wie ich es auch nicht vergessen habe.«

Duncan erinnerte sich an einen Augenblick kurz nach Tommys Geburt; in den Abendnachrichten war damals dauernd von dem Krabbelkind die Rede, das in einen Abwässerkanal gefallen war und nicht wieder rauskonnte. Die ganze Nacht durch hatten die Rettungsmannschaften daran gearbeitet, das winzige Kind zu befreien. Duncan wußte noch, wie er Tommy in den Armen gehalten und seinen zappelnden Sohn aus dem Fläschchen gefüttert und die Szenen in den Spätnachrichten gesehen hatte, während ihm die Tränen das Gesicht hinunterströmten und sein Inneres sich verkrampfte. Er wußte noch, wie überrascht er gewesen war, daß das Kind die Sache überlebte, gewöhnlich kamen solche Happy-Ends und wunderbaren Rettungen nicht vor. Die Welt ist dauernd damit beschäftigt, unsere Kinder abzumurksen, dachte er. Sie sind so leichte Opfer.

Olivia sah auf die Armbanduhr.

»Ich muß anrufen«, sagte sie brüsk.

»Was?«

Sie packte das Telefon und zog es zu sich herüber.

»Ich muß anrufen. Du möchtest, daß dein Kind leben bleibt, dann sag mir, was ich wählen muß, wenn ich außerhalb anrufen will!«

»Ich verstehe nicht.«

»Duncan, sei nicht so beschränkt. Wenn ich nicht alle zehn Minuten eine Serie von Anrufen mache und der betreffenden Person am anderen Ende sage, daß ich okay bin, dann muß er – oder sie – annehmen, daß ich wieder verraten worden bin, und den Richter und den Jungen umlegen. Wieviel genauer kann ich dir das noch erklären?«

Duncan sah sie entsetzt an.

»Was muß ich vorwählen, Duncan?«

»Eine Neun.«

»Danke. Noch eine Minute Zeit.«

Olivia wählte rasch eine Nummer.

Drei Blocks entfernt in einer Telefonzelle stand Ramon Gutierrez und wartete, er sah auf die Armbanduhr, unsicher, was er tun würde, wenn das Telefon nicht läutete. Er atmete erleichtert auf, als er es klingeln hörte.

Er nahm den Hörer in die Hand: »Ja.«

»Alles ist okay.«

»Alles klar? Weiter zu Telefon Nummer zwei?«

»Genau.«

Er hängte auf, lächelte.

Olivia legte den Hörer auf. Sie nahm die Armbanduhr ab und legte sie vor sich hin auf den Schreibtisch. »Ich behalte die Uhr besser im Auge«, sagte sie lächelnd. »Es täte mir leid, wenn ich anzurufen vergäße.«

Sie sah Duncan mit finsterem Blick an.

»Eine dumme Art abzukratzen, nicht? Weil jemand

anzurufen vergißt. Als ob du in der Todeszelle sitzt, und sie führen dich zur Gaskammer – oder zum elektrischen Stuhl, wohin auch immer –, und ein paar Straßen weiter im Büro des Gouverneurs sucht der Chefassistent verzweifelt nach dem Zettel mit der Nummer vom Hinrichtungsraum und merkt dann, daß er ihn wahrscheinlich in der anderen Hose vergessen hat.«

Sie lachte.

»Wußtest du, daß sie mir damit gedroht haben, Duncan?«

»Womit?« fragte er, fast sprachunfähig.

»Mit der Todesstrafe. Zum Glück haben sie sie in meinem Fall noch rechtzeitig abgebogen... Aber in deinem nicht, Duncan. Noch nicht.«

Als der Summer am Eingang ertönte, fuhr Megan hoch. Zuerst dachte sie, es wären die Zwillinge, die etwas vergessen hätten und noch mal zurückkämen, aber dann fiel ihr ein, daß sie die Tür mit ihrem Schlüssel selbst geöffnet hätten. Und dann dachte sie, wahrscheinlich würden sie sich nicht die Mühe machen und sich statt dessen in ihrer Teenagerfaulheit darauf verlassen, daß ihre Mutter sie hereinlassen würde. Warum sollten sie sich mit dem Schlüssel abmühen, wenn sie ebensogut auf den Summer drücken konnten? Sie eilte durch die Diele und streckte die Hand nach der Türklinke aus, ohne sich einen Augenblick Zeit zu nehmen, über das, was sie tat, nachzudenken.

Sie riß die Tür auf und erstarrte.

Zuerst erblickte sie eine große Sonnenbrille, die nicht recht zu dem bedeckten Himmel paßte. Dann sah sie das schiefe Grinsen, das sie an etwas erinnerte. Sie sah den Mann, der vor ihr stand, langsam die Sonnenbrille abnehmen. Die Gesichtszüge, die ihr entgegenblickten, schienen einem Alptraum zu entsteigen, dem sie sich längst entronnen geglaubt hatte. Sie starrte ihn mit offenem Mund an, während sie einen Schritt zurücktrat, als hätte sie der Schlag getroffen.

»Aber ich dachte, du wärst –«

»Tot? Verschwunden? In Luft aufgelöst? Denkste, ich hab' was gehabt vom Leben in den guten alten USA? Was hattest du dir denn vorgestellt? Daß ich von der Bank wegrenne und aus?«

Bill Lewis lachte über die Angst in Megans Gesicht.

»Habe ich mich denn so verändert?« fragte er ruhig.

Sie schüttelte den Kopf.

»Hatte ich mir auch nicht gedacht, Megan, willst du mich nicht hereinbitten?«

Sie nickte.

Bill Lewis trat ins Haus und sah sich um.

»Hübsch habt ihr's hier«, sagte er. »Hübsch. Das kostet was. Nicht schlecht. Da steckt was drin. Seid ihr auch in die Republikanische Partei eingetreten?«

Megan konnte nicht antworten.

»Beantworte meine Frage, Megan«, insistierte er mit einer leisen, wütenden Stimme.

»Nein.«

»Möchte ich aber wetten.«

Sie sah zu, wie er seine Umgebung musterte. Er betrachtete einen antiken Tisch im Flur. »Nicht schlecht«, sagte er zynisch. »Shaker-Design, was, 1850 vielleicht?« Er sah zu Megan hinüber. »Das war eine Frage!« sagte er. Sein Finger glitt über das ungebeizte Holz des antiken Tischs.

»Achtzehnhundertachtundfünfzig«, antwortete sie.

»Ein schönes Stück. Wahrscheinlich ein paar Tausender wert, was?«

»Ich denke, ja.«

»Du denkst, ja? Du denkst, ja!« Er lachte spöttisch.

Dann wendete er sich zum Wohnzimmer, wo er einige gerahmte Bilder sah, auf die er zuging, um sie sich aus der Nähe zu betrachten. »Duncan ist dicker geworden«, sagte er. »Er sieht so aus, wie man sich einen zufriedenen Spießer vorstellt. Das Feuer hat er nicht mehr, was? Keine Begeisterung, keine Hingabe an die Sache mehr, nur noch dicke Zahlen und fette Bilanzen, was?«

Er zögerte, sah Megan an.

»Nein«, sagte sie. »Er ist gut in Form. Läuft jeden Tag seine vier Meilen.«

Bill Lewis stieß zischend ein Lachen aus. »Damit hätte ich rechnen sollen. Der Sport der Bourgeoisie. Trägt wahrscheinlich ein Paar Hundert-Dollar-New-Balance-Sneakers und einen 300-Dollar-Gore-Tex-Trainingsanzug von L. L. Bean. Alles high-tech-, high-cost-Schlacht um die schlanke Linie.«

Er stoppte, sah Megan böse an und sagte: »Er sollte es mal mit Hungern versuchen. Dabei bleibt man dünn und hart. Hungern und sich vor dem FBI und den Bullen verstecken, das hält fit.«

Sein Lächeln war mehr ein Zähnefletschen. Er drehte sich wieder zu dem Regal um und nahm ein anderes Foto. »Ich will verdammt sein«, sagte er. »Die Mädchen sind so hübsch wie du, und sie sehen fast so aus wie du damals. Wie aus dem Gesicht geschnitten.« Er nahm ein Foto von Tommy. »Hier sieht er viel glücklicher aus«, sagte er. »Wo wir ihn haben, lächelt er fast nie.«

Megan schnappte nach Luft.

»Tommy«, flüsterte sie.

Bill Lewis drehte sich wütend zu ihr um.

»Was? Du glaubst wohl, das sei nur Olivias Aktion?

Du hattest nicht erwartet, daß da draußen noch jemand ziemlich lange über dich und Duncan nachgedacht und überlegt hat, wann er eine Gelegenheit haben würde, euch das heimzuzahlen?«

»Tommy«, sagte sie. »Bitte, mein Junge...«

»Er krepiert. Wir legen ihn um, wenn du nicht tust, was wir dir sagen. Genauso der alte Drecksack, er wird nur einen etwas qualvolleren Tod sterben.«

Bill Lewis stellte das Foto hin. Er schien einen Augenblick nachzudenken, dann nahm er es wieder auf und sah es sich genau an. Er warf Megan einen Blick zu, und dann zerschmetterte er plötzlich das Foto wütend auf einer Tischkante, so daß Glas und Rahmen zerbrachen. Das Brechen des Glases hörte sich wie ein Schuß an, und einen Augenblick dachte Megan, sie sei verletzt.

»Wir führen jetzt das Kommando«, sagte Lewis. »Vergiß das nicht.«

Er kam auf Megan zu und packte ihr Gesicht mit einer Hand. Er hielt sie an den Wangen umklammert und drückte.

»Sie werden alle sterben, verstehst du? Nicht nur der Junge und der alte Mann, sondern ich komme wieder und bringe die Mädchen auch um. Denk darüber nach, Megan. Dann lege ich Duncan um, aber dich lasse ich leben, weil das für dich viel schlimmer sein wird, als wenn du stirbst. Verstehst du das? Verstehst du das?«

Sie nickte.

»All das, Megan, all die Dinge hier, dies ganze Leben, kannst du vergessen, nimm Abschied.«

Er ließ sie los.

»All right, Megan. Dreh dich zur Wand um und zähl bis 60. Dann kannst du weitermachen mit dem, was du gerade getan hast, bevor wir uns die Zeit für diese angenehme kleine Unterhaltung genommen haben. Bißchen Hausarbeit. Etwas saubermachen. Geschirr spülen. Sokken stopfen. Mach was Nettes, Sicheres, so richtig Mittelklasse. Schön, dich mal wieder gesehen zu haben nach all den Jahren. Nach all den Jahren, Megan.«

Bill Lewis stieß sie gegen die Wand und ging hinaus.

»Oh, hey, viele Grüße auch an Duncan. Sag ihm, er hat Glück gehabt, daß ich seine Frau heute nicht umgelegt habe, so wie er meine umgelegt hat.«

Dann ging er und ließ Megan schluchzend mit dem Gesicht zur Wand zurück.

Sie wählte schnell die Nummer des zweiten Münztelefons, und als sie Ramon Gutierrez' kurzes »Ja« am anderen Ende hörte, sagte sie abrupt: »Weitermachen.«

»Zum dritten Telefon«, sagte Ramon.

»Richtig.« Olivia legte den Hörer auf. Sie beobachtete Duncans Augen, suchte nach Anzeichen einer Auflehnung. »Alles in Ordnung, Duncan, laß uns weitermachen.«

»Ja«, sagte er.

»Nimm ein Blatt Papier und einen Stift.«

Einen Augenblick starrte er sie an und fragte sich, was sie vorhatte, dann gehorchte er.

»Gut«, sagte sie. »Okay, Duncan, wieviel verdienst du?«

»Was meinst du?«

»Duncan«, sagte Olivia, »strapaziere nicht meine Geduld. *Wieviel verdienst du?*«

»Mein Gehalt beläuft sich auf neunzigtausend im Jahr.«

»Und?«

»Dann sind da die Zulagen für Versicherung, Autospe-

sen, günstige Zinssätze für Kredite und Hypotheken, Krankheitsvorsorge, da kommt etwas zusammen.«
»Schätze mal.«
»Noch einmal fünfundzwanzigtausend.«
»Weiter. Altersvorsorge?«
»Meine Frau und ich haben jeder ungefähr zwanzigtausend steuerabzugsfähige Rücklagen. Die Bank zahlt etwas für meine Altersvorsorge dazu, und dann –«
»Schreib's auf.«
Er kritzelte die Zahlen aufs Papier.
»Gut«, sagte sie. »Mach weiter.«
»In Vermont habe ich ein Feriengrundstück, nur das Land, wirklich, wir wollten etwas bauen, vielleicht nächstes Jahr...«
»Schreib's dazu.«
»Ich habe 36000 für sechs Morgen bezahlt...«
»Wann?«
»Vor sieben Jahren.«
»Wo ist es?«
»In der Nähe von Killington.«
Olivia lächelte. »Nett. Richtig nett. Wie ich höre, prächtig zum Skilaufen da oben. Wird wahrscheinlich ein herrlicher Winter. Haben sie da oben schon Schnee?«
»Etwas.«
»Schreib es auf. Aktien und Festverzinsliches?«
»Ich habe ein kleines Portfolio.«
»Du bist zu bescheiden. Was hast du?«
»Nur erstklassige Papiere.«
»Das hatte ich mir gedacht.« Sie deutete auf das Blatt. »Was noch?« fragte Duncan.
»Setz dein Haus drauf. Und vergiß nicht Megans Maklergebühren. Was hat sie letztes Jahr verdient?«
»Fünfzigtausend Dollar.«

»Die Geschäfte in Greenfield laufen gut, was?«
Duncan nickte nur.

»Wer hätte gedacht, daß der müde alte Nordosten so ein Comeback erleben würde? Damals, als wir so gute Freunde waren, Duncan, da schien hier doch alles einzugehen wie die Primel im Aschenbecher, oder nicht? Stell dir meine Überraschung vor, als ich rauskomme und sehe, daß die Wirtschaft boomt und alles reich wird hier draußen.«

Olivia griff nach dem Papier, nahm es und sah die Zahlenreihe an. Sie stieß einen langen, leisen, spöttischen Pfiff aus. »Nicht schlecht. Du bist ein beschäftigter Bursche gewesen, nicht wahr?«

Er nickte.

Sie riß das Papier vom Block und steckte es in die Tasche. Dann verschwand ihr Lächeln, und sie beugte sich im Sessel vor. »Hör zu, Duncan«, zischte sie ihn an. »Hör gut zu. Ich werde ein Konto eröffnen.«

»Was?« Er war verwirrt. »Ein Konto?«

»Richtig, Rechenkünstler. Und das Konto bist du.«

»Ich verstehe nicht.«

»Wirst du schon noch.«

Er sah sie an und wartete. Er konnte sehen, daß sie den Augenblick auskostete.

»Fragst du dich nicht, warum ich heute hierhergekommen bin?«

Er schüttelte den Kopf.

»Ich mußte dich sehen, Duncan. Persönlich. Ich hätte das alles übers Telefon erledigen können, und denk mal, wie viel sicherer das für mich gewesen wäre. Aber ich wollte dich mit eigenen Augen sehen, Duncan. Ich mußte sehen, daß du mein Feind geworden bist. Ich wußte, daß du's geworden bist. Ich wußte, daß mit dir nichts los ist.

Aber sogar ich hatte Mühe mir vorzustellen, daß du so weit abgefallen bist.«

Sie lehnte sich im Sessel zurück und lachte.

»Siehst du nicht in den Spiegel, Duncan, und schämst du dich dann nicht? Siehst du nicht, daß alles, was in Amerika falsch ist, mit deiner miesen kleinen Geldrafferei zu tun hat? Wachst du nicht mitten in der Nacht auf und denkst zurück an die Zeit, als du was bedeutetest, als du etwas tatest? Damals warst du ein Teil unseres Kampfes. Du hattest dir geschworen, die Welt zu verbessern, und sieh dich jetzt an! Dem Geldverdienen verschworen, der Jagd nach immer mehr. Es ist ekelerregend.«

Sie griff plötzlich über den Schreibtisch und packte seine Hand. Ihr Griff war eisern, und er fühlte ihre gestreckten, harten Muskeln, die an ihm zerrten und ihn kniffen.

»Da, Duncan, das ist Hingabe an die Sache. Ich habe mich nie geändert. Ich habe nie aufgehört, an den Kampf zu glauben. Ich bin so hart wie damals...«

Sie ließ ihn plötzlich los, und er krachte gegen die Rückenlehne des Sessels.

»Ich bin so stark wie damals – stärker. Gefängnis ist wie eine Wiedergeburt, Duncan. Es wird einem alles klar. Wenn du rauskommst, bist du ganz neu und hart.«

Sie sah ihn an, dann blitzte ein leichtes Lächeln in ihren Augen auf.

»All right, Duncan, du bist der Banker. Du kennst dich aus mit Krediten, Werten, Aufwertungen und Abschreibungen. Du weißt, was etwas gerade wert ist, zum derzeitigen Zeitpunkt, im Auf und Ab des Marktgeschehens.«

Er fürchtete das, worauf sie hinauswollte. »Ja«, erwiderte er zögernd.

»Nun, sag mir: Wieviel rechnest du für den Jungen? Wieviel für das alte Faschistenschwein?«

Sie lachte heiser.

»Wieviel werden sie auf dem derzeitigen Markt bringen?«

Panik ergriff ihn. Er spürte, wie ihm das Blut ins Gesicht stieg.

»Wie kann ich –«

»Wieviel, du Bastard? Was ist das Leben wert, Duncan? Du bist der Banker, Armleuchter, du sollst es mir sagen. Wieviel für den alten Mann? Er hat nicht mehr so viele Jahre, zugegeben. Bei ihm mußt du abschreiben... Aber der Junge ist stark, er hat noch eine Menge Zeit, also nehme ich an, daß er einen Spitzenpreis bringt, meinst du nicht, Duncan? Komm, Duncan, meinst du nicht? Aber sollte man nicht etwas abziehen? Er hat schließlich bisher schon ein paar Probleme gehabt, nicht wahr? Ein bißchen unbestimmter, angstfördernder Streß, richtig? Rasieren wir darum etwas herunter. Eine Menge Potential, aber leicht beschädigte Ware. Transportschaden vielleicht, eh? Duncan? Was denkst du, Duncan? Was meinst du?«

»Du Miststück!« flüsterte er.

»Da bleibt kein Stein auf dem anderen«, sagte sie spöttisch.

»Wie kannst du von mir verlangen, daß ich mein Kind bewerte?«

»Hast du bereits getan. Du hast einen Preis auf das Leben aller anderen geheftet. Du hast vor achtzehn Jahren einen Preis auf deine eigene Freiheit gesetzt. Es fiel dir damals nicht so schwer. Also tu's jetzt auch!«

Sie sah auf ihre Uhr.

»Wir vergeuden Zeit«, sagte sie. »Letzter Anruf.«

Sie nahm das Telefon und wählte.

Als sie Ramons Antwort hörte, sagte sie: »Fast fertig.« Aber sie ließ Duncan nicht aus den Augen. Sie legte den Hörer wieder auf, bewußt langsam, während sie ihn die ganze Zeit haßerfüllt fixierte. Dann griff sie in ihre Handtasche und zog einen einfachen weißen Umschlag heraus. Sie reichte ihn Duncan.

»In dem Umschlag ist eine Botschaft, Duncan. Sie wird dir erklären, wie ernst es mir ist. Sie wird dir auch genau erklären, was ich tun werde, wenn ich keine Genugtuung bekomme. Wenn du« – sie brachte ihn mit ihrem Lächeln zum Erstarren – »in Verzug gerätst.«

Sie stand auf.

Duncan sah sie aufstehen, und es ergriff ihn wieder eine wirre Panik.

»Aber wieviel, wann... ich weiß doch nicht...«

Sie hob die Hand und schnitt ihm das Wort ab.

»Duncan, paß auf: ›Wann‹ ist einfach. Heute ist Mittwoch. Du wirst wahrscheinlich den Rest des Tages brauchen, um meine kleine Botschaft zu entziffern, womit gleich anzufangen ich dir dringend rate. Damit erledigen sich alle Fragen, wie ernst es mir damit ist...«

Sie starrte ihn an. »Ich gebe dir einen Tag...«

»Einen Tag! Ich kann nicht –«

»Okay, Duncan«, sagte sie mit dem Lächeln einer Cheshire-Katze. »Ich bin vernünftig. Ich gebe dir zwei Tage. Das scheint mir fair. Zwei Arbeitstage, damit du das aufbringst...«

Sie zögerte.

»Dadurch wird es ja interessant, nicht? Wieviel wirst du aufbringen? Wird es genug sein? Vielleicht bekommst du nur den einen wieder und nicht den anderen. Vielleicht wird es nur eine Anzahlung sein auf irgendwas, und wir müssen weitersehen. Vielleicht, vielleicht, vielleicht. Vielleicht kriege ich's mit der Angst. Weißt du, Duncan, unterschätze bitte meine Abneigung gegen einen nochmaligen Gefängnisaufenthalt nicht und wieviel ich tun werde, um das zu vermeiden. Verstehst du, was ich sage?«

»Ja. Ich glaube.«

»Ich sage: Beim ersten Zeichen, daß du deine Hand nicht allein ausspielst, müssen die beiden dran glauben.«

Sie machte eine Pause.

»Krepieren. Sterben. Totgehen. Verstehst du?«

»Ja.«

»So, Duncan. Besorge das Geld. Besorge eine Menge Geld. Nimm alles. Tu's einfach.«

»Aber du verstehst nicht, ich habe kein Bargeld herumliegen. Es sind Aktien, Grundbesitz, Investments – ich kann nicht einfach alles in zwei Tagen auflösen und dir das Geld geben. Ich werde es tun, aber es dauert etwas. Ich kann nicht so einfach –«

»Ja, du kannst, du Bastard.«

Sie starrte ihn an.

»Du verstehst immer noch nicht, oder?«

»Nein. Ich glaube nicht.«

»Duncan. Ich erwarte nicht, daß du fähig bist, deinen Besitz innerhalb von zwei Arbeitstagen zu verkaufen. Ich weiß, daß du das Geld von den Aktienverkäufen und der Altersvorsorge und all das nicht innerhalb von zwei Tagen zu Geld machen kannst. Das wäre unvernünftig. Du könntest das unmöglich in zwei Tagen schaffen.« Sie lächelte ihn an. »Nein, damit rechne ich nicht.«

»Aber wie?«

»Die Antwort ist so einfach, Duncan.«

»Ich ver –«

»Duncan. Stiehl es.«

Er zuckte zurück in seinem Sessel. Sein Mund öffnete sich, aber er konnte nicht sprechen. Sie beugte sich über den Schreibtisch vor, so daß ihr Gesicht nur Zentimeter weit weg war. Ihr Atem war heiß und quoll ihm entgegen.

»Stiehl es, du Bastard. Beraube die Bank.«

Sie stand auf und sah auf ihn herunter.

»Führe den Job, den wir vor achtzehn Jahren angefangen haben, zu Ende.«

Sie trat einen Schritt zurück und deutete auf die Schalterräume.

»Stiehl das Geld«, sagte sie.

Dann war sie weg.

KAPITEL 6

Mittwoch nachmittag – Mittwoch abend

Duncan blieb nach Olivias Abgang wie mit seinem Schreibtisch verwurzelt.

Er wußte nicht, wie lange er in dieser Stellung verharrte; fünf Minuten, fünfzehn, vielleicht eine halbe Stunde. Die Zeit schien mit einemmal geschmeidig, dehnbar, gefügig. Ihm war, als ob ein subtropisches Fieber ihn überkommen hätte; sein Gesicht war gerötet, er konnte den Schweiß auf der Stirn fühlen, er sah hinab auf seine zittrigen Hände.

Stiehl es!

Ein Telefonsummen auf dem Schreibtisch riß ihn aus seiner Träumerei. Er starrte es begriffsunfähig an, als es ihn in die Realität zurückrief. Er wollte dann den Arm ausstrecken, um den Hörer abzunehmen, hielt aber an und ließ es wie eine wütende Hornisse summen. Als es nicht aufhörte, legte er schließlich die Hand auf den Hörer und hob ihn langsam auf. »Ja?« sagte er ausdruckslos.

»Duncan.«

»Ja?« erwiderte er noch einmal, als ob er aus einem Traum aufwachte. »Megan? Was ist?«

»Duncan, er war hier!«

»Megan, was gibt's, wer war da?«

Er zuckte kerzengerade hoch am Schreibtisch, sprang auf, beunruhigt von der Angst in der Stimme seiner Frau.

»Bill Lewis! Ich dachte, er wäre tot! Er hilft ihr, Duncan. Er hat auch Tommy.«

»Bill Lewis?« Duncan kam sich vor, als rissen die letzten Stricke, die ihn noch zusammengehalten hatten, einer nach dem anderen.

»Er sagte, er würde Tommy umbringen. Er sagte, er würde die Mädchen umbringen, er würde dich umbringen, wenn du nicht tätest, was Olivia dir sagt. Er ist bei ihr. Ich habe es nicht glauben können. Er sah noch genauso aus, nur anders. Es war, als ob –«

»Bill Lewis? Aber ich dachte, er wäre verschwunden?«

»Er ist hier. Er war fürchterlich. Er war gar nicht mehr so, wie er früher war...«

»Er ist bei Olivia?«

»Ja. Ja. Sie stecken beide drin.«

»Mein Gott! Wer sonst noch?«

»Ich weiß nicht«, seufzte sie.

»Bill Lewis ist ein Wilder.« Duncan sah Lewis vor sich, als er in Lodi am Küchentisch saß und einen leergeräumten 45er Revolver auf ihn richtete und auf den Abzug drückte. Er erinnerte sich an das hallende Klicken des Schlagbolzens und Lewis' spöttisches Lachen, als er aufsprang und ihn wütend anbrüllte.

»Bill war ein Psychopath und ein Feigling«, sagte Duncan, ohne an die Wirkung seiner Worte zu denken. »Er würde jeden erschießen, solange der ihm den Rücken zukehrt.«

»Nein, nein, nein, würde er nicht, Duncan. Er war damals durcheinander wie wir alle, aber so schlimm war er auch nicht...«

»Du sagtest, er wäre schrecklich...«

»Das war er, das war er, Gott, Duncan, es tut mir leid, ich bin so durcheinander.«

»Was hat er gesagt?«

»Er hat ein Bild von Tommy zerbrochen. Er sagte, er würde ihn töten.«

»Nicht, wenn Olivia da ist. Wir brauchen uns darüber keine Sorgen zu machen. Sie hat ihn immer unterm Daumen gehabt. Er hat immer genau getan, was sie sagte.«

»Duncan, ich dachte nicht, daß ich noch mehr Angst kriegen könnte, aber jetzt weiß ich überhaupt nicht mehr, was ich denken soll.«

»Megan, reiß dich zusammen. Wo sind die Mädchen?«

»Sie sind los. Milch holen.«

»Was sind sie?«

»Sie mußten mal raus, und ich dachte nicht – es war, bevor er kam und –«

Duncan holte tief Luft und meisterte sein rasendes Herz.

»Es ist okay. Wenn sie zurückkommen, behalte sie im Haus, bis ich nach Hause komme. Öffne niemandem die Tür, außer wenn du sie persönlich kennst...«

Er machte eine Pause und dachte daran, was das für eine alberne Ermahnung war: Das war das Blöde, sie kannten ihre Folterer persönlich.

»Kommst du jetzt?« fragte Megan.

»Bald. Ich muß etwas tun...«

»Was?«

Duncan hob den Umschlag auf, den Olivia ihm auf dem Schreibtisch zurückgelassen hatte.

»Sie hat mir eine Art Nachricht hinterlassen. Ich muß sie entziffern. Das hat sie gesagt. Ich weiß nicht, was es ist oder wie lange es dauern wird.«

»Hat sie dir gesagt, wieviel wir bezahlen müssen, um die Tommys zurückzubekommen?«

»So ungefähr.« Er zögerte und hörte die schreckliche

Angst in der Stimme seiner Frau. »Ich erklär's, wenn ich nach Haus komme. Sammle einfach die Mädchen ein und reiß dich etwas am Riemen. Ich bin in Kürze zu Haus.«

»Bitte, beeil dich.«

»Ich beeile mich.«

Er legte das Telefon weg und hob den Umschlag auf. Sie ist am Rande der Hysterie, dachte er. Er wußte nicht, was er tun würde, wenn seine Frau mit dem Druck nicht mehr fertig wurde.

Er schüttelte den Kopf und fragte stumm sich selbst, was er tun würde, wenn er den Druck nicht mehr aushielt. Er holte tief Luft.

»All right, Olivia«, sagte er laut. »Ich spiele dein verdammtes Spiel mit.« Es war leichter, tapfer zu agieren, wenn sie ihm nicht ins Gesicht starrte, sah er reuevoll ein. Nachdem sie weg ist, fallen mir immer die besten Antworten ein, dachte er.

Er öffnete den Briefumschlag und ließ dessen Inhalt auf den Schreibtisch fallen. Zuerst fiel ihm ein Foto auf. Es war von den beiden Tommys. Er sah in die erschrockenen Augen seines Sohnes, und es war, als hätte ihn jemand mit einem Eispickel erstochen. Es stammte aus einer Sofortbildkamera. Der Richter hielt die Morgenzeitung hoch. Es war gestellt, so wie andere solcher Fotos, an die er sich aus den Abendnachrichten erinnerte. Er versuchte zu entziffern, soweit er das vermochte, an was für einem Ort man sie gefangenhielt. Es schien eine Dachkammer irgendwo zu sein. Er konnte gerade noch die braunen Leisten ausmachen, die schräg aufwärts in den Dachfirst reichten.

Die beiden scheinen da wenigstens sauber und trocken zu sitzen, dachte er.

Er sah die Decken, sie beruhigten ihn. Er forschte im

Gesicht des Richters nach Anzeichen von Streß und war erleichtert, nur Unbehagen und Ekel darin zu erkennen. Er erlaubte sich einen revolutionären Gedanken: Du alter, anmaßender, strenger Son-of-a-bitch, mach ihnen die Hölle heiß! Er war hin und her gerissen zwischen dem Wunsch, der Richter möge sie mit Worten zerfetzen, und dem Bewußtsein, wie gefährlich es sein würde, vor allem, wenn man bedachte, wie instabil Lewis' Persönlichkeit war und wie gefährlich. Bill Lewis lachte in den falschen Augenblicken, erinnerte er sich, und weinte manchmal über die albernsten, rührseligsten Sachen, zum Beispiel über unglückliche Spielfilm-Enden. Er hatte eine Psyche, die wie ein Gezeitenpool hin- und herschwappte.

Duncan strich sich über die Stirnfalten, als ob er fühlen wollte, wie sie sich dort konzentrierten. Er versuchte, wieder Tommy anzusehen, und erlaubte sich nur die Feststellung, daß sein Sohn gesund, aber ängstlich wirkte. Er zwang sich, aus dieser Beobachtung Beruhigung zu schöpfen. Er wollte nicht die Trauer und Verwirrung des kleinen Jungen ausloten, die er in dem Gesicht sich abzeichnen sah. Aber es fiel ihm schwer, und er holte tief Luft und sagte sich, als könnte er seine Gefühle durch die Luftwellen zu dem Raum hin senden, wo sein Sohn gefangensaß: Ich versuche es, Tommy, ich versuche es. Ich will mein Bestes versuchen. Ich hole euch da wieder heraus.

Er legte das Foto hin und fragte sich, ob er es seiner Frau zeigen sollte oder nicht. Dann hob er den einzigen anderen Gegenstand auf, der aus dem Umschlag herausgeflattert war. Es war ein undatierter Zeitungsausschnitt von einer Todesanzeigenseite einer unbekannten Zeitung. Er las die Anzeige zweimal, mit wachsender Bestürzung, durch:

MILLER, ROBERT EDGAR, 39, zu Hause am 4. September 1986. Geliebter Mann von Martha, geborene Matthews, und liebender Vater zweier Söhne, Frederic und Howard. Er hinterläßt seine Eltern, Mr. und Mrs. E. A. Miller aus Lodi, sein Onkel, Mr. R. L. Miller aus Sacramento, ein Bruder, Wallace Miller aus Chicago, zwei Schwestern, Mrs. Martin Smith aus Los Angeles und Mrs. Wayne Schultz aus San Francisco, und ungezählte Neffen und Nichten. Memorial Service wird gehalten in Our Mother of the Sacred Redemption Church um 1 Uhr mittags, Freitag, den 8. September. Der Verstorbene wird mittags in der Kirche aufgebahrt liegen. Die Familienangehörigen bitten, an Stelle von Blumen einen Beitrag an die Vietnam-Veteranen vom Orange County Outreach Center zu zahlen. Beerdigung ausgerichtet vom Johnson Funeral House, 1120 Baker Street, Lodi.

Duncan wußte nicht, wer Robert Miller war und welche mögliche Verbindung es zwischen ihm, Olivia und ihm selbst geben könnte. Er konnte sehen, daß dieser Mann offenbar vor etwas über zwei Monaten gestorben war und daß sie beide ungefähr Altersgenossen waren. Er war ein Mann aus Lodi, und damit stammte er aus derselben Stadt, in der sie vor dem Bankjob gelebt hatten, aber weiter sagte es ihm nichts. Er sah auch, daß der Mann ein Vietnamveteran gewesen war, aber er konnte sonst wenig erkennen, was ihn mit der Situation im Augenblick verband. Duncan wälzte den Namen immer wieder im Kopf herum, versuchte einen Anhaltspunkt zu finden. Er starrte den Zettel an und fragte: Wer bist du? Was bedeutest du für mich?
 Wie bist du gestorben?
 Und warum?

Zuerst fiel ihm nichts ein, wie er es herausbekommen könnte. Dann hob er den Hörer auf und wählte den Informationsdienst in Lodi an und bekam die Nummer des Begräbnisinstituts. Er zögerte einen Augenblick, versuchte sich eine Geschichte einfallen zu lassen, die seine Anfrage erklären könnte.

Als er die Nummer wählte, merkte er, daß er zum erstenmal seit achtzehn Jahren eine Nummer in Kalifornien anrief.

Einen Augenblick hatte er Angst, daß jemand am Ton seiner Stimme erkennen könnte, daß er etwas mit der Geschichte von 1968 zu tun hatte. Nach dem zweiten Läuten meldete sich eine Frau.

»Johnson Funeral Home. Wie dürfen wir Ihnen helfen?«

»Hallo«, sagte Duncan. »Mein Name ist, öh, Roger White, und ich habe gerade von einer Beerdigung erfahren, die Sie damals im September abgewickelt haben, und ich, ich bin nicht sicher, ob dieser Bursche ein alter Freund von mir war oder nicht. Ich war im Ausland und lange außer Kontakt, und es hat mich sehr betroffen gemacht...«

Die Frau unterbrach ihn.

»Wie hieß der Verstorbene?«

»Robert Miller, damals im...«

»Im September, oh, ja, ich erinnere mich. Woher kannten Sie sich doch noch mal?«

Duncan tippte: »Vietnam.«

»Oh, ja, natürlich. Auch Veteran. Lassen Sie mich mal in meinen Akten nachsehen. Wissen Sie, ich erinnere mich nicht, daß die Polizei irgend jemanden danach verhaftet hat.«

»Die Polizei?«

»Ja. Es tut mir leid. Wußten Sie nicht, daß man Mr. Miller ermordet hat?«

»Nein, nein, ich höre zum erstenmal davon.«

»Ich habe wirklich nicht die Einzelheiten darüber. Ich weiß, es war eine Art Raubüberfall. Sie könnten Ted Reese hier in der Zeitung anrufen. Er hat darüber berichtet.«

Duncan schrieb den Namen auf, während er die Frau mit Papieren rascheln hörte.

»...Jedenfalls war er bei der Einhundertsten Luftlandedivision von neunzehnhundertundsechsundsechzig bis Ende neunzehnhundertsiebenundsechzig in Vietnam. Er hat zwei Purple Hearts und einen Bronze Star für Tapferkeit bekommen. Er war aktiv hier im Ort bei den Elchen und bei der Little League und der Pee Wee Football Leage.

Er war Mitglied in der Society of Security Professionals. Eine Menge ehemalige Polizisten und solche Typen kamen zur Beerdigung.«

»Es war eine große Beerdigung?«

»O ja. Der Mann war sehr beliebt. Sehr bekannt hier in der Gegend. Der Mann von der Zeitung könnte Ihnen mehr sagen. Ist das der Mr. Miller, den Sie aus Vietnam kannten?«

»Ja«, log Duncan. »Er war es.«

»Oh«, sagte sie. »Das tut mir leid.«

Duncan hängte auf, drückte den Hörer kurz herunter, um die Verbindung zu unterbrechen. Dann wählte er die Zeitung an und fragte nach dem Reporter. Er verstand immer noch nicht, was für eine Botschaft Olivia ihm übermitteln wollte, noch sah er die Verbindung zwischen diesem ermordeten Mann und sich selbst.

»Reese hier.«

»Hallo«, sagte Duncan. »Hören Sie, mein Name ist White, und ich bin gerade nach sechs Monaten ins Land zurückgekehrt, um festzustellen, daß ein alter Freund von mir ermordet worden ist. Die Leute in dem Funeral Home sagten, Sie könnten mir erklären, was Robert Miller zugestoßen ist.«

»Oh – dem Sicherheitsbeamten?«

»Ja.«

»Sie sagen, Sie waren ein Freund von ihm?«

»Aus dem Krieg. Hundertste Luftlandedivision.«

»O ja. Nun, es tut mir leid, Ihnen sagen zu müssen...«

»Was ist geschehen?«

»Hat einfach Pech gehabt, der Junge, glaube ich. Glück hatten seine Frau und Kinder allerdings. Sie waren zum letzten Wochenende vor dem Schulanfang weggefahren, also war er allein zu Haus. Jedenfalls, soweit die besten Bullen es rausfingern können, hat jemand an die Tür geklopft, und er hat geöffnet und hat sie reingelassen. Sie haben ihn gezwungen, seinen Safe zu öffnen, den sie durchwühlt haben. Sie haben das Haus ganz schön demoliert. Der Junge hatte auch eine ziemlich gute Waffensammlung, darunter ein paar automatische Gewehre. Hatte sogar eine Genehmigung für diese Sachen, wenn Sie sich das vorstellen können. Wissen Sie, was die Polizei sagt, für wieviel man eine von denen auf dem Schwarzmarkt verkaufen kann? Tausende. Jedenfalls, ein bißchen später haben sie ihn mit einer Maschinenpistole weggeblasen, in seinem Haus. Haben eine höllische Schweinerei angerichtet... oh, tut mir leid...«

»Das macht nichts«, sagte Duncan rasch. »Bitte, erzählen Sie weiter.«

»Nicht mehr viel zu erzählen. Er wollte offenbar gerade zu seinem Schreibtisch gehen, in dem er eine Pistole versteckt hatte. Er war nicht der Typ, der aus dem Haus ging, ohne irgendeinen Streit vom Zaun zu brechen, alle haben das gesagt. Schätze, sie sind gleich wieder weg, nachdem sie das Haus verwüstet hatten. Haben außer den Waffen noch ein paar Sachen mitgenommen, darunter, was sagen Sie dazu: die rote Perücke seiner Frau. Schätze, sie haben an die siebentausend Dollar kassiert. Er ließ immer eine Menge Bargeld herumliegen, was nicht gerade klug war. Aber er war Abteilungsleiter bei einer Sicherheitsfirma – er hatte sich hochgearbeitet vom Geldtransportbegleiter – und er hatte die beste Sicherungsanlage am Haus. Nur funktioniert die ganze Elektronik nicht, wenn man seinem Mörder die Tür öffnet. Das hat die Schnüffler verblüfft. Sie verstehen nicht, wieso er das getan hat.«

»Vielleicht kannte er den Killer.«

»Ja, das denken alle, aber bisher hatten die möglichen Verdächtigen alle Alibis. Er war auch einer von denen, die ihren Angehörigen lebendig mehr wert sind als tot, wissen Sie. Er hatte keine hohe Lebensversicherung oder so etwas.«

»Hat irgend jemand etwas gesehen oder gehört?«

»Er hat in einem ganz hübschen Viertel gewohnt, wo die Häuser ziemlich weit auseinanderliegen. Und einer von den Beamten sagte, diese Pistolen hört man sowieso fast nicht, also müßte nicht unbedingt jemand etwas gehört haben. Nur so einen Rülpslaut, so, als ob jemand ganz schnell ein paar Blätter Papier zerreißt. Außerdem war es Nacht.«

Duncan wußte nicht, was er noch fragen sollte. Sein Hirn zeigte ein einziges Bild: Olivia steht im Eingang zum Haus des Mannes, geduldig wartet sie, daß er die Tür öffnet und sie hereinläßt. Sie weiß, daß er es tun wird: Wer könnte einer nett aussehenden, gut angezogenen Frau mittleren Alters den Eintritt verweigern, selbst wenn es mitten in der Nacht war, selbst wenn man sie nicht kannte? Man sieht durch das Guckloch, und dann öffnet man die Tür, verwundert, was sie zur Schwelle des Hauses bringt. Man würde ohne zu zögern öffnen.

Aber er sah immer noch nicht, warum sie dort gewesen sein sollte.

Er hörte die Stimme des Reporters durchs Telefon reden.

»... Es ist jammerschade. Stellen Sie sich vor. Schafft mehrere Jahre in Vietnam, kommt nach Hause, wird bei einem Banküberfall angeschossen, schließlich bringt er es bis zum Abteilungsleiter und endet dann so, nur weil er es sich wegen seiner Sicherungsanlage angewöhnt hat, zu Hause Bargeld herumliegen zu lassen. Ich will Ihnen sagen, die Leute hatten ziemliche Angst, als das passiert war, denn wenn es einen Burschen wie Miller erwischen konnte, dann konnte jeder...«

»Entschuldigung«, sagte Duncan abrupt, »was haben Sie gesagt?«

»Ich sagte, es ist jammerschade.«

»Danach.«

»Der Bursche leistet seinen Wehrdienst in Nam, wird dann bei einem Bankraub angeschossen –«

Duncan unterbrach ihn: »Bei einem Bankraub?«

»Ja – damals 1968. Stand tagelang in den Schlagzeilen. Paar verrückte Hippies haben eine Bank zu berauben versucht, ein paar Sicherheitsbeamte sind dabei draufgegangen, und Miller kriegte einen Schuß ins Bein. Ein paar von den Verrückten hat's auch erwischt. Miller bekam die Gouverneursmedaille wegen Tapferkeit.«

»Ich erinnere mich«, sagte Duncan.

»Klar. War in dem Jahr ungefähr zehn Minuten lang eine große Story. Eine spannende Story folgte in diesem achtundsechziger Jahr auf die nächste. Es war so ein Jahr.«

»Ich erinnere mich«, sagte Duncan.

Seine Schultern sackten vorwärts, und der Ekel kam ihm hoch. Einen Augenblick wußte er nicht, ob er verhindern konnte, daß er sich vor Angst übergab.

Ich weiß, sagte er zu sich selbst. Ich weiß es jetzt. Er schluckte die Galle hinunter, die ihm hochgekommen war, und fragte: »Hat die Polizei irgend jemanden verdächtigt?«

»Eine Menge Theorien. Hauptsächlich glauben sie, daß es diese Gang war, die von San Francisco aus operiert. Offenbar hat's hier in den letzten Monaten auch noch ein paar andere Einbrüche dieser Art gegeben. Aber er war im Sicherheitsgeschäft, und wer weiß, was für Leuten er da in all den Jahren übern Weg gelaufen ist. Vergessen Sie nicht: Das hier ist Kalifornien. Hier gibt es alles.«

»Danke«, sagte Duncan, seine Stimme war nur noch ein Flüstern.

»He, wissen Sie irgendwas über den Fall, was den Schnüfflern weiterhelfen könnte? Seine Firma hat zwanzigtausend Dollar Belohnung ausgesetzt.«

Duncan hängte ein.

Er lehnte sich in seinem Sessel zurück und dachte darüber nach, wer Robert Miller war: der Mann, der 1968 auf der Straße in Lodi Emily Lewis erschossen hatte.

Und Duncan wußte, warum er gestorben war. Aus Rache.

Richter Thomas Pearson beobachtete seinen Enkel.

Der Junge schien etwas von seiner Nervosität zu verlieren, während die Vertrautheit mit seiner Umgebung zunahm. Aber Tommy fuhr immer noch sichtbar hoch, wenn irgendein Geräusch von unten in die Enge des Raums heraufdrang. Er konnte sehen, wie diese Mischung aus Angst und Langeweile den Jungen allmählich zur Verzweiflung brachte. Er ging einen Augenblick auf und ab, rollte sich dann auf dem Bett in Fötusposition zusammen, nur um sich ein paar Minuten später wieder aufzurichten und wieder mit dem Auf- und Abgehen anzufangen. Tommy hatte alle Versuche seines Großvaters, ihn abzulenken, abgewehrt. Sie hatten die Morgenstunden allein zusammen verbracht und sich gefragt, was als nächstes geschehen würde; dann, nachdem Olivia sie fotografiert hatte, verging der Nachmittag ohne Nachricht, es herrschte völliges Schweigen. Der Richter hatte sich mehrmals gefragt, ob sie wohl allein im Haus waren; aber selbst dann hätte er nicht gewußt, was er hätte tun können.

Er starrte in der Kammer umher. Was für eine teuflische Falle das ist, eingesperrt zwischen Wänden und Verantwortung, dachte er. Wenn ich Tommy verliere, könnte ich Duncan und Megan nie mehr vor die Augen treten. So ein Leben würde mich umbringen.

Er sah auf die Armbanduhr und stellte fest, daß es schon über die Dinnerzeit hinaus war. Es ist Abend, dachte er. Unsere zweite Nacht hier. Draußen wird es stockdunkel, und der Himmel hat sich bezogen. Es wird kälter, die übriggebliebene Wärme des Tages verkriecht sich in den Schatten.

Er winkte Tommy, er solle kommen und sich zu ihm setzen, und als er da war, nahm er ihn in die Arme.

»Es ist so still, Großvater«, sagte das Kind, wie ein Echo seiner Gedanken. »Manchmal bin ich nicht sicher, daß sie noch da sind.«

»Ich weiß«, sagte der Richter. »Und dann, gerade wenn du denkst, wir sollten das Bett nehmen und damit versuchen, die Tür einzurammen, hörst du irgendein Geräusch und merkst, daß sie die ganze Zeit dagewesen sind.«

»Wie lange, glaubst du, müssen wir hierbleiben, Großvater?«

»Du hast das schon mal gefragt, und ich weiß keine Antwort.«

»Schätze.«

»Tommy, wozu soll schätzen gut sein?«

»Bitte.«

Er konnte die Spannung in dem Jungen spüren und wußte nicht, ob er lügen oder die Wahrheit sagen sollte. Ist das nicht immer das Problem bei Kindern? dachte er. Wir sind nie ganz sicher, ob die Wahrheiten der Erwachsenen sie befreien oder belasten werden. Er erinnerte sich plötzlich an eine Ferienreise mit Frau und Kindern im Auto, das war viele Jahre her. Megan war damals ungefähr in Tommys Alter. »Wie weit noch?« hatte sie mit kläglicher Stimme immer wieder gejammert. »Bis wir ankommen«, hatte er geantwortet.

»Aber wie weit?« hatte sie auf ihrer Frage bestanden.

»Meilen und Meilen«, hatte er geantwortet.

»Aber wie weit?«

Schließlich, nachdem es zwanzig Minuten so hin und hergegangen war, hatte er gedacht: Sag ihr die Wahrheit.

»Megan, es sind noch wenigstens zwei Stunden, darum versuche dich zu entspannen und sieh aus dem Fenster oder spiel ein Zählspiel mit deiner Mutter oder irgendwas, aber hör auf zu fragen, wie weit noch.« Sie hatte vor Verzweiflung losgeheult: »Zwei Stunden! Zwei Stunden! Ich will nach Haus!« Und er hatte die Zähne zusammengebissen, während sie jammerte und weinte.

Aber das war nur eine dieser kleinen Wahrheiten, die nach hinten losgingen. Was war mit den großen Wahrheiten? Wie war es mit Leben und Tod?

»Tommy, ich fürchte, wir werden hier noch wenigstens einen weiteren Tag bleiben.«

Er konnte die Lippen des Jungen zittern sehen.

»Warum?«

Der Körper des Jungen zitterte plötzlich heftig, als er die Frage stellte.

»Ich nehme an, sie haben von deinem Dad Geld verlangt, und er braucht etwas Zeit, um es zu beschaffen. Ich habe das schon einmal erklärt.«

Tommy nickte mit dem Kopf, sein Körper zitterte immer noch.

»Ich will hier raus«, sagte er. »Ich will nach Hause«, redete er weiter, und seine Stimme, von Schluchzern unterbrochen, wurde lauter. »Ich will nach Haus, nach Haus, nach Haus, nach Haus...«

Sein Großvater nahm ihn fest in die Arme und drückte ihn an sich.

Aber der Junge, anstatt sich in den tröstenden Armen des Großvaters aufzulösen, explodierte und stieß Richter Pearson zurück.

»Ich will raus! Ich will raus! Ich will nach Haus!« fing Tommy an zu schreien. Er stampfte wütend mit dem Fuß auf den Boden. Dann sprang der Junge durch die Dachkammer an die Tür und fing an, mit der flachen Hand gegen die Tür zu hämmern, daß es hallte wie Paukenschläge. »Ich will raus! Nach Haus!« brüllte er.

Der Richter sprang auf und packte den Jungen bei den Schultern. Er versuchte ihn zurückzuzerren, aber Tommy riß sich los.

Nein, dachte Richter Pearson, nein, bitte, Tommy, nicht jetzt. Bitte, nicht jetzt.

Der Junge strampelte sich ein zweites Mal vom Zugriff seines Großvaters frei und warf sich gegen die verschlossene Tür, die unter dem starken Anprall des Knabenkörpers knirschte.

»Raus! Raus! Raus! Raus! Nach Haus! Nach Haus! Nach Haus!« schrie Tommy.

Als Richter Pearson ihn ein drittes Mal zu packen versuchte, drehte der Junge sich herum und trommelte mit den Fäusten auf den alten Mann ein. »Nein! Nein! Nein! Meins! Meins!«

Der Richter taumelte zurück, überrascht von dem Angriff des Jungen.

Oh, mein Gott, dachte der Richter. Er dreht durch. Ich kann ihn nicht mehr halten, ich weiß, ich kann nicht mehr... Duncan und Megan mußten ihn immer beide halten, wenn er durchdrehte. Ich schaff's allein nicht.

Tommy hämmerte wieder mit den Fäusten gegen die Tür. Der Lärm schien das ganze Haus zu erschüttern, dröhnte wie Donnerkrachen durch die alten Bretter.

Der Richter hörte Füße durch die Diele laufen und dann die Treppe heraufkommen. Oh, mein Gott, dachte er, sie kommen!

»Tommy, hör auf! Hör auf! Bitte, hör auf!« bettelte er, versuchte den Jungen zurückzuhalten, aber so erfolgreich, als ob er dastände und die Hände gegen den Winterwind hochhielte.

»Laß mich los! Laß mich los!« schrie der Junge hysterisch.

»Tommy! Tommy! Ich bin's – bitte – Großvater...«
Wieder versuchte Richter Pearson den Jungen von der Tür zurückzureißen. Er sah Tommys Hände bluten, und der Anblick des Blutes erschreckte ihn. »Tommy!« rief er. »Tommy!«

»Nein! Nein! Nein!« schrie Tommy, als er die Hände des Richters wieder auf den Schultern spürte.

Der Richter konnte das Knacken in der Tür hören, als jemand den Schlüssel herumdrehte, und er packte das Kind und zerrte es für einen Augenblick aus der Türöffnung zurück.

Tommy stieß einen langen, gedehnten Schrei aus, der kaum wie aus dieser Welt wirkte, in der winzigen Kammer widerhallte und ihn mit Entsetzen erfüllte.

Olivia Barrow und Bill Lewis standen beide mit dem Revolver in der Hand da, und dann kamen sie herein, selbst etwas verstört und in Panik, wie man ihren Gesichtern ansah. Sie starrten das sich windende, sich wehrende Kind an, das von den grimmigen Armen des Großvaters festgehalten wurde.

»Ich will! Ich will! Ich will!« schrie Tommy. »Laß mich los! Los! LOS! LOS!«

»Halt's Maul!« brüllte Bill Lewis.

»Ruhe!« schrie Olivia gellend. Es hatte keine Wirkung auf Tommy, dessen Augen geschlossen waren und dessen Körper sich wie ein elektrischer Bogen krümmte.

»Ich kann ihn nicht halten!« rief der Richter plötzlich aus, als er den Jungen seiner Umklammerung entgleiten spürte.

Er ließ den Enkel lieber los, als dem Kind den Arm zu brechen. Tommy warf sich in Richtung auf die Tür, er schien die beiden Erwachsenen mit den Pistolen, die ihm den Weg verlegten, nicht zu sehen.

»Jesus!« schrie Bill Lewis gellend, als er Tommy fing und unter dem Ansturm des Jungen zurücktaumelte.

Das Kind schrie weiter, nun von anderen Armen festgehalten. Tommy kämpfte wild, er boxte und trat mit dämonischer Kraft um sich.

»Ich knalle ihn ab! Ich knalle ihn ab!« schrie Lewis den Richter an.

»Er kann doch nichts dafür – versuchen Sie lieber, ihn festzuhalten!«

»Bewegen Sie sich nicht!« brüllte Olivia und richtete ihre Waffe auf den Großvater.

»Mann! Helfen Sie mir!« schrie Lewis und stieß dann selbst einen schrillen Schrei aus, als er durch die Kammer taumelte und Tommys Angriff zu bändigen versuchte. Seine Waffe stieß klappernd gegen die Wand, als er den beißenden Jungen abwehren wollte. »Jesus, Olivia!« schrie er.

»Keiner bewegt sich!« brüllte Olivia wieder mit gellender Stimme.

»Ach, Blödsinn«, sagte der Richter, warf sich auf das ineinander verbissene Paar auf dem Boden und versuchte Bill Lewis zu helfen, den Jungen unter Kontrolle zu bringen. Es dauerte nur ein paar Sekunden, dann hielten die beiden Erwachsenen Tommy bei den Armen und Beinen und nagelten ihn am Fußboden fest.

»Keiner bewegt sich«, sagte Olivia wieder, aber diesmal war es ein überflüssiger Befehl, da sie wegen der angespannten Muskeln des Kindes ohnehin alle in einer Position erstarrt waren.

Der Richter sah hinunter und erblickte Bill Lewis' Pistole auf dem Fußboden in Reichweite.

Mein Gott, dachte er, die Waffe!

Er zögerte. Seine Hand zuckte etwas vorwärts.

Aber er hörte Olivias gleichmäßige, ruhige Stimme, jetzt in normaler Lautstärke, die nach dem Geschrei wie ein Flüstern schien: »Du krepierst, Alter. Ich sehe es, und du krepierst.«

Der Richter schloß die Augen und dachte: Wie viele Gelegenheiten werde ich noch verpassen?

Aber er sagte: »Wovon, zum Teufel, reden Sie denn?«

Bill Lewis, der den Vorgang zwischen Olivia und dem Richter nicht mitbekommen hatte, sah Richter Pearson an und flüsterte: »Danke. Ich hätte ihn nicht festhalten können.« Er knirschte mit den Zähnen, als Tommy wieder hochkam.

Dann erschlaffte Tommys Körper plötzlich in ihren Armen.

»Christus!« schrie Bill Lewis. »Was ist denn das, zur Hölle! Hab' ich ihm weh getan? Ist er tot?«

»Nein«, sagte Richter Pearson und entspannte sich langsam. »Es ist eine Art Fluchtzustand. Er hat das immer nach so einer Episode wie der hier. Helfen Sie mir, ihn auf das Bett zu legen.«

Tommys Augen waren weit offen, sein Atem ging langsam und war flach. »Komm«, sagte der Richter. Er sah Olivia an. »Gehen Sie aus dem Weg – schnell.«

Sie zögerte, dann sprang sie auf und räumte eines der Betten frei.

»Wird er wieder okay?« fragte Bill Lewis. »Christus! Das war was...«

»Er wird okay sein, wenn er hier rauskommt.«

Richter Pearson sah Olivia an, zeigte mit dem Finger auf sie. »Holen Sie jetzt Betadin und ein paar Pflaster für seine Hände, sie sind völlig aufgeschürft. Sie wußten das doch! Sie haben das alles geplant, und Sie wußten doch, daß er diese Anfälle hat, nicht wahr?«

»Ich wußte, daß er die Sonderschule besucht, aber ich habe nicht –«, fing sie an. Dann starrte sie den Richter an. »Bedauerlich. Tut mir leid, aber das ist eben Pech. Es ist Ihr Job, ihn unter Kontrolle zu halten.«

»Ich tue, was ich kann!« schnauzte der Richter sie an.

»Braucht er irgendeine Medizin oder so was? Ich meine, wir können alles besorgen, was er braucht...« sagte Bill Lewis. Er stand am Bett und starrte auf den Jungen hinab. »Wollen Sie ihn nicht mit 'ner Decke zudecken?« fragte er.

»Ja«, sagte der Richter, während er Olivia immer noch fixierte.

»Ich werd' was besorgen«, sagte Bill Lewis. »Noch nie so was gesehen.«

Olivia warf Lewis einen Blick zu: »Du holst den Erste-Hilfe-Kasten«, sagte sie. »Versorge das Kind.«

Dann drehte sie sich um und ging hinaus und ließ den Richter auf dem Bett sitzend zurück, wo er auf Lewis' Rückkehr wartete.

Ramon Gutierrez parkte ungefähr drei Blocks von Duncans und Megans Haus entfernt und stieg in der Dunkelheit und Kälte aus. Er zog den Parka enger um den Körper, als er die erste Morgenluft auf der Haut spürte. Er dachte an Winternächte in der South Bronx, als er jung gewesen war, als die Kälte und das Elend zusammengekommen waren, und er dachte, damals waren die Zeiten viel schlimmer, weil er keine Hoffnung hatte. Er versuchte sich an Puerto Rico zu erinnern und sich die tropische Wärme vorzustellen, die auf der Insel herrschte, aber es gelang ihm nicht. Er war als Kind in die Vereinigten Staaten gekommen und nur einmal auf die Insel zurückgekehrt, als Teenager, um seinen Onkel zu besuchen. Die Bewegung, die Insel unabhängig zu machen, war in den Gettos von New York entstanden; er war zuerst aus einer Art Neugier eingetreten und dann, weil er merkte, daß die Gruppe ihn aufnehmen würde, wenn er eine bestimmte politische Rolle übernahm. Da er sich einen großen Teil seiner Teenagerzeit lang mißachtet und ausgestoßen gefühlt hatte – erst durch seine Familienangehörigen, dann durch die Nachbarschaft –, war es eine angenehme Überraschung für ihn gewesen. Er hatte sich die politische Rhetorik von ganzem Herzen zu eigen gemacht, ohne das geringste bißchen echte Überzeugung.

Als er rasch an den dunklen Bäumen und gut beleuchteten Häusern vorbeiging, auf Megans und Duncans Haus zu, dachte er an die Gegend, in der er aufgewachsen war: Immer entweder zu heiß oder zu kalt. Er dachte an einen jungen Fixer, der das Abrißhaus am Ende seiner Straße bewohnte. Der Mann war eines Nachts erfroren, als die Temperatur jäh gefallen und der Sturm durch die Löcher und Risse des Hauses geblasen hatte. Ramon und ein paar andere Jungen hatten ihn im Tode erstarrt um ein altes Waschbecken herumgekrümmt gefunden. Die braune Haut des Mannes war heller geworden und sah wie Dreck aus, der auf einem Feld gefroren war. Sein Gesicht sah wie eine Halloween-Maske aus.

Er schüttelte den Kopf.

Ich gehe nie wieder dahin zurück, dachte er.

Ich brauche nie wieder dahin zurück, wenn das alles hier vorbei ist.

Er blieb stehen, um einen Cadillac in einer Einfahrt zu bewundern, und schritt dann weiter. Er dachte an Olivias Ermahnung, die Familie nur im Auge zu behalten, nachzusehen, ob sie alle im Haus waren und, wie zuvor, ob keine Polizei da war. Ein sechs Blocks weiter Weg, hatte sie gesagt: Parke, steig aus, zögere nicht, geh einfach daran vorbei, geh weiter, geh rund um den Block, zurück zum Wagen, steig ein, fahr noch einmal daran vorbei, und komm zum Farmhaus zurück.

Er zwang sich, seine Gedanken auf das Geld zu konzentrieren, das sie bekommen würden, als könnte ihn das warm halten. Er wünschte sich, sie hätte ihn eine der Waffen mitnehmen lassen, aber er verstand die Gründe, die dagegen sprachen. Trotzdem, dachte er, ich wollte, ich hätte meine Kanone.

Er fragte sich einen Augenblick lang, ob irgend jemand von den Leuten, deren Gestalten und Schatten er hinter den Fenstern der Häuser sah, an denen er vorbeikam, schon einmal in einem Gefängnis gewesen war. Das Leben ist immer ein Gefängnis, dachte er. Als ich in Attica im Zuchthaus saß, war es nicht anders als in der South Bronx, wo ich aufgewachsen bin. Er lachte innerlich: Der einzige Unterschied war, daß die Schlösser in Attica funktionierten, und zu Hause waren sie immer kaputt.

Wenn das Schloß funktioniert hätte, hätte ich nicht soviel Ärger bekommen.

Die Erinnerung war so peinlich, daß er beinahe stehenblieb. Sie sagte, sie wäre dreizehn. Woher sollte ich wissen, daß sie erst zehn war? Einen Augenblick lang erinnerte er sich an die glatte olivfarbene Haut, die unter seinen Händen gezittert hatte. Ich wußte nicht, daß sie geistig zurückgeblieben war, dachte er wütend, und was war da schon für ein Unterschied? Er schob die Erinnerung beiseite, auch die an seine auf spanisch schreiende Mutter, die einen Schwall von obszönen Ausdrücken und Flüchen ausstieß, und an seinen Vater, der den Militärgürtel losschnallte und vielsagend um die Faust wand.

Er atmete die Luft ein, sie war so kalt, daß er die Schneide eines Messers zu verschlucken glaubte. Er hielt vor Megans und Duncans Haus und erhaschte einen flüchtigen Blick auf die Zwillinge, die durchs Wohnzimmer gingen. Er fühlte, wie sein Herz schneller zu schlagen anfing, und einen Augenblick erlaubte er sich die Phantasie, daß er sie allein erwischte: Sie sagt, sie will, daß alle zahlen, was gibt es da für eine bessere Art? Es durchrieselte ihn, aber nicht von der Kälte, und er ballte die Fäuste zusammen. Er sah das Haus an und dachte: Vielleicht können wir das durchziehen, hm? Bevor das hier alles vorbei ist.

Er wollte laut loslachen. Ich hasse euch nicht, sagte er zu sich selbst. Ich hasse nur die, die ihr seid.

Die Reichen denken, Geld wäre Macht, aber das ist es nicht. Es bringt nur neue Ängste. Sie glauben, sie können sich dafür Sicherheit kaufen, aber sie kaufen dafür nur neue Gefahren.

Er mußte an Olivia zweieinhalb Monate zuvor in Kalifornien denken. Sie saß ruhig vorn im Wagen und prüfte die Maschinenpistole, ob sie schußbereit war, wandte sich dann an ihn und an Bill Lewis und sagte: »Paßt auf. Das Schwein wird die Tür öffnen. Ich werde klopfen, und er wird durch das Guckloch in der Tür sehen und die Tür öffnen. Er wird höflich, entgegenkommend und freundlich sein und mich auffordern einzutreten. Ich werde euch ein Zeichen geben, wenn ich ihn mir vorknöpfe. Duckt euch bis dahin.« Er war voll Angst und Bewunderung gewesen; er verstand, warum sie den Mann töten wollte, er hätte sich nur gewünscht, daß sie ihn nicht dabei gebraucht hätte. Aber sie hatte darauf bestanden und gesagt: »Das wird unser gemeinsames kleines Geheimnis sein. Wir stecken hier und in den späteren Sachen zusammen drin.« Ramon wußte noch, wie selbstsicher sie auf die Kühlerhaube zugegangen war und sie hochgekippt und so getan hatte, als wäre etwas mit dem Wagen nicht in Ordnung. Dann war sie unverzüglich zum Haus des Mannes hinaufgegangen und hatte geläutet. Er hatte sich ein paar Sekunden lang gefragt, ob der Mann, der sich rasch im erleuchteten Eingang zeigte, irgendeine Ahnung davon hatte, daß der Tod draußen auf ihn wartete.

Und es spielte sich genauso ab, wie sie vorhergesagt hatte.

Er sah die Mädchen wieder, und abrupt träumte er von anderen Dingen.

Wir machen eine Party, sagte er sich. Eine Party, die ihr nie vergessen werdet. Eine, die ihr irgendwann in der Zukunft euren neuen Ehemännern nicht werdet erklären können.

Er lächelte vor sich hin. Ich wollte, ich hätte mein Messer.

Die Scheinwerfer eines Autos, das aus der Einfahrt eines anderen Hauses herauskam, strahlten ihn plötzlich an, und er geriet einen Augenblick in Panik. Er sprang in den Schatten eines Baumes und beobachtete, wie der Wagen an ihm vorbeirollte.

Sie hat recht, dachte Ramon. Sie hat in allem recht gehabt. In dieser Stadt wissen sie nicht, was Angst ist. Wir können hier alles machen.

Er sah wieder zum Haus hin. Die Zwillinge waren außer Sicht.

»Gute Nacht, meine Damen«, sagte er laut. »Wir sehen uns bald wieder.«

Er ging weiter durch die Nacht. Er dachte an das Geld und fragte sich, wieviel es sein mochte. Genug, daß ich hingehen kann, wohin ich will, und neu anfangen. Er fragte sich, ob Bill Lewis mit ihm kommen würde. Er bezweifelte es, und das machte ihn einen Augenblick lang traurig. Er wird Olivia folgen, die wird ihn nie so lieben, wie ich es tun würde. Sie wird ihn nur immer weiter als Werkzeug benutzen und ihm wieder und wieder das Herz brechen. Er hat ihren Duft in der Nase, und den wird er nie wieder los, und eines Tages wird er daran krepieren. Mit mir zusammen wäre er viel glücklicher. Vielleicht in Mexiko, wo ich als Einheimischer durchgehen könnte und wo wir reich wären, weil sie so wenig haben. Wir würden zusammen wie Könige leben, unten am Meer, wo es immer warm und nie so dunkel ist wie heute nacht. Er begreift es nicht, dachte Ramon. Was anderes als das eigene Vergnügen gibt es nicht. Aber bei ihm ist alles mit schlechtem Gewissen verbunden, und deshalb ist er traurig und verletzlich.

Aber ich nicht, dachte er zufrieden. Ich bin frei.

Er vergrub die Hände in den Manteltaschen, bis die Fäuste seinen Schwanz berührten. Er schlenderte durch die Nacht, leicht erregt, was ihn im Hinblick auf die Dunkelheit, die ihn umgab, aufwärmte.

Tommy konnte die Hand seines Großvaters fühlen, die ihm über die Stirn strich, aber es war wie eine Erinnerung, als geschähe es nicht in diesem Augenblick. Er starrte zur Dachkammerdecke hinauf und stellte sich vor, daß das Dach weg war und einen riesigen schwarzen Raum freigab mit funkelnden Sternenpunkten und von einem sanften Mondlicht übergossen. Seine Augen standen offen, aber sein Bewußtsein war weit entfernt; er hatte das Gefühl, in den Nachthimmel hochgehoben zu werden und einen freien Flug anzutreten. Er konnte den Wind auf den Wangen spüren, und er war warm und wohltuend, so, als würde man in eine alte, vertraute Decke eingewickelt. Als er in die endlose Dunkelheit hinaustrudelte, konnte er hören, wie seine Mutter und sein Vater etwas hinter ihm herriefen, und er konnte seine Schwestern winken sehen, daß er zu ihnen kommen sollte. Er lächelte, lachte und winkte zurück und fing dann an, durch die Dunkelheit in ihre Richtung zu schwimmen. Aber als er auf sie zuzusteuern versuchte, spürte er, daß der Wind wechselte, und plötzlich kämpfte er gegen einen Wirbelsturm, der ihm ins Gesicht blies, an seinen Kleidern zerrte und ihn von seinen Familienangehörigen wegriß. Er streckte die Arme nach ihnen aus, aber sie verschwammen in der Ferne, wurden immer kleiner, ihre Stimmen verstummten, bis sie verschwanden.

Dann hörte er die Stimme seines Großvaters:

»Tommy, Tommy, ich bin ja hier, ich bin ja bei dir. Alles wird okay werden, ich bin hier, ich bin hier.«

Er zuckte zusammen und drehte sich zu seinem Großvater.

Er sah Bill Lewis' Gesicht über der Schulter des Großvaters, aber diesmal hatte er keine Angst.

»Er kommt wieder zu sich«, sagte Lewis. »Jesus, war das unheimlich.«

Tommy streckte die Arme aus und packte seines Großvaters Hand. Er sah, wie Lewis' Gesicht sich zu einem Grinsen verzog.

»Hey, Kid? Wie fühlst du dich?«

Tommy nickte.

»Brauchst du irgendwas? Hungrig? Durstig vielleicht?«

Tommy nickte wieder.

»Ich hab' dir was zu essen raufgebracht. Es ist draußen.«

Lewis verschwand, und Tommy sah seinen Großvater an. »Ich bin okay«, sagte er. »Tut mir leid, Großvater. Es ist einfach so über mich gekommen.«

»Mach dir darüber keine Sorgen«, sagte der alte Mann.

»Meine Hände tun weh«, sagte Tommy.

»Du hast sie dir aufgeschürft, als du gegen die Tür geschlagen hast.«

»Tatsächlich?«

Der Richter nickte.

Tommy hob die Hände hoch und betrachtete sie.

»Es ist nicht so schlimm«, sagte er. »Sie sind nur ein bißchen aufgeschrammt.«

Bill Lewis kam herein, ein Tablett in der Hand.

»Ich habe etwas zu essen gemacht. Es ist aus der Dose, aber es schmeckt ganz gut. Tut mir leid, mein Junge, ich bin nicht so ein guter Koch. Aber ich habe dir auch eine Flasche Soda mitgebracht. Und ein paar Aspirin, falls deine Hände weh tun.«

»Danke«, sagte Tommy und setzte sich auf. »Ich habe jetzt Hunger.«

»Sie, Richter, sollten auch was essen. Ich bleibe und helfe dem Jungen beim Essen, falls es ihm schwerfällt.«

Bill Lewis setzte sich auf die Bettkante und nahm Richter Pearsons Platz ein. Der Richter sah zu, wie Tommy etwas von dem Eintopf hinunterlöffelte, und fing dann auch an zu essen. Plötzlich merkte er, wie ausgehungert er war, und hieb wie wild ein.

»Nehmen Sie sich Zeit«, sagte Bill Lewis. »Brot und Butter sind auch da. Ich habe ein paar Kekse als Nachtisch auf den Teller gelegt. Schokoladenchips, okay?«

»Ja, danke.«

Tommy zögerte. »Ich weiß Ihren Namen nicht«, sagte er.

»Nenn mich einfach Bill.«
»Danke, Bill.«
»Keine Ursache.«
»Bill?«
»Ja?«
»Weißt du, wann wir nach Hause gehen können?«
Der Richter erstarrte und dachte: Nicht jetzt!
Aber Bill Lewis lächelte nur.
»Hast's satt hier oben, was?«
Tommy nickte.
»Ich mach' dir deshalb keine Vorwürfe. Ich mußte auch mal einen Monat lang in einem Zimmer in einem Haus bleiben, das ist lange her. Ich wagte nicht hinauszugehen, ich hab' mich nichts getraut. Es war schlimm.«
»Warum?«
Lewis zögerte und überlegte: Ach, zum Teufel, dachte er. »Na ja, die Bullen waren hinter mir her, und ich wartete auf ein paar Leute, die mir helfen sollten. Ich war im Untergrund. Weißt du, was das bedeutet?«
»Wie ein Murmeltier?«
Lewis lachte.
»Nicht genau. Das heißt, sich verstecken.«
»Oh«, sagte Tommy. »Jetzt sind wir im Untergrund.«
»So 'ne Art.«
»Haben sie dich je geschnappt?« fragte Tommy.
Lewis grinste. »Nee, Kid, ich war ihnen immer einen Schritt voraus. Und nach einer Weile haben sie einfach aufgehört zu suchen, glaube ich. Wenigstens hatte ich so ein Gefühl. Nach ein paar Jahren geriet's dann einfach in Vergessenheit.«
»Wann war das?« fragte der Richter.
»In den sechziger Jahren damals«, sagte Lewis, ohne zu überlegen.

»Warum erzählst du ihm denn nicht gleich alles?« fragte Olivia Barrow hart.

Ihre Stimme schien die Luft im Raum zum Erzittern zu bringen und den friedlichen Augenblick zu zerschlagen, alles war wieder aufs äußerste gespannt. Sie stand in der Türöffnung und starrte Bill Lewis an, den Finger am Abzug des Revolvers.

Lewis sprang auf.

»Ich habe nichts gesagt. Nichts, das sie sich nicht auch selbst denken können.«

»Bist du sicher?« fragte sie.

Lewis sah hinunter auf Tommy. »Tut mir leid, Kid.«

»Es ist okay«, sagte Tommy. »Danke für das Essen.«

»Hey, behalte die Kekse. Du kannst sie nachher essen.«

»Danke.«

Lewis stellte die Teller aufs Tablett und schritt an Olivia vorbei, die ihn keinen Augenblick aus den Augen ließ. Sie blieb im Hintergrund und starrte den Richter an.

»Er ist ein emotionaler Mann«, sagte sie, nachdem ein paar Augenblicke vergangen waren. »Sehr quecksilbrig. Fähig zu äußerster Zärtlichkeit im einen Augenblick« – sie machte eine Pause – »und extremer Gewalt im nächsten. Bitte vergessen Sie nicht seine Instabilität, wenn Sie mit ihm umgehen; es wäre scheußlich, wenn etwas Unangenehmes passieren würde.«

Richter Pearson nickte.

»Vielleicht sollte ich nächstes Mal Ramon mit dem Essen hereinschicken. Er mag kleine Kinder, Richter. Aber nicht auf die Art, mit der Sie sehr einverstanden sein würden.«

Der Richter antwortete nicht.

Olivia ging auf Tommy zu und sah auf ihn hinab.

»Jungs in diesem Alter sind immer entwaffnend«, sagte sie. »Sie machen einen verrückt vor Liebe oder verrückt vor Verzweiflung.«

»Haben Sie Kinder?« fragte der Richter leise. Wenn du welche hättest, dachte er, würdest du so etwas niemals tun.

Olivia lachte.

»Nee, keine Chance. Ein Gefängnis ist nicht der richtige Ort, um Kinder zu zeugen. Nein, im Gefängnis macht man Pläne und baut seinen Haß und die Notwendigkeit der Rache auf. Das sind meine Babys.«

»Sie sind sehr verbittert«, sagte er.

Sie lachte wieder. »Natürlich bin ich verbittert. Ich habe einen völlig ausreichenden Grund, verbittert zu sein.«

»Warum?«

Sie lächelte. »Nun paß mal auf, wer sich jetzt das Maul abschießt.«

Der Richter antwortete nicht.

Olivia zuckte die Schultern. »Warum nicht?« fragte sie. »Richter, haben Sie schon mal drüber nachgedacht, warum wir keine Masken tragen?«

»Ja, das hat mich von Anfang an gewundert.«

»Sie dürften eine ganze Menge Entführungen und Erpressungsversuche behandelt haben, als Sie noch auf der Richterbank saßen.«

»Stimmt. Aber nichts von dieser Art.«

»Richtig. Ich habe das schon früher gesagt. In dieser ganzen Sache gibt es ein geniales Element, Herr Richter, ein kleines Ding, das die Sache ticken macht.«

»Ich verstehe nicht.«

»Es sind Ihre Tochter und Ihr Schwiegersohn, Richter.«

Sie zögerte.
»Was wissen Sie über die beiden?«
»Was meinen Sie? Es sind meine – «
»Was haben sie vor achtzehn Jahren getan?«
Richter Pearson überlegte: 1968. Ich war jünger damals, stärker. Meine Frau lebte noch, und wir machten uns Sorgen. Wir hatten keine Ahnung, was die beiden taten. Sie erzählten uns nichts. Ich war zu wenig flexibel und zu anspruchsvoll, und sie ließen uns einfach stehen und warten. Worauf? Da war der Krieg, den wir alle haßten. Da waren Unruhen und lange Haare und Demonstrationen, und sie waren auch dabei. Ich saß im Gericht, und wir waren ein Teil des Systems, und das System war böse. Er erinnerte sich an dutzendfache Anschreiereien mit Duncan und an Streitigkeiten, deren Inhalt er fast völlig vergessen hatte – die sich in den paar Monaten der Ruhe auflösten, als sie nach Kalifornien gingen. Dann veränderte sich alles. Er sah noch vor sich, wie Megan und Duncan wieder in Greenfield ankamen, unerwartet, spätnachts. Megan war schwanger mit den Zwillingen. Es war zauberhaft. Sie waren so verloren gewesen, und dann kamen sie so plötzlich nach Haus zurück, und all unsere Ängste verschwanden über Nacht, dachte er. Sie wollten, daß wir ihnen halfen, sie wollten ein neues Leben anfangen, ein normales Leben, hier in Greenfield. Keine verrückte politische Rhetorik mehr, keine Anklagen mehr gegen das böse System und die verfaulte Gesellschaft. Wir haben nie gefragt, dachte er, wir waren so froh, sie wieder dazuhaben, und dann, als die Zwillinge kamen, war's, als ob alles von vorn losging, da waren wir wieder eine Familie, ohne Zorn und ohne Bitterkeit.

»Was haben die beiden damals 1968 getan?« fragte Olivia wieder, ihre Frage klang wie ein Befehl.

»Ich weiß nicht, was Sie meinen. Megan war mit der Kunsthochschule fertig, und sie zog mit Duncan nach Kalifornien, während er seinen Magister in Berkeley machte. Sie lebten da draußen... das ist alles, woran ich mich erinnere.«

Olivia schnaubte verächtlich.

»Wie waren sie politisch eingestellt?« fragte Olivia sarkastisch.

»Nun, Duncan war aktiv in den Bewegungen gegen den Krieg und gegen den Wehrdienst. Er war als Student in Columbia bei den Students for a Democratic Society aktiv gewesen, und er nahm dort an Demonstrationen teil. Ich glaube, er hatte eine vage Verbindung zu den Weathermen. Aber er gab alles auf. Er ließ es sein, als sie beide wieder zurück in den Osten kamen.«

Olivia unterbrach ihn. Sie schnaubte wütend.

»Port Huron und die Weathermen kamen später.«

»Ich wußte das nicht. Es sind sowieso nur alles Namen... Namen –«

»Seien Sie nicht so schwer von Begriff.«

»Ich wußte nichts, verdammt. Was sagen Sie?«

»Sie waren beide mehr als ein bißchen in den Bewegungen drin«, sagte Olivia, und ihre Stimme klang gereizt. »Wir waren alle drin. Und er hat es nicht so einfach ›aufgegeben‹, wie Sie sagen. No, Sir, keineswegs.«

»Ja?«

»Seien Sie nicht so schwerfällig.«

»Ich bin's nicht, verdammt. Wir haben nie gefragt. Wir waren einfach froh, sie wieder zu Haus zu haben.«

»Sie sind mit Waffen in den Bergen von Marin County herumgerannt und haben für die Revolution trainiert. Sie haben gelernt, wie man Bomben baut und Propaganda macht. Das haben sie getan.«

»Nun...«

Richter Pearson wußte nicht, was er sagen sollte. Ihn überkam plötzlich das Gefühl, daß er nicht hören wollte, was sie sagte.

»Da habe ich sie kennengelernt. Und die Sache wurde intensiver. Wir waren eine Bande von Revolutionären. Wir hatten ein Ziel. Wir waren bewaffnet. Wir hatten uns von allen anderen abgespalten, was sehr richtig war, denn alle anderen liefen den FBI-Agenten und Informanten ins Netz. Aber nicht wir! Wir taten uns zusammen, und wir wußten, was wir wollten.«

Olivia hatte angefangen, in der Kammer auf- und abzugehen, sie schwenkte ihren Revolver, um ihren Gesten Nachdruck zu verleihen. Der Richter spürte, daß ihre Leidenschaft die kleine Kammer erfüllte.

»Wir wollten diesem vergammelten Land das Herz aus der Brust reißen und ganz neu anfangen. Und sie waren ein Teil davon, genau wie ich und Bill und Emily und die anderen. Nur haben die beiden Mist gebaut, Herr Richter, sie haben Mist gebaut und sind weggerannt. Sie waren Feiglinge! In einer Armee wird man wegen Feigheit in der Schlacht erschossen, wenn man einen Befehl im Angesicht des Feindes nicht ausführt. Das haben sie getan, als sie Angst bekamen und wegliefen. Sie sind geradewegs in diese alberne kleinbürgerliche Gesellschaft zurückgerannt, in der sie sich versteckten. Sie hatten auch die perfekte Tarnung: Sie wurden graue Mäuse, Durchschnitt. Sie fügten sich ein. Sie fingen an, sich für Dinge wie Hypotheken und neue Autos und Elternabende und United-Way-Hilfsaktionen und ihre Beförderungen und Immer-mehr-Geld-Verdienen zu interessieren, für immer mehr und immer mehr Geld. Sie, Sie haben ihnen dabei geholfen, sich unsichtbar zu machen,

Richter, anonym, genauso wie all die anderen Verräter unserer Generation, nur daß die beiden noch ein bißchen schlimmer waren, nicht wahr? Ich ging in den Knast, und Bill ging in den Untergrund, und Emily kam um, und die Zeit verging. Sie aber wollten anonym bleiben, also wurden sie glücklich und fett und reich und Durchschnitt, Richter, sie wurden typischer Otto Normalverbraucher.«

Sie spuckte aus: »Sie waren Verräter!«

Er sah sie stehenbleiben und die Pistole so fest umklammern, daß ihre Knöchel weiß wurden.

»Aber ich nie. Ich bin nie fett und glücklich und bürgerlich geworden. Ich bin nur magerer geworden und härter, und achtzehn Jahre lang habe ich nur auf diesen Augenblick gewartet, in dem ich es ihnen zurückzahle, daß sie mich damals im Stich gelassen haben. Ich habe achtzehn Jahre abgesessen, keine angenehmen Jahre, für mich gab es keine Vergünstigungen. Und dann ließen sie mich auf Bewährung raus. So funktioniert das System, Sie wissen das, nicht wahr? Sie gaben mir ein Papier mit dem Namen meines Bewährungshelfers, neue Kleidung und hundert Dollar. Und so kam ich raus und dann hierher, weil ich wußte, die beiden würden hier sein, Richter. Sie sind vielleicht für andere unsichtbar gewesen, aber nicht für mich!«

Sie sah Richter Pearson an.

»Sie schulden mir achtzehn Jahre. Und es gibt nichts, was die beiden – oder Sie – dagegen tun können. Sie waren genauso schuldig wie ich, es war dasselbe Verbrechen.«

Sie setzte sich jäh neben ihn auf das Feldbett und kam ihm mit ihrem Gesicht sehr nah.

»Glauben Sie, daß die beiden bereit sind, für achtzehn Jahre ins Gefängnis zu gehen?«

Er schüttelte den Kopf. »So geht das nicht.«
»Nein?«
»Sie haben sich verändert. Alles hat sich verändert. Man würde sie nicht einmal anklagen – «

Olivia wich zurück.

»Nein? Sie meinen nicht? Sagen Sie mir nur eins, Richter. Wie sieht es bei gemeinem Mord mit Verjährung aus?«

Er schluckte schwer. O nein, dachte er. Nein, nicht möglich. Sie können doch nicht –

»Es gibt keine«, sagte er.

Sie warf das Haar zurück, lehnte sich rückwärts und brüllte:

»Was für ein Gesetzesbewußtsein Sie doch haben, Richter!«

Dann beugte sie sich zu ihm vor, und ihre Stimme wurde so leise wie ein Verschwörerflüstern:

»So, nun wissen Sie etwas von Ihren lieben Kindern, was Sie noch nicht wußten. Vielleicht haben Sie irgend etwas vermutet, aber die Wirklichkeit ist viel schlimmer als jede Vorstellung, nicht? Und du, hübscher kleiner Junge, weißt jetzt was Neues über deine liebe Mommy und über Daddy, nicht wahr?«

Olivia stand abrupt auf und schritt rasch durch die Kammer zur Tür. Sie machte eine Pause, bevor sie sprach.

»Sie sind Killer. Genau wie wir.«

Sie schlug die Tür hinter sich zu, krachend fiel sie ins Schloß.

Duncan hob das Foto von Tommy auf, bei dem das zerschlagene Glas noch immer im Rahmen steckte. Ohne zu überlegen, berührte er die Kante, wo ein Riß quer durch das Gesicht des Sohnes lief, und schlitzte sich den Finger auf. Er stieß nicht sofort einen Fluch aus, wie er das bei fast jeder Gelegenheit getan hätte, sondern ließ diesen neuen Schmerz statt dessen mit all den anderen Schmerzen zusammenlaufen, die ihn beherrschten.

Er steckte den Finger in den Mund und schmeckte das süße, salzige Blut.

»Oh, Duncan, brauchst du ein Pflaster?« fragte Megan.

Er schüttelte den Kopf. Ich brauche viel mehr als das, dachte er. Er sah zu Karen und Lauren hinüber, die still in der Ecke saßen.

»Wenn euch beiden etwas passierte –«, fing er an, aber sie unterbrachen ihn.

»Wir kommen schon klar!« sagte Karen.

»Wir lassen uns von keinen fremden Leuten bedrohen«, redete Lauren weiter.

»Ihr Mädchen versteht das nicht«, sagte Megan. »Ihr seid zu jung, um zu verstehen, wie verletzlich wir alle sind.«

Sie hatten seit Duncans Heimkehr darüber geredet. Megan erzählte ihm und den Zwillingen von Bill Lewis' Besuch. Die Zwillinge reagierten trotzig und relativ unbeeindruckt darauf – auf eine Weise, die sie, so fand Megan, von ihrem Vater übernommen hatten. Wie wütend sie auch auf die beiden war, weil sie nie dieselbe Angst und Panik wie sie selbst verspürten, so war sie deswegen doch auch unendlich stolz auf ihre Töchter. In ihrem Alter hält man sich noch nicht für verletzbar und sterblich, dachte sie. Sie erinnerte sich noch, wie Duncan und sie damals, kaum älter als die beiden, dasselbe gemeint hatten: Sie begriffen nicht, daß die Waffen, mit denen sie da oben in den Bergen übten, tatsächlich treffen und jemanden töten konnten. Sie spürten keine Gefahr, nur das berauschende Gefühl, im Zentrum der Dinge zu stehen.

Megan sah zu Duncan und den Mädchen hinüber, die still geworden waren, und sie begriff, daß alle denken würden, sie hätten in dieser Auseinandersetzung gewonnen. So funktionierte eine Familie: Jeder sagte seine Meinung und glaubte, da er selbst ja zweifellos recht hatte, daß alle anderen mitmachen würden – was natürlich nie jemand wirklich tat. Alle Familienbeziehungen waren auf dieselbe Illusion gegründet, dachte sie. Jeder zimmerte sich dieselbe Art funktionierender Beziehung. Sogar Tommy wußte das.

Sie hörte Duncan sagen: »Laßt uns vorsichtig sein. Ich glaube sowieso nicht, daß Bill Lewis unser größtes Problem darstellt. Unser größtes Problem ist Olivia.«

»Aber was verlangt sie?« fragte Megan.

»Das ist ja gerade so schwierig«, sagte Duncan. »Sie sagt nicht, wieviel Geld. Ich glaube nicht, daß es ihr auf die Höhe der Zahlung ankommt. Es geht darum, wie ich es besorgen soll.«

»Wie denn?«

»Sie möchte, daß ich meine eigene Bank beraube.«

Im Zimmer herrschte Schweigen. Megans Kopf drehte sich, und sie versuchte eines einzigen Gedankens habhaft zu werden, ihn in Worte fassen und aussprechen zu können, aber es gelang ihr nicht. Sie hörte die Stimmen der Mädchen, sie hallten wie aus weiter Entfernung.

»Was?«

»Aber wie?«

»Ich kann es tun«, sagte Duncan. »Ich müßte die Details ausarbeiten, aber ich kann es tun.«

»Aber Dad! Wenn du geschnappt wirst – «

»Könntest du im Gefängnis landen. Was würde es uns

nützen, wenn wir Tommy und Großvater wieder hätten, wenn du ins Gefängnis gehst? Und wieso will sie denn überhaupt – «

»Von ihr aus gesehen ist es völlig vernünftig. Sie meint, ich hätte bei dem einen Banküberfall versagt. Jetzt möchte sie, daß ich den Job zu Ende bringe. So hat sie gesagt. Es ist schon irgendwie logisch.«

»Duncan!«

»Nun, es stimmt doch. Olivia ist nicht dumm.«

»Aber nimm an –«

»Nimm was an? Karen, Lauren, was nehmt ihr an? Welche anderen Möglichkeiten haben wir?«

»Ich finde immer noch, wir sollten zur Polizei gehen. Dann würden die dir das Geld geben.«

»Wir können das nicht tun, wir können das einfach nicht tun. Seht mal, laßt uns das ein für allemal klären: Erstens: Wenn wir zu den Polypen gehen und Olivia kriegt's heraus, dann sagt sie vielleicht, was soll's, und bringt sie beide um. Laßt mich euch eins sagen: Sie ist fähig dazu. Glaubt nicht einen Augenblick, daß sie so etwas nicht fertigbekäme. Im Augenblick ist sie ziemlich selbstsicher und hat die Sache im Griff, aber wir dürfen nichts tun, wodurch sie irgendwie mißtrauisch werden könnte, denn dann weiß man nicht, was sie alles anstellt...«

Duncan zögerte und dachte an den Brief in seiner Tasche und an das, was er an jenem Nachmittag erfahren hatte.

»Sie ist ein Killer, daran müssen wir denken.«

Er machte eine Pause und wartete auf die Reaktion im Raum. Er sah, was für eine Wirkung das Wort auf die drei Frauen hatte. Er redete weiter:

»...Zweitens, wenn wir zur Polizei gehen, werden eure Mutter und ich wegen der Sache in Kalifornien angeklagt, und wäre euch das recht? Drittens, selbst wenn wir zur Polizei gehen, gibt es keine Garantie, daß sie die beiden Tommys besser zurückbekommen können als wir, wenn wir mitspielen. Denkt mal darüber nach!«

»Was meinst du?« fragte Megan.

»Die Mädchen werden sich nicht daran erinnern, aber wir kennen uns aus: Das Lindbergh-Baby zum Beispiel: Die Polizei wurde angerufen, und das Baby starb. Was ist mit Patty Hearst? Jeder verdammte FBI-Agent im ganzen Land suchte sie, und erst nachdem sie selbst eine Revolutionärin geworden war und ihre eigene gottverdammte Bank ausgeraubt hatte, fanden sie sie. Sie nannte sich sogar Tanya.«

»Ich erinnere mich«, sagte Megan leise. »So nannte sich Olivia damals, lange vor Patty Hearst.«

Duncan lächelte halb. »Sie verlor sogar ihren Spitznamen, als sie ins Gefängnis ging.«

Er fuhr fort: »Jedenfalls glaube ich nicht, daß die Polizei hier viel helfen würde. Meint ihr?«

Megan schüttelte den Kopf.

»Lauren? Karen? Erinnert ihr euch, irgend etwas in der Zeitung gelesen zu haben, das die Polizei von Greenfield empfehlenswert erscheinen lassen könnte?«

Es war eine unfaire Frage, aber er stellte sie trotzdem.

Sie blieben still.

»All right also. Nun, vielleicht, nachdem wir sie zurückbekommen haben, werden wir die Polypen rufen. Aber nicht bevor wir sie wiederhaben.«

»Aber Duncan«, hörte Megan ihre Stimme, als ob sie von jemand anderem käme, »wenn du die Bank ausraubst, um an das Geld zu kommen, wird die Polizei in Schwärmen über Greenfield herfallen. Wie können wir damit durchkommen?«

»Müssen wir ja nicht.«

»Ich versteh' nicht.«

»Hör zu«, sagte Duncan. »Alles, was wir brauchen, ist das Geld und ein bißchen Zeit. Wenn ich das, sagen wir, Freitag abend mache, wird es erst montags entdeckt. Wir können die Tommys über das Wochenende zurückbekommen. Dann, am Montag, kann ich zu Phillips gehen und ihm die Wahrheit sagen – oder genug, um ihm zu erklären, warum ich das getan habe, was ich getan habe. Wir können der Bank den Schaden ersetzen – wir verkaufen alles, wenn es sein muß. Dein Vater wird uns helfen. Aber unter diesen Umständen glaube ich nicht, daß man mich unter Anklage stellen wird.«

»Das klingt lächerlich.«

»Hast du eine bessere Idee?«

»Ich meine, es ist voll von –«

»Klar, Glück gehört dazu. Guter Wille. Das weiß ich doch selbst! Aber was können wir sonst tun?«

»Wir könnten...«

»Was? Morgen rufe ich unseren Makler an, er soll all unsere Aktien verkaufen. Ich rufe den Grundstücksmakler oben in Vermont an und bringe den Besitz da auf den Markt. Wir können alles zu Geld machen, aber es wird Zeit brauchen. Mehr als zwei Tage, und soviel Zeit gibt sie uns nur.«

»Glaubst du wirklich, du schaffst es?«

Duncan lachte bitter. »Es ist wahrscheinlich eine häufiger vorkommende Phantasievorstellung, als ein Banker zugeben würde. Und gewöhnlich unterschlagen korrupte Bankleute das Geld. Aber was ich tun werde, ist, die verdammte Bank auszurauben. Genau wie so 'n gottverdammter Jesse James oder wie Bonnie und Clyde.«

»Sie wurden alle geschnappt«, sagte Megan abrupt.

»Und umgelegt.« Sie überging Duncans blasphemischen Fluch, denn sie hatte das Gefühl, er gehöre irgendwie zur Stimmung ihres Gespräches.
Duncan runzelte die Stirn.
»Zwei Tage. Mehr haben wir nicht. Und überhaupt, worum geht's bei diesem Glücksspiel? Unser Einsatz ist das Leben unseres Sohnes. Und das des Richters. Wir müssen tun, was sie verlangt, selbst wenn es falsch scheint oder wenn es künftig üble Folgen haben wird. Wir müssen jetzt sofort mit diesen Dingen fertigwerden! Und Megan, du mußt sehen, worum es hier wirklich geht: Sie ist nicht an dem Geld interessiert. Geld zählt vielleicht für die anderen, für Leute wie Bill Lewis und wer ihr sonst noch helfen mag, aber für Olivia, da bin ich sicher, ist es nicht das Geld...«
Er sah sich die Gesichter seiner Familie an.
Langsam holte er den Umschlag mit der Todesanzeige und dem Foto der beiden Tommys aus der Tasche. Er ließ ihn auf den Kaffeetisch vor seine Frau und die Töchter fallen.
»...sie will uns.«

Kapitel 7

Donnerstag

Den Rest des Tages über war Megan heftigen Empfindungen ausgesetzt, sie brachte die Bilder, die in ihr aufstiegen, kaum unter Kontrolle. Ihr war, als treibe sie in einem wilden Fluß, einmal wurde sie fast vom grünweißen Schaum erstickt, dann wurde sie wieder nach oben gestoßen und rang über der Wasseroberfläche nach Luft.

Sie sah Tommy vor sich, wie er im Reifen an der großen Eiche im Vorgarten schaukelte, sie schrie vor Freude, wollte aufspringen, hinauslaufen und ihn in die Arme nehmen, dann aber sah sie, daß der Reifen leer war, und hielt inne. Sekunden später nur drehte sie sich um, spitzte die Ohren und glaubte, den vertrauten, unverkennbaren Schritt ihres Vaters zu hören, draußen auf der Eingangstreppe. Nur mit Mühe konnte sie sich davon abhalten, in die Diele zu laufen, um ein Phantom zu begrüßen; sie mußte sich dazu zwingen einzusehen, daß er nur in ihrer Einbildung zurückgekehrt war.

Megan dachte über den Gang ihres Vaters nach. Die Leichtheit des Alters lag für sie darin. Es war ganz falsch zu glauben, daß ältere Menschen immer schwerfällig gingen, so als ob sie die Last ihrer Jahre trügen. Im Gegenteil, viele hatten einen leichteren Schritt, so als ob die Sprödigkeit ihres Alters plötzlich verschwunden sei, da sie von der Bürde alltäglicher Pflichten befreit waren.

Wenn man die beiden Tommys zusammen gehen sah, wirkte es immer, als schwebten sie eine Handbreit über dem Boden. Sie selbst und ihre, die mittlere Generation, waren es, die sich mit sturer, dumpfer Bestimmtheit vorwärtsbewegten, befangen in der Routine und dem Dickicht des Lebens.

Megan sah hinaus in den grauen Spätnachmittagshimmel. Ein Windstoß wehte die letzten trockenen Blätter über die Wiese, und einen Augenblick wirkten sie, wie sie so hüpften und hin und her gewirbelt wurden, weil sie dem Befehl des Windes folgten, wie lebendige Wesen.

Megan berührte mit der Handfläche die Fensterscheiben und spürte die Kälte durch das Glas.

Als ihre Mutter starb, war das Wetter warm gewesen. Die sanfte Brise des Indian Summer hatte die Blätter in täuschender Wärme gewiegt. Sie fragte sich, ob ihre Mutter gegen den Tod angekämpft oder ihn hingenommen hatte mit demselben ruhigen Gleichmut, mit dem sie den meisten Dingen des Lebens begegnet war. Sie war sehr plötzlich gestorben. Eines Morgens, während sie auf der Veranda im Schaukelstuhl saß, ein Glas in der Hand, hatte ihr Herz aufgehört zu schlagen. Der Postbote hatte sie gefunden und den Notarzt alarmiert, aber es war zu spät. Er war ein freundlicher junger Mann mit Bart und hatte immer ein paar nette Worte für Tommy übrig. Er kam vorbei und erzählte, daß die Großmutter, als er sie fand, gelächelt hätte. Zuerst hätte er gedacht, sie schliefe, dann aber hätte er gesehen, daß ihr das Glas Limonade heruntergefallen war und ihre Arme so schlaff herabhingen. Da hätte er gewußt, daß etwas nicht stimmte.

Hätte ich ihr bloß Lebewohl sagen können, bevor sie sich so einfach davonstahl. Aber das war nun mal ihre Art: immer ruhig und immer konsequent.

Wenn sie doch bloß jetzt hier wäre, dachte Megan plötzlich. Sie wüßte, was zu tun ist. Sie würde nicht dauernd heulen und die Hände ringen, sondern Ideen entwickeln, einen Plan entwerfen. Sie würde ihre Gefühle beherrschen und würde sich die nächsten Schritte überlegen, anstatt tatenlos herumzusitzen und auf das nächste Unglück zu warten so wie ich. Sie würde alles tun, um Tommys und Vaters Leben zu retten.

Während all der Jahre an der Seite eines Strafrichters hatte sie großes Vertrauen in die eigenen Kräfte gewonnen. Ihr Mann war ein Kämpfertyp – Football-Spieler, Jurist, Angehöriger des Marine-Corps. Nie hatte er sich zeit seines Lebens in Auseinandersetzungen beirren lassen. Er ging das Leben direkt an, so wie er in seiner Militärzeit feindliche Strände erobert hatte. Fast draufgängerisch warf er sich nach vorn, suchte immer den schnellsten Weg zum Ziel.

Mutter war viel diplomatischer gewesen. Sie achtete auf das Drumherum, auf die kleinen Nebeneffekte ihrer Handlungen und wog alles gegeneinander ab. Sie ging behutsam durch die Minenfelder des Lebens, setzte ihre Füße behutsam, so daß die Gefahren des Lebens sie gar nicht bemerkten. Wie blind war ich doch früher, zu glauben, sie hätte zu viel aufgegeben, als sie ihr Jurastudium abbrach, um ihrem Mann zur Seite zu stehen.

Megan wandte sich vom Fenster ab und ging zu der Wand, an der die Familienfotos hingen. Dort war auch das Bild von Tommy in seinem zerbrochenen Rahmen. Duncan hatte sich daran den Finger zerschnitten und überlegt, ob er das Bild wieder aufhängen sollte oder nicht. Schließlich hatte er alle lockeren Scherben von dem Foto entfernt und es an seinen alten Platz gehängt. Megan war sehr erleichtert, denn der Gedanke, das Bild von Tommy, ob beschädigt oder nicht, würde an der gewohnten Stelle fehlen – gleich neben den Zwillingen und ein wenig oberhalb von dem Bild der ganzen Familie –, war ihr unerträglich. Jetzt sah sie von einem Bild zum anderen, bis ihr Blick auf einem Foto ihrer Eltern haften blieb. Es war ein paar Jahre vor dem Tod ihrer Mutter aufgenommen. Ihr Haar war damals schon silberweiß, aber ihre Augen waren wach und voller Leben.

Ich werde versuchen, so zu werden wie du, dachte Megan.

Sie blickte in die Augen auf dem Foto und dachte: Ich weiß, was du jetzt tun würdest.

Und was wäre das?

Du würdest um dein Kind kämpfen.

Natürlich würde ich das. Das ist doch unsere Aufgabe als Frauen.

Wir haben noch viele andere Aufgaben.

Natürlich, mein Kind. Wir können Anwältin, Ärztin, Maklerin und sonst was sein. Aber letzten Endes sind wir für unsere Kinder da. Vielleicht kommt dir das dumm und veraltet vor, aber wahr ist es. Wir geben ihnen das Leben, und dafür müssen wir sie beschützen.

Aber Duncan...

Megan, ich weiß, du bist sehr progressiv. Aber er ist ein Mann und weiß einfach nicht Bescheid...

Was weiß er nicht?

Daß die Schmerzen der Geburt nur der Anfang sind und daß darauf noch viele andere folgen.

Das weiß ich doch.

Dann weißt du das andere auch.

Welches andere?

Kinder, die wir geboren haben, bleiben für immer ein Teil von uns. Deshalb kämpfen wir so für sie. Erst kämp-

fen wir, um sie zur Welt zu bringen, dann darum, daß sie größer werden. Wir geben niemals auf, egal, um wieviel andere Dinge wir uns sonst noch kümmern. Niemals.

Du hast recht, Mutter.

Natürlich habe ich recht. Aber ich will dir noch etwas sagen.

Was?

Wir werden dadurch stärker, als irgendwer wahrhaben will, nicht einmal wir selbst. Deshalb werden wir immer unterschätzt, meistens von den Männern. Schau in dich hinein. Dann findest du Stahl und Eisen, Sehnen und Muskeln. Schau ganz tief hinein, und wenn du Kraft brauchst, findest du sie.

Ich habe Angst, Angst um die beiden Tommys.

Du kannst ruhig Angst haben. Aber sie darf dich nicht abhalten von dem, was du tun mußt.

Was ich tun muß. Wie soll ich wissen, was das ist?

Du wirst es ganz allein herausfinden.

Bist du sicher?

Ganz und gar.

»Ja, ich weiß es«, hörte sie sich plötzlich laut sagen. Sie holte tief Luft und seufzte.

Karen und Lauren riefen aus der Küche: »Mom, was ist mit dir, sind da Leute?«

»Nein«, rief sie zurück. »Ich hab' nur Selbstgespräche geführt.«

Sie nahm all ihre Kraft zusammen und ging in die Küche zu den Mädchen.

Duncan saß an seinem Schreibtisch und überlegte, wie er das von Olivia geforderte Geld aufbringen könnte. Den ganzen Tag hatte er telefoniert: mit seinem New Yorker Börsenmakler, einer Vermonter Maklerfirma und verschiedenen anderen Leuten, die mit seinen Geldanlagen befaßt waren. Sie alle waren entsetzt, als er das Wort verkaufen aussprach. Sie hatten versucht, ihn davon abzubringen, er aber war, wenn auch in leicht scherzhaftem Ton, bei seiner Absicht geblieben. Niemand sollte etwas von seiner Angst spüren oder ahnen, wie dringend er Geld brauchte. So machte er Witze, erzählte Anekdoten, gab sich sorglos, nur um den Eindruck zu vermitteln, daß er etwas Normales tat, das keinesfalls dringend war, nämlich daß er all seine Ersparnisse verkaufte, um sich anderswo zu engagieren.

Gegen Mittag begann er auszurechnen, wieviel Geld er wohl zusammenbekäme. Sein Haus würde er nicht günstig verkaufen, da er auf ein schnelles Angebot eingehen mußte. Ein reines Verlustgeschäft. Wenn er die Aktien und anderen Geldanlagen verkaufte, kam er auf über 86000 Dollar. Es würde aber mehrere Tage dauern, bis er den Scheck in der Hand hätte, und erst nach Wochen käme er an den Erlös der diversen Landverkäufe ran. Auf dem Haus lag eine Hypothek, aber sie war älter als sechs Jahre, und er hatte einen Dispokredit in Höhe des Wertes. Er wollte dieses Geld jedoch nicht sofort arbeiten lassen, denn bald brauchte er es ja, um die gestohlene Summe zu ersetzen.

Das war heute überhaupt das Problem mit dem Bargeld: Cash gab es so gut wie nicht. Bargeld erhielt man höchstens auf die im Schwarzenghetto übliche Weise, nämlich indem man beispielsweise die Kasse in einem Schnapsladen ausraubte. Geld gab es sonst nur noch in Papieren, auf Plastikkarten oder in computergesteuerten Banken. Brauchte man Bargeld, mußte man erst mal Dreifach-Formulare ausfüllen, Nachforschungen und Überprüfungen über sich ergehen lassen und warten.

Welche Ironie des Schicksals. Wie oft hatte er andere Leute überprüft und warten lassen. Jetzt war es an ihm zu warten.

In der kommenden Woche würde er einen Scheck von seinem Makler bekommen. Diese Summe würde reichen, um eine erste kleine Rückzahlung auf seine Bankschulden zu leisten.

Ich sollte das Geld lieber nehmen und damit nach Las Vegas oder Atlantic City fahren. Da könnte ich Blackjack spielen oder am Automaten und als Gewinner heimkommen. Das käme fast aufs gleiche raus. Ich mache doch nichts anderes, ich spiele ein verdammt riskantes Spiel.

Er zuckte die Achseln. Er mußte tun, was sie verlangte. Danach mußte er sich eben durchkämpfen, um mit den Folgen klarzukommen.

Das wichtigste ist, Tommy zurückzubekommen.

Er überlegte, wie er das Geld stehlen könnte und wie Olivia sich die Geldübergabe vorstellte. Das beste war nach seiner Meinung, es ihr direkt zu übergeben und dafür Tommy in Empfang zu nehmen. Er traute ihr nicht.

Was wird wohl ihr nächster Schritt sein, fragte sich Duncan. Heute wird sie sicher nichts von sich hören lassen. Sie will, daß ich schmore. Nach all dem Druck, den sie schon ausgeübt hat, weiß sie, wie wirksam ihr Schweigen ist. Sie glaubt, wenn sie die Spannung erhöht, werde ich alles tun, was sie verlangt.

Einen Augenblick lang war er zufrieden. Er hatte die Lage scharfsinnig analysiert. Ich kenne Olivia, dachte er. Besser, als sie glaubt. Dieses Wissen muß ich nutzen. Ich muß sie aus dem Gleichgewicht bringen, ein bißchen nur. Nicht gleich soviel, daß sie in Panik gerät, aber doch so, daß ihr klar wird, daß es um einen Handel geht, einen

Handel unter zwei Partnern, die zusammenarbeiten müssen, damit der Abschluß zustande kommt. Ich muß ihr klarmachen, daß sie bis zu einem Punkt die Zügel in der Hand hält, aber daß sie letztlich auf mich angewiesen ist. Ich muß sie eine Spur von ihrem Plan abbringen, nur so weit, daß sie begreift, hier geht es um ein klares Geschäft.

Und dann bin ich im Vorteil, denn ich kenne mich bei geschäftlichen Verhandlungen aus. Olivia hat keine Ahnung davon. Ich werde sie in Bedrängnis bringen, sie aus der Bahn werfen und schließlich ausbooten.

Ich versteh' was von Geld. Ich weiß, wie man Geld verdient. Und ich weiß, wie man es stiehlt.

Ein paar Sekunden lang hatte er ein Gefühl großen Selbstvertrauens, aber es verschwand so schnell, wie es gekommen war. Sicher, ich weiß alles über Banken, Aktien und Anleihen, Wechselkurse und Zuwachsraten. Aber sie versteht sich auf das Geschäft mit der Rache.

Er versuchte, seine Angst zu vergessen und zu überlegen, wie er seine eigene Bank berauben könnte. Es war grotesk. Wenn er Geld beiseite schaffen wollte, brauchte er nur den Bankrechner zu benutzen, falsche Konten einzurichten und über sie Geld abzuziehen. Dazu bedurfte es nur ein bißchen mathematischer Kenntnisse und ein paar Zinsschulden von großen Konten. Er brauchte das Geld nur auf ein falsches Konto zu überweisen und dann auf irgendeine Bank auf den Bahamas zu transferieren. Er hatte einen Kollegen gehabt, der bei einer ähnlichen Aktion erwischt worden war. Wäre er nicht so geldgierig gewesen, wäre man ihm nie auf die Schliche gekommen. Aber sein Erfolg hatte ihn blind gemacht. Erfolg in Gelddingen war der Vater der Gier. Anstatt sich zu bescheiden, wollte der Mann immer reicher werden. Und dabei wurden seine Machenschaften aufgedeckt.

Plötzlich mußte Duncan an seine Kindheit denken. Er war mit einem Freund aus der Nachbarschaft in einen Kolonialwarenladen gegangen. Der Junge war die große Attraktion für alle Kinder: ein bißchen älter, ein bißchen klüger, und er kannte alle Tricks. Er war ein echter Draufgänger, hatte drahtiges rotes Haar und Sommersprossen. Sein Vater war der Ortspolizist, und das zeichnete ihn unter den anderen Kindern besonders aus. Er fuhr als erster den Dead Man's Hill hinunter, probierte als erster, Zigaretten zu rauchen. Er war auch der erste, der aufs Eis bei Fishers Weiher lief, und wenn das Eis unter seinen Füßen noch so krachte. Im Sommer sprang er als erster in den Baggersee, planschte und wirbelte im kalten schwarzen Wasser und spottete über die anderen Kinder, die das von den Stadtvätern aufgestellte Schild »Schwimmen verboten, Lebensgefahr!« ernst nahmen. Ich war immer nur der zweite, dachte Duncan. Den einen Moment, in dem ich hätte der erste sein können, habe ich immer gezögert, aber dann sprang ich auch ins Wasser. Es war wie eine Herausforderung, die immer erfüllt werden mußte. Immer kam ich gleich hinterher, so als ob mein ursprüngliches Widerstreben sich in ein Schuldgefühl verwandelt hätte, das mich geradezu zwang, mich selbst zu beweisen.

Er sah den Jungen vor sich, wie er in einem Laden durch die einzelnen Gänge gelaufen war und so getan hatte, als suche er etwas. Schließlich ging er zu dem Regal mit den Schokoladenriegeln. In einem unbeobachteten Moment stopfte er sich die Taschen voll. Dann ging er, tollkühn, wie nur so ein Junge sein kann, zu der Frau an der Kasse und fragte, ob sie Genesungskarten hätte, seine Schwester läge im Krankenhaus. Die Frau zeigte ihm das entsprechende Regal. Er zögerte einen Augenblick und sagte dann: »Vielen Dank, das waren nicht die richtigen.«

Draußen auf der Straße prahlte er vor den anderen mit seinem Diebesgut. Dann sagte er zu Duncan: »So, und jetzt bist du dran!«

Und so versuchte Duncan es auch.

Er bemerkte, daß die Frau an der Kasse ihn genau beobachtete, während er die Gänge auf- und ablief. Dann nahm er, als sie einen Moment wegschaute, einen Schokoriegel aus dem Regal und ließ ihn in seiner Tasche verschwinden. Danach ging er, genau wie sein Freund, zu der Frau an der Kasse.

»Du suchst sicher auch eine Karte für deine Schwester, was?« fragte sie spöttisch. Da wußte Duncan, daß sie alles gemerkt hatte, aber seinen Freund aus irgendeinem Grund hatte laufenlassen. Anstatt zu antworten, griff er in seine Tasche, zog ein Fünfundzwanzig-Cent-Stück heraus und legte es schnell auf den Ladentisch. Dann rannte er fort, obwohl er gezahlt hatte, und die Frau rief ihm nach: »He, du bekommst noch Wechselgeld!«

»Nein!« rief er, »wir schulden es Ihnen«, und dabei dachte er an alles, was sein Freund gestohlen hatte, und lief aus dem Laden.

Damals war er neun gewesen.

Ich hab' die Nerven verloren, aber mein Vater hätte mich bestraft, wenn er von der Sache erfahren hätte.

Zum ersten Mal seit vielen Jahren hatte er überhaupt an seine Eltern gedacht. Sie waren beide Lehrer, und kurz vor seinem Tod war sein Vater zum Leiter der Junior High School in der kleinen Stadt im Staat New York geworden, in der sie lebten. Sie starben beide bei einem Autounfall an einem naßfeuchten Herbstabend. Duncan kam damals gerade ins letzte College-Jahr.

Die Nachricht erhielt er von einem teilnahmslosen, wortkargen Polizisten, der ihn im Studentenheim anrief. Er telefonierte unten in der Halle, und ein paar andere Studenten kamen lachend auf ihn zu, versuchten mitzuhören, machten Witze, ob er mit seiner Freundin telefoniere, ob er schon mit ihr geschlafen habe, ob sie auch hübsch sei. Als sie dann merkten, daß es um etwas Ernstes ging, wurden sie noch neugieriger.

»Hallo, ist dort Duncan Richards?«

»Ja, wer ist da?«

»Mitchell, Polizeistation New Paltz. Ich habe eine unangenehme Nachricht für Sie.«

»Oh.«

»Ihre Eltern sind bei einem Verkehrsunfall ums Leben gekommen, hier in der Nähe, Bundesstraße 9.«

»Was?«

»Ein Traktor mit Anhänger hat sich quergestellt. Er rutschte auf regennassen Blättern aus. Sie waren sofort tot.«

»Aber...«

»Ich bedaure, daß ich Ihnen diese Mitteilung machen muß.«

»Ich verstehe nicht. Was soll ich denn jetzt tun?«

»Da kann ich Ihnen leider keinen Rat geben.«

Eine Stunde später rief ihn sein Onkel an. Ein launischer Mensch, den Duncan nur flüchtig kannte. Duncan war einem Nervenzusammenbruch nahe, und erst, als er erfuhr, daß er sich um die Beerdigungsmodalitäten kümmern müßte, beruhigte er sich ein wenig. Alles war so schnell gegangen. Gerade eben hatte es sie noch gegeben, jetzt waren sie plötzlich tot. Zum ersten Mal im Leben wünschte er sich eine Schwester oder einen Bruder.

Die Beerdigung verlief nach dem üblichen Zeremoniell. Es gab weder Tränen noch wirkliche Anteilnahme, nur ein paar Bekannte waren gekommen, aus Pflichtgefühl. Jemand von der College-Verwaltung, ein paar Lehrer, Kommunalpolitiker. Es war nicht wie beim Tod von Megans Mutter. Die Leute hatten sie gern gehabt. Duncans Eltern hatten aber wenig Umgang mit anderen gepflegt, und so war niemand so richtig von ihrem Tod betroffen.

Was für Menschen waren meine Eltern eigentlich? Ich kann gar nicht richtig darauf antworten, dachte Duncan.

Sicher ist das der Grund, weshalb ich mich entschloß, soviel wie möglich für meine Kinder dazusein. Nichts sollte zwischen mir und ihnen stehen, für jede Überstunde, jedes Tennismatch am Sonntagmorgen widmete ich ihnen besondere Zeit. Mir war immer bewußt, was Eltern ihren Kindern schulden. Eltern sind wie ein immer geöffneter Bankschalter. Jederzeit zur Auszahlung bereit. Es nimmt kein Ende, und das sollte es auch nicht.

Duncan sah Tommy in seinem Kinderzimmer vor sich. Daß ich dich bloß nicht verliere! dachte er. Wie viele Male hatte er ihm Dinge verwehrt oder mit ihm geschimpft. Nie würde er das wiedergutmachen können. Wie oft hatte er seinen Sohn um seinen Spaß gebracht, und wenn es nur gewesen war, damit er lernte und Rücksicht auf die anderen nahm.

Ich gab ihm Dinge und nahm ihm andere fort, ich habe versucht, ihm zu zeigen, worauf es im Leben ankommt. Wenn er sich nicht wohl fühlte und unglücklich war, habe ich ihn getröstet. So muß es ein Vater machen. Vielleicht werde ich ihn nie wieder trösten können!

Das darf nicht geschehen! Ich werde keinen Augenblick zögern zu handeln!

Wieder sah er sich als Kind, immer ein wenig im Rückstand, oft nur um Sekunden. Diesmal nicht, sagte er sich. Es war, als gäbe er seinem Herzen Befehle. Diesmal werde ich keine Sekunde zögern.

Duncan stand auf und ging in den Flur vor seiner Bürotür. Er warf einen Blick in die Schalterhalle. Es war bald Dienstschluß, und mit erhöhtem Tempo erledigten die Angestellten die letzten Aufgaben des Tages.

Morgen bleibt die Bank wie jeden Freitag bis sieben Uhr abends auf, um den Andrang der Wochenendkunden zu bewältigen.

Aber dieses Mal, dachte er sich, würde noch ein wenig später zugemacht werden.

Richter Pearson und sein Enkel spielten zum Zeitvertreib »Schere, Stein und Papier« in ihrer Dachkammer. »Eins, zwei, drei, los!« zählten sie immer wieder und streckten dann die geschlossene Faust oder den gekreuzten Zeige- und Mittelfinger oder einfach die flache Hand nach vorn. »Der Stein wickelt das Papier ein« oder »Der Stein schleift die Schere«. Oder »Die Schere schneidet das Papier«. Erst gewann Tommy, dann sein Großvater, dann wieder Tommy. Die Zeit verstrich nur langsam. Immer und immer wieder: »Eins, zwei, drei, los!«

Zwischendurch hatte es heute auch ein wenig Abwechslung gegeben. Mittags hatte Bill Lewis bei ihnen hereingeschaut und ihnen versprochen, im Haus nach Spielkarten zu suchen; als er später wiederkam, sagte er mit Bedauern, es täte ihm leid, aber es seien nirgendwo welche zu finden. Er wollte ihnen welche im Laden besorgen, wenn Olivia ihn wieder einkaufen schickte, aber nur mit ihrer Erlaubnis. Er sagte mit Bedauern, daß sie verboten hätte, ihnen etwas zu lesen zu geben, auch einen Fernseher dürften sie nicht bekommen. Tommy bat um

Papier und Stifte, damit er malen und einen Brief schreiben könne, aber Bill schüttelte nur den Kopf. Sie müßten sich, so gut es ginge, mit sich allein beschäftigen. Es täte ihm leid, aber er könne nichts für sie tun.

Die beiden Tommys hatten darauf eine ganze Zeit mit Wortsuchen, »Ich sehe was, was du nicht siehst« und anderen Spielen verbracht. Es erinnerte Pearson wieder daran, wie er damals mit seinen Kindern mehrere Stunden in dem Auto verbracht hatte.

Schließlich ließ er Tommy ein paar Turnübungen machen, damit er gelenkig blieb und sich nicht zuviel Energie anstaute, die sich sonst gefährlich speicherte und bei Tommy leicht zu Ausbrüchen führte. Ein paar Übungen machte er mit Tommy gemeinsam, denn er hielt es für besser, auch selbst in Form zu bleiben.

Mehr als das Eingesperrtsein verabscheute er die damit verbundene Langeweile. Wie hatte er es nur zulassen können, daß sie in eine derart aussichtslose Lage geraten waren? Ich muß mich zwingen nachzudenken. Ich muß wach werden. Aber es gelang ihm nicht, seine Apathie zu überwinden. Ihm blieb ja doch nichts als Warten.

Es war beinahe wie körperlicher Schmerz, wie das unangenehme Gefühl eines ständig schmerzenden Zahnes oder eines... verstauchten Gelenks. Er merkte, wie erschöpft er war; dabei hatte er stundenlang nichts anderes getan, als zu beobachten, wie Stunde um Stunde verstrich. Trotzdem hatte die Angst, was geschehen würde, keineswegs nachgelassen. Der Gedanke, Olivia oder einer der anderen könnte plötzlich die Kammer betreten und sie einfach erschießen, war ihm unerträglich. Der Tod erschien einem weit schrecklicher, wenn man davor seine letzten Momente in dumpfer Starre verbracht hatte.

Tommy hatte sich den Nagel genommen, den sie gefunden hatten, als sie zum ersten Mal das Zimmer durchsuchten. Er ritzte damit in die Wandtäfelung. Es klang wie ein vom Wind bewegter Zweig, der gegen eine Fensterscheibe schleift. Tommy ritzte seine Initialen in das Holz, danach die seines Großvaters. Der alte Herr mußte lächeln.

»Ritz auch noch das Datum ein.«

»Gut«, sagte Tommy, »noch was?«

»Nein«, sagte der Richter, »doch, Moment mal! Irgendeine Nachricht.«

»Wer soll die denn lesen?«

»Ja, vielleicht deine Mutter oder dein Vater.«

»Das geht ganz leicht«, sagte Tommy.

Er arbeitete schnell und sorgfältig, wie es nur ein kleiner Junge in seinem Alter tun kann, der mit etwas ganz Wichtigem beschäftigt ist. Nach einer Weile fragte sein Großvater: »Was hast du geschrieben?«

»Ihr fehlt uns, und wir lieben euch. Gut so?«

»Sehr schön, Tommy.«

»Das ist so wie der Brief, den sie mich nicht schreiben lassen wollten.«

»Da hast du recht.«

Tommy reichte seinem Großvater den Nagel. Er versteckte ihn unter einem Kissen. Tommy wollte fragen, wie es denn jetzt weiterginge, aber er ahnte, daß das auch Großvater nicht wußte, und deshalb hielt er die Frage zurück. Er sah ihn an. Das Gesicht erschien ihm blasser als sonst, die Haare weißer, die Haut fast durchsichtig, und plötzlich hatte Tommy Angst, den Großvater könnten die Kräfte verlassen. Ihn fröstelte, und er schmiegte sich eng an ihn.

»Was hast du denn, Tommy?«

»Ich hatte gerade Angst, Angst davor, allein zu sein.«
»Aber ich bin doch da!«
»Ja, ich weiß, aber ich hatte Angst, daß du vielleicht bald nicht mehr da bist.«
Richter Pearson schloß den Jungen in die Arme. Er lachte kurz und sagte: »Aber Tommy, ich verschwinde doch nicht einfach so. Ich hab' dir doch von Anfang an gesagt, daß wir hier zusammen reingeraten sind und es auch bis zum Schluß gemeinsam durchstehen. Hab keine Angst! Ich wette, bald sitzen wir bei deinen Eltern zu Hause am Tisch, essen Pizza und erzählen von unseren Abenteuern.«
»Meinst du?«
»Aber sicher. Stell dir vor, wie schön es wird, Lauren und Karen wiederzusehen. Bestimmt wollen die ganz genau wissen, was uns passiert ist.«
»Das wollen sie bestimmt.«
»Deshalb mußt du jetzt schön tapfer sein und noch eine Weile durchhalten. Es ist furchtbar schwer, hier herumzusitzen, ich weiß. Aber bald ist das vorbei, und wir haben ein paar tolle Geschichten auf Lager.«
Tommy seufzte tief, dann setzte er sich ruhig und entspannt neben seinen Großvater.
»Erzähl mir eine Geschichte, ja?«
»Gerne, Tommy, was für eine möchtest du hören?«
»Irgendwas von dir, als du noch jung warst, als du so tapfer warst bei den Marines.«
Der alte Herr lächelte. »Einmal ein Marine, immer ein Marine«, sagte er. »Das Motto unseres Corps war: *Semper fidelis*. Wußtest du das?«
»Klar«, sagte Tommy und kicherte. »Das hast du mir doch schon so oft erzählt. Stets getreu!«
»Was, das hab' ich dir schon erzählt?« Der Großvater

lachte und versetzte Tommy einen freundschaftlichen Stoß in die Rippen. »Da wiederhole ich mich ja!« Er kitzelte Tommy, der sich hin und her wand und schließlich laut lachte. »Ja, das hast du, nein, hast du nicht. Großvater! Wir dürfen nicht lachen, sonst werden sie noch böse.«

»Das ist ihr Pech. Warum sollen wir uns von denen dauernd angst machen lassen? Lachen tut dir gut. Hab' ich dir schon mal erzählt, wie mir Lachen das Leben gerettet hat?«

»Nein, wie geht das denn?«

»Also, es war auf Guadalcanal. Weißt du, wo das ist?« Tommy nickte. »Klar.«

»Meine Abteilung war ganz vorne, das heißt, wir gingen dem ganzen Bataillon durch den Dschungel voran. Wir wußten nicht, wo der Feind lag und ob er uns angreifen wollte. Als wir für die Nacht haltmachten, war es dunkel, heiß und ziemlich unheimlich. Wir gruben uns ein und blickten in die Nacht hinaus. Wir warteten auf neue Befehle, versuchten, ein bißchen zu schlafen, überlegten, was wohl als nächstes geschehen würde. Hab' ich dir schon mal davon erzählt?«

»Nein, wie ging es weiter?«

»Also, wir lagen alle da und rechneten mit dem Schlimmsten. Der Feind war ganz in der Nähe und wartete auf den richtigen Moment, um uns anzugreifen. Wir waren ganz schön nervös. Ein bißchen so wie du und ich jetzt, wir sind ja auch unruhig, weil wir nicht genau wissen, wie's weitergeht.«

»Und was war mit dem Lachen?«

»Das kommt noch. Da war ein Mann, der zu meiner Abteilung gehörte. Er stammte aus New Jersey und hieß Jerry Larsen. Wir nannten ihn Jersey Jerry, und immer wenn Jerry Angst hatte, erzählte er einen bestimmten Witz. Immer denselben.«

»Wie ging der Witz?«

Richter Pearson sah sich plötzlich wieder als jungen Mann, hinter Sandsäcken liegend, schweißüberströmt, bedeckt mit dem Staub irgendeines Schlachtfelds auf einer Insel. »Weißt du, Tommy, das war ein Witz für Erwachsene.«

»Ein dreckiger Witz?«

»Woher kennst du denn den Ausdruck?«

»Von Karen und Lauren.«

»Haben sie dir sonst noch was erzählt?«

»Nee, eigentlich nicht, sie sagen immer, ich bin noch zu klein.«

»Das stimmt auch.«

»Och, Großvater!«

»Du bist noch ein bißchen klein.«

»Du erzählst ihn mir doch, nicht?«

»Wenn du ein bißchen größer bist.«

»Bitte, bitte.«

»Wenn du so alt bist wie Karen und Lauren.«

»Na gut«, sagte Tommy widerstrebend. »Also, was passierte dann?«

»Den Witz hatten wir schon tausendmal gehört, sooft wie wir Angst gehabt hatten. Trotzdem mußten wir jedesmal wieder darüber lachen. Obwohl wir wußten, wie er ausging, obwohl wir ihn Wort für Wort auswendig kannten, er war einfach immer wieder komisch. Dabei war es gar kein besonders guter Witz. Aber wir lachten wohl auch wegen unserer Nervosität in der angespannten Situation. Immer wieder brachen alle Männer in Lachen und Gekichere aus. Jedenfalls war es damals schon drei Uhr morgens, und die meisten versuchten zu schlafen, bis auf Jerry, mich und noch ein paar andere, die Wachdienst hatten und ziemlich nervös waren. Im Dschungel hat man immer das Gefühl, um einen herum bewegt sich was, und es ist oft schwer zu sagen, ob die Geräusche von Tieren oder von Menschen stammen. Es war heiß, wir waren müde, und plötzlich fing Jersey Jerry, der dicht neben mir lag, mit dem Witz an. Ich wurde ärgerlich, weil er die Stille unterbrach, und versuchte, ihn zum Schweigen zu bringen. Aber er erzählte immer weiter und weiter, und schließlich mußte ich lachen. Nicht sehr laut, aber doch ein bißchen. Der Mann neben mir wurde wach, rollte näher heran und fragte: ›Was ist denn los?‹, und ich antwortete: ›Jerry hat wieder den Witz erzählt.‹ Zuerst brummte er verärgert, dann mußte auch er lachen. Schließlich wurde der Lieutenant wach, und innerhalb von Sekunden waren alle munter und beschwerten sich über Jersey Jerry, weil er alle gestört hätte. Und da hörte ich ein Geräusch, direkt vor uns.«

»Was war das?«

»Das war eine feindliche Truppe, die leise auf uns zukam.«

»Und was ist passiert?«

»Es kam zum Kampf. Und wir haben gewonnen.«

»Mit Schießen und allem?«

»Wir riefen die Artillerie zu Hilfe, und es gab Riesenexplosionen. Es war, als stünde man mitten im Festfeuerwerk vom Nationalfeiertag. Es war unheimlich beängstigend, aber zugleich auch sehr schön.«

»Hast du auf Leute geschossen?«

»Ja und nein.«

»Was heißt das?«

»Es war so dunkel, daß ich niemanden sehen konnte. Ich schoß mit dem Gewehr, wie alle anderen auch, aber ich weiß nicht, ob ich jemanden getroffen habe. Darauf kommt es auch gar nicht an. Ich meine, wenn der Witz uns nicht geweckt hätte, wären wir vom Feind überrascht worden und hätten vielleicht nicht gewonnen.«

»Ach, so war das. Und was passierte danach?«

»Am nächsten Morgen gerieten wir in eine große Schlacht. Aber das ist wieder eine andere Geschichte. Nach dieser Nacht wurde es zur Regel, daß Jersey Jerry, immer wenn Gefahr drohte, den Witz erzählte. Das war wie ein Talisman. Er hatte uns in dieser einen Nacht Glück gebracht und uns das Leben gerettet.«

»War das wie der Wunsch einer guten Fee?«

»Ja, genau so war das.«

»Wir sollten uns auch so was ausdenken.«

»Gut, dann probieren wir's.«

Richter Pearson fühlte einen Stich im Herzen. So gut war der Zauber gar nicht gewesen. Ein paar Monate später war er auf den Leichnam seines Freundes gestoßen, das war schon auf einer anderen Insel. Ein Heckenschütze hatte Jersey an der Stirn getroffen. Als er starb, stand ein höhnisches Grinsen auf seinem Gesicht, so, als ob er dadurch verbergen wollte, daß er neidisch auf die anderen war, die überlebten. Pearson war es immer entsetzlich gewesen, wenn einer durch einen einzigen Schuß ums Leben kam.

Seltsamerweise erschreckte es ihn viel weniger, wenn Männer bei starken Explosionen in Stücke gerissen wurden. Ihr Tod erschien ihm weniger launisch, weniger gezielt. Hätte sich Jerry einen Sekundenbruchteil eher geduckt, hätte er überlebt. In einer richtigen Schlacht, wenn überall die mörderischen Metallgeschosse durch die Luft sausten, wirkte der Tod auf ihn logischer und begreiflicher. Wie sollte man in so einem Sturm überleben?

Aber daß jemand ein Gewehr auf seine Schläfe oder die Brust richtete, um gerade ihn zu töten, der Gedanke war ihm unerträglich.

Nach Jerrys Tod hatten sie den Witz dennoch immer wieder erzählt, und auch da hatte er ihnen manchmal Glück gebracht.

»Großvater«, sagte Tommy, »ich kenn' ein Rätsel aus der Schule. Was geht morgens auf vier Beinen, mittags auf zwei Beinen und abends auf drei Beinen?«

Pearson wußte die Antwort, aber er hatte das Rätsel seit Jahrzehnten, seit seiner Kindheit, nicht mehr gehört.

»Ich weiß nicht, Tommy. Irgendein Käfer vielleicht?«

»Der Mensch!« rief Tommy. »Als Baby krabbelt er auf allen vieren, und wenn er etwas größer ist, kann er auf zwei Beinen laufen. Wenn er dann älter ist, viel älter noch als du, dann braucht er einen Stock, um zu gehen. Das macht drei.«

Pearson lachte. »Das ist ein schönes Rätsel, Tommy.«

»Wie können wir daraus einen Zauberspruch machen?« fragte der Junge.

»Wir sagen einfach, erzähl das Laufrätsel, und dann wissen wir beide, was gemeint ist. Was hältst du davon?«

»Das Laufrätsel, das finde ich schön.«

Tommy nahm Großvaters Hand. Sie schüttelten einander feierlich die Hände und lachten. »Abgemacht.«

»Glaubst du, daß der Zauber noch wirkt?« fragte Tommy.

»Warum nicht?« antwortete Pearson.

»Genau, warum, zum Teufel, sollte er nicht«, sagte Tommy mit Bestimmtheit.

»Aber Tommy, woher hast du denn diesen Ausdruck?«

»Das sagt Daddy immer, wenn er sich ärgert und will,

daß seine Stimme böse und streng klingt. Dann sagt er: ›Tommy, geh endlich ins Bad, zum Teufel noch mal‹, oder so ähnlich.«

Der Richter mußte laut lachen, so perfekt ahmte Tommy die Stimme seines Vaters nach. Wir vergessen oft, daß wir nichts weiter sind als Spiegel, die genau wiedergeben, was sie wahrnehmen, dachte er.

Tommy stand auf. »Großvater, weißt du, was mich schon den ganzen Tag stört? Heute ist das erste Mal, daß ich so lange hintereinander nicht den Himmel sehen kann. Wenn ich zu Hause krank bin, kann ich ja wenigstens aus dem Fenster gucken. Auch im Krankenhaus, als ich noch kleiner war und die ganzen Tests machen mußte, wußte ich immer noch, wie es draußen ist. Ich hab' rausgeguckt und mir vorgestellt, was ich draußen alles machen könnte. Aber hier weiß ich nicht, ob die Sonne scheint, ob es geregnet hat, ob Wind weht oder ob es vielleicht schneit. Vielleicht ist es wieder ein bißchen wärmer geworden, und ich könnte nachmittags auf den Sportplatz der Schule nur im Pullover gehen. Hier drin weiß man einfach nichts. Das finde ich doof. Es ist ja wie im Gefängnis!« Tommy schüttelte traurig den Kopf.

Der Richter stand auf und stellte sich dicht neben Tommy. Gefängnis, dachte er, und dieses Wort löste eine ganze Gedankenfolge bei ihm aus.

»Großvater, sag mal was!« Tommy weckte ihn aus seinen Überlegungen. »Laß mich mal nachdenken, Tommy. Was glaubst du denn, was für ein Wetter wir haben?«

»Wie soll ich denn das wissen, ich sehe doch nichts!«

»Wenn es geregnet hätte, hätten wir sicher gehört, wie der Regen auf das Dach prasselt und durch die Regenrinne läuft. Die ist gleich hier draußen. Also, geregnet hat es schon mal nicht.«

»Na gut, kein Regen. Aber wie ist es mit Schnee?«
»Wenn Schnee liegt, kann man ihn von innen an der Decke spüren, denn das Dach wird kälter. Ich hebe dich jetzt hoch, und du fühlst nach, ob es kälter ist, ja?«

Er hatte Zweifel, ob er recht hätte, dennoch beugte er sich hinunter und hob seinen Enkel in die Höhe. Der Junge streckte die Hand aus und befühlte die Zimmerdecke. »Es ist kalt, aber doch nicht ganz so kalt«, sagte er.

»Und was bedeutet das?«
»Es liegt noch kein Schnee«, antwortete der Junge.
Pearson setzte Tommy wieder ab. Dieser lief zu dem dünnen Teil der Wand, legte sein Ohr dagegen und lauschte ein paar Sekunden. Ihn fröstelte. »Es ist sehr, sehr kalt. Ich hab' auch etwas Wind gehört.«

»Also ist die Temperatur gefallen, und der Wind bläst ein wenig.«

»Und der Himmel? Das will ich wissen! Ist er klar, oder sind da Wolken?«

»Jetzt weiß ich auch nicht mehr weiter«, sagte der Richter. »Manchmal bläst der Wind alle Wolken weg, aber er kann sie auch alle zusammenpusten.«

»Ich glaube, er ist voller Wolken«, sagte Tommy, immer noch fröstelnd. »Voller dicker grauer Wolken. Und die Leute haben alle Stiefel angezogen, um zur Schule oder zur Arbeit zu gehen. Sie haben Angst, daß es heute schneit. Und die Luft ist ganz feucht und schwer, so, als ob alles gleich runterkommt.«

»Weißt du noch, Tommy, letztes Jahr hatten wir zwei Wochen vor Thanksgiving schon zehn Zentimeter Schnee.«

»Und Weihnachten waren wir Schlittenfahren bei Jones Farm.«

»Also gibt es vielleicht bald richtigen Winter.«

»Hoffentlich«, sagte Tommy. »Ich darf doch dieses Jahr in der Eishockey-Mannschaft mitspielen.«

Pearson wandte sich eilig ab. Dieses Jahr, dachte er, was wird da sein? Er hätte nichts lieber getan, als ihre mißliche Lage zu verdrängen. Unmöglich.

Tommy lief wieder zu der dünnen Stelle in der Wand. Er wischte mit der Hand über das Holz und drückte gegen die Bretter. »Du, Großvater, wir könnten doch versuchen, die Bretter loszumachen. Mit unserem Nagel. Ich fange an zu kratzen, dann hab' ich auch was zu tun.«

Pearson sah den fragenden Blick seines Enkels und sagte: »Zum Teufel noch mal, Tommy, wir haben lange genug herumgesessen! Jetzt probieren wir's.«

Er ging ebenfalls zur Wand und kniete sich davor, um sie genauer zu betrachten. »Gut, wir fangen gleich an, aber leise, Tommy!«

Er wollte gerade den Nagel aus dem Versteck holen, als er im Flur Schritte hörte.

»Schnell zurück zum Bett, Tommy!« flüsterte er. Zugleich dachte er: Sie hat uns bewußt in diese Zelle eingesperrt. Aber sie hat uns außerdem, ohne es zu merken, klargemacht, was wir zu tun haben. Als sie im Gefängnis war, was tat sie da? Am ersten Tag schlug sie ihren Bewacher nieder. Dann hat sie sich alle Details für ihre spätere Rache genau ausgedacht. Eins aber hat sie sicher nicht getan: tatenlos herumzusitzen und sich in Selbstmitleid üben so wie ich.

Tommy sprang behende durch den Raum, und Pearson folgte ihm. Da ging die Tür auf, und Olivia trat ein, in der Hand einen kleinen Kassettenrecorder.

»Guten Tag, meine Herren!« sagte sie barsch. »Na, unterhalten wir uns gut?«

Der Richter sah sie zornig an. Er bemerkte, daß auch Tommy böse dreinblickte und keineswegs ängstlich zusammenzuckte.

»Während meiner achtzehn Jahre Urlaub auf Staatskosten habe ich genau sechshundertsechsunddreißig Tage in strenger Einzelhaft verbracht. So nennen es die Schließer, für uns war es nur das Loch. Da war es nicht so hübsch wie hier oben, Herr Richter. Aber vielleicht begreifen Sie das allmählich.«

»Was soll das?« fragte Pearson verärgert.

»Ich will Ihnen einen Teil Ihres Lebens stehlen, und diesem Jungen da auch. Mit mir wurde ja nicht besser verfahren.«

»Ach hören Sie doch auf«, sagte der Richter.

Sie antwortete nicht. Ein unbehagliches Schweigen legte sich über den Raum.

»Sie erinnern sich doch sicher an die Getty-Entführung, nicht wahr, Herr Richter? Der Enkel des Milliardärs. Noch gar nicht so lange her. Also, diese Kidnapper damals wirkten zuerst unglaubwürdig. Sie stießen bei den alten Geldsäcken auf Widerstand. Sie wollten einfach nicht zahlen. Eine Dummheit, finde ich. Sie mußten deshalb damals ziemlich deutlich werden, um Wirkung hervorzurufen. Wissen Sie noch, was sie da taten?«

Die Frage traf Pearson wie ein Tiefschlag. Bilder, Fernsehnachrichten und Zeitungsartikel wurden in ihm wach. Die Kidnapper hatten dem Jungen ein Ohrläppchen abgeschnitten und es dem zahlungsunwilligen Milliardär zugeschickt.

Er sprang auf, stellte sich vor Tommy. »Sie werden ihm nichts tun«, sagte er in ruhigem, kaltem Ton.

Olivia näherte ihr Gesicht dem seinen bis auf wenige Zentimeter. »Sie haben mir nichts zu befehlen«, sagte sie.

»Sie fassen ihn nicht an!«

»Für wen halten Sie sich, daß Sie mich herumkommandieren?« Unverzüglich hielt Olivia Pearson ihren Revolver unter die Nase.

Er blieb unbeweglich stehen und ignorierte die Waffe.

»Sie rühren ihn nicht an«, sagte er wieder.

Eine Weile standen sie da, ohne sich zu bewegen. Der Richter fühlte den Revolverlauf an seinem Gesicht und sah Olivias Finger am Abzug.

Schließlich ließ sie die Waffe sinken.

»Ein toller Kerl sind Sie, ungeheuer stark. Was für 'ne Show Sie da abziehen!«

Sie trat einige Schritte zurück und klatschte ironisch Beifall.

»Na, ihr spielt ja wunderbar Theater! Wille und Entschlußkraft sind Eigenschaften, die ich echt bewundere. Wahrscheinlich die einzigen, die es verdienen.« Sie lachte kurz auf. »Vielleicht haben wir beide mehr gemein, als Sie glauben.«

Der Richter war erleichtert. Aber mit zusammengekniffenen Augen blickte er sie weiter böse an. »Ja«, antwortete er, »wir lernen uns jetzt wohl etwas besser kennen.«

Olivia antwortete durch langsames Nicken. »Ich brauche etwas von Ihnen«, sagte sie. »Und hierbei weigern Sie sich gefälligst nicht. Ich frage auch ganz freundlich. Bitte, bitte.«

Sie versuchte, ihn durch Ironie zu reizen. Aber das mißlang ihr vollends. Der Ärger darüber war in ihren Augen abzulesen. Pearson meinte sogar, in ihrem Blick einen Anflug von Selbstzweifel zu erkennen. Einen Moment später lag aber wieder die alte Entschiedenheit darin.

Megan rief Karen und Lauren zu sich. Sie kamen sogleich herbei und fragten besorgt: »Hast du was?« – »Ist etwas passiert?«

Megan schüttelte den Kopf. »Ich brauche nur ein wenig frische Luft. Ich hab' den Hörer vom Telefon abgenommen, und wir gehen ein bißchen spazieren. Zieht eure Mäntel an!«

Megan beobachtete sie dabei und dachte bei sich, daß sie beide auf verschiedene Weise gern hatte, auch wenn sie eigentlich immer an beide zugleich dachte. Karen hatte die Entschlossenheit ihres Vaters, seinen kritischen Verstand. Lauren war eher gefühlsbetont, phantasiebestimmt und ein wenig abenteuerlustig. Sie ist mehr wie ich, dachte Megan.

Sie winkte die Mädchen heran. »Kommt schon, los, wir brauchen mal Abwechslung, und ich hab' euch was zu sagen!«

Die beiden folgten ihrer Mutter nach draußen, von Neugierde getrieben. Die letzten Minuten des Tages gingen ihrem Ende zu, vom grauen Himmel stieg feuchte Kälte herab. Megan fröstelte. Die Zwillinge hüllten sich fester in ihre Mäntel. Sie gingen den Weg zum Bürgersteig hinunter, wandten sich um und blickten auf das Haus.

»Wie lange wohnen wir hier jetzt schon?« fragte Megan.

»Mom, das weißt du doch!« sagte Lauren schnell.

»Acht Jahre, seit der Zeit gleich nach Tommys Geburt«, sagte Karen eifrig. »Zuerst war noch nichts richtig fertig, und das Haus kam uns viel zu groß vor.«

»Im ersten Winter ging die Heizung kaputt, und wir sind fast eingefroren«, erinnerte Lauren sich. »Karen, du sahst aus wie ein Marsmensch, du trugst Socken an den

Händen und so einen komischen roten Hut. Unten im Schrank war zu wenig Platz für all die Wintersachen, und der Fernsehempfang war so schlecht, daß wir nie richtig das Kinderprogramm sehen konnten. Erst als wir das Kabel kriegten, wurde es besser.«

»Wißt ihr, warum ich dieses Haus so liebe?« fragte Megan.

»Wegen der schönen Wohngegend?« fragte Lauren.

»Nein, weil es hier so gute Schulen gibt«, widersprach Karen.

»Weder noch«, antwortete ihre Mutter. »Es ist das erste Haus, das richtig meines ist. Als ihr auf die Welt kamt, lebten wir noch bei meinen Eltern. Dann zogen wir in ein Mietshaus in Belchertown, dann in ein kleines Bauernhaus in South Deerfield, das Duncan günstig gekauft hatte. Ich mochte beide Häuser nicht so sehr. Aber dieses hier hat mir von Anfang an gefallen. Auch wenn nicht gleich alles so reibungslos klappte, ich habe mich hier mehr zu Hause gefühlt als irgendwo sonst. Hier seid ihr aufgewachsen, hier begann das Leben von Tommy mit allen Problemen, die er hatte. Und Weihnachten nach Großmutters Tod fuhren wir nicht mehr zu ihm, sondern Großvater kam zu uns.«

Die beiden Mädchen nickten.

»Mir war an diesem Weihnachten ziemlich elend zumute. Nicht so sehr, weil meine Mutter tot war; sicher, das war traurig, und ich fühle mich bis heute von ihr allein gelassen. Der Hauptgrund war, daß ich jetzt nicht mehr Kind sein konnte, sondern jetzt ganz ich selbst werden und auf eigenen Füßen stehen mußte. Mom hätte das verstanden. Euch kommt das sicher ein bißchen komisch vor, aber irgendwann werdet ihr wissen, was ich meine. Es ist ganz normal, daß man sein eigenes Leben führen will, aber es ist nicht immer leicht, seinen Weg zu finden.«

»Damals, in den sechziger Jahren, habt ihr da nach eurem Weg gesucht, du und Daddy?« fragte Karen.

»Ja, so kann man das sagen. Wir alle haben damals nach etwas gesucht, und es hat lange gedauert, bis wir es gefunden hatten.«

Megan kamen Friedenssymbole und langes Haar, brennende US-Flaggen, Jeans mit weitem Schlag und Lederwesten mit Fransen in den Sinn. Revolutionsmusik, harter Baß und kreischende Gitarren. Columbia. Berkeley. Haight. Liebessommer. Woodstock und dann Altamont und Kent State. Ihr Puls ging schneller.

»Wir haben damals nichts Unrechtes getan«, sagte sie. »Es scheint manchmal so, aber damals empfanden wir es nicht als falsch.« Sie zögerte einen Moment und fuhr dann fort:

»Natürlich war das mit dem Raub ein großer Fehler. Aber uns kam es nicht so vor. Im Vergleich zu allem Schrecklichen, was in der Welt geschah, erschien es uns harmlos.«

»Und heute? Seht ihr das noch genauso wie damals?« fragte Lauren.

»Ja und nein. Die Welt hat sich geändert und wir mit ihr. Es war so, als ob alle ganz schnell vergessen wollten, was passiert war, und wir wollten auch, daß man unsere Sache vergaß. Vielleicht war das ein Fehler, und es wäre besser gewesen, sich weiter Gedanken über die Probleme zu machen, die uns damals beschäftigten. Aber alles wurde so radikal, so unerbittlich in Frage gestellt. Das war mehr, als die Leute vertragen konnten. Deshalb beruhigte sich alles ziemlich schnell wieder, und man regte sich nicht mehr über die Dinge auf.«

»Und Olivia? Hat sie sich nicht geändert?« fragte Karen.

»Nein, sie nicht.«

»Wie sollte sie auch?« gab Karen zurück. »Sie war doch im Gefängnis. Sie hat nichts sonst erlebt. Da konnte sie sich nicht ändern.«

»Und deshalb haßt sie uns wahrscheinlich so«, sagte Lauren.

Megan nickte. Sie wollte etwas antworten, schwieg aber dann und sah hinauf zum Himmel. Der Mond stand über den Bäumen und warf fahles Licht durch die dunklen Äste.

»Neunundsechzig, als ihr geboren wurdet, landete der erste Mensch auf dem Mond. Für euch ist das nichts Besonderes. Ihr kennt Raumschiffe und all das von Anfang an. Duncan und ich waren nicht allzu überrascht. Schließlich war die Technik in unserer Kindheit schon weit fortgeschritten, es gab ja auch die Atombombe und vieles andere. Aber ich weiß noch, wie meine Eltern reagierten. Wir saßen zusammen vor dem Fernseher und sahen uns die Mondlandung an. Ihr bekamt gerade Abendessen an meiner Brust. Ihr hättet sie sehen sollen, sie waren vollkommen erstaunt und fasziniert. Sie waren in den zwanziger Jahren geboren, als es noch nicht so viel Technik gab, es war die Zeit der drohenden Wirtschaftskrise. Flugzeuge waren damals gerade erst erfunden worden, und nie hätten die Leute geglaubt, daß mal ein Mensch auf den Mond fliegen würde. Das war nur etwas für Science-Fiction-Romane.«

Wieder blickten sie auf das Haus. »Ich bin in dieser Stadt aufgewachsen, genau wie ihr und Tommy. Hier sind wir zu Hause. Und wir werden es immer sein. Selbst wenn ihr groß seid und woandershin zieht, immer könnt ihr herkommen und euch wohlfühlen. Egal, wie sehr ihr euch verändert.«

»Mom«, sagte Lauren mit leichtem Vorwurf, »du bist doch nicht Scarlett O'Hara!«

Megan sah die Mädchen an, die schnelle Blicke tauschten. Die beiden müssen mich für verrückt halten, dachte sie. Die Aufregung ist einfach zu groß für mich, und ich fange an, sentimental zu werden.

Sie holte tief Luft. Als sie zehn war, hatten ihre Eltern eine Campingreise mit ihr unternommen. Eines Nachmittags ging sie mit ihrer Mutter in der Umgebung Beeren pflücken. Als sie langsam durch die Büsche streiften, sahen sie plötzlich eine Schwarzbärenmutter mit zwei Jungen. Die Bärin bäumte sich auf, stand dann still und fixierte Megan und ihre Mutter. Beide Familien sahen einander eine ganze Weile an. Da standen sie auf derselben Wiese und aßen die gleichen Früchte. Schließlich ließ die Bärin die Zweige los und verschwand ohne Eile mit ihren Kindern im Wald. Megans Vater hatte sie hinterher gewarnt, sich bloß nie zwischen eine Bärin und ihre Jungen zu begeben, denn dann würde sie wild und gefährlich. Ihre Mutter hatte sanft, aber bestimmt geantwortet: »Mir würde es genauso gehen.«

Megan wandte sich wieder den Zwillingen zu und sagte: »Eins müßt ihr wissen: Wir werden auf keinen Fall aufgeben! Niemand darf unsere Familie kaputtmachen. Ich werde dafür kämpfen.«

»Natürlich, das ist doch klar, Mom«, sagte Lauren.

»Mach dir keine Sorgen«, pflichtete Karen ihr bei. »Keiner von uns gibt auf.«

»Mom, weißt du, ihr habt schon alles richtig gemacht. Das Leben ist schön, so wie es ist, ihr habt euch viel Mühe damit gegeben«, sagte Lauren.

»Und deshalb müssen wir auch nicht für irgendwas büßen«, sagte ihre Schwester.

»Ihr habt recht«, sagte Megan und umarmte beide Mädchen auf einmal. Sie merkte, daß zum ersten Mal seit der Entführung Lauren dem Weinen nahe war und Karen sich auf die Lippen biß. Diese gab ihrer Schwester einen ermutigenden Stoß an den Arm. Daraufhin nahm sich Lauren zusammen und nickte Karen zu.

Megan war, als wäre die abendliche Kühle verschwunden. Sie war erfüllt mit mütterlichem Stolz und legte die Arme um ihre Töchter. Und als sie gemeinsam zum Haus zurückgingen, waren alle drei fest entschlossen, der Herausforderung zu trotzen.

Duncan saß am Schreibtisch und sah die Liste mit den vor ihm liegenden Aufgaben durch. Er hatte einen detaillierten Plan angefertigt. Was für ein ordentlicher Mensch ich doch bin, dachte er. In jeder noch so ausweglosen Situation lege ich Checklisten an. Nichts darf darin fehlen. Immer bin ich auf alles gefaßt. Na ja, schließlich war ich früher auch ein guter Pfadfinder. Eine ganze Sammlung von Auszeichnungen habe ich bekommen, für die besten Knoten, als schnellster Kanufahrer, für meine Flaggensignale, als bester Waldläufer. Er lächelte. Das waren die einzigen Medaillen, die ich je verdient habe. Würde ich eine Medaille für Bankraub bekommen? Diesmal vielleicht, aber für den ersten sicher nicht. Auf seinem linierten gelben Schreibblock stand als Überschrift *In der Bank*. Darunter folgten die einzelnen Rubriken *Alarmsystem, Haupttresorraum, automatische Kassen, Ablenkungsmanöver*. Unten auf der Seite stand der warnende Satz: *Diesen Zettel vernichten und dazu sechs weitere Seiten*. Das FBI besaß Geräte, die noch die feinsten Spuren eines Kugelschreibers auf den Blättern unterhalb der ersten Seite lesen konnten.

Duncan fertigte in jeder Lebenslage Listen an. Wenn sie in die Ferien fuhren, achtete er darauf, daß der Seesack mit Ersatzschuhen und Pullovern gepackt war, daß Saft und Kekse für die Kinder im Auto bereitlagen. Er achtete auch darauf, daß alle Rechnungen bezahlt wurden, und samstags morgens fuhr er in den Supermarkt, um Vorräte einzukaufen. Organisation und Planung waren sein Steckenpferd. Er wußte auch immer, welches Wetter es am nächsten Tag gab, welche Kleidung man auf einer Party tragen mußte. Wenn er mal bei Regen die Regenmäntel vergessen hatte, war das ein regelrechter Schock für seine Familie.

Hätte bloß ich den Raubüberfall in Lodi geplant. Ich hätte vorausgesehen, wie die Wächter reagieren. Ich hätte mir den Platz vorher genau angesehen und alle Situationen bis ins Detail durchgespielt, wochenlang hätte ich genau beobachtet, was in der Bank vor sich geht. Ich hätte das zweifellos durchgezogen. Dann wären wir jetzt alle nicht in diesem Schlamassel.

Plötzlich wurde Duncan bewußt, daß diese Gedanken nichts anderes bedeuteten als: Ich wäre ein besserer Verbrecher als sie.

Er stand auf und öffnete seine Bürotür. Der große Schalterraum war voller Leben. Die Angestellten bereiteten die Schließung der Schalter vor. Die Kassierer addierten die Einnahmen und ordneten Belege und Schecks. Alles lief ganz routinemäßig ab. So muß es in einer Bank zugehen, dachte er.

Jetzt betrat einer der Bankassistenten den Gang, der zu den Geldautomaten führte. Duncan kannte seine Aufgabe: Er öffnete die Automaten und kontrollierte, ob sie genug Bargeld bis zum nächsten Morgen enthielten. Am nächsten Tag um die gleiche Zeit würde er dasselbe tun, allerdings mußten die Automaten dann ganz gefüllt sein. Vier von ihnen standen in der Halle, jeder enthielt 25 000 Dollar in Zehner- oder Zwanzigerscheinen. An Wochenenden mit besonderen Ereignissen wie dem Beginn der College-Ferien oder dem Tag der Arbeit oder dem Columbus-Gedenktag wurde im Schnitt pro Automat etwa die Hälfte dieser Summe abgehoben, von zwanzig bis zweihundert Dollar pro Klient.

An diesem Wochenende passiert das nicht, dachte Duncan.

Inzwischen kam der Assistent von den Automaten zurück und betrat das Büro des Direktors. Dort wurden in einer Schublade die Schlüssel aufbewahrt. Fast alle Bankangestellten wußten von dem Zweitschlüssel im Büro des Chefs, das kam Duncans Plan sehr zugute. Beinahe allen war bekannt, wie das System funktionierte, auch, wo man die Alarmanlage stillegen konnte. Letzten Endes sind wir eine kleine, überschaubare Firma, dachte Duncan. Und das macht uns verletzlich. Unser Sicherheitssystem ist auf drei Zwischenfälle eingestellt: daß jemand von innen oder außen in das Computersystem eindringt, daß ein Fremder in die Bank einbricht, wenn alle Angestellten weg sind, daß ein Bankräuber mit Knarre durch den Haupteingang stürmt.

Er konnte sich noch an das Gespräch zwischen dem Bankdirektor und den Sicherheitsspezialisten erinnern, die die Alarmanlage eingebaut hatten. Sie hatten die Computer auf die Verhinderung der gängigsten Betrugsmanöver programmiert. Sie hatten auch der Tatsache Rechnung getragen, daß in jedem Menschen und auch in jedem Bankangestellten ein potentieller Dieb steckt.

Daß aber jemand, der die Bank kannte, sie ausrauben würde wie Jesse James oder Willie Sutton, das hatte man nicht in Betracht gezogen.

Duncan kehrte zu seinem Schreibtisch zurück und schrieb auf die Liste unter die Rubrik *Kleider: Handschuhe, Turnschuhe, Jeans, Sweatshirt. Im Einkaufszentrum besorgen.*

Seine Sekretärin klopfte und betrat das Büro. Duncan versuchte nicht, seinen Schreibblock zu verdecken, sondern nahm ihn auf, griff zum Kugelschreiber und lehnte sich im Schreibtischsessel zurück.

»Mr. Richards, ich wollte gerne nach Hause. Brauchen Sie mich noch?«

»Vielen Dank, Doris, ich gehe selbst auch gleich.«

»Geht es Ihnen besser?«

»Eigentlich nicht. Immer auf und ab. Wird wohl irgendein Virus sein. Ich hatte den ganzen Tag etwas Fieber.«

»Sie sollten besser zu Hause bleiben.«

»Morgen ist ja schon Freitag. Da werde ich früh gehen und mich das Wochenende über ins Bett legen.«

»Kein sehr amüsantes Wochenende.«

»Wissen Sie, Doris, in meinem Alter sieht man das etwas anders. Da ist man froh, wenn man sich am Wochenende etwas erholen kann.«

»So alt sind Sie doch noch gar nicht, Mr. Richards!«

»Vielen Dank, Doris. Machen Sie weiter so, schmeicheln Sie dem Chef ein wenig, und Ihre Karriere ist gesichert.«

Sie lachte, winkte kurz mit der rechten Hand und ging.

Wie alt bin ich eigentlich? fragte sich Duncan. In der Mitte des Lebens? Näher am Anfang oder näher am Ende? Er dachte an seine Eltern, die ihm schon alt vorgekommen waren, als er noch klein war, und älter noch, als er dann in diesem dumpfen, langweiligen Zuhause aufwuchs. Immer waren sie müde und angestrengt. Nie hatte es glückliche, entspannte Augenblicke gegeben, selbst nicht am Weihnachtsmorgen oder an Geburtstagen. Im Haus herrschte immer größte Ordnung, jeder Augenblick war genau verplant. Deshalb ist so ein Organisations- und Zahlenmensch aus mir geworden. Vielleicht habe ich mich dafür gehaßt und mich deshalb so für die Revolution engagiert. Olivia war immer so aufregend und anziehend, eine faszinierende Person. Sie hatte eine Menge Ideale, die in ihren Händen zu einer gefährlichen Sprengmasse wurden. Ihre Art zu sprechen, ihre Begeisterung und ihre Kampfbereitschaft hatten ihn berauscht, die ganze Zeit über. Damals war er noch wirklich lebendig gewesen, wenn er auch manchmal Angst gehabt hatte und Olivias Temperament ihn verschreckt hatte.

Duncan blickte aus dem Fenster und sah einige Bankangestellte zum Parkplatz gehen. Sie waren offenbar in Feierabendstimmung, schienen fröhlich, wenn sie auch schnell gingen und sich fester in ihre Mäntel hüllten. Worüber sie wohl lachten? Jetzt gingen sie hinter der ersten Wagenreihe bis zum Parkplatz der Bankangestellten, wo auch sein reservierter Platz und die der Direktion lagen. Plötzlich fiel ihm ein, daß er etwas Wichtiges vergessen hatte. Er nahm den Schreibblock und schrieb das Wort *Auto* auf die Liste. Als er wieder nach draußen sah, waren die Leute weggegangen. Helle Straßenlaternen beleuchteten das Gelände.

Wieviel ich doch meinen Kindern verdanke, dachte er. Ohne sie wäre ich genauso ruhig, genauso langweilig und unbeweglich wie meine Eltern. Daß ich anders bin, kommt durch die Kinder. Offenbar habe ich meine revolutionären Ideen gegen das Engagement für meine Familie eingetauscht.

Und jetzt? Kann ich jetzt noch kämpfen, oder bin ich zu alt dazu? Die Antwort wird sich in den nächsten Tagen ganz von selbst ergeben.

Megan und ihre Töchter zogen die Mäntel aus und gingen in die Küche. Die Mädchen sprachen über die Kälte draußen und fragten sich, ob es wohl bald schneien würde.

»Jetzt bin ich richtig in Stimmung für einen heißen Kakao«, sagte Lauren.

Diese Worte versetzten Megan einen Stich. Nichts hatte Tommy lieber getrunken. Sie legte den Hörer des Telefons wieder auf die Gabel für den Fall, daß Duncan anrief. Dann sah sie auf die Uhr. Jetzt würde er wohl bald nach Hause kommen. Sie versuchte, sich zu entspannen, aber es gelang ihr nicht.

Wenn Tommy doch bloß da wäre! Seit achtundvierzig Stunden habe ich ihn nicht mehr in die Arme genommen, dachte sie.

»Mom, willst du auch eine Tasse?« rief Lauren aus der Küche.

»Schmeckt wirklich sehr gut«, pflichtete ihr Karen bei.

Megan unterdrückte ihren Schmerz, schluckte und rief dann: »Natürlich, gern!«

Karen brachte ihrer Mutter gerade den Kakao, als das Telefon klingelte.

»Das ist sicher für uns«, sagte Lauren. »Ich gehe ran.«

Sie ging zum Wandtelefon und nahm den Hörer ab.

»Hallo, Lauren hier.«

»Und wo ist deine hübsche Schwester?« fragte Olivia Barrow unvermittelt.

Einen Moment blieb Lauren das Herz stehen. Sie

wußte, wer in der Leitung war, antwortete aber gefaßt: »Sie steht gleich hier neben mir. Wer ist denn dort?«

Megan sah ihre Tochter blaß werden und ließ die Kakaotasse fallen. Der Krach des zersplitternden Porzellans ging in der Aufregung unter. Karen, die gerade hatte trinken wollen, zögerte zuerst, dann stellte sie die Tasse ab und rief Lauren zu: »Ich gehe ran!« Sie lief in die Diele und nahm dort den Hörer ab. »Wer ist dort?« fragte sie.

»Ach, das klingt ja ganz wie der Vater«, sagte Olivia. »Genau der Ton, dieselbe Aussprache. Bist du ihm auch sonst ähnlich?«

Karen antwortete nicht, nickte jedoch.

»Was wollen Sie von uns?« fragte Lauren. Sie gab sich Mühe, ganz normal zu reden.

»Ich wollte nur mal eure Stimmen hören, ich wollte nur wissen, wie es klingt, wenn ihr redet«, antwortete Olivia.

Karen verlor die Selbstbeherrschung. Ohne zu überlegen, rief sie ins Telefon: »Geben Sie uns Tommy und Großvater wieder! Wir wollen sie zurückhaben!«

Olivia lachte nur. Nach einer Pause sagte sie ruhig: »Alles zu seiner Zeit, Kinder. Kommt Zeit, kommt Rat.«

Megan wurde durch Karens mutige Haltung aus ihrer Starre erlöst. Sie nahm Lauren den Hörer aus der Hand.

»Ich bin auch zu Hause, verflucht noch mal!«

»Ach, Megan, du auch! Wie schön, mal wieder mit dir zu sprechen!«

»Olivia, was willst du?«

»Ich habe in all den Jahren viel über dich nachgedacht. Zeit hatte ich ja genug. Ich habe immer gewußt, daß aus dir eines Tages eine spießige, biedere Hausfrau mit Eigenheim am Stadtrand würde. Das sah man dir einfach schon immer an.«

»Was soll das, Olivia?«

»Ich spreche immer nur mit deinem Mann, dich habe ich ja richtig vernachlässigt! Er ist so ein reizender Kerl geworden. Alles ist wirklich ganz reizend.«

»Olivia, sag mir bitte, warum tust du das?«

»Das weißt du doch ganz genau.«

Megan schwieg einen Augenblick. Dann sagte sie: »Glaubst du, daß es dir besser gehen wird, wenn du dich rächst? Daß du alle verlorenen Jahre dadurch zurückbekommst? Glaubst du, daß du dadurch inneren Frieden findest?«

Sie war über ihre eigenen Worte erschrocken. Lauren trat ein paar Schritte zurück und sah ihre Mutter erstaunt an. Sie stieß einen leisen Freudenschrei aus und zeigte ihrer Mutter die erhobene Faust. Dann lief sie die Treppe zur Bibliothek hinauf, um am dortigen Apparat mitzuhören.

Olivia war von Megans Frage ebenfalls überrascht und zögerte mit ihrer Antwort. Nach einer Weile sagte sie: »Megan, vielleicht hast du recht, und Rache ist wirklich der falsche Weg, um damit fertig zu werden.« Sie lachte und fuhr dann fort: »Aber es ist besser als alles andere.«

Megan hatte Mühe, sich zu beherrschen.

Nach längerem Schweigen sagte Olivia: »Du hast dich schön aus der Affäre gezogen. Und heute führst du ein Leben im Wohlstand. Du bist ohne Kratzer und Beulen davongekommen. Du hast keinerlei Folgen zu tragen gehabt. So, als hättest du an einem Kinderspiel teilgenommen. Aber das war es nicht.«

»Das weiß ich.«

»Ich war die einzige, die ihre Ideen nicht verraten hat«, fuhr Olivia fort. »Ich bin nicht wankelmütig geworden. Und sieh dir einmal an, was heute los ist. Wir haben eine Regierung, die machen kann, was sie will. Es gibt Elend und Hunger in den Städten, aber niemanden kümmert's. Am allerwenigsten den Staat. Reich sein ist zur Religion geworden. In den Ghettos der Schwarzen hat sich die Situation seit zwanzig Jahren kein bißchen gebessert. Du hast dich auch nicht darum gekümmert, wahrscheinlich nicht einmal daran gedacht. Keinen Finger hast du gekrümmt! Eine selbstzufriedene Familienmutter, die in ihrem Haus lebt nach dem Motto: Was geht mich das Elend der anderen an?«

Megan wollte widersprechen, schwieg dann aber lieber.

»Du hältst mich für eine Kriminelle«, fuhr Olivia fort. »Aber das bin ich nicht. Daran hat sich nichts geändert, Megan. Was andere Verbrechen nennen, betrachte ich als meine Pflicht.«

»Bitte, laß sie frei«, bat Megan.

»Ihr könnt sie wiederhaben, wenn ihr die Kraft dazu habt. Ihr könnt sie zurückkaufen. Das entspricht doch am ehesten eurer jetzigen Denkweise: Alles hat seinen Preis. Also, dann kauft sie doch frei! Was könnt ihr denn zahlen?«

»Soviel du willst.«

Olivia antwortete nicht.

»Was willst du noch von mir?« fragte Megan nach einer Weile.

»Ich hab's dir doch gesagt. Ich wollte die Stimme deiner Zwillinge hören und mal wieder mit dir reden.«

»Aber das hast du doch. Was willst du denn immer noch?«

»Ich habe eine Nachricht für euch.«

»Dann gib sie uns doch! Du hast doch schon bewiesen, daß du alte Männer und kleine Jungen terrorisieren kannst. Jetzt laß die Mädchen gefälligst in Frieden!«

Megan war überrascht, daß sie so heftig geworden war.

Selbst Olivia war erstaunt. Bevor sie Megan antwortete, ließ sie einige Zeit vergehen. »Terror ist die legitimste Art, seinen Zorn und seine Empörung zu zeigen. Das hat sich in aller Welt in zahlreichen Fällen als richtig erwiesen.«

»Bei einem alten Herrn und einem kleinen Jungen«, antwortete Megan.

»Warum sollte man sie schonen?« fragte Olivia prompt. »Sind sie wirklich so unschuldig, wie es scheint?«

»Ja, das sind sie! Nie haben sie jemandem Böses getan!« sagte Karen energisch.

»Karen!« schrie Megan, die ganz vergessen hatte, daß die Mädchen mithörten. »Geh aus der Leitung, sonst...«

»Nein!« sagte Olivia bestimmt. »Sie sollten alles hören. Ist Lauren auch noch da?«

»Ja«, sagte Lauren ein wenig zaghafter und weniger entschlossen als ihre Schwester.

»Wie weit ist Duncan mit seinen Aktivitäten, beeilt er sich?«

»Er macht alles nach Plan«, antwortete Megan schnell.

»Sehr gut. Es ist besser, daß er sich an die Zeit hält. Dann ist die Gefahr, daß es schiefgeht, geringer.«

»Er tut alles, was du verlangst.«

»Ich weiß. Das heißt, ich hoffe, er tut es. Denn du mußt zugeben, Megan, daß ich nicht die besten Erfahrungen mit Duncan gemacht habe. Blind trauen kann ich ihm auf keinen Fall.« Sie lachte bitter. »Besonders dann, wenn es um Bankangelegenheiten geht.«

»Was willst du damit sagen?«

»Das weißt du ganz genau. Er hat schon einmal was vermasselt, und dadurch kamen Leute ums Leben. Wenn er es auch diesmal vermasselt, werden wieder Menschen sterben. So einfach ist das.«

Eines der Mädchen stöhnte laut auf. Megan wußte nicht, welches von beiden. Sie schloß die Augen, nickte und sagte dann ruhig: »Ich verstehe.«

»Na wunderbar. Ich glaube, es wäre gut, wenn auch die Mädchen begreifen, was das heißt. Na, wie sieht's aus?«

»Ich verstehe es«, sagte Karen.

»Ist schon klar«, sagte Lauren.

»Nun gut«, antwortete Olivia kurz.

»Du wirst bestimmt nie glücklich werden«, sagte Lauren leise.

»Was hast du da gesagt?« fragte Olivia.

Sie erhielt keine Antwort. Zuerst wollte sie das Mädchen zum Sprechen zwingen, dann ließ sie die Bemerkung auf sich beruhen. Der Einwurf hatte sie betroffen gemacht, aber sie wollte nun endlich zum eigentlichen Grund ihres Anrufs kommen.

Sie hob den kleinen schwarzen Kasten in ihrer linken Hand.

Es war kalt in der Telefonzelle neben dem Supermarkt, von der aus sie anrief. Ein Wagen mit einem jungen Mann am Steuer hielt dicht neben dem Bordstein, und der Fahrer ging schnellen Schrittes in den Laden. Der braucht vielleicht Milch für sein Baby oder Windeln, dachte Olivia.

»Hört alle gut zu«, sagte sie dann, hielt den kleinen Kassettenrecorder an die Sprechmuschel und schaltete ihn ein.

Megan hörte die Stimme ihres Vaters. Sie klang, als käme sie aus weiter Ferne.

»Hallo, Megan, Duncan und auch ihr Zwillinge! Es geht uns beiden gut. Wir werden anständig behandelt. Tommy ist munter, aber ihr fehlt ihm alle sehr. Mir geht es genauso. Tommy hatte einen Anfall, aber ich glaube, es ist wieder vorbei. Er ist wieder gut dran. Wir möchten gern nach Hause. Sie hat uns nicht gesagt, was sie von euch verlangt. Aber wir hoffen, ihr tut, was immer sie will, und wir können bald heim...« Es folgte eine Pause, dann konnte Megan ihren Vater sagen hören: »So, das langt wohl?« und Olivias Antwort: »Okay. Nun du, Tommy.« Nach einer weiteren kurzen Pause konnte man Tommys Stimme hören:

»Hallo, Mom, hallo, Dad, hallo, Karen, hallo, Lauren! Es ist nicht schön ohne euch, ich möchte euch so gerne wiedersehen! Ich will ganz schnell nach Hause. Ihr fehlt mir so! Großvater geht's gut und mir auch. Wir spielen zusammen hier oben, aber es ist nicht wie bei euch, und ich will nach Hause...«

Megan entging nicht, daß Tommys Stimme zitterte. Ihr war schrecklich zumute.

»Dann also tschüs, und ich hab' euch alle sehr lieb, und ich hoffe, wir sehen uns endlich bald wieder...«

Dann hörte man noch Olivias Stimme sagen: »Sehr schön, Tommy. Jetzt ist es genug. Vielen Dank.« Es machte klick, und nach einer kurzen Pause sagte Olivia:

»Hat es weh getan, Megan? War es schmerzlich für dich?«

Megan sagte kein Wort.

»Und ihr, Mädchen, wie war das?«

Lauren und Karen schwiegen lieber.

»Das tut bestimmt weh«, sagte Olivia.

Megan holte tief Luft. »Wir wissen, wo wir dran sind, Olivia. Laß es uns schnell zu Ende bringen.«

»Sag Duncan Bescheid. Daß er es ja ernst nimmt!«
»Wann rufst du wieder an?«
»Sobald ich weiß, daß er das Geld hat.«
»Und woher erfährst du das?«

»Ich werde es schon wissen.«
»Aber...«
»Auf Wiedersehen, Megan, auf Wiedersehen, Mädchen. Denkt daran: Sie sind erst achtundvierzig Stunden im Gefängnis. Ich war achtzehn Jahre dort!«

Olivia legte auf. Verflucht, dachte sie, ich habe etwas falsch gemacht. Aber was nur? Sie hatte ein unbehagliches Gefühl. Langsam ging sie durch die Abendkälte zu ihrem Wagen, überdachte das Gespräch in allen Einzelheiten. Die Hauptsache ist, daß ich nicht die Nerven verliere, sagte sie sich.

Megan hielt noch eine Weile den Hörer ans Ohr, aber sie vernahm nichts als Rauschen. Es hatte sie tief berührt, die Stimme ihres Sohnes zu hören. Schließlich hängte sie ein und schlug verzweifelt mit der Faust auf den Tisch. Sie stellte sich Tommy vor, wie er da allein in einem kleinen Zimmer saß. Und sie konnte nicht zu ihm, um ihn zu trösten. Sie dachte an den Tag, an dem der Arzt ihr mitgeteilt hatte, daß sie schwanger sei. Sie war damals erregt und zugleich verwirrt gewesen. Das Leben mit Duncan und den Mädchen erschien ihr so harmonisch und ausgeglichen. Sie fürchtete, daß ein neues Kind das Gleichgewicht der Familie stören könnte. Was aber Tommys Existenz wirklich an Sorgen und Unruhe mit sich bringen würde, konnte sie damals nicht ahnen.

Die Mädchen waren die Kinder meiner Jugend, dachte sie. Bei Tommy war ich reif und erwachsen. Mit ihm fing mein eigentliches Leben an. Duncan und ich liebten uns auf ganz andere Weise als vorher, wir waren ruhiger, ausgeglichener, nicht mehr so hitzig, abenteuerlustig und wild wie am Anfang. Wenn ich Tommy verliere, geht auch ein Teil von mir verloren...

Erst jetzt bemerkte sie, daß beide Zwillinge vor ihr standen. Sie waren blaß, machten aber einen gefaßten Eindruck. Megan stand auf und umarmte sie.

Mit ihr selbst war eine seltsame Veränderung vorgegangen: Ihr war, als wäre etwas in ihr zerbrochen wie eine Eierschale, aus der etwas Neues hervorgeht. Als sie darüber nachdachte, wurde ihr bewußt, daß es Mordgedanken waren.

Kapitel 8

Freitag

Kurz vor der Morgendämmerung saß Duncan auf dem Fußboden in Tommys Zimmer und ging seine Checkliste durch. Es war still im Haus, er hörte nur das Anspringen der Heizung und gelegentlich das Kratzen von Zweigen, die der Wind gegen die Fensterscheibe drückte, oder ein Stöhnen aus dem Zimmer der Zwillinge, deren Schlaf gegen Ende der Nacht unruhiger wurde.

Ich werde es schaffen, dachte er. Er legte das Papier auf Tommys Bett und stand auf. Die letzten Stunden vor Morgen waren immer die schwierigsten. Er dachte an die vielen Male, die er Tommy in dieser Zeit auf dem Arm gewiegt hatte. Manchmal hatte er ihn festhalten müssen wie ein Ringer. Oft war ihm gewesen, als seien Tommys innere Kämpfe und Ängste stärker als er, und er brauchte all seine Kraft, um diese Ängste zu besiegen und ihm Sicherheit und Selbstvertrauen zu geben.

Auf Tommys Schreibtisch lag ein braunweißer Schildkrötenpanzer. Er nahm ihn in die Hand und strich über die rauhe Oberseite. Wo hat er sie her? Und was bedeutet sie ihm, fragte sich Duncan. Dann nahm er einen Stein, der aussah, als sei er in der Mitte durchgeschnitten worden, so daß man immer die purpurfarbene und weiße Quarzstruktur sah. Welches Geheimnis wohl dieser Stein verbarg? Zwei Dutzend Spielzeugfiguren standen sich in zwei Reihen gegenüber. Ritter, Soldaten aus dem Unabhängigkeitskrieg, Angehörige der Army in seltsam anachronistischem Durcheinander. Auf welcher Seite hast du gestanden, Tommy?

Plötzlich übermannte Duncan die ganze Erschöpfung der letzten Tage. Wer bin ich eigentlich, fragte er sich. Ich bin Bankier. Und außerdem Geschäftsmann und Vater und Ehemann. Aber das ist nicht alles. Ich lüge mich selbst an, wenn ich den Rest verschweige. Ich bin auch ein Krimineller. Seit dem Tag in Lodi. Aber es steckte schon immer ein Krimineller in mir.

Noch einmal ging er das geplante Verbrechen in allen Einzelheiten durch. Er empfand keine Skrupel. Sie haben mir mein Kind gestohlen, und ich muß es wiederbekommen. Ich kann auf nichts mehr Rücksicht nehmen.

Er dachte an seine Mutter, an Megan und Olivia. Drei Frauen, die eine wichtige Rolle in seinem Leben spielten.

Meine Mutter war unpersönlich und distanziert, immer exakt, aber leidenschaftslos. Megan war genau das Gegenteil von ihr, voller Phantasie und Farbe, immer so fröhlich und spontan. Olivia bedeutete Gefahr, Rebellion, Zorn und Macht.

Zum ersten Mal hatte er Olivia erlebt, als Studenten gegen die Nachwuchswerbung der CIA auf dem Campus demonstrierten. Olivia war vor einer großen Gruppe hermarschiert. Die Demonstranten skandierten Slogans und trugen Transparente. Dann stürmten sie das Verwaltungsgebäude und beschimpften laut die Sekretärinnen, die Angestellten im Immatrikulationsbüro und andere Mitarbeiter. Die Schreibtische bespritzten sie mit Schafsblut. Wie im Wirbelsturm flogen Akten durch die Räume. Als die Polizei erschien, wurde das Chaos noch größer.

Olivia war wie besessen damals, dachte Duncan. Alles, was sie in die Hand nahm, ging gleich in Flammen auf. Und ich war restlos fasziniert von ihr, ob auf Diskussionsabenden der Studentenverbände, beim SDS, auf Anti-Kriegs-Demos, bei Protestkonzerten und schließlich sogar auf geheimen Treffen kleiner Gruppen spät nach Mitternacht, wenn wir bei Wein, Zigarettenqualm und Kerzenschein über marxistische Abhandlungen debattierten und Revolutionsstimmung in der Luft lag.

Duncan setzte sich auf Tommys Bett, lehnte sich zurück und dachte daran, wie einfach man es sich damals mit der Beurteilung der Welt gemacht hatte. Es gab Gut oder Böse, Schwarz oder Weiß. Für unsere Eltern brach eine Welt zusammen, als sie uns agieren sahen. Es ist schwer, Eltern zu sein. Aber das war noch gar nichts im Vergleich zu dem, was Megan und ich jetzt ertragen müssen.

Megan hatte er zum ersten Mal in der Kunstakademie gesehen. Er war dorthin gegangen, weil er nach einem ruhigen Ort suchte, an dem er ein Physikbuch lesen konnte. Als er durch die Flure ging, kam er an einer geöffneten Tür vorbei. Drinnen saß ein Kurs, der Aktzeichnen übte. Megan saß ganz vorne, sie war nackt bis auf ein kleines Tuch, das sie sich um die Hüften geschlungen hatte. Ihre Brüste standen aufreizend nach vorne, und er war fasziniert gewesen. Die Studenten zeichneten in stiller Konzentration. Er blieb wie vom Schlag getroffen in der Tür stehen und starrte sie an, bis der Zeichenprofessor verärgert die Tür vor seiner Nase schloß. Er hatte geduldig draußen gewartet und trat Megan in den Weg, als sie mit den anderen am Ende der Sitzung herauskam. Er sagte ein paar Worte zu seiner Entschuldigung, die sie sich mit einem verschmitzten Lächeln anhörte. Er begann zu stottern, und schließlich war er ganz verwirrt und kam sich nackter vor, als sie es ohne Kleider gewesen war.

Noch heute fragte er sich, was ihr an ihm so gefallen hatte. Er fand Megan tausendmal aufregender und interessanter als sich selbst. Seine Arbeit war eher eintönig und langweilig. Er hatte Theoreme und Graphiken im Kopf, sie bunte Farben und schnelle Pinselstriche. Sie war voller Zuversicht dem Leben gegenüber, er voller Zweifel. Er hatte nie so richtig an ihre Zuneigung und ihre Art, sich für alles, was er tat, zu interessieren, glauben können. Sie liebte ihn aufrichtig, er aber war immer noch auf der Suche nach etwas Unbekanntem.

Nie hätte ich die Freiheit besessen, mich vor so vielen Studenten auszuziehen, dachte er. Ich war nie so unbefangen. Ich jagte Dingen nach, die mir selber fehlten.

Und da fand ich Olivia.

Er lehnte sich auf dem Bett zurück.

In einem hat sie bis heute recht. Ich dachte immer, ich könnte sie aus meinem Leben verdrängen. Aber das ist unmöglich. Seit achtzehn Jahren warte ich, daß sie wiederkommt.

Also gut, Olivia. Du bist gekommen, um dein Pfund Fleisch abzuholen. Ich werde es für dich stehlen, und dann kommen wir endlich zum Schluß des Dramas.

Wenn der morgige Abend vorüber ist, werde ich nicht mehr derselbe sein. Er fürchtete sich weniger vor dem Einbruch, als er zunächst geglaubt hatte.

Er stand auf und spürte das Verlangen, nach den Zwillingen zu sehen. Er tappte durch das dunkle Haus bis zu ihrem Zimmer und spähte hinein. Sie lagen in ihren Betten, die Kleider waren über den Fußboden verstreut. Im ersten Morgenlicht, das durchs Fenster drang, konnte er sie schon soeben erkennen. Ihr langes Haar ringelte sich über die Kopfkissen, ihre Glieder waren entspannt. Ob sie ahnten, wieviel Glück sie in sein Leben gebracht hatten? Wohl kaum. Kinder wissen nicht, was sie ihren Eltern bedeuten, bevor sie nicht selbst Eltern sind. Freude, Anstrengung, Angst und übergroßes Glück, all das erlebte man auf einmal. Er warf noch einen Blick auf die Mädchen, erinnerte sich an die Zeit, als sie Babys, Kleinkinder und schließlich Kinder waren. Es würde nicht mehr lange dauern, bis sie groß wären.

Duncan ging ins Schlafzimmer. Megan war vor ein paar Stunden erschöpft in Schlaf gesunken. Er setzte sich aufs Bett und streichelte ihr über einen Arm. Sie blinzelte und faßte im Halbschlaf nach ihm. Dann küßten sie sich, wodurch sie vollends aufwachte. Sie sprach kein Wort, sondern zog ihn zu sich heran, um nur für ein paar Augenblicke zu vergessen, was geschehen war und was ihnen noch bevorstand.

Beim Frühstück sagte Duncan, am heutigen Tag sollten sie sich alle ganz normal verhalten. Karen und Lauren sollten zur Schule gehen wie immer, Megan in ihr Maklerbüro und er zur Bank.

Die Mädchen protestierten, ehe er geendet hatte.

»Und was ist, wenn irgendwas passiert?« fragte Karen.

»Dann ist eben niemand zu Hause.«

»Das geht doch nicht«, wandte Lauren ein.

»Das ist es ja gerade«, erwiderte Duncan. »Ihr geht ganz normal zur Schule und redet mit euren Freundinnen wie immer. Und kommt zur üblichen Zeit nach Hause. Ihr macht genau das, was ihr an jedem Freitag tut.«

»Das geht einfach nicht«, brummte Lauren ärgerlich.

»Doch«, sagte Megan, die ihre Überraschung über den Vorschlag ihres Mannes überwunden hatte. »Euer Vater hat recht, wir müssen so tun, als sei nichts geschehen. Ich gehe zur Arbeit und bin genauso freundlich zu den Leuten wie immer. Niemand soll mir die Sorgen anmerken. Da keiner etwas von der Sache erfahren darf, ist es doch das beste, so zu tun, als sei gar nichts gewesen.«

Die Mädchen schienen enttäuscht, und Duncan versuchte sie aufzumuntern. »Bald ist der ganze Spuk vorbei. Einen Tag werdet ihr eure Rolle doch spielen können. Ihr habt mich doch schon so oft durch eure Schauspielerei hinters Licht geführt.«

»Dad, das haben wir nie!« protestierte Karen.

»Nur manchmal«, gab Lauren zu.

»Ihr wolltet doch immer Schauspielerinnen werden«, sagte Duncan.

»Aber doch nicht bei so was!« sagte Lauren empört.

»Was hat das mit Schauspielerei zu tun?« fragte Karen vorwurfsvoll.

»Eine ganze Menge«, sagte Megan freundlich. »Wir müssen bei dieser Sache alle unsere Rolle so perfekt spielen wie möglich. Bisher haben wir uns benommen wie arme Opfer. Ab heute muß das anders werden. Laßt uns endlich mal was tun!«

Die Mädchen nickten zustimmend.

»Heute abend«, sagte Lauren plötzlich, »ist Tanz in der Turnhalle. Wie jedes Jahr um die Zeit. Es spielt eine echte Band. Und Teddy Leonard rechnet fest damit, daß ich komme. Und Will Freeman ist hinter Karen her, das weiß ich genau.«

»Lauren, das ist Quatsch! Wir haben nur zusammen Physik gemacht und danach ein bißchen gequatscht.«

»Na ja«, sagte Lauren und betonte jedes folgende Wort, »er ist in der Schulmannschaft beim Basketball. Er sieht gut aus und läuft dir überallhin nach, er nutzt jede

Gelegenheit, dich zu sehen. Ich bin also total bescheuert zu glauben, daß er sich für dich interessiert.«

»Und was ist mit Teddy? Jeden Tag fragt er dich, ob er dich nach Hause fahren darf. Das bedeutet wohl gar nichts?«

Es war kein Streit, sondern eher ein gegenseitiges Nekken. Megan hörte sich das Ping-Pong der Argumente noch eine Weile an und lächelte Duncan zu, der verständnislos den Kopf schüttelte. Als eine Pause eintrat, griff Megan ein:

»Karen und Lauren! Ich glaube, es ist keine besonders gute Idee, heute abend tanzen zu gehen.«

»Mom, ich hab' das nicht so gemeint! Ich dachte nur...«

»Sie wollte mich bloß nerven«, sagte Karen schnell und streckte ihrer Schwester die Zunge raus, was diese mit Stirnrunzeln beantwortete.

»Hört mal zu: Ihr sagt euern Verehrern, daß ihr nicht kommen dürft.«

»Das werden sie sicher glauben«, sagte Lauren.

»Und seid bitte vorsichtig.«

»Wieso?«

»Ich weiß nicht«, antwortete Megan, »aber paßt ein bißchen auf. Wenn irgendwas Besonderes passiert, und wenn's nur eine kleine Sache ist, bleibt bitte zusammen und achtet darauf, was um euch vor sich geht.«

»Wenn ihr Angst habt, kommt ihr nach Hause«, sagte Duncan. »Oder ihr ruft mich und Megan an. Oder ihr geht zu Freunden. Aber erzählt ihnen nichts.«

Die Mädchen nickten.

Megan fragte sich einen Moment, ob sie nicht einen großen Fehler machte, ihre Töchter aus den Augen zu lassen. Nur mühsam unterdrückte sie den Impuls, Duncan zu widersprechen. Aber er schien so von der Richtigkeit seiner Idee überzeugt, daß sie sich fügte.

Sie sah zu, wie die Zwillinge sich die Mäntel anzogen, und begleitete sie bis zur Tür. Sie wartete draußen in der Kälte, bis sie ins Auto gestiegen und losgefahren waren. Sie sah dem Wagen nach, bis er um die Ecke fuhr. Lauren winkte ihr noch zu, dann waren sie verschwunden.

Olivia Barrow setzte sich in einen abgenutzten Polstersessel in dem kleinen Wohnzimmer des Bauernhauses und lehnte sich bequem zurück. Sie sah aus dem Fenster über das dunkle Feld bis zum Waldrand, dorthin, wo sie das Auto des Richters versteckt hatte. Sie wollte am nächsten Tag hingehen und kontrollieren, ob der Motor noch lief, damit das Auto im Bedarfsfall voll einsatzfähig war. Einen Moment schien die Sonne durchs Fenster und wärmte ihr Gesicht. Olivia schloß die Augen und durchdachte ihren Plan. Sie war zufrieden mit sich, dann aber verschwand die Sonne hinter einer Wolke, und mit ihr schwand Olivias Selbstsicherheit. Vielleicht habe ich Fehler gemacht, dachte sie.

Wieder ließ sie das Gespräch mit Megan Revue passieren. Es waren nicht die Worte, die sie verunsicherten. Megan hatte genauso reagiert, wie sie vorausgesehen hatte. Sie ist schon immer sehr verletzlich gewesen durch ihre Emotionalität, dachte Olivia. Sie war immer aufrichtig und loyal, und das machte sie schon damals schwach.

Irgend etwas in Megans Ton hatte sie irritiert. Es war kein Trotz, aber eine Haltung, mit der sie nicht gerechnet hatte. Da war etwas gewesen, das in ihrer Planung nicht vorgesehen war. Aber was?

Sie schob diese Gedanken beiseite und sah sich in dem Zimmer um. Die Wände waren nackt, der Kamin hatte schon lange nicht mehr gebrannt, die Möbel waren alt und schäbig. Sie hörte Geräusche. Bill Lewis und Ramon Gutierrez machten sich hier und da im Haus zu schaffen. Bald hat der Laden hier seine Schuldigkeit getan, dachte sie. Zwei Monate haben wir uns hier vorbereitet für die paar Tage, und jetzt ist bald alles vorbei. Ich möchte irgendwohin, wo es warm ist. Hier im Haus zieht es immer so. Der typische Neu-England-Wind, der in alle Flure und Ritzen dringt.

Im Gefängnis war es immer warm gewesen. Riesige Heizkörper strahlten enorme Hitze aus, wenn es draußen kalt wurde, und diese unangenehme Überwärme wurde noch unerträglicher durch all den angestauten Schmerz und Frust der Gefangenschaft.

Was machst du, wenn du rauskommst?

Diese Frage war im Gefängnis immer präsent. Sie war Gegenstand fast aller Gespräche, bei jeder Mahlzeit dachte man daran, an jedem der so endlos langsam vergehenden Tage, in jeder schlaflosen Nacht. Ich will hier raus!

Selbst die Frauen, die wegen Mordes einsaßen und zwanzig, dreißig Jahre zu verbüßen hatten, beschäftigten sich damit. Ich werde einen Mann finden, der mich wirklich liebt. Ich haue aus diesem verdammten Land für immer ab. Ich mache meine Kinder ausfindig und gründe ein neues Heim. Ich möchte einmal ganz ohne Beschränkungen leben. Ich möchte endlich mal tun, was ich will. Ich kaufe mir ein Häuschen und führe ein ganz alltägliches Leben. Ich werde Sekretärin, arbeite im Büro oder im Lokal, ich werde Putzfrau, ich gehe auf den Strich oder deale. Ich verdiene Geld als Straßenhändlerin und kaufe mir ein Häuschen für die Zeit, wenn ich alt bin. Ich mache dasselbe wie früher, aber ich stelle mich nicht so dumm an wie bisher. Dann erwischen sie mich nicht. Ich gewinne einmal dick beim Spiel und hab' für immer ausgesorgt.

Tausendmal hatte sie so etwas gehört. Ich mache dies, ich tue das. Und nichts davon wurde je wahr. Wieviele kamen nach kurzer Zeit zurück mit ein paar neuen Tätowierungen, neuen Narben, neuen Plänen und neuen Träumen. Ihr fiel eine große Schwarze mit einer Figur wie eine Statue ein, und sie fühlte einen kleinen Stich. Ein bißchen liebte ich sie, dachte Olivia, nicht so wie Emily, aber doch ein wenig. Sie war die einzige, der sie ihren Plan verraten hatte. »Ich schnapp' mir die Leute, die mich hier reingebracht haben«, sagte sie. Die Frau nickte und sagte: »Denk daran, sie sind nicht mehr dieselben wie früher. Du mußt dir ganz schön was ausdenken, um an sie ranzukommen.«

Ob sie gestorben ist? fragte Olivia sich. Wahrscheinlich ist sie irgendwo in der Anonymität ihres Elends verschwunden.

Nie hatte sie den Rat vergessen und fortwährend überlegt, was Megan und Duncan ihr über ihre Herkunft erzählt hatten, damals, in den ersten Tagen der Phönix-Brigade. Ganz beiläufig hatte sie ihnen Fragen gestellt wie: »Woher kommst du?« – »Wie ist es in deiner Familie?« – »Wann warst du zuletzt zu Hause?« Sie hatte sich alle Antworten genau gemerkt. Und so wußte sie, wo sie sie suchen mußte, als sie aus dem Gefängnis kam. Sie hätte sämtliche Mitglieder der Brigade wiedergefunden, selbst nach achtzehn Jahren.

Olivia holte tief Luft. Alles läuft genau nach Plan, ich darf nicht nervös werden, sagte sie sich. Sie stand auf und suchte Ramon Gutierrez. Sie fragte sich, ob sie ihn nicht ein bißchen auf die Gefangenen loslassen sollte. Seine

Phantasie kannte keine Grenzen, wenn es darum ging, andere zu quälen.

Tommy kratzte munter am Gips, mit dem die Zwischenräume der Bretter an der Mansardenwand ausgeschmiert waren. Er konnte schon mit der Hand den kalten Wind fühlen, der gegen die Hauswand blies. Einen Moment schien es ihm, als wäre der Wind draußen gefangen und als ließe er ihn frei.

Seit dem Morgen hatte Tommy schon sechs Bretter freigekratzt. Jedesmal, wenn er so weit war, daß die Planke sich aus dem Rahmen löste, stoppte ihn der Großvater und holte die Metallstange, die sie vom Bett losgemacht hatten. Er schob sie hinter die Planke und drückte vorsichtig, bis sich die Nägel so weit gelöst hatten, daß man mit einem Zug die Planke herausbrechen konnte.

Die Arbeit ging nur langsam vorwärts. Sobald sie irgendwo im Haus ein Geräusch hörten, hielten sie inne, beseitigten den Staub und legten sich auf die Betten. War es dann wieder still, sprang Tommy gleich auf und bearbeitete die Wand weiter mit seinem Nagel, trotz aller Müdigkeit und obwohl ihm die Hand weh tat. Während der Arbeit dachte er an Flucht. Er stellte sich vor, wie er durch das Loch in der Wand kroch und dann auf das Teerdach sprang. Er würde am Dachfirst entlangbalancieren, sich an der Dachrinne herunterlassen, bis er das Vordach erreichte, und dann auf den kalten Erdboden springen. Er rannte durch den Wintertag über die Felder, über die Landstraßen. Hinter dem Wald lag freies Feld, dann kamen die ersten einsam gelegenen Häuser, und schließlich erreichte man den Rand der Stadt. Er stellte sich die Straßen von Greenfield vor. Zuerst kam er an seiner Schule vorbei, dann an Mutters Büro, schließlich an Vaters

Bank, und dann gelangte er zu Karens und Laurens High School. Jetzt brauchte er nicht mehr so zu rennen, er könnte wieder besser atmen, er wäre nicht mehr müde, hätte keine Angst mehr, und das letzte Stück legte er zurück wie im Flug.

Er kratzte energischer. Hin, zurück, rauf und runter. Er bearbeitete die Wand wie ein Nagetier. Ich bin eine Maus, dachte er, und ich mache mir ein Mauseloch.

Er sah das Haus vor sich und seine Schwestern und Eltern, die dort saßen und auf ihn warteten.

Er biß die Zähne zusammen. Seine Hand rutschte aus, ein Splitter drang in seinen Finger. Er hielt den Schmerz jedoch tapfer aus. Ich bin eine Soldatenmaus, und ich will tapfer sein.

Wieder hatte er ein großes Stück der Wand gelockert. Er dachte an seine Mutter und freute sich auf den Moment, in dem sie ihn in die Arme nehmen und trösten würde. Sein Vater würde ihn umarmen wie ein Bär, und ihm würde ganz warm dabei werden. Karen und Lauren würden ihn streicheln und küssen, viel mehr, als er es mochte, aber diesmal würde er es sich gefallen lassen, obwohl er eigentlich schon viel zu groß war dafür.

»Großvater, ich habe wieder eine locker gemacht. Hol mal die Metallstange.«

Richter Pearson zog das Eisen aus dem Bettgestell, dachte einen Augenblick daran, wie gerne er es einem der Entführer auf den Kopf fallen lassen würde, und näherte sich der Wand. »Ganz toll machst du das, Tommy. Wir sind in null Komma nix draußen.«

»Versuch's mal.«

Pearson stemmte die Stange hinter das Brett und drückte es nach vorne. Das Holz knarrte und knackte laut, als das Brett langsam nachgab.

»Sehr schön, Tommy«, sagte er.
»Soll ich weitermachen?« fragte der Junge.
Der Richter drückte das Brett wieder gegen die Wand. »Mach doch eine Pause«, sagte er. Dann hob er plötzlich die Hand. »Pst!«

»Da kommt einer«, sagte Tommy. Ihm war, als drücke ihm jemand die Luft ab, und er atmete tief.

Sie hörten eine Tür knarren, dann näherten sich Schritte. »Schnell!« sagte Pearson.

Tommy wischte mit der Hand den Boden sauber, fegte Schmutz und Holzsplitter in die Ecken. Dann sprang er durchs Zimmer zu seinem Bett und versteckte den Nagel unter der Matratze. Pearson hatte die Metallstange wieder am Bett befestigt. Sie hörten, wie der Schlüssel im Schloß gedreht wurde, und blickten zur Tür. Bill Lewis kam mit einem Tablett herein.

Pearson atmete auf. Er legte Tommy, dessen Atem immer schneller ging, eine Hand auf die Schulter, um ihn zu beruhigen.

Er wird nichts merken, dachte er. Olivia hätte längst unseren Augen angesehen, daß etwas nicht stimmt. Aber Lewis ist nicht so aufmerksam.

»Leider gibt's schon wieder Sandwiches«, sagte Lewis.

Je länger sie eingesperrt waren, desto vertrauter waren sie miteinander. Lewis' Stimme hatte einen beinahe freundschaftlichen Klang. »Tommy, ich hab' dir besonders schönes Gelee draufgemacht. Und für heute abend treibe ich was Warmes auf. Vielleicht Pizza oder Hähnchen. Was möchtest du lieber?«

»Pizza«, sagte Tommy wie aus der Pistole geschossen.
»Hähnchen«, sagte der Großvater.
Bill Lewis grinste. »Mal sehen.«
Er stellte ihnen das Tablett hin. Der Richter nahm ein

Sandwich vom Tablett und verzog das Gesicht, als er den Aufschnitt, die Erdnußbutter und das Gelee sah, die sie jedesmal bekamen.

Er lehnte sich zurück und kaute auf Mortadella, Eissalat und Mayonnaise herum. Er schob das Tablett zu Tommy hinüber, der widerwillig ein Brot mit Erdnußbutter und Gelee nahm. Zögernd biß er hinein. Zugleich schaute er ängstlich auf die losen Planken der Wand.

Pearson durchfuhr ein leiser Schreck, aber er ließ sich nichts anmerken, rückte näher an Tommy heran und klopfte ihm auf das Knie, um ihn so unauffällig wie möglich abzulenken. Er sah Lewis an, lächelte, dachte jedoch: Verschwinde doch endlich und laß uns in Ruhe!

Aber Lewis, der ihm gegenüber auf dem Bett Platz genommen hatte, machte es sich bequem wie ein gerngesehener Gast.

Der Richter fluchte innerlich. Dann fragte er in umgänglichem Ton: »Wie sieht's inzwischen aus?«

Lewis zuckte die Achseln.

»Sie erzählt keinem was«, antwortete er.

»Was soll das heißen?« fragte Pearson.

»Es ist so: Olivia hat alles geplant. Sie ist der Chef. Bisher ist alles so gelaufen, wie sie wollte. Mehr darf ich nicht sagen.«

»Was wäre so schlimm daran?«

Wieder zuckte Bill Lewis die Achseln. »Es tut mir leid.«

»Aber was geht denn überhaupt vor? Gibt es Verhandlungen irgendwelcher Art, gibt es Geldforderungen? So viel können Sie mir doch verraten! Sehen Sie mal, wir sind hier oben eingesperrt, und niemand außer Ihnen kommt vorbei. Sie könnten uns doch vielleicht ein bißchen Mut machen!«

»Es tut mir leid, aber ich kann es nicht. Und ich habe Ihnen das auch schon gesagt. Es geht nicht und basta.«

Plötzlich sah er sich um, wie um sich zu vergewissern, daß sie auch allein waren. Dann sagte er mit leiser Stimme: »Sie sagt, alles läuft, wie es soll. Ich glaube, wir nähern uns dem Ziel. Aber mehr weiß ich selbst nicht, und damit müssen Sie sich zufriedengeben.«

Der Richter nickte. Dann sagte er: »Es ist nicht sehr fair, uns über nichts zu informieren, vor allem dem Jungen tut das überhaupt nicht gut.«

»Das Leben ist nun mal nicht fair.«

»Jetzt reden Sie schon wie Olivia. Dabei sind Sie doch ganz anders.«

»Was heißt das?«

»Genau, was ich gesagt habe. Sie sind nicht wie sie.«

»Aber natürlich bin ich das.«

Der Richter schüttelte den Kopf.

»Doch!« widersprach Lewis. »Ich war schon immer so, schon bei unserer ersten Begegnung.«

»Wann war das?«

»Fünfundsechzig. Jahre vor der Phönix-Brigade. Wir waren immer zusammen. Gute Kameraden und alles, was dazu gehört.«

»Aber sie kam ins Gefängnis.«

»Ja, und Ihre Tochter und Ihr Schwiegersohn sind heute reiche Leute. Ich bin in den Untergrund gegangen.«

»Für wie lange Zeit?«

»Ich bin immer noch dort«, sagte Lewis stolz.

»Aber sicher ist...« Pearson brach ab.

»Sicher was?«

»Ach, gar nichts, ich dachte nur...«

»Was?«

»Irgendwann müssen Sie sich doch sicher gefühlt und geglaubt haben, jetzt sucht Sie keiner mehr. Niemand wird ewig verfolgt.«

»Aber sicher, erzählen Sie mir doch nichts, Herr Richter.«

Lewis hatte sich auf dem Bett ausgestreckt. Er war begierig zu reden.

Tommy sah ihn ängstlich an. Von Bissen zu Bissen wurde es schwieriger für ihn zu schlucken. Ihm wurde schwindelig im Kopf, und er hatte das Gefühl, sein ganzer Körper würde von dem Schwindel erfaßt. Er sagte sich: Nicht schon wieder! Ich will hierbleiben! Aber irgend etwas zerrte an ihm, das stärker war als er, und langsam fühlte er, wie es ihn ganz wegriß.

»Wenn Sie wüßten, was es heißt, im Untergrund zu leben! Irgendwann kommt der Punkt, an dem man nicht mehr weiß, ob sie noch suchen oder aufgegeben haben. Das ist der schwierigste Moment. Weglaufen ist nicht so schlimm. Immer rechnet man mit allem, ist auf jedes Problem gefaßt und immer gut in Form. Immer viel Adrenalin im Blut, sozusagen. Das wirkt wie 'ne Droge, man ist immer richtig high. Das ist das Angenehmste im Leben eines Verbrechers. Immer ist man auf Achse, das ist richtig spannend und macht manchmal sogar Spaß. Aber nach einiger Zeit, ein paar Jahre später, vielleicht fünf, vielleicht schon zehn, da fragt man sich, was eigentlich los ist. Alles um einen herum hat sich geändert, nur man selber nicht. Auch wenn man arbeitet, als Mathelehrer an der High School oder als Maurer – ich hab' beides gemacht – oder als Arbeiter in einer Ölraffinerie am Golf von Mexiko – das war besonders schwere Arbeit, kann ich Ihnen sagen –, selbst wenn man so beschäftigt ist, man weiß genau, es ist alles Lüge. Man ist immer noch auf der

Flucht. Man ist sich zwar nicht mehr sicher, daß ein Verfolger hinter einem her ist, aber immer paßt man noch auf, wie die ganzen Jahre vorher. Dabei hat man vielleicht weder verkleidete Bullen noch V-Männer im Schlepptau. Und so ist das Versteckspiel sinnlos. Schließlich hält man sich selbst, das ganze Leben auch für sinnlos. Das einzige, was einem noch passieren kann, ist, daß man als Fußnote in einer Diplomarbeit in Politikwissenschaft über Terrorismus vorkommt.«

»Wie ist es denn Ihnen ergangen?«

»Als ich mich in dieser Situation befand, waren Ramon und ich zusammen. Mir war klar, daß es keine Möglichkeit gab, herauszufinden, ob sie noch hinter mir her waren oder nicht. Da habe ich das Naheliegendste getan.«

»Nämlich?«

»Ich setzte mich mit Olivia in Verbindung.«

»Wozu war denn das gut?«

»Sie haben sie doch gesehen, Herr Richter. Es ist doch ganz klar. Nie werden sie Olivia in Ruhe lassen. Immer werden sie sie jagen. Sie hat etwas an sich, das die Herrschenden hassen und fürchten. Überlegen Sie doch mal. Wenn Sie sie als Richter vor sich hätten, wegen Verkehrsvergehen meinetwegen oder illegalem Müllabladen oder sonst was. Welche Strafe würde sie kriegen?«

»Das Höchstmaß. Ganz zweifellos.«

Bill Lewis warf den Kopf zurück und lachte. »Von mir auch, da können Sie mal sehen. Olivia hat ungeheure Kraft. Sie gibt mir das Gefühl, wieder im wirklichen Leben zu stehen. Endlich bin ich wieder lebendig. Ich tue etwas Konkretes. Ich laufe nicht mehr von Job zu Job, muß nicht mehr zusehen, wie andere ihre Zukunft planen, und wissen, daß meine eigene längst vorbei ist.«

Pearson drängten sich gleichzeitig mehrere Gedanken

auf. Er überlegte, wie er die Unterhaltung fortsetzen könnte, und sagte schließlich: »Sie haben also Kontakt zu ihr aufgenommen.«

»Ja, ich habe ihr einfach geschrieben.«

»Einen Brief? Wie war das möglich?«

»Die Schließer im Gefängnis sind nicht besonders schlau. Sie kriegen so gut wie überhaupt nichts mit. Ich hatte das Ganze leicht verschlüsselt. ›Liebe Olivia, Dank für Deine Zeilen. Vetter Lewis geht's gut. Bill auch. Schreib ihm doch mal!‹ Es war ziemlich leicht für sie herauszufinden, von wem der Brief kam.«

»Und dann haben Sie die Sache hier geplant.«

»Nee, wir haben nur Kontakt geknüpft und blieben in Verbindung.«

»Eigentlich sind Sie nicht der Typ, der sich an solchen Sachen beteiligt.«

»Ha ha! Da sieht man mal, wie wenig Ahnung Sie haben.«

»Ich kann Olivias Haß irgendwie nachvollziehen. So viele Jahre hinter Gittern. Aber Sie waren doch immer draußen...«

Pearson brach ab, als er die plötzliche Anspannung in Bills Gesicht sah.

Bill sprang auf, seine athletische Gestalt wirkte plötzlich übergroß und bedrohlich. Er beugte sich pfeilschnell nach unten, sein Gesicht war nur wenige Zentimeter von dem des Richters entfernt.

Pearson zuckte zurück, als sei er geschlagen worden. In Lewis' Gesicht spiegelten sich mühsam beherrschter Zorn und Hohn. »Ihre Tochter und Ihr Schwiegersohn! Sie haben mich genauso auf dem Gewissen wie Olivia. Glauben Sie, mein Gefängnis wäre auch nur eine Spur besser gewesen? Glauben Sie, daß Leben im Untergrund kein Knast ist? Wissen Sie, wer in Lodi auf der Straße umkam? Sie war meine große Liebe, sie war meine Frau, und wir beide haben Olivia geliebt! Als Duncan damals abgehauen ist, hat er meine ganze Zukunft ruiniert. Mein ganzes Leben, Richter! Ich stand kurz vor dem Architekturexamen, ich hätte Häuser bauen können, konstruktiv mitwirken an der neuen Welt, wenn dieser Hund uns nicht einfach im Stich gelassen hätte! Ich bin nur noch gerannt von dem Moment an, in dem er unsere Hoffnung zerstört hat. Bis heute. Und jetzt sammele ich den Wegezoll für diese endlose, beschwerliche Reise.«

Lewis war so außer sich, daß er die Arme hob und wie Mühlräder kreisen ließ. Seine Schläfenader schwoll an, sein Nacken wurde feuerrot. Die Fäuste hatte er geballt.

Tommy schrak auf, er fuhr zurück und warf sich seinem Großvater in die Arme.

Pearson hatte sich schnell von seiner Überraschung erholt. Er blieb unbeweglich sitzen und starrte, ohne mit der Wimper zu zucken, auf Lewis. Er spürte dessen Ärger und aufsteigende Wut fast körperlich, und das gab ihm Kraft. Wie oft hatte er vor Gericht ähnliche Szenen erlebt. Delinquenten, die sich nach der Urteilsverkündung am liebsten auf ihn gestürzt hätten. Er hatte sie immer mit seinen Blicken gezähmt, und jetzt fixierte er Bill Lewis in derselben unerschrockenen Weise. Wie viele Ausfälle vor Gericht hatte er damit nicht verhindert! Seine Augen wurden schmal, seine Kiefer spannten sich, altgewohnte Gesten, vertraut wie ein altes Paar Schuhe, das man lange nicht mehr getragen hat.

Olivia hatte ihm erzählt, wie fahrig und schwach Bill Lewis sei. Sie hatte ihn offensichtlich unterschätzt.

»Ihre Kinder! Sie haben mich auf dem Gewissen!« schrie er.

»Warum, weil sie es besser getroffen haben? Sie haben niemanden auf dem Gewissen.«

»Sie haben doch keine Ahnung, Sie Schwein!«

»Ich weiß nur, daß Sie unrecht haben und noch immer Unrecht tun!«

»Abgedroschene Herrschaftsmoral!«

»Abgedroschene Revoluzzersprüche!«

Bill war kurz davor, dem Richter einen Hieb zu versetzen. Dann drehte er sich um sich selbst, lief im Zimmer auf und ab und blieb an der gegenüberliegenden Wand stehen, genau an der Stelle, die sie bearbeitet hatten.

Tommy erstarrte und stöhnte leise.

Es sah so aus, als blicke Lewis auf die losgemachten Bretter. Der Richter konnte von seinem Platz aus deutlich die Spuren von Tommys Arbeit erkennen. Verräterische Holzsplitter lagen auf dem Boden. Pearson erstarrte und wußte kein Wort zu sagen.

Plötzlich sagte Tommy in die Stille: »Warum bist du nicht einfach nach Hause gegangen?«

»Was?« Bill fuhr herum und zitterte immer noch vor Wut.

»Warum du nicht nach Hause gegangen bist.«

»Das konnte ich nicht.«

»Und warum nicht?«

»Nach Hause?« Bill Lewis lachte bitter. Nur mit Mühe beherrschte er seine Wut. Dann wurde er plötzlich ruhig. »Ich hätte mir nichts mehr gewünscht, als nach Hause zu gehen, Tommy. Aber ich hatte kein Zuhause so wie du.«

Er kehrte zum Bett zurück, sah auf das Tablett mit den Sandwiches und fragte: »Kann ich eins haben?«

»Gewiß«, sagte der Richter.

Lewis nahm einen großen Bissen. Dann sagte er zu Tommy:

»Ich hab' das nicht gehabt, ein Zuhause.«
»Wirklich nicht?«
»Nein. Meine Eltern wollten mit mir und Emily nichts zu tun haben. Mein Vater war Berufsoffizier. Rekruten drillen, das war alles, was ihn interessierte. Er mochte keine langen Haare, keine Intellektuellen, keine radikalen politischen Ideen, aber ich, ich mochte das alles sehr.« Er lächelte. »Vor allem die langen Haare.«

Er faßte nach der roten Narbe an seinem Hals und fuhr dann fort: »Als ich sieben war, hat mein Vater mich am Hals verletzt. Da sieht man noch die Spuren. Ich war damals ungefähr so groß wie du, Tommy. Ich sollte irgend etwas tun, er stand neben mir mit einem Koppel in der Hand. Und als ich nicht gehorchte, schlug er zu. So!« Lewis klatschte die Hände zusammen. Beide Tommys erschraken. »Meine Mutter rief die Militärpolizei, als sie all das Blut sah. Ich wurde ins Lazarett gebracht, genäht, und damit hatte sich's.«

Lewis grinste. Nach einer Pause fuhr er fort: »Wir alle haben unsere Wunde, nur diese hier fällt am meisten auf.«

Richter Pearson gab ihm recht. Die beiden Männer aßen schweigend, die Atmosphäre hatte sich beruhigt. »Gute Sandwiches machen Sie immerhin«, sagte der Richter. »Man muß wohl dankbar sein.«

Bill Lewis nickte. »Ich muß mich wirklich entschuldigen wegen der ganzen Sache«, sagte er. »Ich habe wirklich nichts gegen Sie oder gegen Tommy. Aber ein Plan muß bis zum Ende durchgehalten werden. Man muß das Verfahren konsequent durchziehen. Das wissen Sie sicher besser als jeder sonst. Vor Gericht ist es doch auch so, oder?«

Pearson schluckte den Bissen, an dem er gerade kaute,

und sagte: »Das stimmt schon. Waren Sie mal in einer Verhandlung?«

»Nee. Außer bei einem Verkehrsdelikt in Miami. Aber ich habe Glück gehabt. Wissen Sie, das Verrückte ist, damals, achtundsechzig, als wir alle in der Brigade waren, wollte ich, daß Duncan und Megan ausgeschlossen werden. Sie hatten nicht das Zeug zu solchen Sachen. Sie konnten mit unseren Ideen und Aktionen im Grunde gar nichts anfangen. Hätte ich mich bloß durchgesetzt!«

»So ist das im Leben. In mindestens sechzig Prozent der Fälle, die ich behandelt habe, waren die Leute an einem Punkt, an dem sie alles hätten anders machen können, wenn irgendwas Bestimmtes passiert wäre. Aber eben das passierte nicht, und so endeten sie vor Gericht.«

»Die Launen des Schicksals«, sagte Bill.

Der Richter nickte. Während die Männer aßen, legte Tommy sein halbgegessenes Brot hin. Er verließ den Platz neben seinem Großvater und schlüpfte an das Fußende des Bettes. Er hatte eine Idee, aber etwas in ihm verbot ihm, sie in die Tat umzusetzen. Jetzt mach' ich's, dachte er, aber dann sagte seine innere Stimme: Laß es bleiben!

Er wußte nicht, ob er der einzige war, der bemerkt hatte, daß Bill Lewis die Tür nicht abgeschlossen hatte, als er das Essen brachte. Er wandte sich um und fragte sich, ob er sich unsichtbar machen könnte, so leise aufstehen, daß es niemand merkte, so leise auftreten, daß seine Fußtritte unhörbar waren.

Gerade beugte sich Bill Lewis nach vorne, um sich ein Brot zu nehmen. Das war die Gelegenheit. Jetzt oder nie.

»Hey, Tommy!«

»Tommy, was machst du denn da?«

Die Stimmen von Großvater und Bill klangen überrascht, aber sie schienen von weit her zu kommen. Tommy hatte das Gefühl zu fliegen. Er lief zum Ausgang, fiel beinahe hin, stützte sich an der Wand ab, um nicht das Gleichgewicht zu verlieren. Mit einem Satz war er an der Tür, suchte nach der Klinke und nahm kaum die beiden Männer hinter sich wahr.

»Halt!« rief Bill Lewis erschrocken. Seine Stimme klang schrill.

»Verflucht noch mal, Tommy! Bleib hier!«

Tommy faßte nach der Türklinke, riß die Tür auf, ignorierte Bill, der ihm auf dem Fuß folgte.

»Olivia! Ramon! Der Junge! Hilfe!« schrie Lewis.

Tommy war ihm durch die Tür entwischt. Er hörte seinen Großvater rufen: »Los, Tommy, lauf! Lauf, was du kannst!«

»Haltet ihn auf, schnappt ihn, los!«

Lewis war nur einen halben Schritt hinter ihm, Tommy aber warf die Tür mit einem Schlag gegen seinen ausgestreckten Arm.

»Verfluchter Bengel!« brüllte Lewis.

»Lauf, Tommy, lauf!« rief sein Großvater aufmunternd. »Lauf in die Freiheit, so schnell du kannst!«

Tommy rannte über den Flur, an verschiedenen offenen Türen vorbei auf die Treppe zu. Im Vorbeirasen sah er einen Wäscheständer, einen Berg schmutziger Kleider. Auf einem Bett lagen Waffen und Munition. Er achtete nicht darauf, sondern lief weiter. Er fühlte Lewis dicht hinter sich, ahnte, daß dieser seine Arme weit nach ihm ausstreckte. Er lief im Zickzack, um sich nicht fangen zu lassen, erwischte den obersten Pfeiler des Treppengeländers und schwang sich herum. Lewis hatte mit seiner Hand seinen Pullover erwischt, aber es gelang ihm, sich loszureißen. Lewis glitt aus, fiel hin und fluchte. Tommy sah nach unten. Olivia und Ramon liefen ihm mit gezückten Waffen entgegen. Als er sich umsah, rappelte sich Lewis gerade wieder hoch und sprang von hinten auf ihn los. Blitzschnell duckte er sich und stand plötzlich hinter Bill, der sich umwandte und wieder ausrutschte. Tommy lief weiter nach oben und in das erstbeste Zimmer, warf die Tür hinter sich zu und stürzte zum Fenster.

Hinter sich hörte er Olivia rufen: »Ich schieße, du verdammter Bengel, ich schieße!«

Tommy achtete nicht auf sie. Er erreichte das Fenster und versuchte verzweifelt, den Griff zu öffnen. Er sah hinaus, entdeckte gleich unter sich ein Vordach und in der Ferne eine Reihe großer, dunkler Bäume unter einem weiten, grauen, wolkenverhangenen Himmel. Er hörte seinen Atem gehen, als ob das Geräusch von ganz woanders käme. Es wurde ihm klar, daß seine Verfolger dicht hinter ihm waren, und er spürte ihre Wut.

Dann hörte er den lauten Knall eines Schusses, der ihn so erschreckte, daß er zu Boden fiel, während sich Gips- und Holzstückchen aus der Wand lösten und auf ihn herunterregneten.

Ich bin tot, dachte er, dann aber hörte er die Stimme seines Großvaters, der rief: »Laß ihn in Frieden, du sadistisches Weib! Ich bring' dich um, wenn du ihn verletzt!«

Und Olivia hörte er antworten: »Aus dem Weg, Alter! Sonst bist du dran!«

Stimmengewirr, laute Rufe, wildes Durcheinander. Tommy merkte plötzlich, daß er selbst ebenfalls schrie. Mit hoher, hysterischer Stimme kreischte er: »Nach Hause, nach Hause!«

Er taumelte hoch, wich den Armen aus, die nach ihm greifen wollten, und langte nach einem Stuhl, den er gegen die Fensterscheibe zu werfen versuchte.

Ich will raus! Ich springe durchs Fenster, dachte er.
Doch da packte ihn jemand am Kragen und zerrte ihn nach hinten. Der Stuhl glitt ihm aus den Händen und fiel krachend zu Boden. Tommy wurde geschüttelt, geschlagen und hin und her gezerrt wie ein Sack.

Durchs Fenster sah Tommy ein kleines silberblaues Stück Himmel, das sich durch die Wolkendecke gekämpft hatte, wenn auch nur für Sekunden. Er empfand, daß es trotz allem wert war, dieses Stück Himmel gesehen zu haben. Dann krümmte er sich zusammen, um sich zu schützen, schloß die Augen, legte seine Arme über die Ohren, um die fürchterlichen Schreie um sich herum nicht hören zu müssen.

Jetzt töten sie mich, dachte er. Hoffentlich erzählt Großvater den anderen, daß ich versucht habe zu fliehen! Dann sind sie bestimmt stolz auf mich. Plötzlich hörte er durch all den Lärm die tiefe Stimme seines Großvaters, der ihn energisch verteidigte. Für Sekunden gab sie ihm Trost. Dann sank er in einen Zustand tiefer Bewußtlosigkeit.

Megan saß in ihrem Büro, aber es gelang ihr nicht, sich auf die Arbeit zu konzentrieren und still zu sitzen. Sie mußte fortwährend an Olivia denken: an diese Stimme, die von ungewöhnlicher Tiefe war, deren kehliger, maskuliner Klang schon früher die Frauen eingeschüchtert und die Männer mitgerissen hatte. Sie hatte eine Fülle dichten Haars und beeindruckte durch ihre Schönheit. Sie war originell und voller Durchsetzungskraft. Sie dachte sich die verrücktesten Dinge aus, tat, als seien sie das Normalste von der Welt. Die anderen fielen darauf herein, beteiligten sich nur zu gerne daran.

Plötzlich verspürte Megan großen Ärger. Ärger über

sich selbst. Wie konnte ich nur so dumm sein, fragte sie sich. Ich war wohl noch ein Kind! Als wir in dem Haus in Lodi lebten, hätte ich hinausgehen und Duncan dazu bringen sollen, mir zu folgen. Ich hätte laut meine Meinung sagen sollen, aber Olivia hatte ja auf alles eine Antwort und kannte unsere Fragen schon immer im voraus. Niemand durfte irgendwie an ihren Plänen mitwirken. Entweder alles lief so, wie sie es wollte, oder es fand gar nicht erst statt. Megan war mit Olivia vor dem Überfall den Fluchtweg abgegangen. Immer hin und zurück, mindestens zwölfmal. Dann kannte sie jedes Detail, sogar Dauer und Wechsel der Ampeln. Einmal hatte sie versucht, Olivia einen anderen Weg vorzuschlagen, aber davon hatte sie nichts hören wollen. Für Megan war das alles falsch gewesen.

Wir haben den verkehrten Weg eingeschlagen, damals. Wir sind von völlig falschen Voraussetzungen ausgegangen. Wir wußten nicht, was wir taten. Egal, wie gut Olivia sich alles ausgedacht hatte, es war einfach durch und durch illusionär.

Durch Klopfen an der Tür wurde Megan aus ihren Gedanken gerissen. Zwei ihrer Kollegen steckten die Köpfe ins Zimmer und sagten: »Meg, gehst du mit uns essen?«

»Nein danke, ich bleibe heute hier und esse Joghurt.«

»Willst du wirklich nicht mit?«

»Vielen Dank, heute nicht.«

Als sich die Tür schloß, vertiefte Megan sich wieder in ihre Erinnerungen. Das Haus in Lodi, was für ein abscheulicher Ort es doch gewesen war, häßlich, verkommen und ungepflegt. Und wir hielten es alle für etwas Besonderes. Wir machten uns etwas vor und wiegten uns in Illusionen.

Damals war sie mit Olivia zum Vermieter gefahren,

und sie hatten zwei Monatsmieten im voraus bezahlt. Dabei hatte Olivia kräftig mit dem Mann geflirtet. Sie hatte auch darauf bestanden, daß sie beide dem Vermieter gegenüber wie zwei Hippie-Mädchen auftraten, die dort mit ihren Freunden wohnten. Megan hatte auf ihre Anweisung hin keinen BH getragen und ein weitgeschnittenes Hemd mit Paisleymuster angezogen. Sie wirkten wie zwei harmlose Kinder, die an Frieden, Liebe und Blumen glaubten und deren gefährlichste Handlung das Rauchen von Marihuana war. Olivia hatte ihnen lange Vorträge gehalten, daß es wichtig sei, ganz anders zu erscheinen, als sie in Wirklichkeit waren. Der Vermieter wurde rot bis unter die Haarwurzeln, als die Mädchen ihm schöne Augen machten. Die Aufmerksamkeit zweier junger Mädchen genoß er restlos, und so wickelten sie ihn erfolgreich ein.

Warum haben wir eigentlich in Lodi gewohnt? Ach ja, da war die Bank. Aber warum dieses Haus? Weil Olivia in der Nähe des Tatorts wohnen wollte. Und was war der Grund? Sie wollte die Gegend und alle Umstände genau studieren. Auf diese Weise konnten wir alle Schritte unserer Aktion genau festlegen. Olivia kannte alles bis ins Detail.

Und genauso muß es auch diesmal sein, dachte Megan. Sicher war sie oft hier in der Gegend und hat alles ausgekundschaftet. Sie weiß, wann Duncan in der Bank ist, wann die Zwillinge aus der Schule kommen, an welchen Tagen Tommy von meinem Vater abgeholt wird und wann er den Bus nimmt. Sie ist noch dieselbe wie früher. Der einzige Unterschied ist, daß diesmal wir die Bank sind und daß sie uns auspäht.

Wo könnte sie also sein? Bestimmt in einem ähnlichen Haus wie dem in Lodi. Sie muß es vor zwei, drei Monaten gemietet, mehrere Mieten im voraus bezahlt und sich für eine andere Person ausgegeben haben. Also ist sie irgendwo hier in der Nähe. Nicht gerade so nah, daß wir sie entdecken können, aber doch nicht so weit entfernt, daß sie uns nicht dauernd beobachten könnte. Und es muß so sicher gelegen sein, daß sie dort die beiden Tommys versteckt halten kann, ohne bemerkt zu werden.

Megan sprang plötzlich auf. Natürlich, warum war sie nicht eher darauf gekommen? Sie ging zu ihrem Aktenschrank und nahm einige Ordner heraus. Darauf stand:

Grundstücksverzeichnis für Greenfield und Umgebung – Greenfield, Westfield, Deerfield, Pelham, Shutesbury, Sunderland und ländliche Gebiete. Juli/August, September/Oktober, November/Dezember. Vermietungen und Verkäufe.

Megan nahm eine Gebietskarte in großem Maßstab aus ihrer Schublade und breitete sie auf ihrem Schreibtisch aus. Dann nahm sie einen spitzen Bleistift und einen gelben Schreibblock. Sie verhielt einen Moment wie in Trance.

Olivia, hier irgendwo bist du. Ich kenne dich fast so gut wie mich selbst; ich hatte es nur vergessen. Du hast nicht an alles gedacht, das bildest du dir nur ein. Deine Gleichung geht nicht auf. Dies hier ist meine Domäne.

Megan schlug den Ordner auf und durchforstete alle Mietregistrierungen der letzten Monate.

Kurz vor Schulschluß trafen sich Karen und Lauren in der Bibliothek, einem Raum mit niedriger Decke, flackerndem Neonlicht und langen Tischen. Die Atmosphäre war nicht sehr anheimelnd. Außer ihnen war nur die Bibliothekarin dort, eine Dame mittleren Alters, die eifrig hinter ihrer Theke Bücher sortierte. Sie lächelte freundlich, als Karen die Bibliothek betrat, und sagte mit routinemäßigem Flüstern, obwohl keine anderen Leser da waren: »Ihre Schwester ist schon da, irgendwo da hinter den Regalen.« Sie wies mit dem Arm dorthin.

Karen fand Lauren, die am Boden hockte, neben sich ein Dutzend schwerer Bildbände. Sie winkte Karen zu einem Tisch in der Ecke.

»Hast du's gefunden?« fragte die erwartungsvoll.

»Ich weiß es nicht, aber wenn überhaupt, dann ist es hier, glaube ich.«

Sie breiteten die Bücher vor sich aus. Karen nahm wahllos eines in die Hand und schlug es auf. Auf der Seite war ein Foto mit sechs Helikoptern zu sehen, die in der Dämmerung dicht über den Dschungel flogen. Die Propeller hoben sich vor einem trüben grauen Himmel ab. Ein Soldat in grüner Uniform hing mit halbem Oberkörper aus dem vordersten Hubschrauber und feuerte mit einem Maschinengewehr nach unten. Es war Leuchtspurmunition, die auf dem Foto in Form gelber Streifen zu erkennen war. Karen blätterte weiter. Auf dem nächsten Bild war ein behelmter Polizist zu sehen, der mit einem Gummiknüppel zum Schlag auf eine Demonstrantin ausholte. Sein Blick wirkte irr und fanatisch. Die Frau war noch jung, kaum älter als Karen selbst. Sie reichte das Buch ihrer Schwester, die ihrerseits weiterblätterte und sich ein Bild ansah, das eine brennende Straße zeigte und im Vordergrund einen Mann der National Guard mit Kampfjacke. Auf dem nächsten Foto sah man einen Studenten mit langen Haaren und Sonnenbrille, der eine Zigarre rauchte und am Schreibtisch eines Universitätsrektors saß. Lauren blätterte ein paar Seiten weiter, die russische Panzer in der CSSR zeigten und Olympiakämpfer, die mit gebeugtem Kopf und erhobener Faust dastanden, während die Nationalhymne gespielt wurde. Dann folgten Bilder von Babys aus Biafra mit Hungerödemen und wieder andere mit Revolutionsführern, die, von mörderischen Kugeln getroffen, zusammenbrachen.

Nach einer Weile sagte Lauren: »Ich sehe diese Bilder, aber ich verstehe das alles trotzdem nicht.«

Karen sagte nichts darauf. Sie nahm ein anderes Buch zur Hand. »Book of the Year 1968« lautete der Titel. »Hier muß es drin sein«, sagte sie. Dann sah sie auf die Uhr. »Viel Zeit haben wir nicht mehr«, flüsterte sie. »Sonst macht sich Mutter zu Hause Sorgen um uns.«

Lauren nickte. »Gut, guck du da rein, es muß gegen Ende des Jahres sein. Ich suche hier weiter. Vielleicht finde ich doch noch was.«

Einige Zeit war es still, beide Mädchen blätterten aufmerksam die Seiten durch. Plötzlich stutzte Karen, stieß ihre Schwester mit dem Ellbogen an und zeigte auf eine Textkolumne. Lauren beugte sich darüber und las:

Im ganzen Land gab es eine Welle von Demonstrationen und Aktionen zivilen Ungehorsams, an denen sich auch Radikale beteiligten. Kalifornien war ein Brennpunkt für Aktivitäten selbsternannter Revolutionäre, besonders die Umgebung von San Francisco, in der es immer wieder zu gezielten Gewalttaten kam. In der Bank of America in Lodi explodierte eine Bombe, eine Brigade brach in die Selective Service Headquaters in Sacramento ein und beschmierte Akten mit Blut. Es gab eine ganze Reihe von Bankeinbrüchen, was als bestes Mittel galt, um Geld für weitere Aktionen zu beschaffen. Bei einem Überfall in Lodi, Kalifornien, kam es zu einer Schießerei. Zwei Wachmänner und drei Terroristen wurden getötet.

»Ist es das?« fragte Lauren.

»Das reicht mir nicht, ich will noch mehr darüber wissen«, antwortete Karen verärgert. »Ich muß genau erfahren, was sie gemacht haben.«

Lauren betrachtete jetzt ein Foto, das eine Gruppe von Studenten zeigte, die dicht beieinander standen und irgendwelche Parolen riefen. Sie sahen zornig aus. Einer in der Mitte der Gruppe machte obszöne Gesten in Richtung Kamera. »Was war denn das?« fragte Karen.

Lauren las die Bildunterschrift: »Chicago. Democratic Convention.« Sie seufzte. »Wenn ich das sehe, kommt es mir vor wie aus der Dinosaurierzeit.«

Karen schüttelte den Kopf. »Damals war alles im Umbruch. Nichts galt mehr als normal. Und sie wurden davon mitgerissen. Das ist alles.«

»Aber es verfolgt sie bis heute.«

»Sie sind nicht die einzigen, nur können die anderen es besser verbergen.«

»Ich frage mich immer, ob wir dasselbe tun würden, wenn wir von einer Sache wirklich überzeugt wären, wenn wir wirklich ganz fest daran glauben würden.«

Karen wollte gerade antworten, aber da ging die Schulklingel. Eilig stellten sie die Bücher in die Regale zurück.

Laurens Frage blieb unbeantwortet.

Kurz nach drei Uhr nachmittags rief Duncan seine Sekretärin an und sagte: »Doris, ich gehe mal eben in die Apotheke und mache ein paar Besorgungen. Bitte halten Sie die Fahne hier solange hoch.«

»Aber Mr. Richards, gehen Sie doch besser gleich nach Hause. Ich werde hier schon...«

Duncan unterbrach sie: »Ich muß noch ein paar Dinge erledigen. Ich erkläre es Ihnen, wenn ich zurück bin.«

Er zog seinen Mantel an und fragte sich, ob ihm vor Angst oder vor Aufregung so heiß war. In seiner Situation konnte beides richtig sein. Er schob den Gedanken beiseite, nahm seinen leergeräumten Aktenkoffer und ging.

Zuerst fuhr er seinen Wagen vom reservierten Platz in ein Parkhaus, das drei Straßen entfernt lag. Es war nur halb besetzt. Er fuhr nicht auf den ersten freien Platz, sondern weiter nach hinten an eine Stelle, an der sonst nur zwei Wagen standen. Er wählte die dunkelste Ecke, die er finden konnte.

Er nahm den Aufzug nach unten, hob eine Zigarettenkippe auf und steckte sie sorgfältig in einen Umschlag, den er in der Innentasche seines Anzugs unterbrachte.

Draußen ging er zu einem Friseurladen, einem Damen- und Herrensalon, den vor allem Studenten und Schüler besuchten. Die Frau an der Kasse fragte: »Was wünschen Sie bitte?«

»Ich möchte eine Punkfrisur«, antwortete er.

Die Frau sah ihn entsetzt an. »Das ist doch nicht Ihr Ernst, oder?« Nach einer Pause fügte sie hinzu: »Sie wollen mich wohl auf den Arm nehmen?«

»Also gut, ein andermal«, sagte Duncan. »Ich wollte eigentlich nur ein Shampoo für meine Töchter kaufen. Ich weiß nur leider nicht mehr die Marke.«

»Redken vielleicht oder Natural Wave? Was für Haare haben die Mädchen denn?«

»Es ist in einer rotweißen Flasche.«

»So wie diese hier?«

»Also, ich weiß nicht genau...«

Die Frau lächelte. »Gucken Sie doch mal hinten nach, wo das Haar gewaschen wird. Vielleicht steht es dort irgendwo.« Duncan nickte. Er zog seinen Autoschlüssel aus der Tasche, sah sich um, bis er hatte, was er suchte. Dann wartete er auf den geeigneten Augenblick, ließ die Schlüssel fallen, und während er sich bückte, um sie aufzuheben, sammelte er zugleich abgeschnittene Haare auf. Er steckte Haare und Schlüssel blitzschnell in die Tasche, ging zum Regal mit dem Shampoo, nahm eine Flasche und ging zur Kasse zurück.

»Ich glaube, es ist das Zeug hier«, sagte er.

»Schön«, antwortete die Frau und packte die Flasche ein. »Zwölf Dollar, bitte.«

»Für das bißchen?« fragte Duncan erstaunt. »Ich glaube, ich sollte den Beruf wechseln und Haarpflegemittel verkaufen.«

Die Frau lachte, nahm das Geld und winkte ihm nach.

Auf der Straße legte Duncan das Haar in den Umschlag mit dem Zigarettenstummel. In der Apotheke an der Ecke kaufte er ein Paar Gummihandschuhe, Mülltüten aus Plastik, zwei dicke Gummibänder und diverse Mittel gegen Erkältung.

Danach nahm er ein Taxi und fuhr in den nächsten Supermarkt. Er ging schnell hinein, sah auf die Uhr. Er wollte nicht zu lange der Bank fernbleiben. Das Einkaufszentrum war schon älter, ringsum von einem Zaun umgeben und bedeckte eine Fläche von einigen Morgen Land. Früher war es ein leicht hügeliges Weideland gewesen. Damals war es wunderschön grün, Kühe und Pferde weideten darauf, und im Sommer reiften Maispflanzen in der warmen Sonne. Aber jetzt warf es Geld ab. Vor achtzehn Jahren hätte ihn diese Verschandelung der Natur traurig gestimmt, und er schämte sich, daß es ihn jetzt kalt ließ. Die Bank hatte die Kaufsumme beliehen und die Finanzierung übernommen. Es war eines seiner ersten großen Projekte. Abendelang war er dort.

vorbeigefahren, hatte die Wagen auf den Parkplätzen gezählt. Während der Ferien war er durch die Gänge gelaufen, um festzustellen, wieviel Leute da waren. Je dichter das Gedränge, desto zufriedener war er gewesen. Jetzt eilte er durch einen kleinen Seiteneingang zur Sportabteilung. Er fand einen Verkäufer und sagte: »Ich brauche ein Paar Turnschuhe für meinen Neffen.«
»Welche Größe bitte?«
»Zehneinhalb.«
»Wir haben ein paar gute im Sonderangebot, fünfzig Dollar nur.«
»Mein Gott, als ich jung war, haben die höchstens zehn gekostet!«
»Wann war denn das?«
»In den Tagen der Dinosaurier.« Der junge Mann lachte und holte die Schuhe. Genau die richtigen, dachte Duncan, eine Nummer kleiner als meine sonstige Größe.
Nach den Schuhen kaufte er ein graues T-Shirt und einige Schritte weiter einen blauroten Pullover aus billigem Acryl, wie ihn oft Studenten trugen. Er bezahlte wieder in bar.
In einem Eisenwarengeschäft erstand er ein paar Klemmen, Kabel, Isolierband, mehrere Schraubenzieher und einen kleinen Hammer. In der Bank ist es sicher dunkel, dachte er und nahm noch eine Taschenlampe und Batterien dazu. An der Kasse stand eine Menge Leute. Er war zufrieden. Hier fällt niemand auf, dachte Duncan. In diesem Supermarkt werden Menschen zu anonymen Wesen.
Er verließ das Zentrum durch den Seiteneingang. Draußen warf er die Verpackung in die Mülltonne und verstaute die Ware in seinem Aktenkoffer. Der graue Spätnachmittagshimmel wurde immer dunkler. Es wird

so schnell dunkel, dachte er. So, als ob das Licht zu schwach wäre, um gegen den Abend zu kämpfen, und einfach aufgibt und stirbt. Es war kalt, und er konnte seinen Atem sehen. Es ist Zeit anzufangen, dachte er. Einen Augenblick lang krampfte sich sein Herz zusammen, und die Knie wurden ihm weich. Er fühlte sich wie ein Sprinter, bevor er den Startblock betritt, sich hinkniet und auf den Schuß wartet. Er hob die Hand, ahmte den Schuß nach. »Peng!« rief er leise. Dann knöpfte er seinen Mantel zu und winkte nach einem Taxi.

Ramon Gutierrez spürte die Nachmittagskälte diesmal nicht. Er war zu sehr damit beschäftigt, auf die Zwillinge zu warten, die jeden Moment den Parkplatz vor der Schule betreten mußten. Er hatte den Kragen hochgeschlagen und den Hut tief ins Gesicht gezogen und beobachtete von einer Querstraße aus, wie die Schüler auf ihre Mofas oder in ihre kleinen buntbemalten Wagen stiegen und quietschend über den schwarzen Asphalt des Parkplatzes fuhren. Die Anlage erinnerte ihn an seine eigene Schule in der South Bronx. Da allerdings waren die Schüler zum Bus oder zur U-Bahn gelaufen und nicht mit Sportautos oder Mofas gefahren. Es war ein gefährlicher, aufregender Augenblick, der Zeitpunkt, wo Bandenmitglieder loszogen oder sich Leute fürs Wochenende verabredeten. Jetzt hatte er sein eigenes, ganz spezielles Stelldichein, und niemand wußte davon.

Die Mädchen stiegen jetzt in ihren Sportwagen. Gutierrez grinste. Sie kamen nur wenige Meter voran, dann wurde ihr Auto von ein paar schlacksigen Teenagern aufgehalten, die sich herunterbeugten und durch die Fensterscheibe mit den Mädchen sprachen. Er ließ seiner Phantasie freien Lauf und malte sich aus, worüber sie sprachen.

Seit Tagen machte ihm das Leben endlich mal wieder Spaß. Olivia hatte ihm nach Tommys mißglücktem Fluchtversuch den Auftrag erteilt, den Rest der Familie mal ein bißchen aufzumischen. Er sah den Jungen vor sich, zusammengekauert wie ein Embryo auf dem Fußboden im Mansardenzimmer. Ob Kinder, die starben, wohl genauso aussahen? Es war ihm gleichgültig, ob Tommy überlebte, Hauptsache sie bekamen ihr Geld. Der Großvater hatte mit aller Kraft versucht, den Jungen zu schützen, bis Olivia ihn auf ihre Weise zum Schweigen brachte. Als er laut protestierte und schrie, hatte sie ihren Revolver gespannt und ihn kurzerhand gegen seine Schläfe gehalten. Dann hatte sie zu ihm gesagt: »Reizen Sie mich nicht. Diesmal zögere ich keinen Moment!«

Kaum waren die Gefangenen wieder eingesperrt, da brach es aus ihr heraus. Sie war vollkommen außer sich und brüllte Bill Lewis unbeherrscht an. Er hatte stocksteif dagestanden, ohne sich zu rühren, und hatte nichts geantwortet.

Er sollte sich tatsächlich schämen, dachte Ramon. Beinahe hätte er die ganze Sache platzen lassen! Nach all der Mühe, den ganzen Vorbereitungen und dem Risiko!

Einen Augenblick hatte er geglaubt, Olivia würde Bill erschießen. Oder vielleicht die Geiseln. Sie war im Wohnzimmer auf- und abgegangen, eine Waffe in der Hand, und sie hatte vor Wut gezittert. Sie faßte offenbar den Fluchtversuch des Jungen als persönlichen Angriff gegen sich auf und begriff nicht, daß er sich nur hatte retten wollen.

Wenn ich gefangen wäre, würde ich auch versuchen zu fliehen, dachte Ramon. Er hatte als Junge in einem Erziehungsheim versucht, ein Abflußrohr hinunterzurutschen, war aber abgestürzt und hatte sich den Fuß verstaucht. Er hatte trotz allem Respekt vor dem Jungen. Er hatte selbst oft in seiner Kindheit unter Mißhandlungen der Erwachsenen gelitten und hatte sich nie gewehrt, war nie weggelaufen, hatte nie gekämpft.

Die Zwillinge hatten inzwischen die Straße erreicht. Olivia hatte Ramon aufgetragen, den Mädchen einen Besuch abzustatten, nachdem sie ihren Ärger wieder ein wenig unter Kontrolle gebracht hatte. »Megan ist im Büro, das Haus ist leer. Mach ihnen mal die Hölle heiß, daß ihnen richtig der Arsch auf Grundeis geht!«

»Aber wie denn?« hatte Ramon gefragt.

»Denk dir selber was aus, verdammt noch mal!« Die Erinnerung an sein schlechtes Gefühl, das er hatte, als er dem gefangenen Jungen die Arme festhielt, verging. Er legte den Gang ein und beschleunigte seinen Wagen.

Karen und Lauren bemerkten nichts von dem alten Sedan, der sie auf der Pleasant Street überholte, und noch weniger von den verstohlenen Blicken des Fahrers.

Zu sehr waren sie in eine heftige Debatte vertieft.

»Wir sollten endlich etwas tun!« sagte Lauren, aber Karen schüttelte den Kopf.

»Wir tun doch schon was, wir machen alles, was sie sagen.«

»Ich weiß nicht, ob das reicht.«

»Woher sollen wir das wissen?«

»Das ärgert mich ja gerade so! Wie hältst du es bloß aus, nur dazusitzen und nichts zu tun?«

»Ich will nicht riskieren, daß alles noch schlimmer wird.«

»Aber das weißt du doch gar nicht. Wie kannst du beurteilen, was richtig und falsch ist? Was wissen Dad und Mom denn schon darüber, wie man mit solchen Leuten umzugehen hat? Vielleicht machen wir alles ganz falsch.«

»Aber vielleicht ist es auch richtig«, erwiderte Karen trocken.

»Ich kann es nicht ausstehen, wenn du so redest. Du tust dann immer so erwachsen.«

»Also, dann sag mir doch mal, was du unternehmen willst.«

»Es klingt vielleicht verrückt«, sagte Lauren und seufzte.

»Wir dürfen deswegen nicht auch noch durchdrehen.«

»Als Jim Harris den Jungen erwischte, der immer die Autos auf dem Schulparkplatz aufgebrochen hat, weißt du noch, was er da gemacht hat? Er nahm ihm einfach den Führerschein ab und rief die Polizei. Und die Bullen sind sofort gekommen.«

»Das kann doch nicht wahr sein! Gestern wollte ich die Polizei rufen, und du warst dagegen!«

»Das war ich überhaupt nicht!«

»Und ob!«

Lauren nickte. »Ja, du hast recht. Ich sag' ja auch nichts mehr. Ich möchte doch nur so gerne was tun, ich vermisse Tommy so schrecklich!«

»Ich auch, das ist doch klar.«

»Aber was mir fehlt, ist nicht, was du denkst. Heute zum Beispiel bin ich aufgewacht, aber Tommy kam nicht ins Zimmer, um uns aus dem Bett zu jagen.«

Karen lachte. »Und keiner läßt mehr die Zahnpasta offen.«

»Und seine Kleider liegen nicht mehr überall rum.«

Karen schüttelte den Kopf. »Wir können doch damit rechnen, daß er wiederkommt! Dad hat gesagt, morgen klappt es bestimmt.«

»Glaubst du daran?«

»Ich glaube gar nichts, ich warte lieber.«

»Am liebsten würde ich den ganzen Tag nur heulen.«
»Mir geht es nicht anders. Ich war nur zwischendurch ein bißchen abgelenkt. Aber dann mußte ich wieder an Tommy denken, und alles war viel schlimmer als vorher.«
»Hast du dich heute mit Will getroffen?«
»Wir haben nur ein bißchen gequatscht.«
»Und was hat er gesagt?«
»Daß er mit mir ausgehen möchte.«
»Und was hast du geantwortet?«
»Er soll irgendwann nächste Woche anrufen.«
»Ein ganz süßer Typ!« sagte Lauren und grinste.
»Ja«, sagte Karen kichernd.
»Und außerdem ziemlich sexy. Er war letztes Jahr mit Lucinda Smithson zusammen, das war ein Pärchen, sag' ich dir! Die haben vielleicht losgelegt!«
»Ich weiß, aber das kratzt mich nicht weiter. Überhaupt, was ist mit Teddy Leonard? Er war letztes Jahr in Paris mit dem Schulaustausch, und da sind sie angeblich in ein echtes Bordell gegangen!«
»Das ist totaler Quatsch!«
Karen lachte. »Ich glaube, die würden sich das nie trauen.«
Die Mädchen mußten grinsen.
»Weißt du, was ich an Teddy so mag?« fragte Lauren. »Als er einmal bei uns war, hat er ganz lange mit Tommy gespielt. Ich finde es immer so schade, daß Tommy nie mitkriegt, was große Jungen machen. Er sieht immer nur uns. Teddy hat draußen eine halbe Stunde Fußball mit ihm gespielt. Tommy war total begeistert, und abends hat er zu mir gesagt: ›Lauren, der Ted ist ja so toll, du kannst ihn ruhig heiraten!‹ Super, was?«
Wieder lachten sie, aber dann verstummten sie plötzlich. Sie hatten über ihre Gespräche die Wirklichkeit völ-

lig vergessen, und um so heftiger brach sie jetzt über sie herein.

»Wenn sie ihm etwas antun, wenn sie ihm weh tun«, begann Karen energisch, »dann bringen wir sie um«, beendete Lauren den Satz. Wie sie das anstellen sollten, wußten sie beide nicht.

Sie fuhren schweigend weiter. Als sie sich ihrem Haus näherten, sagte Karen: »Kaum zu glauben, Mom ist noch nicht zu Hause!«

»Ob sie vielleicht...«, begann Lauren.

»Quatsch! Sie ist sicher auf dem Heimweg«, sagte Karen beschwichtigend.

Karen stellte das Auto ab, aber sie stiegen nicht aus. Besorgt sahen sie zum Haus hinüber. Alles war dunkel.

»Hätte Dad doch bloß eine Lichtautomatik einbauen lassen«, sagte Karen.

»Ich finde das Haus richtig gruselig«, sagte Lauren leise.

»Hör auf!« rief Karen energisch. »Jetzt übertreib mal nicht! Stell dich bloß nicht so an! Du bist ja 'ne richtige Porzellanpuppe! Los, komm! Wir gehen jetzt rein.«

Sie stiegen aus und schlugen die Wagentüren zu. Lauren mußte sich beeilen, um mit Karen Schritt zu halten, so energisch ging sie auf das Haus zu. Sie steckte den Schlüssel ins Schloß der Eingangstür und öffnete mit einem Ruck. Dann ging sie zum Schalter und machte Licht. Beide Mädchen zogen ihre Mäntel aus und hängten sie in den Garderobenschrank. Karen wandte sich an Lauren und sagte: »Na, siehst du, was ist schon dabei? Jetzt machen wir uns Tee und warten auf Mom. Sicher ist sie gleich zu Hause.«

Lauren nickte, schien jedoch immer noch besorgt und ängstlich.

Plötzlich blieb Karen stehen und lauschte. »Hörst du das?«

»Was?« fragte Lauren. »Du willst mich wohl verarschen, ich...«

»Pst!«

»Was ist denn?«

»Ach, nichts. Ich habe mich nur erschrocken. Und das kommt nur, weil du so ein Angsthase bist. Wenn wir nicht aufhören, bilden wir uns noch wer weiß was ein.«

»Es ist verdammt kalt hier drin. Wie kommt das bloß?« fragte Lauren.

»Woher soll ich das wissen?« sagte Karen schnell. »Sie haben bestimmt die Heizung runtergestellt, als sie heute morgen gegangen sind.«

»Nee, da muß irgendwo ein Fenster offen sein, es zieht doch furchtbar.«

Karen wollte ihr antworten, aber plötzlich schwieg sie. »Komm, wir gehen besser nach draußen«, sagte sie dann schnell.

»Wir können doch erst mal sehen, woher der Zug kommt«, sagte Lauren.

Karen sah ihre Schwester an. »Nichts wie weg hier«, sagte sie flüsternd.

»Nein, noch nicht«, antwortete Lauren und lief ein paar Schritte Richtung Wohnzimmer. Ihre Schwester folgte ihr.

»Siehst du was?«

»Nein, aber ich fühle, wie die kalte Luft reinkommt.«

»Ja, ich spür's auch.«

»Was machen wir jetzt?«

»Weitergehen.«

»Und wohin?«

»In die Küche, wohin sonst?«

Leise tappten sie die Diele entlang. »Gib mir deine Hand«, sagte Lauren, und Karen packte sie am Handgelenk.

»Hörst du jetzt was?«

»Nein.«

Vorsichtig betraten sie die Küche.

»Ist da was?« fragte Karen. »Siehst du was?«

»Nein, aber es ist eiskalt hier drin.«

»O Gott!« schrie Karen plötzlich laut.

»Was ist denn?« fragte Lauren.

»Da, guck!«

Karen zeigte auf die Speisekammer, deren Tür offenstand. Beide starrten auf das Fenster. Ein Fenster stand offen, eine Scheibe war herausgeschlagen worden und lag in tausend Scherben auf dem Linoleum.

»Wir müssen hier weg!« rief Lauren.

»Nein, jetzt gucken wir erst mal im ganzen Haus.«

»Glaubst du, daß...«

»Ich weiß nicht.«

»Vielleicht ist...«

»Ich weiß nicht, meinst du wirklich?«

Karen ging auf Zehenspitzen zur Küchenkommode und nahm ein großes Hackmesser aus der Schublade. Sie reichte es ihrer Schwester und bewaffnete sich selbst mit dem Nudelholz.

»Los, jetzt gehen wir mal nach oben und sehen uns da um!«

Leise stiegen sie die Treppe hinauf. Zweimal blieben sie stehen, um zu lauschen, dann gingen sie weiter und hielten sich gegenseitig an der Hand. In der freien Hand hielten sie ihre Waffen.

Als sie das obere Stockwerk erreicht hatten, warfen sie zuerst einen Blick ins Schlafzimmer der Eltern.

»Scheint alles in Ordnung zu sein«, sagte Lauren, die sich allmählich sicherer fühlte. »Ich wette, daß da einer war. Als er uns hörte, hat er Angst gekriegt und ist abgehauen.«

»Pst!« flüsterte Karen.

»Wir gucken am besten zuerst mal bei Tommy nach. Vielleicht waren sie hier, um etwas für ihn zu holen.«

»Wie sollen wir feststellen, ob etwas fehlt?« fragte Karen. »Guck dir das ganze Zeug da mal an!«

Als nächstes schlichen sie in ihr eigenes Zimmer. Die Tür war nur angelehnt, und Lauren stieß sie mit dem Fuß auf.

»Nein!« schrie sie plötzlich laut.

Karen fuhr erschrocken zurück, dann sah auch sie ins Zimmer.

»Das kann nicht wahr sein«, sagte sie.

In dem Raum herrschte das reinste Chaos. Kleider und Bettwäsche waren überall verstreut. Schubladen waren aufgerissen und auf den Boden geleert, die Bücher aus den Regalen gerissen. Schmuck und Nippsachen lagen in wildem Durcheinander herum.

Lauren war blaß geworden und begann zu weinen. Karen zitterte am ganzen Leib.

»Das haben die uns angetan«, sagte sie.

»Aber warum?«

»Das weiß ich auch nicht.«

»Aber...« Jetzt konnte auch Karen die Tränen nicht mehr zurückhalten. Sie ging zu einem Haufen Kleider und zog ein Teil Unterwäsche hervor. Es war offensichtlich mit einem Messer zerfetzt worden.

Lauren preßte die Hand vor den Mund. »Ich muß gleich kotzen«, sagte sie.

Plötzlich hörten sie ein seltsames Geräusch. Sie wußten nicht, ob es aus der Nähe kam oder von weiter weg, ob es harmlos war oder bedrohlich. Beide Mädchen waren vor Angst wie gelähmt. Ihre Augen waren weit aufgerissen.

»Die müssen noch hier sein«, flüsterte Lauren.

Sie sahen einander an. »Nichts wie weg!« rief Karen.

Wie vom Blitz getroffen rannten sie die Treppe hinunter und vergaßen alle Vorsicht. Sie wollten nur noch nach draußen. Auf der letzten Stufe stolperte Lauren, aber Karen hielt sie fest, und so erreichten sie die Haustür.

Karen riß sie auf. Draußen stand Megan.

Die Zwillinge schrien vor Schrecken. Erst als sie ihre Mutter erkannten, beruhigten sie sich.

Megan war zu Tode erschrocken und riß die Mädchen an sich. Dann ließ sie Schlüssel, Mantel und Aktentasche fallen und zog sie von der Tür weg.

»Was ist denn los?« rief sie.

»Da ist einer im Haus!«

»Unser ganzes Zimmer ist durchwühlt!«

»Die sind hier eingebrochen!«

Ein paar Minuten standen alle drei reglos im Eingang. Megan versuchte die Mädchen zu trösten, blickte aber zugleich aufmerksam ins Treppenhaus. Nachdem sie aufgehört hatten zu schluchzen und ihr Atem wieder normal ging, sagte Megan:

»So, und jetzt zeigt mir, was los ist.«

»Ich will hier nicht mehr rein«, sagte Lauren.

»Da war so ein gräßliches Geräusch«, sagte Karen.

»Natürlich gehen wir rein«, sagte Megan fest. »Das ist doch unser Haus! Los, kommt mit!«

Sie ging voraus und hob das Hackmesser und Nudelholz auf, die die Mädchen am Fuß der Treppe hatten fallen lassen.

»Also, was habt ihr gesehen, und wo war das?«

»Es fing hier unten an«, begann Lauren, »wir fanden das Fenster von der Speisekammer offen und –« Plötzlich kreischte sie los.

Megan lief in Richtung Küche. Jetzt schrie auch Karen auf. Megan sah ein grinsendes Männergesicht, das von draußen durch das Küchenfenster starrte. Aber die Erscheinung verschwand sogleich wieder.

Megan fühlte die Wut in sich aufsteigen und stürzte mit gezücktem Messer in die Küche. Die Mädchen, überrascht von so viel Mut, hörten auf zu schreien und folgten ihr.

Megan schlug das Herz bis zum Hals, ihr schwindelte. Sie sah durchs Fenster nach draußen, konnte aber nichts sehen.

Inzwischen war es stockdunkel. Es ist vorbei, Gott sei Dank, dachte sie. Dann aber wurde ihr schnell klar, daß es erst der Anfang gewesen war.

Sie setzte sich zusammen mit den Mädchen ins Wohnzimmer, und dort warteten sie auf Duncans Rückkehr.

Kurz vor sechs, eine Stunde vor Schließung der Bank, bereitete sich Duncan in seinem Büro auf den Überfall vor. Er hatte das Rouleau vor der Glastür heruntergelassen, damit ihn niemand von der Schalterhalle aus beobachten konnte. Es würde nicht allzu sehr auffallen. Er trug Mantel und Hut. Sein Aktenkoffer war verschlossen. Es war nicht ungewöhnlich, daß ein Banker Unterlagen mit nach Hause nahm. Aber der Koffer enthielt die Einkäufe vom Nachmittag. Zwei Schlangen standen vor den letzten geöffneten Schaltern. Ein Bankangestellter brachte einen Stapel Akten fort. Klienten holten sich Bargeld fürs Wochenende oder lösten Gehaltsschecks ein und zahlten einen Teil auf ihr Sparkonto. Es war wie immer um diese Zeit viel los, aber es waren nur noch wenige Angestellte im Haus. Niemand blieb freiwillig länger am Freitagabend, alle beeilten sich, um bald zu Hause zu sein. Für Duncan war dieser Umstand äußerst günstig. Der einzige Wachmann, der noch im Haus war, hatte die Aufgabe, die Alarmanlage anzustellen, wenn alle Bediensteten das Haus verlassen hatten.

Duncan sah, daß seine Sekretärin sich zum Gehen fertigmachte. Er wartete, bis sie aufgeräumt hatte, dann rief er sie per Sprechanlage an und sagte: »Doris, immer noch da?«

»Ich will gerade gehen.«

»Ich gehe auch sofort. Könnten Sie mir noch einen kleinen Gefallen tun?«

»Natürlich.«

Er nahm das Antragsformular für Kredite und brachte es Doris. Er fürchtete, seine Hand würde zittern und seine Stimme ungewohnt klingen. Er schwitzte heftig und hoffte, daß sie ihm die Aufregung nicht anmerkte.

Er schloß einen Moment die Augen, holte Luft und sagte: »Doris, wir brauchen Montag früh ein paar Exemplare, könnten Sie bitte die erste Seite sechsmal kopieren? Sie können sie bis Montag liegenlassen und dann gleich verteilen.«

»Gerne, Mr. Richards. Sonst noch irgendwas?«

Er reichte ihr das Formular und ging zu seinem Tisch zurück.

»Nein, vielen Dank. Hoffentlich werde ich diese scheußliche Erkältung übers Wochenende los. Manchmal habe ich Angst, den ganzen Winter bis März damit herumzulaufen. Nichts als Schniefen und Niesen.«

Er knöpfte seinen Mantel bis oben zu, nahm seinen

Aktenkoffer und sah sich um wie jemand, der gleich den Raum verläßt.

»Sie sollten vorsichtig sein!«

Er lachte gezwungen. »Vielleicht verkauft Megan so viele Grundstücke, daß wir auf die Bahamas oder sonstwohin ziehen. Da kann ich dann eine kleine Bank aufmachen und ein paar dunkle Geschäfte tätigen. Was ist mit Ihnen, Doris, sind Sie dabei?«

Doris grinste. »Es soll heute nacht eiskalt werden. Also, Ihr Angebot ist verlockend, aber nur, wenn ich die Katzen mitnehmen kann.«

Wieder lachte Duncan, machte seine Bürotür halb zu, faßte ostentativ in die Manteltasche und zog seinen Schlüssel heraus. Er klapperte damit und wandte sich noch einmal an Doris: »Bitte gehen Sie gleich, wenn Sie die Kopien fertig haben.«

»Gut, mach' ich. Bis Montag dann.«

»Ach, ich hab' ja meine Schreibmaschinenlampe angelassen. Ich mach' sie noch eben aus. Bis Montag also.«

Doris ging hinaus zum Kopiergerät. Schnell schlüpfte Duncan in sein Büro. Leise schloß er die Tür und drehte den Schlüssel herum. Er löschte das Licht am Schreibtisch und blieb eine Weile in der Dunkelheit stehen.

Sie hat mich gesehen, kurz bevor ich nach Hause ging. Mit Hut und Mantel. Sehr gut. Gleich geht der Wachmann durch die Räume und kontrolliert alle Türen. Erst dann macht er den Bewegungsdetektor an. Dann geht er durchs Hauptportal, schließt zweimal ab und stellt die Außenanlage an. Er guckt dann nicht mehr zurück ins Gebäude, denn er weiß, daß alles gesichert ist. Falls jemand die äußere Alarmschranke durchbricht, muß er innerhalb der nächsten dreißig Sekunden das System innen lahmlegen. Da hat er keine Chance.

Daß es einer umgekehrt machen könnte, darauf würde nie jemand kommen.

Ich werde es schaffen, ich weiß es.

Er legte Hut und Mantel ab und verstaute sie in einer Nische. Dann kroch er unter seinen Schreibtisch und setzte sich so bequem wie möglich hin. Den Aktenkoffer legte er sich auf den Schoß. Auf dem Leuchtzifferblatt sah er, daß es erst kurz nach sechs war. Er mußte noch eine Weile warten. So etwas Verrücktes, sich im eigenen Büro zu verstecken! In Wahrheit habe ich mich ganze achtzehn Jahre hier verborgen gehalten, dachte er.

Er bemühte sich, sich auf die nächsten zwei Stunden zu konzentrieren, aber er dachte auch fortwährend an Tommy. Auf diese Weise verging die Zeit, und erst nach einer halben Stunde merkte er, daß ihm die Knie steif wurden. Er hatte nicht die Spur eines schlechten Gewissens.

Er versuchte sich zu zerstreuen, indem er nach den Geräuschen in der Bank lauschte, aber er hörte nichts. Sich zu rühren, wagte er nicht. Er wußte nicht, ob der Wächter seine Bürotür auf- und hinterher wieder zuschloß oder ob er nur am Türgriff probierte, ob abgeschlossen war. Hängt wohl von seinem Hunger ab, dachte Duncan. Er wollte auch unbedingt vermeiden, daß einer der Angestellten auf dem Weg zum Parkplatz sah, daß er sich bewegte, falls er zufällig einen Blick auf das dunkle Gebäude warf. Seine Beine schmerzten, er rieb sich die Muskeln und versuchte zu entspannen. Langsam ließ der Schmerz nach. Er sah auf die Uhr und versuchte sich vorzustellen, was jetzt draußen gerade geschah. Die letzten Kunden mußten bereits abgefertigt sein, die beiden Kassierer schlossen ihre Kassen, der Chefkassierer stellte das Computersystem ab. Der stellvertretende Direktor prüfte die Safeverschlüsse. All das vollzog sich innerhalb weniger Minuten. Niemand hatte gerne am Freitag Spätdienst. Deshalb waren alle besonders pünktlich. Die letzten Aktivitäten des Tages beobachtete der Wachmann genau. Dann ließ er die Leute hinaus und machte sich auf seine Runde.

Duncan wunderte sich, wo der Mann blieb. Dann erstarrte er plötzlich. Er hörte, daß jemand von außen die Türklinke anfaßte. Der Wachmann prüfte das Schloß, und die Tür zitterte im Rahmen.

Hoffentlich kommt er nicht rein, dachte Duncan. Hoffentlich.

Er wagte kaum noch zu atmen und hielt mit aller Kraft seine Beine in ihrer Stellung. Er hatte das Gefühl, sein Herz schlüge so laut, daß der Geräuschdetektor ihn entdecken müßte und der Wächter zu ihm ins Zimmer käme.

An der Tür wurde es wieder still, und Duncan atmete erleichtert auf.

Gut, jetzt die nächste Tür und dann das Büro vom alten Phillips.

Inzwischen mußte der Wachmann in der Gebäudemitte stehen, von der aus er die gesamte Bank überblicken konnte. Gleich würde er zu der Wand mit dem Alarmsystem für den inneren Sicherheitsbereich gehen. Dort gab er den Siebenzahlencode ein.

Ich muß mich beeilen, sagte sich Duncan. Ich habe nur dreißig Sekunden Zeit, um bis zu den ersten Türen zu kommen, die außerhalb des Bereichs mit den automatischen Kassen liegen. Sobald das System geladen war, gingen automatisch die Lichter aus. Um sieben wurden sie von einem automatischen Hauptschalter wieder eingeschaltet.

Duncan wartete. Tür abschließen, dann kontrollieren.

Gut. Und jetzt raus, um das Perimetersystem zu laden. Er sah auf die Uhr, es war zwanzig nach sieben. Warten, sagte er sich, ich muß noch warten.

Jetzt ist es gleich soweit. Der Wachmann hat sich ins Auto gesetzt und fährt. Ich bin ganz allein in der Bank, ich kann loslegen.

Zur Sicherheit wartete er noch zehn Minuten länger. Plötzlich überkam ihn eine seltsame Ruhe. Er wußte nicht, ob er jetzt, wo er sicher sein konnte, ganz allein zu sein, überhaupt in der Lage war, sich zu bewegen. Er versuchte, seinen Beinen Befehle zu geben, sich auszustrecken und aus dem Versteck zu kriechen. Sie bewegten sich nicht. Fast hätte er gelacht. Sollen sie mich Montag morgen in dieser Stellung vorfinden?

Langsam kroch er schließlich vorwärts zum Vorhang, den er vorsichtig zur Seite zog, um durch die Glastür in die Bankhalle zu sehen. Es war dunkel dort und leer. Er blickte zu den Kameraaugen, die an den Glasscheiben der Kassenschalter befestigt waren, und zu den Infrarotpeilstrahlern, die jede Bewegung registrierten. Die elektrischen Kameras waren ungefährlich, denn sie hingen am Lichtstrom, und der wurde nachts abgeschaltet. Die Bewegungsdetektoren waren ein Problem. Sie überwachten zwar nur den Kassenraum, aber sie waren unfehlbar. Sie waren mit Sensoren ausgestattet und würden Alarm geben, sobald man sich an ihnen zu schaffen machte. Es gab nur die Möglichkeit, sie auszuschalten. Er robbte wieder zum Schreibtisch und öffnete den Aktenkoffer. Dann zog er Schuhe und Anzug aus und schlüpfte in Jogginghose und Hemd. Die Füße ließ er nackt. Er legte sich auf den Rücken und machte ein paar Übungen, um die Steifheit aus seinen Gliedern zu vertreiben. Als er sich wieder gelenkig genug fühlte, kroch er zur Tür zurück.

Bevor ihn Zweifel an seiner Tat überkommen konnten, verbot er sich jeglichen Gedanken und sagte sich: Es gibt nur diesen Weg. Du mußt nur handeln, sonst gar nichts.

Er schloß die Tür auf. Dann machte er sich auf den Weg. Er öffnete die Tür und rannte über den Flur. Dabei zählte er die Sekunden. Die Neonbeleuchtung der Straße tauchte die Bank in ein überirdisches, unheimliches Licht. Er stieß im Laufen mit der Hüfte gegen einen Tisch und stolperte, von Schmerz erfüllt. Er raffte sich wieder auf und hastete weiter auf die Wand zu. Dort angekommen, beugte er sich zum elektronischen Key pad hinunter. Ich darf nichts falsch machen, dachte er. Er konnte den Key pad in dem schwachen Licht kaum erkennen und hatte seine Taschenlampe im Büro liegenlassen. Aber es blieb keine Zeit mehr. Ich muß es tun, jetzt sofort! dachte er. Dann gab er den Code ein.

Ich habe mich geirrt, dachte er einen Moment lang. Gleich wird der Alarm losgehen. Er schloß die Augen, lehnte sich gegen die Wand und biß sich auf die Lippen.

Erst nach einer oder zwei Minuten wurde ihm bewußt, daß es geklappt hatte. Er war ganz benommen und ging in sein Büro. Dort ließ er sich in seinen Sessel fallen, um innerlich wieder zur Ruhe zu kommen. Als er seine Konzentration wiedererlangt hatte, sagte er sich: Folge dem Plan und denke an nichts sonst! Konzentriere dich! Folge dem Plan!

Er zog die Turnschuhe an. Kein sehr angenehmes Gefühl, aber auszuhalten. Dann zog er sich die Gummihandschuhe über. Dann schlüpfte er in den Pullover. Er ging durch die Halle bis zur Damentoilette. Er kletterte auf ein Becken und konnte von dort ein Paneel an der Decke erreichen und losmachen. Von einer der Trennwände aus konnte man dann mühelos in den darüberliegenden Hohlraum klettern. Er wußte von der Stelle, weil er während der Bauarbeiten alle Pläne kennengelernt hatte. Neben der Damentoilette lagen die Wärm- und Kälteschächte, oben war ein Freiraum, groß genug, daß ein Handwerker hineinkonnte, um von dort aus die Belüftungsanlage zu erreichen. Er lehnte sich hinein, leuchtete den Hohlraum aus und streute ein paar der vorbereiteten Haare am Boden aus. Er legte die Zigarettenkippe daneben und zerdrückte sie. An der Stelle, an der er das Deckenpaneel entfernt hatte, rieb er den Pullover gegen das Holz, bis sich genügend Fasern gelöst hatten.

Er kletterte wieder nach unten und dachte: Wunderbar. Da werden die Experten im Untersuchungslabor einiges zu tun bekommen.

Als nächstes machte sich Duncan zum Büro des Bankdirektors auf und öffnete die Tür mit dem Schraubenzieher und dem spitzen Hammerende. Er war beinahe erschrocken, wie einfach es war, die Tür aufzubrechen.

Es würde schwer werden, dem alten Phillips all das zu beichten, wenn die Zeit dafür gekommen ist.

Aber es war ihm klar, daß er den Bankraub anders erscheinen lassen mußte, als er in Wirklichkeit war. So gewann er durch die Untersuchungen Zeit, die letztlich wichtiger war als Phillips Freundschaft zu ihm.

Er öffnete mit dem Schraubenzieher das Schloß der Schreibtischschublade und wühlte in den dort liegenden Papieren. Als ihm die Unordnung groß genug erschien, öffnete er eine weitere Schublade, in der er die Schlüssel fand, die der Direktor immer bei sich trug. An der Hinterseite der Schublade war ein Papier aufgeklebt. Darauf standen mehrere Zahlenkombinationen. Die versteckt er, wie ein kleiner Junge seine Geheimnisse vor den Eltern verbirgt. Er ist schon alt und gehört halt einer anderen Generation an. Alle in der Bank wußten, daß der Chef sowohl Schlüssel als auch die Kombinationen bei sich selbst aufbewahrte.

Duncan verließ das Büro des Direktors wieder und ging zu einem Schreibtisch im Schalterraum. Er spannte ein Blatt Papier in eine Schreibmaschine und schrieb die Sieben-Zahlen-Kombination für den Interior key pad sowie die vierstellige Nummer für den äußeren Sicherheitsbereich auf. Dann entnahm er das Blatt der Maschine, faltete es zusammen und steckte es in die Tasche seines Sweatshirts.

So, und jetzt zum Geld, dachte er.

Er ging zu dem Safe, in dem die Kassierer ihre Schatullen lagerten, und öffnete ihn. Es waren acht Schatullen mit je fünftausend Dollar darin. Sie enthielten außerdem jeweils zehn Hundert-Dollar-Scheine, die mit Infrarotunterschriften gekennzeichnet und deren Nummern im Bankcomputer gespeichert waren. Sie waren bestimmt für kleine Bankräuber, die einem Kassierer die Pistole unter die Nase hielten und Geld forderten. Duncan nahm auch diese. Vielleicht erwischten sie ja Olivia, diese Hexe, mal damit. Um so besser.

Er legte das Geld in seinen Aktenkoffer. Ein zweiter Safe enthielt die Bargeldreserven der Bank. Nachdem er ihn geöffnet hatte, fand er dort fünfzigtausend Dollar in kleinen Stapeln. Auch die legte er in den Aktenkoffer. Seine Hände zitterten dabei, und er spürte einen schlechten Geschmack im Mund.

Weiter so, sagte sich Duncan. Jetzt ging er an die Geldautomaten. Normalerweise konnte man darin bis zu fünfundzwanzigtausend Dollar unterbringen, aber die Bank bewahrte weniger darin auf. Montags wurden sie dann wieder nachgefüllt. Im ersten waren siebzehntausend, im zweiten zwölf, im dritten vierzehn und im vierten nur acht, denn der lag am weitesten von der Tür weg und wurde am wenigsten benutzt. In jedem Automaten ließ er zweitausend Dollar und kam somit auf eine Summe von vierunddreißigtausend. Wenn die Automaten leer waren, wurde der Karteneinführschlitz gesperrt. Duncan wollte vermeiden, daß ein Bankangestellter am Wochenende vier leere Automaten vorfand und vielleicht Verdacht schöpfte.

Duncan sah sich ein letztes Mal um und überlegte, ob er je wieder in der Lage sein würde, diesen Ort zu betreten. Dann aber schob er den Gedanken beiseite und ging wieder in sein Büro.

Er warf keinen Blick auf das Geld. Er hoffte inständig, daß die Summe genügen würde. »Wieviel?« hatte er gefragt, und Olivia hatte nur geantwortet: »Was ist ein Leben wert?« Er schloß die Augen: meines nicht sehr viel.

Ihn überkam ein Gefühl von Unbehagen und Verzweiflung. Dann aber dachte er an Tommy. Alles andere ist unwichtig, sagte er sich.

Er legte seine Kleider ab und zog wieder seine normale Berufskleidung an. An einem Fuß behielt er einen Turnschuh. Er stopfte die Kleider in einen Plastikbeutel, nahm Kabel und Isolierband zur Hand und ging zum kodierten Sicherheitsschalter. Er schraubte ihn auf, zog ein paar Drähte heraus und legte ein paar Querleitungen. So ist das Durcheinander noch etwas größer, dachte er.

Zurück im Büro, zog er Hut und Mantel an. Den Fuß mit dem Turnschuh umwickelte er sorgfältig mit einem Plastikbeutel. Dann nahm er Geld, die Kleider und alle anderen Utensilien und ging hinaus. Vor der Tür machte er einen Augenblick halt und betrachtete die hell erleuchtete Vorhalle und die Dunkelheit dahinter. Jetzt ist der gefährlichste Augenblick: Wenn jetzt einer die Bank betritt, ist alles aus. Aber es ist sinnlos zu warten. Ich muß weiter. Er schloß die Tür nach draußen mit dem eigenen Schlüssel auf, drückte sich an den Geldautomaten vorbei und war draußen. Der Lichtschein fiel auf ihn, und ihm wurde beinahe übel. Als ihn dann die kalte Dunkelheit umgab, fühlte er sich wohler. Die äußere Alarmanlage war mit dem Haupteingang verbunden. Er warf das Papier mit den Zahlenkombinationen ins Gebüsch. Mit dem umwickelten Turnschuhfuß schleifte er über den Boden, um einen Abdruck zu hinterlassen. Dann zog er Sack mit Turnschuh von seinem Fuß und legte sie in einen anderen Plastikbeutel. Er schlüpfte in seinen zweiten Schuh und entfernte sich schnell.

Er hatte es geschafft. Er war frei und spürte die Kälte der Nacht. Erleichtert atmete er auf. Die Straßenlaternen waren von feinem Nebel umgeben, der auch ihn einhüllte.

Jetzt ging er zu dem Parkhaus, in dem er sein Auto abgestellt hatte. Ihm war, als wären Plastikbeutel und Aktenkoffer in seinen Händen aufgeladen, gäben ein grelles Licht ab und könnten ihn jederzeit verraten. Ein Auto fuhr an ihm vorüber, und er hätte fast aufgeschrien. Eine weitere Autolampe beleuchtete ihn kurz, und er fühlte sich, als habe ihn eine Woge in ein stürmisches Meer geschleudert. Die Straßen von Greenfield erschienen ihm fremd und ungastlich. Läden, in denen er seit Jahren kaufte, erkannte er nicht wieder. Er beschleunigte seinen Schritt, schließlich rannte er, war aber bald außer Atem und blieb stehen. Dann setzte er seinen Weg langsamer fort. Wie einen Trauermarsch, langsam, finster, geisterhaft.

Es ist vollbracht, dachte er. Ich habe sie alle betrogen, bis auf meinen Sohn.

Seine Tat lastete schwer auf ihm. Mit diesem Gefühl ging er weiter durch die Nacht.

Kapitel 9

Samstag

Richter Pearson hatte den Kopf seines Enkels in den Schoß gelegt und streichelte ihm liebevoll die Stirn. Tommy schlief fest, ab und zu jedoch stöhnte er leise, so als ob sein Schlaf durch Alpträume bedrückt würde. Sein Atem ging inzwischen normal. Als Olivia sie wieder eingesperrt hatte, hatte Tommy so flach geatmet, daß Pearson sich große Sorgen machte. Jetzt sah er auf die Uhr und stellte fest, daß der halbe Vormittag schon vorbei war. Vor Stunden war er selbst eingenickt, aber nur für ein paar Minuten. Er war froh, daß Tommy so gut schlafen konnte. Das war wohl das beste Mittel, um schnell wieder zu Kräften zu kommen. Er strich vorsichtig mit der Hand über eine der Prellungen auf Tommys Arm. Die Stelle war dunkelviolett. An der Stirn hatte er einen roten Kratzer. Wie gerne hätte er dem Jungen die Schmerzen abgenommen!

Wir haben noch Glück gehabt, dachte er. Keine gebrochenen Knochen, keine Gehirnerschütterung und wohl auch keine inneren Verletzungen. Und keine Schußwunden. Er war sich nicht sicher, ob Olivia mit Absicht vorbeigeschossen hatte oder ob sie einfach eine schlechte Schützin war.

»Alles wird gut, bald bist du wieder ganz gesund. Hab keine Angst«, sagte er leise.

Tommy schlug die Augen auf. Im ersten Moment erschrak er, aber sein Großvater nahm ihn in die Arme und hielt ihn fest. Jetzt erst wurde Tommy richtig wach und sah sich neugierig um. Pearson war erleichtert und zwinkerte seinem Enkel zu. Gestern dachte ich, sie bringen ihn um. Kinder sind stärker, als wir Erwachsenen glauben. Sie wissen viel mehr, als wir ahnen, begreifen schneller, als wir es für möglich halten. Das vergißt man allzu leicht.

»Wie lange habe ich geschlafen?« fragte Tommy.

»Fast sechzehn Stunden. Eine lange Nacht.«

Tommy wollte sich recken, hielt aber plötzlich inne.

»Au, das tut weh!«

»Ich weiß, Tommy. Aber das geht vorbei, glaub mir. Sie haben dich verprügelt, aber mich auch...«

Er fühlte mit dem Finger nach den Beulen an seiner Stirn.

»Es ist nicht so schlimm. Wir haben Glück gehabt. Aber du mußt mir sagen, wenn dir irgendwas wirklich weh tut.«

Tommy rieb sich Arme und Beine. Er stand auf, lockerte seine Gelenke wie ein Tier, das lange geschlafen hat. Dann sah er sich im Zimmer um.

»Es ist schon wieder gut, Großvater. Ach, wir sind ja in unserem alten Zimmer!«

»Ja«, sagte Pearson, der durch Tommys Verhalten immer zuversichtlicher wurde. »Tommy, du mußt mir jetzt sagen, ob du irgendwo Schmerzen hast. Im Magen oder im Kopf vielleicht?«

Tommy zögerte einen Moment, überlegte und sagte dann: »Nein, es ist alles in Ordnung.«

»Das habe ich gehofft«, antwortete sein Großvater. »Ich bin wirklich froh, dich in so gutem Zustand zu sehen.«

»Ich hab' wirklich gedacht, die schlagen mich tot!«

Pearson wollte zuerst antworten: ich auch, besann sich jedoch eines Besseren und sagte dann: »Nein, das glaube ich nicht. Sie haben sich nur über dich geärgert und wollten dir einen Denkzettel geben. Die brauchen dich doch. Und deshalb tun sie dir nichts, was gefährlich wäre.«

»Als der Schuß losging, da...«

»Da hast du dich bestimmt furchtbar erschreckt, nicht?«

»Ich hätte es beinahe geschafft, ich hatte schon den Wald gesehen. Und wenn ich durchs Fenster gekommen wäre, die hätten mich bestimmt nie eingeholt.«

»Das wußten sie auch.«

»Draußen sah es richtig kalt und grau aus. Wie im Winter. Es war so ein Tag, an dem man keine Lust hat, zum Spielen rauszugehen. Auch wenn man soll. Aber ich wollte plötzlich so gerne nach draußen! Ich konnte es einfach nicht mehr aushalten.«

»Das hast du gut gemacht, Tommy.«

»Weißt du, es war, als ob das alles einem anderen passierte. Als ob ein anderer lief, einer, der viel schneller, stärker und schlauer war als ich.«

»Keiner hätte schneller, stärker und schlauer sein können, als du warst, Tommy.«

»Bestimmt?« fragte der Junge ungläubig.

»Ich wüßte wirklich niemanden.«

Tommy lächelte stolz, sagte dann aber: »Es tut mir leid.«

»Was tut dir leid?«

»Daß ich dich alleingelassen habe.«

Pearson lachte. »Aber das war doch prima von dir! Du hast alle so überrascht, das war der beste Angriff, den ich je gesehen habe. Tommy, du bist verdammt viel stärker als diese Leute. Vergiß das nicht! Ich war wirklich stolz auf dich. Was meinst du, was dein Vater, deine Mutter und deine Schwestern für Augen machen werden, wenn ich ihnen das erzähle.«

»Bestimmt?«

»Aber klar.«

Tommy legte seinen Kopf gegen die Schulter seines Großvaters und fragte: »Wie lange dauert es jetzt noch?«

»Nicht mehr so lange.«

»Hoffentlich.«

Eine Weile schwiegen beide. Tommy entdeckte eine Wäscheleine in der Ecke und sah seinen Großvater fragend an.

»Damit haben sie dich gefesselt«, sagte er. »Und als sie wieder rausgingen, haben sie zu mir gesagt, ich soll dich nicht anrühren. Aber ich habe dich gleich losgebunden, und die werden wahrscheinlich ganz schön wütend sein, wenn sie nach uns gucken. Ich weiß gar nicht, warum sie so dumm waren, mich nicht gleich mitzufesseln.«

»Warum hassen die uns eigentlich so?« fragte Tommy.

»Nun, Bill dürfte eine ganz schöne Wut auf dich haben.«

»Bestimmt«, sagte Tommy.

»Und der andere, der macht immer so einen verbissenen Eindruck. Er hat dich geschlagen, auch noch, als du deine Arme vor den Kopf hieltst. Bill hat ihn schließlich daran gehindert weiterzuprügeln.«

Tommy nickte. »Ich glaube, Bill haßt jeden, der ein schöneres Leben hatte als er selbst.«

Der Richter zögerte einen Moment und sagte dann: »Und Olivia ist voller Bitterkeit, das wird sich wohl nie ändern.«

Tommy schüttelte den Kopf.

»Wie kommt es, daß sie so geworden ist?«

»Das weiß ich nicht, Tommy«, sagte der Richter. »Ich wüßte es nur zu gerne. Ich glaube, alle Menschen wachsen damit auf, daß sie hassen und lieben können, und vieles andere fühlen sie auch noch. Irgendwann haben solche Menschen wohl auf ihrem Lebensweg alle guten Gefühle verloren, und es bleiben nur noch die schlechten übrig.«

Pearson nahm Tommy in den Arm und streichelte ihn. Der Junge machte sich los und sagte: »Wir sollten jetzt besser mit unserer Wand weitermachen.«

Der Richter nickte. »Wenn dir danach ist, dann mach es auf jeden Fall.«

Der Junge strich über die blauen Flecken an seinem Arm.

»Klar mache ich jetzt weiter«, sagte er dann. Er betastete die Stelle an der Wand, drehte sich um und sagte: »Man spürt es schon, da kommt richtig Luft rein! Aber wir müssen noch daran arbeiten, so kommen wir noch nicht nach draußen.«

Pearson nickte und sah zu, wie Tommy sich wieder an den Fugen zu schaffen machte. Der Richter ging zur Wand, setzte sich auf den Boden und lehnte sich mit dem Rücken gegen die Bretter. Er schloß die Augen, um sich ein wenig auszuruhen. Erst jetzt merkte er, wie erschöpft er war. Er wollte gern schlafen, fühlte sich aber für Tommy verantwortlich und wollte ihn nicht unbeaufsichtigt lassen. Auf keinen Fall durften sie kommen und ihn wieder fesseln! Mühsam kämpfte Pearson gegen den Schlaf an.

»Warum schläfst du nicht ein bißchen, Großvater?« fragte Tommy plötzlich.

Der alte Herr schüttelte den Kopf.

»Doch, du kannst ruhig schlafen, ich komme schon allein klar.«

Pearson blieb wach. Er ließ seine Gedanken abschweifen, zurück in seine Kindheit. Er hatte einmal eine Schlägerei mit einem größeren Jungen aus der Nachbarschaft gehabt. Wie alt war er damals gewesen? Er wußte es nicht mehr genau. Er war damals dürr und schlacksig, hatte immer schmutzige und verschlissene Kleidung an, ganz zum Schrecken seiner Mutter.

Wie hatte der Kerl noch geheißen? Butch oder Biff oder so ähnlich. Sie hatten sich nach der Schule auf dem Sportplatz geprügelt. Es war Frühling, die Sonne schien warm. Überall war frisches Grün. Er hatte Blut und Dreck auf der Zunge gehabt. Butch hatte ihn, weil er stärker war, mindestens sechsmal zu Boden geworfen. Seine Nase blutete, einer seiner Zähne hatte sich gelockert. Hinterher hatte es Butch beinahe leid getan, daß er ihn so zugerichtet hatte. Als er sah, daß ihm die Tränen herunterliefen, stieß er ihn ein letztes Mal zu Boden und machte sich davon.

Vielleicht hat Tommy seinen Mut von mir, dachte Pearson. Viele hundert von ihm verurteilte Verbrecher kamen ihm in den Sinn. Schuld oder Unschuld im Urteilsspruch hatte nur selten etwas mit dem wirklichen Leben zu tun. Ich habe Punkte verteilt für Schuld oder Unschuld, für Erfolg oder Scheitern. Trotz schwerer Anklage wurde mancher dank des flammenden Plädoyers seines Anwalts nicht zur Höchststrafe verurteilt. Das war ein Erfolg für den Angeklagten, der mit viel mehr gerechnet hatte, aber es war eine Niederlage für die Angehörigen des Opfers. Die Atmosphäre vor Gericht war meist kalt und herzlos, selten konnten Dinge wirklich angemessen beurteilt werden. Die Aussage der einen Partei wurde durch die Gegenseite in Frage gestellt, die Wahrheit ließ sich nicht einfach in einen Satz fassen, sie war in Wirklichkeit viel komplizierter, als ein Richterspruch es je zum Ausdruck bringen konnte.

Wie wenig habe ich doch vom wirklichen Leben gewußt! Er blickte sich in der Kammer um. Dies hier ist die Realität. Jahrelang habe ich über die scheußlichsten Dinge geurteilt, ohne sie je selbst erfahren zu haben. Er dachte an die Angst, die er empfunden hatte, als Olivia ihre Pistole hob und von hinten auf Tommy schoß. Hätte er sich auf sie stürzen sollen? Hätte er der Kugel in den Weg springen sollen? Was für schlimme Folgen hätte seine Tatenlosigkeit haben können!

Pearson beschloß, beim nächsten Zwischenfall schneller einzugreifen. Bislang hatte er gedacht, irgendwer würde schon auftauchen und sie beide befreien. Aber da hatte er sich vertan. Tommy hatte recht. Sie mußten selbst etwas gegen ihre Feinde tun.

Er sah zu, wie Tommy arbeitete, und dachte: Wir müssen uns selbst retten.

Plötzlich hörte er Schritte an der Tür. Er wollte Tommy warnen, aber der Junge hatte schon alles getan, um die Spuren seiner Arbeit zu entfernen.

Beide setzten sich in Erwartung ihres Besuchs auf das Bett.

Langsam fuhr Megan durch die Außenbezirke der Stadt. Wir haben alles getan, und wo zum Teufel bleiben sie? Warum melden sie sich nicht?

Sie umklammerte das Steuer fester und gab mitten in einer Kurve Gas. Sie übertrug ihre Wut und Verzweiflung auf das Auto. Dabei war sie normalerweise eine vorsichtige Fahrerin. Sie biß fest die Kiefer aufeinander und hörte in der folgenden Kurve die Reifen quietschen. Sie sah Duncan vor sich, wie er in der Nacht zuvor nach Hause gekommen war, das Gesicht kreidebleich. Sie hatte befürchtet, daß alles schiefgegangen war, und gleichzeitig, daß es geklappt haben könnte. Er hatte seinen Aktenkoffer mit dem Geld auf den Küchentisch gelegt und gesagt: »Das wäre geschafft.«

»Nein, es ist noch nicht geschafft! Erst, wenn wir die Tommys wiederhaben«, hatte Megan gesagt.

Er hatte genickt und geantwortet: »Ja, aber ein Anfang ist gemacht.«

Sie erzählte ihm, daß im Haus eingebrochen und das Zimmer der Zwillinge verwüstet worden war. Sie hatten den ganzen Abend über aufgeräumt, während sie auf seine Rückkehr warteten. Duncan hatte seine Töchter in den Arm genommen, um sie zu trösten, und gesagt: »Bald haben wir alles hinter uns.«

Megan pflichtete ihm bei, aber im Innern hatte sie große Zweifel. Olivia ging ihr nicht aus dem Kopf, diese Frau, die ein ganzes Minenfeld von verletzten Gefühlen mit sich herumtrug. Megan wußte, daß sie ihren Handlanger geschickt hatte, um das Zimmer der Mädchen zu verwüsten. Das war Olivias Plan: ihr Leben durcheinanderzubringen und sie alle so zu verunsichern, daß sie keinen Moment mehr ohne Angst leben konnten. Sie sah Olivia vor sich, wie sie sie vor dem Bankeinbruch in Lodi belehrt hatte. Sie hatte ihre Truppe fest im Griff gehabt und sich durch nichts beirren lassen. Jeden Tag hatte sie diese Reden gehört. Immer und immer wieder. Morgens, mittags und abends. Und in der ganzen Zeit bist du nicht in der Lage gewesen dazuzulernen, Olivia.

Beinahe hätte Megan die Einfahrt zur Müllkippe verpaßt. Sie warf im letzten Moment das Steuer herum, und der Wagen schlingerte über den Kiesweg, so daß Megan fürchtete, die Kontrolle über ihn zu verlieren. Schließlich bekam sie ihn wieder in den Griff und fuhr geradewegs auf den Müllabladeplatz zu. Ein älterer Mann saß in einer kleinen Hütte, rauchte und las den *National Esquirer*. Er winkte Megan durch, als er sah, daß sie den richtigen Aufkleber auf dem Auto hatte. Zu ihrer Erleichterung achtete er nicht weiter auf sie. So schnell sie konnte fuhr sie zu der Müllgrube. Der Müllgestank hing drückend in der Luft. Als sie aus dem Auto stieg, atmete sie vorsichtshalber durch den Mund. Im Kofferraum standen drei grüne Plastiksäcke. Im ersten waren die Kleider und Utensilien, die Duncan für den Überfall benutzt hatte, der zweite enthielt alle Kleider, die Karen und Lauren auf dem Boden in ihrem Zimmer gefunden hatten. Megan war sofort auf ihren Wunsch eingegangen, alles wegzuwerfen, was der Eindringling berührt hatte. Der dritte Sack enthielt Müll. Sorgfältig hatte Megan darauf geachtet, daß nichts darin war, kein Umschlag, keine Notiz, die verraten hätten, daß die Säcke von derselben Person stammten. Sie prüfte, ob die Säcke gut verschlossen waren. Dann warf sie einen nach dem anderen, so weit sie konnte, auf den Müllberg. Sie waren unter Hunderten von anderen nicht wiederzuerkennen.

Megan streifte ihre Hände am Mantel ab. Sie war mit sich zufrieden und fuhr mit dem Gefühl nach Hause, daß Olivia sich sicher bald melden würde.

Duncan und den Mädchen hatte sie von ihren Nachforschungen nichts verraten. Dazu war sie sich selbst nicht sicher genug. Allerdings hatte sie durch Vergleich der Liste all der Häuser, die vor einigen Monaten frei gewesen waren, mit der aktuellen Liste herausgefunden, daß etwa ein Dutzend Häuser in Frage kamen. Sie hatte jedes einzelne auf einer Meßblattkarte ausfindig gemacht, aber jetzt, wo sie soweit war, wußte sie eigentlich nicht, was sie mit ihrem Wissen anfangen sollte. Im Grunde wollte sie diese Piste auch gar nicht weiter verfolgen; sie zwang sich zu glauben, daß Olivia bald das Geld in Empfang nehmen und die beiden Tommys zurückgeben würde. Je mehr sie sich aber einredete, alles werde sich auf diese Weise regeln, desto weniger glaubte sie daran.

Duncan kam ihr bereits auf der Eingangstreppe entgegen. Er antwortete auf ihre Frage, bevor sie sie überhaupt gestellt hatte.

»Nichts, nein, kein Wort bisher.«

»Worauf warten sie denn noch?« fragte Megan verzweifelt. Sie sah auf die Uhr. »Schon halb vier vorbei. Bald wird es dunkel. Vielleicht warten sie nur deshalb noch, weil sie die Übergabe lieber nachts machen wollen?«

»Ich weiß es nicht. Vielleicht will sie uns einfach länger auf die Folter spannen. Du weißt doch, wie sadistisch sie manchmal ist. Sie läßt uns warten, um uns zu quälen.«

»Wie erfährt sie eigentlich, daß du das Geld zusammen hast? Und woher weiß sie, daß wir alles vorbereitet haben?«

»Sie sagte, das erführe sie von ganz allein. Vielleicht hat sie letzte Nacht vor der Bank gewartet und gesehen, wie ich rausgekommen bin. Kann auch sein, daß sie nur spekuliert. Egal wie. Das Ganze war für heute geplant, und wir halten die Zeit ein.«

Duncan ging nervös auf und ab. Megan sah ihm dabei zu. »Glaubst du vielleicht, daß sie...«

»Ich weiß es nicht.«

»Ich meine, daß sie...«

»Was?« fragte Duncan. »Wer kann schon sagen, was sie im Schilde führt? Ich weiß nur, daß sie bestimmt einen Weg findet, an das Geld zu kommen. Aber ich werde durchsetzen, daß sie es nur im Tausch gegen die Tommys kriegt. Weiter bin ich mit der Planung auch nicht gekommen. Es war ja schon aufregend genug, meine eigene Bank zu berauben. Jetzt habe ich's hinter mir. Was kann ich sonst noch tun? Nichts als warten.«

Duncan ging in die Küche, er sah mißmutig vor sich hin. Megan folgte ihm.

»Entschuldige bitte!« sagte sie.

Duncan ballte die Fäuste, dann entspannte er sich. »Es ist schon gut, mir tut es ja auch leid.«

»Was haben wir nur getan?« fragte Megan plötzlich.

Duncan sah sie überrascht an. »Was willst du denn damit sagen?«

»Worauf haben wir uns nur eingelassen! Haben wir jetzt alles verloren?«

Duncan nickte. »Alles und nichts.« Er sah sie an und sagte lachend: »Es ist doch nichts als Geld.«

»Was heißt das?«

»Eben daß es nur Geld ist. Wir zahlen es zurück, vielleicht muß ich auch ins Gefängnis. Aber letztlich ist es doch nur Geld. Olivia hat sich grundlegend getäuscht. Sie glaubt, Geld sei uns immer noch wichtig.«

Duncan grinste und fuhr fort: »Soll sie ruhig denken, daß wir nichts im Kopf haben außer Geld und Autos, Ferienwohnungen und Aktien. Das vereinfacht die Sache. Hauptsache, wir bekommen die Tommys wieder. Alles andere kriegen wir schon hin.«

Megan nickte.

»Es ist sowieso alles anders geworden. Ich merkte es, als ich aus der Bank kam. Wir sind nicht mehr dieselben wie achtundsechzig und auch nicht mehr wie sechsundachtzig. Wir sind anders als früher. Hauptsache, die Familie kommt wieder zusammen. Alles andere ist doch unwichtig.«

Wieder nickte Megan.

Duncan sah sie an. »Glaubst du mir nicht?« fragte er.

Sie schüttelte den Kopf.

Er lächelte.

»Na gut, ich glaube mir ja selber nicht ganz.«

Sie setzten sich an den Küchentisch.

»Komisch«, sagte Duncan. »Man redet totalen Schwachsinn, und dadurch geht es einem viel besser, aber auch viel schlechter.« Er verbarg für einen Moment das Gesicht in den Händen, so als wolle er sich verstecken, und Megan erinnerte sich, wie er »guck mal, wo ist der Papa« erst mit den Zwillingen und später mit Tommy mit einer riesigen Geduld gespielt hatte. Mit Mühe hielt sie die Tränen zurück.

»Es war wie ein Traum, letzte Nacht. So ganz allein in der Bank. Wie ich das ganze Geld in den Aktenkoffer stopfte.« Er blickte eine Weile angestrengt nach oben und fuhr fort: »Mir ist, als ob in mir etwas zerbrochen wäre, in zwei Teile.« Er überlegte einen Moment und sagte dann: »Ich habe das Gefühl, als ob ich mein Handeln durch einen Monolog über Opfer und veränderte Umstände, Pflicht und Zuneigung rechtfertigen müsse. Aber das kann ich gar nicht. Ich will nur, daß das Telefon endlich klingelt.«

Megan antwortete nicht. Wortlos saßen die beiden da, warfen ab und zu einen Blick nach draußen, wo es langsam dunkel wurde, und ihnen war, als ob mit dem letzten Licht des Tages auch ihre Hoffnung verschwände.

Olivia Barrow sah auf Richter Pearson und seinen Enkel hinunter und sagte: »Ich würde mich ja gerne entschuldigen und sagen, es tut mir leid, daß ich nicht anders konnte, aber Sie würden mir sowieso nicht glauben. So lasse ich's besser gleich.«

Pearson sah Olivia nur wütend an. Seine Hände waren vorne zusammengebunden und mit einem zweiten Strick an den Fußgelenken festgemacht. Er fühlte, wie seine Glieder immer steifer wurden. Tommy saß neben ihm, ebenso gefesselt.

Olivia hielt weißes Klebeband in die Höhe.

»Damit kann ich Ihnen noch den Mund zumachen, Richter.«

»Das ist nicht notwendig«, antwortete Pearson schnell, ein wenig zu schnell. Und er wünschte, er hätte diese Worte nicht gesagt.

Olivia schnitt einen Streifen von der Rolle ab. Dann hielt sie es über den eigenen Mund. »Oh, das riecht aber unangenehm. Nicht gerade sehr luftig.«

»Sie brauchen das nicht, wir bleiben auch so ganz still«, sagte Pearson.

Olivia grinste. »Geben Sie mir Ihr Wort als Richter darauf?«

Er nickte.

»Und du, Tommy? Schwörst du bei deiner Pfadfinderehre?« Tommy nickte und rückte dicht an seinen Großvater heran.

»Na gut«, sagte Olivia. »Da seht ihr mal, so ein Unmensch bin ich doch gar nicht.« Sie formte den Streifen zu einem Knäuel und warf ihn in die Ecke. »Es wäre doch jammerschade, wenn einer von euch beiden geknebelt würde und ersticken müßte. Daß ich hier reinkäme und einer wäre tot! Und das so kurz, bevor alles vorbei ist.

Jetzt, wo wir schon so weit gekommen sind – nicht wahr, Richter?«

Er nickte zustimmend.

»Besonders du, Tommy. Ich habe nicht vergessen, was du für flinke kleine Füße hast, wie ein Häschen. Im Gefängnis gab es immer Leute, die was von einem Kaninchen in sich hatten. Ein guter Ausdruck, er trifft es genau. Solche Menschen möchten noch mehr als andere entkommen, wenn sie gefangen sind.«

Sie sah Tommy an: »Kein Kaninchen mehr, klar?«

»Nein«, sagte Tommy. »Versprochen.«

Olivia lächelte.

»Ich glaube dir keine Sekunde.«

Grinsend sagte sie: »Also, paß auf, daß du nicht alles verdirbst. Vergiß nicht, du bist schon bald zu Hause.«

»Heißt das, daß Sie Ihr verflixtes Geld kriegen und wir nach Hause können?«

»So ungefähr, Richter. Unser lieber Duncan muß noch durch ein paar Reifen springen, und dann ist die Show zu Ende. Na, Tommy, geht es dir jetzt besser?«

»Ich will nach Hause«, sagte der Junge nur.

Olivias gezwungen-freundliches Lächeln erlosch. »Das brauchst du mir nicht immer wieder zu sagen, du kleiner Bengel!«

Tommy zitterte. Aber Olivia setzte wieder ihr gönnerhaftes Gesicht auf. »Gut, es ist Zeit zu gehen. Ihr beiden bleibt ganz lieb und still hier sitzen. Bald sind wir zurück, und dann kommt die Stunde des feierlichen Abschieds!«

Der Richter gab keine Antwort. Tommy sah Olivia unverwandt an. Sie meint gar nicht, was sie sagt, dachte er.

Er war so überrascht von dieser Einsicht, daß er Olivia mit großen Augen anstarrte. Für den Bruchteil einer Sekunde war sie von dem Blick des Jungen betroffen.

Schnell wandte sie sich ab, warf die Türe zu und schloß zweimal ab. Dann prüfte sie das Schloß. Sie lief die Treppe hinunter und fühlte einen Augenblick, wie sie Unruhe überkam. Der Blick des Richters verriet so etwas wie Hoffnung. Aber sie hatte ihn von Anfang an beherrscht und wußte genau, wie er jeweils reagieren würde. Aber der Junge hatte jede ihrer Lügen durchschaut. Unschuld ist das Gefährlichste, was es gibt, dachte sie.

Auf dem Boden lag eine Tasche. Sie hob sie auf, öffnete den Reißverschluß und überprüfte den Inhalt: einen Revolver, ein Fernglas mit Nachtsichtlinse, einen Kompaß. Sie steckte die Rolle mit dem Klebeband noch dazu.

Dann sah sie zu den beiden Männern hinüber.

»Bewaffnet und gefährlich«, sagte sie.

Sie lächelten und folgten ihr hinaus in die Kälte.

»Die Show beginnt«, sagte Olivia.

Als endlich das Telefon klingelte, durchfuhr es sie beide wie ein elektrischer Schlag. Beide faßten zugleich nach dem Hörer, aber Megan zog im letzten Moment die Hand weg und ließ Duncan antworten.

»Ja?« sagte er aufgeregt.

»Hallo, Duncan, hier ist Olivia.«

»Hallo, Olivia«, antwortete er.

»Hast du das Geld?«

»Ja.«

»Weiß jemand davon?«

»Nein, niemand.«

»Du hast doch wohl nicht die Bullen informiert, oder?«

»Du weißt genau, daß nicht.«

»Gut, wunderbar, Duncan. Brav. Jetzt kommen wir zur nächsten Hürde. Sie ist ein bißchen höher als die erste.« Sie lachte leise auf.

»Jetzt hör mal zu, Olivia, ich habe das Geld hier. Sehr viel Geld. Jetzt möchte ich meinen Jungen wiederhaben. Und den Richter. Du bekommst das Geld, wenn ich weiß, daß es ihnen gutgeht und sie in Sicherheit sind.«

Olivia schwieg einen Moment. Sie stand gleich beim Burger-King-Imbiß im selben Einkaufszentrum, in dem Duncan tags zuvor seine Sachen gekauft hatte. Ramon und Bill saßen an einem Tisch in der Nähe und tranken Kaffee. Vor Bill stand ein Teller mit Hamburger-Resten.

»Duncan, du hast mir nichts zu befehlen. Du tust, was ich sage, und dann kriegst du sie wieder. Vorausgesetzt, du hast genügend Mäuse dabei.«

»Hör mal zu, es ist viel mehr als...«

Olivia unterbrach ihn: »Ich laß mich überraschen.«

»Ich bin diese Spielchen so leid, Olivia!«

»Ach wirklich? Siehst du mal, mir geht es ganz anders. Und es zählt das, was ich sage.«

»Ich warne dich, Olivia, du gehst zu weit!« Kaum hatte er dies gesagt, wurde ihm bewußt, wie leer und überflüssig seine Worte waren. Er kam sich lächerlich und hilflos vor. Olivia antwortete ihm mit einem kurzen Lachen.

»Große Worte, aber sie nützen dir nichts. Ich bestimme dieses Spiel, nicht du!«

Eine Weile schwiegen sie. Dann brach Duncan die Stille. »Also gut, was ist als nächstes dran?«

»Na, das klingt ja schon viel besser. Sieh mal auf deine Uhr. Wie spät ist es?«

»Kurz vor vier.«

»Du solltest schon genauer sein. Wie spät also?«

»Drei Minuten vor vier.«

»Schön«, sagte sie. »Kennst du die Telefonzelle bei Smith's Drugstore in der East Pleasant Street? Ich hoffe ja, da liegen nämlich die nächsten Anweisungen für dich.«

Duncan überlegte, dann sagte er: »Ich glaube schon.«
»Wunderbar. Es ist genau wie im Fernsehen. Du nimmst die dritte Zelle von der Mauer aus gesehen. Um fünf nach vier mußt du dort sein. Und schön allein, klar? Dann also tschüs!«

»Wie, was?«

»Mach lieber schnell, du Idiot. Tu gefälligst, was man dir sagt! Und zwar hundertprozentig, sonst geht die ganze Sache schief, eher, als dir recht ist. Muß ich mich noch deutlicher ausdrücken?«

»Nein.«

»Dann los, Duncan! Du hast schon dreißig Sekunden verschwendet.«

Olivia hängte ein. Sie sah sich zu ihren beiden Begleitern um. »Weiter geht's«, sagte sie. »Er ist unterwegs.«

Duncan warf den Hörer auf die Gabel und nahm den Aktenkoffer mit dem Geld.

Megan sah ihn erschrocken an: »Was ist passiert?«

»Ich muß in fünf Minuten im Ort an einer bestimmten Telefonzelle sein!«

Karen und Lauren hatten das Gespräch mitgehört. »Wir fahren mit«, sagte Karen, die mitten im Türrahmen stand.

»Nein, nein, nein!« rief Duncan und schob sie zur Seite. Schnell nahm er seinen Mantel vom Kleiderständer im Flur.

»Es wäre besser, wenn einer mitführe«, begann Megan, aber er unterbrach sie, während er eilig in die Ärmel schlüpfte. »Ich mache es allein.«

»Wir kommen mit unserem Auto nach«, rief Lauren.

»Nein!« schrie Duncan. »Sie wollte, daß ich allein komme!«

»Und was ist mit uns?« rief Megan verzweifelt.

»Ich weiß es nicht, wartet hier. Bitte, laßt mich doch durch!«

Er rannte durch die Tür. Die drei Frauen sahen ihm nach, wie er ins Auto sprang und eilig aus der Einfahrt zurücksetzte.

»O Gott!« rief Megan, als er schließlich mit quietschenden Reifen auf der Straße davonbrauste. »Was haben wir nur getan!«

»Was ist denn los, Mom?« fragte Karen.

»Ich habe keine Ahnung, ich weiß überhaupt nichts«, sagte ihre Mutter. Sie sah die Zwillinge an und versuchte, ihnen ermutigend zuzulächeln. Sie würden ihr doch nicht glauben, das wußte sie.

Sie gingen wieder ins Haus und stellten sich auf eine lange Wartezeit ein. Megan gingen viele Gedanken durch den Kopf, aber sie sagte nichts. Jedes ihrer Worte wäre ihr lächerlich erschienen. Einen Augenblick lang hatte sie Angst, keinen der Männer aus der Familie wiederzusehen. Sie schob den Gedanken beiseite, um nicht völlig die Nerven zu verlieren. Dankbar nahm sie die dampfende Teetasse von Lauren entgegen und ließ die Wärme des Getränks durch ihren Körper strömen, um die Kälte und Angst, die sie erfüllten, zu vertreiben.

Duncan sah nicht auf die Uhr, aber er war sicher, daß die Zeit abgelaufen war. Er fuhr seinen Wagen in eine Bushaltestelle und hoffte, daß ihn kein Polizist dabei beobachtet hatte. Als er auf die Telefonzelle zuraste, hörte er schon das Telefon klingeln. Er stürzte hinein und riß den Hörer von der Gabel.

»Ja!«

»Hallo, Duncan. Na, das klappt ja prima«, sagte Olivia. »Ich hätte nicht gedacht, daß du das schaffst.«

Sie stand mit den beiden Männern im Einkaufszentrum. Dort hatten sie sich mehrere Telefonzellen ausgesucht, die sie wechselweise benutzen wollten.

»Was kommt als nächstes dran, sag schon«, forderte Duncan Olivia auf.

»Nur ruhig Blut!«

»Ich will meinen Sohn zurück!«

»Na gut! Dann mach dich mal auf zum Stop and Shop am anderen Ende der Stadt. Da kauft Megan immer ein. Du hast acht Minuten. Aber, Duncan...«

»Ja?«

»Sieh mal nach, was du unter dem Telefonbuch findest!«

Sie hängte den Hörer ein, bevor er reagieren konnte, und sah auf ihre Uhr.

Duncan fühlte unter die Telefonhalterung. Etwas war darunter geklebt. Er löste es ab und hielt einen Kompaß in der Hand. Er steckte ihn in die Tasche und lief zu seinem Auto. Er dachte an seinen Sohn. Er mußte sich beeilen. Er durchfuhr eine Ampel bei Gelb und überholte einen Wagen, der daraufhin laut und energisch hupte. Als er auf dem Parkplatz vor dem Gemüseladen hielt, stand ihm der kalte Schweiß auf der Stirn. Er lief zur Telefonzelle. In dem trüben Licht der Schaufensterlampen wirkte der Ort grau und trostlos.

Das Telefon klingelte nicht.

Duncan sah auf die Uhr. Sieben Minuten, dachte er. Ich habe doch nicht länger gebraucht, um hierher zu kommen. Er wartete. Acht Minuten waren vergangen, das Telefon blieb stumm.

Duncan legte seine Hand auf den Hörer. Nichts geschah. Er wurde von Panik ergriffen, sein Herz schlug wie wild. Er sah sich um, fürchtete, in die falsche Zelle gegangen zu sein. Aber es waren nirgendwo andere zu sehen. Wieder sah er auf die Uhr.

Neun Minuten. Was ist nur passiert, fragte er sich. Es war inzwischen sehr kalt geworden und wurde schnell dunkel. Duncan kam es vor, als wäre er im letzten Licht des Tages gefangen, während Olivia aus dem Dunkel heraus operierte. Er sah sich aufgeregt nach allen Seiten um.

Zehn Minuten.

O Tommy, dachte er verzweifelt.

Da klingelte das Telefon. Er nahm den Hörer auf und hielt ihn hastig ans Ohr.

»Hallo! Ich wollte dir ein bißchen mehr Zeit gönnen, bei dem Verkehr und so«, sagte Olivia freundlich.

Duncan knirschte mit den Zähnen vor Wut.

»Sicher weißt du, daß wir dich beobachten, Duncan. Immer sind wir hinter dir und beobachten dich. Das ist ja auch der Zweck der Übung. Mal sehen, ob du Befehle ausführen kannst. Vor achtzehn Jahren warst du jedenfalls dazu nicht in der Lage.«

»Wo soll ich jetzt hin?«

»Fünf Meilen von hier an der Straße 9 liegt Harris' Gärtnereibedarf. Kennst du bestimmt. Da kauft man Samen und auch Weihnachtsbäume, Mutterboden für Sträucher. Du arbeitest doch gerne im Garten, oder? Na, du kennst jedenfalls den Weg. Du hast zirka sechs Minuten. Das Telefon steht direkt davor.«

Duncan rannte zu seinem Wagen.

Als er das Schild des Gärtnereibetriebs erkannte, steuerte er durch den Verkehr auf den Parkplatz zu. Die sechs Minuten waren vorüber. Er sprang aus dem Wagen. Sein Herz schlug laut. In der Telefonzelle stand eine Frau. Er sprang beinahe auf sie zu.

»Es dauert nicht lange«, sagte sie, »noch eine Minute.«

»Es ist ein Notfall«, rief Duncan.

Die Dame war mittleren Alters und trug einen Parka. »Mom, ich hole die Kinder ab, sobald ich mit Einkaufen fertig bin, es dauert nicht mehr lange.«

»Bitte, beeilen Sie sich«, flehte Duncan.

Die Frau sah ihn verärgert an. »Da will jemand unbedingt telefonieren, ich komme so schnell, wie es geht.«

Duncan streckte seine Hand aus. »Nun legen Sie schon auf!« schrie er.

»Ich bring' dir auch deine Broccoli mit«, sagte die Frau. Jetzt riß ihr Duncan den Hörer aus der Hand und warf ihn auf die Gabel. Erschrocken fuhr die Frau zurück. »Ich sollte die Polizei rufen!« rief sie empört.

Duncan drehte ihr den Rücken zu und hörte, wie sie über den Kiesweg davonging.

Er starrte auf das Telefon, und als es endlich klingelte, streckte er erleichtert die Hand aus.

»Olivia? Ich kann nichts dafür, jemand war in der Zelle, Entschuldigung«, stammelte er.

Olivia antwortete mit einem Lachen.

»Das war knapp! Dachte mir eigentlich nicht, daß jemand telefonieren würde. Wer steht schon gerne draußen in der Kälte rum? Na ja, so was kann halt passieren. Wie weit ist es denn bis Leverett?«

»Zwanzig Minuten.«

»Also gut. Auf dem Weg ins Stadtzentrum gibt es einen Laden neben einer Mobil-Tankstelle. Das Telefon liegt gleich vorne. Zwanzig Minuten.«

Duncan fuhr schnell. In kürzester Zeit hatte er Greenfield verlassen, fuhr durch eine Allee, wo die Stämme der kahlen Bäume abwechselnd Schatten und Licht auf ihn warfen. Er schaltete die Scheinwerfer an, um die Dämmerung zu vertreiben, und er fühlte sich allein, beinahe wie auf See. Die Straße nach Leverett war kurvenreich und nur zweispurig. Er war diese Strecke Hunderte von Malen gefahren, doch jetzt erschien sie ihm seltsam fremd. Zweimal verlor er fast die Gewalt über den Wagen. Er kurbelte die Scheibe herunter, um frische Luft in den Wagen zu lassen. Ihm war heiß, und sein Nacken war feucht von Schweiß. Er blickte auf seine Hände am Steuer, die kalkweiß und gespenstisch aussahen.

Die Tankstelle und der Lebensmittelladen kamen in Sicht, als noch eine Minute Zeit übrig war. Er fuhr an den Zapfsäulen vorbei direkt auf die Telefonzelle zu, sprang aus dem Wagen und rannte zu dem Apparat. Dann stand er davor und wartete. Was würde wohl als nächstes passieren? Er spielte mit dem Kompaß in der Manteltasche und stellte sich vor, daß Olivia ihn beobachtete.

Das Telefon klingelte nicht.

Ich bin doch da, es war doch rechtzeitig!

Während der Fahrt hatten sich seine Nerven ein wenig beruhigt. Er blickte auf die Uhr. Ich bin da, verflucht noch mal. Ich warte.

Er wartete, wie inzwischen schon gewohnt. Zuerst glaubte er, Olivia hätte sich wieder eine neue Schikane ausgedacht, weshalb er sich auch keine Sorgen machte. Als dann aber Minute um Minute verging, wurde ihm unwohl zumute. Seine Angst wuchs. Schweiß brach ihm aus, er war der Panik nahe. Das Telefon blieb stumm.

Er wußte nicht mehr, was er tun sollte. Wie zuvor sah er sich um, fragte sich, ob er am falschen Ort sei. Er sah zu der Tankstelle hinüber, sah auch dort eine Telefonzelle, gleich an der Straße, zwischen der Tankstellenausfahrt und dem Parkplatz des Lebensmittelgeschäfts.

Das Telefon, vor dem er stand, gab immer noch keinen Laut von sich.

Nein, dachte er, sie muß diese gemeint haben. Als er auf die Uhr sah, stellte er fest, daß es schon fünf Minuten über die Zeit war.

Duncan verbot sich, über die Folgen nachzudenken. Er wußte, daß Olivia etwas im Schilde führte, aber er hatte nicht die geringste Ahnung was.

Was für ein trüber, düsterer Spätnachmittag das war. Am Horizont verschwand gerade der letzte helle Streifen. Sein Atem stieg auf wie Rauch.

Zehn Minuten über die Zeit.

Wieder sah er zum anderen Telefon hinüber. Er starrte förmlich darauf. Und als einen Augenblick lang keine Autos oder Lastwagen vorbeifuhren, glaubte er, es dort klingeln zu hören.

Ihm wurde fast schwindelig vor Angst. Er verließ seinen Standort und ging zögernd zu der anderen Zelle hinüber. Ein Wagen fuhr vorbei, überdeckte das Geräusch, aber je näher er kam, desto deutlicher hörte er das Klingeln.

Er sah sich nach der anderen Zelle um, unschlüssig, für welche er sich entscheiden sollte.

Er blieb stehen. Immer lauter erschien ihm das Klingeln in der anderen Zelle.

Plötzlich sah er einen der Tankwarte auf das Telefon zugehen. Nein, dachte er, nur das nicht!

Er rannte eilig über den Parkplatz, und als der Tankwart die Tür öffnete, den Hörer abnahm und einen verwunderten Gesichtsausdruck bekam, schrie er laut: »Nein, legen Sie nicht auf!«

Der Mann blickte verständnislos auf den Apparat.

»Hier, ich bin hier!« schrie Duncan, der weiterlief und wie wild mit den Armen fuchtelte.

Der Mann lehnte sich aus der Zelle und sah Duncan an.

»He, sind Sie Duncan?« fragte er.
»Ja!«
»Mensch, dann ist dieser Anruf für Sie!«
Duncan nahm den Hörer in die Hand.
»Ja, ja, hallo, ich bin hier!« Er schloß abrupt die Tür vor dem erstaunten Tankwart, der schließlich mit den Schultern zuckte und fortging.
»Das ist ja toll, Duncan! Ich hätte nicht gedacht, daß du es diesmal schaffst! Wirklich, meine Anerkennung«, sagte Olivia mit gespielter Begeisterung.
»Du hast gesagt, es ist die Zelle bei dem Laden!«
»Du mußt eben flexibel sein«, gab sie zurück.
»Du hast gesagt, daß ich dorthin soll!«
»Duncan, jetzt beruhige dich doch! Ich wollte nur wissen, ob du auch mitspielst.« Sie lachte kurz auf. »Ich hätte in ein paar Minuten sowieso die andere Zelle angerufen. Ich wollte nur mal sehen, ob du das hier mitkriegen würdest.« Wieder lachte sie. »Vielleicht hätte ich aber auch nicht drüben angerufen.«
Duncan holte tief Luft. Er versuchte, zur Ruhe zu kommen, merkte aber schnell, daß er dazu nicht in der Lage war. Nur seine Stimme bekam er in den Griff.
»Was passiert jetzt?« fragte er.
»Jetzt gebe ich nur noch Richtungen an, kapiert?«
»Nein, doch, ja gut, rede weiter.«
»Hörst du zu?«
»Ja.«
»Hol den Kompaß raus! Drei Komma drei Meilen nördlich. Zwei Komma sechs Meilen östlich. Bei der Gabelung eins Komma eins Meilen nordöstlich. Hier parkst du. Westlich siehst du ein Feld. Da gehst du rein, bis du einen Hinweis findest. Dort wartest du auf neue Anweisungen. Klar?«

»Bitte wiederhol das noch mal, Olivia.«
»Duncan, also wirklich, ich gebe mir alle Mühe, fair zu sein. Ich glaube, das machst du dir gar nicht klar.« Sie lachte zynisch. »Also gut, ich sag' es noch mal. Norden drei Komma drei, Osten zwei Komma sechs, Nordosten eins Komma eins. Los Duncan, weiter!« Sie hängte ein und wandte sich an Bill Lewis und Ramon Gutierrez. »Wie ein Lemming, der auf den Abgrund zurennt. Er hat die Orientierung verloren, ist total verängstigt und macht alles mit. Man kann sagen, er ist reif. Wir haben unsere Mission erfüllt«, sagte sie lächelnd. »Fahren wir!«

Beide Männer antworteten mit einem verlegenen Grinsen. Sie waren zu aufgeregt, um zu sprechen. Schwächlinge! dachte sie verächtlich. Kaum sind sie am Geld dran, kriegen sie die Muffe. Aber ich brauche sie ja noch. Allerdings nur kurze Zeit. Sie verließ das Einkaufszentrum mit großem Tempo. Die beiden Männer mußten sich beeilen, um Schritt zu halten.

Duncan setzte sich wieder hinter das Steuer und stellte den Wegmesser auf Null. Er legte sich beide Hände an den Kopf, um den Schwindel loszuwerden, der immer mehr Besitz von ihm ergriff. Ihm war, als tauche ihn jemand mit Gewalt in einen Whirlpool. Sein Herz raste wie wild. Er versuchte erneut, sich zu beruhigen, wiederholte die Richtungsangaben und nahm den Kompaß aus der Tasche. Die Nadel zitterte, beruhigte sich dann aber, und Duncan stellte fest, daß er eine Seitenstraße nehmen konnte, um Richtung Norden zu fahren. Er wendete den Wagen, atmete tief ein und machte sich auf den Weg.

Nach einer halben Meile befand er sich mitten auf dem Land. Die Straße führte an alten Neu-England-Bauernhäusern vorbei. Er bemühte sich, langsam zu fahren und die Gegend zu betrachten. Die Häuser waren zumeist weiß, schindelgedeckt, gezeichnet vom Alter und vielen, harten Wintern. Die Scheunen schienen gebeugt von der Last der Jahre, die Erde war braun, die Baumstämme waren schwarz. Die starr herabhängenden Äste bildeten bizarre Silhouetten gegen den frühen Abendhimmel. Die Welt erschien ihm plötzlich urtümlich, wie neu erschaffen und erschreckend. Die Straße war kiesbedeckt und rutschig, immer wieder geriet der Wagen in Schlaglöcher. Er fuhr durch Felder und an Hügeln vorbei, kein Auto weit und breit bis auf einige Traktoren, die er hier und da überholte.

Die erste Etappe hatte er hinter sich, er sah auf den Kompaß, fand die Gabelung und fuhr weiter in Richtung Nordosten. Erregung überkam ihn, und für Sekunden dachte er voller Freude daran, daß er bald seinen Sohn wiedersehen würde. Dann wieder kämpfte er gegen jede verfrühte, falsche Hoffnung an. Ein Blick auf den Richtungsmesser: gleich eine Meile, eins Komma eins.

Duncan hielt den Wagen an.

Jeder kleinste Rest von Tageslicht war kostbar. Von Sekunde zu Sekunde wurde es weniger, der Himmel war von tiefem Grau bedeckt, das immer schwärzer wurde.

Duncan stieg aus und ging auf das Feld zu, das vor ihm lag. Es war von einer Steinmauer begrenzt, die ihm etwa bis zur Brust reichte. Jenseits, vielleicht eine halbe Meile entfernt, konnte er die dunkle Linie eines Waldes erkennen. Das Feld breitete sich zum Wald hin aus wie ein Ozean zur Küste. Duncan ging auf die Mauer zu und kletterte hinüber. Er dachte dabei an seinen Sohn und das Geld in dem Aktenkoffer. Kaum hatte er einige Schritte gemacht, da blieb er bis zum Knöchel im Matsch stecken. Mit einem zischenden Geräusch zog er den Fuß heraus.

Er ging weiter vorwärts, kämpfte gegen den schlammigen, unsicheren Boden, die Hosenbeine und Socken voller Matsch, die Füße naß. An manchen Stellen war der Boden von einer dünnen Eisschicht bedeckt, und er hörte bei manchen seiner Schritte ein leises Krachen.

Einmal stolperte er und ließ den Aktenkoffer fallen. Er raffte sich auf und stapfte weiter.

Was suche ich nur, fragte er sich. Er riß die Augen auf, suchte irgendwo nach einem Anhaltspunkt. Jetzt war es fast vollends dunkel, und Duncan war verzweifelt.

Er kämpfte sich weiter vorwärts. Als er sich nach seinem Wagen umsah, stellte er fest, daß er schon fast das halbe Feld durchquert hatte.

Hier muß es doch irgendwo sein, dachte er. Er fühlte, wie die Kälte immer mehr Besitz von seinem Körper ergriff. »Wo ist es?« schrie er plötzlich laut.

Wieder machte er einige Schritte, dann sah er einen Schatten vor sich, wahrscheinlich ein hölzerner Pfahl, der in die Erde gerammt war. Da muß es sein, dachte er und rannte darauf zu. Als er den Pfahl erreichte, blieb er stehen und versuchte, irgendeinen Hinweis oder eine Nachricht daran zu finden. Nichts. Ein ganz gewöhnlicher Pfahl mitten in einem ganz normalen Feld. Duncan war verwirrt und enttäuscht.

Seine eisigen Füße bewirkten, daß er bald am ganzen Körper fror, und er sehnte sich nach der Wärme des Tages.

Ich soll auf ihre Anweisungen warten, hat sie gesagt. Also warte ich.

Nichts als Schweigen um ihn herum.

Er lehnte sich gegen den Pfahl und versuchte, ruhig und langsam zu atmen. Unwillkürlich liefen ihm die Tränen herunter. Was ist bloß mit mir los? fragte er sich. Ich bin stark, ich habe Mut. Aber er glaubte selbst nicht daran und wurde seiner Gefühle nicht Herr. Die Dunkelheit um ihn herum verstärkte seine Verzweiflung. Er hielt krampfhaft den Aktenkoffer gegen seine Brust, als ob er ein Kind sei, und bewegte sich vor und zurück, um sich ein wenig zu wärmen. Er versuchte sich vorzustellen, was schiefgegangen war, fragte sich, was er jetzt tun sollte. Er dachte an seinen Sohn, was ihn nur verzweifelter machte.

Er stieß einen Seufzer aus, aber er bewegte sich nicht von dem Pfahl weg. Ihm war klar, daß er keine andere Möglichkeit hatte, als zu warten.

Aus einer Entfernung von etwa dreißig Metern beobachtete ihn Olivia durch ihr Fernglas. Sie hatte sich im Wald verborgen und war zutiefst befriedigt.

»Na, Duncan, wie lange hältst du das aus? Da stehst du mitten im Nichts. Wartest du die ganze Nacht auf deinen Sohn? Oder nur ein paar Minuten? Wie groß ist deine Geduld? Und die Kälte, ob du sie aushältst? Und der Schmerz, ob du das allein schaffst? Wie lange, Duncan? Achtzehn Jahre«, flüsterte sie. »Achtzehn Jahre!« Sie beobachtete ihn weiter und wartete ab.

Nachdem er eine Stunde dort gestanden hatte, war Duncan sicher, daß Olivia nicht kommen würde. Aber er fand nicht die Kraft sich zu bewegen. Er wartete eine weitere Stunde, bis seine Füße keinerlei Gefühl mehr hatten, und er fürchtete, den Weg durch die stockdunkle Nacht nicht zurückzufinden. Schließlich trat er einen Schritt nach vorn. Ihm war schwindelig, und er schwankte wie ein Betrunkener. Die Tränen in seinem Gesicht waren getrocknet. Er fühlte in sich eine endlose Leere.

Er ging mit stetigem Schritt, fast wie ein Roboter,

durch das Feld, dorthin, wo er seinen Wagen vermutete. Ihm war, als sei es Jahre und nicht nur ein paar Stunden her, daß er durch Greenfield gehetzt und schließlich bis zu diesem einsamen Ort gelangt war.

Er glitt aus und schlug mit dem Kopf auf, einen Moment blieb er auf dem matschigen, zerklüfteten Boden liegen. Er schmeckte Blut auf seiner Lippe. Dann raffte er sich auf und versuchte, den Schlamm vom Mantel zu wischen. Er stolperte weiter vorwärts, bis er endlich die Steinmauer erreichte. Sie sah aus wie eine dunkle Welle, die auf ihn zurollte. Er umklammerte fest den Griff des Aktenkoffers und kletterte über die Mauer. Er sah sein Auto oben am Straßenrand und stolperte darauf zu.

Was er tun sollte, wenn er wieder zu Hause wäre, wußte er nicht. Während er den Wagen aufschloß und einstieg, dachte er: Das war typisch für sie. Einfach nur sehen, wie ich reagiere. Eine immense Wut überkam ihn.

Er ließ den Motor an und wendete das Auto. Er hatte keine Ahnung, was er Megan und den Zwillingen erzählen sollte. Die Räder drehten durch, als er losfahren wollte. Das fehlte noch, dachte er, daß ich hier draußen steckenbleibe. Dann aber fuhr er erneut an und erreichte problemlos die Fahrspur.

Er fragte sich, was Olivia als nächstes tun würde. Würde sie noch diese Nacht anrufen oder erst am nächsten Tag? Wie wollte sie die Geldübergabe organisieren? Diesmal verlange ich, daß die Übergabe zu einer bestimmten Zeit stattfindet. Das lasse ich nicht mehr mit mir machen. Die Tommys und dann das Lösegeld. Vielleicht erwartet sie genau das von mir, daß ich klare Forderungen stelle. Aber auch da hatte er seine Zweifel.

Als er die Weggabelung erblickte, fuhr er langsamer und dachte an Megans Enttäuschung, wenn er ergebnislos zurückkäme. Was sollte er ihr sagen und wie seine eigene Verzweiflung verbergen? Und was würden die Zwillinge denken? Auch sie hatten eine Menge durchgemacht. Gerade wollte er nach links abbiegen, als ihn zwei grelle Scheinwerfer blendeten. Er schrie auf und versuchte dem Wagen auszuweichen, der aus der Dunkelheit wie ein Ungeheuer auf ihn zukam. Er hörte den Lärm des fremden Motors und das Knirschen der Räder auf dem Kiesboden. Er bremste, sein Wagen geriet ins Schleudern, schlingerte hin und her und kam endlich mit einem schweren Ruck zum Stehen.

Er hielt die Hand vor die Augen, um sich vor dem blendenden Licht zu schützen, das durch die Windschutzscheibe eindrang. Da wurde seine Wagentür aufgerissen. Er wandte sich um und erkannte Olivia.

Sie hielt ihm den Revolver ans Gesicht und entsicherte ihn mit einem lauten Klick.

»Her mit dem Geld, Duncan, wo ist das Geld?«

Er brachte kaum ein Wort heraus und sagte krächzend: »Mein Sohn...«

»Du gibst mir das Geld, oder ich bring' dich auf der Stelle um!«

»Ich will meinen Sohn zurück«, sagte er mit zitternder Stimme.

»Bring ihn um!« ertönte eine Stimme aus der Dunkelheit. »Erschieß das Schwein gleich hier!«

Duncan griff nach dem Aktenkoffer.

Jetzt sprach Olivia wieder, und ihre Stimme war ruhig und beherrscht: »Denk nach, Duncan, sei vernünftig und nimm dich zusammen. Du könntest hier sterben, und sie würden nie mehr heimkehren. Alles wäre sofort vorbei. Du kannst natürlich kämpfen, aber du gehst dabei drauf. Alles umsonst. Also, gib mir das Geld, dann bleibst du am Leben. Das ist die einzige Chance, für dich und für den Jungen.«

Wieder eine Stimme aus der Dunkelheit, eine andere diesmal: »Los, Olivia, beeil dich!«

Duncan kannte die Stimme. Das mußte Bill Lewis sein. Vergeblich suchten seine Augen ihn in der Dunkelheit.

»Puste dem Schlappschwanz das Hirn raus!« rief die andere Stimme.

»Duncan, gebrauche deinen Kopf«, sagte Olivia ruhig. Sie griff nicht nach dem Aktenkoffer, sondern zeigte nur darauf. »Reich das Ding schon rüber, du siehst doch, ich könnte ihn mir auch selbst nehmen.«

Er gab ihr den Koffer hinüber. Sie verbarg ihn hinter ihrem Rücken und hielt weiter die Waffe auf ihn gerichtet. »Sehr schön, Duncan. Das war schlau von dir.«

Sie langte an ihm vorbei und zog den Zündschlüssel aus dem Schloß. »Ich werfe die Schlüssel zwanzig Meter weiter auf die Straße. Wenn du meine Bremslichter siehst, liegen sie da irgendwo in der Mitte. Du findest sie, wenn du genau suchst.«

»Tommy«, stöhnte Duncan.

»Ich zähle erst mal das Geld und melde mich dann. Nur ruhig Blut, Duncan, du hast es ja fast geschafft. Es hat keine Toten gegeben. Denk mal darüber nach, keiner muß dabei draufgehen...« Das Wort ›muß‹ hob sie besonders hervor. Nach kurzem Zögern fügte sie hinzu: »Vielleicht geschieht's doch«, flüsterte sie noch und trat dann von Duncans Wagen zurück.

Duncan wollte aus dem Wagen springen und ihr hinterherlaufen. Sie wandte sich um und hielt ihm den Revolver an die Brust. »Komm, spiel schön mit, Duncan!« forderte sie ihn auf.

Er wich zurück, streckte ihr halb bittend, halb verzweifelt die Arme entgegen. Mit einem verächtlichen Laut wandte Olivia ihm den Rücken zu. Er sah, wie sie in ihr Auto stieg. Der grelle Scheinwerfer ging aus, aber der Motor lief, und als der Wagen losfuhr, mußte Duncan zurückspringen, um nicht überfahren zu werden. Etwa zwanzig Meter weiter hielt der Wagen. Wie sie angekündigt hatte, leuchtete das Bremslicht auf. Das Abblendlicht wurde erst in einer Entfernung eingeschaltet, in der er weder Autonummer noch Marke erkennen konnte. Dann verschwand der Wagen in der Dunkelheit. Duncan wollte zuerst hinterherrennen, aber das Auto war schon hinter einer Kurve verschwunden. Eine Weile stand er so da und starrte verständnislos in die Nacht. Dann tat er das einzige, was ihm zu tun blieb: Er begann auf den Knien zu rutschen und seine Schlüssel zu suchen.

Kapitel 10

Sonntag

Es war lange nach Mitternacht, aber Duncan suchte noch immer im Keller herum und murmelte vor sich hin, während er in der staubigen Ansammlung von Kisten und Kasten, alten Steuerquittungen, gebündelten Zeitschriften und zerkratzten Möbeln stöberte, die in dem dunklen Raum verstreut lagen. Megan saß auf der Kellertreppe unter einer nackten Hundertwattbirne und sah ihrem Mann zu. Sie wußte nicht genau, was er suchte. Sie fühlte sich erschöpft und elend. Die Stunden, seit er verdreckt, halberfroren und allein nach Haus zurückgekehrt war, hatten sie zuerst mit Weinen und Schreien und Vorwürfen verbracht, bis ein Zustand der Betäubung gefolgt war, der nur noch ein Schweigen zuließ. Plötzlich war Duncan aufgestanden und hatte gesagt: »Eines, glaube ich, wird nicht noch einmal passieren.« Dann war er in den Keller hinabgestampft, ohne seinen geheimnisvollen Satz zu erklären. Sie hatte ihm eine halbe Stunde lang bei seiner Suche zugesehen, ohne ein Wort zu sagen – sie hatte Angst davor zu sprechen –, weil jedes Wort ihre erschreckende Situation nur noch unterstreichen konnte.

»Verdammt, ich weiß, daß sie irgendwo hier ist«, sagte Duncan, als er eine Kiste wegschob. »Mein Gott, was für ein Durcheinander!« Als er sich bewegte, glitt sein verzerrter Schatten über den Boden.

Megan setzte die Ellbogen auf die Knie und stützte das Kinn in die Hände.

»Duncan«, sagte sie ruhig, »meinst du, daß sie noch am Leben sind?« Sie hätte die Worte am liebsten im gleichen Augenblick hinuntergeschluckt.

Er hielt an, rückte einen Pappkarton beiseite und warf ihn dann mit einer plötzlichen gewaltsamen Bewegung gegen die Wand, gegen die er krachte und wo er in einer Staubwolke explodierte.

»Ja! Was für eine Frage –«

»Warum?« flüsterte sie.

»Was für einen Grund sollte sie haben, die beiden zu –«, fing er an.

»Einhunderteinundvierzigtausendsiebenhundertsechsundachtzig Gründe«, sagte Megan finster.

Duncan blieb stehen und wartete, daß seine Frau weiterredete.

»Sie hat das Geld. Sie hat wahrscheinlich auch unser Leben ruiniert. Was sollte sie davon abhalten, die beiden umzubringen und dann einfach zu verschwinden – reicher, zufrieden und frei wie ein Vogel?«

Duncan antwortete mehrere Minuten lang nicht. Er stand da und dachte nach, legte sich seine Worte sorgfältig zurecht.

»Stimmt«, sagte er. »Es wäre von ihr ausgesprochen unvernünftig, Zeugen zu hinterlassen. Es ist nicht klug von ihr, sich einen Augenblick länger hier aufzuhalten, als sie muß. Sie weiß, daß es Montag früh in der Bank vor Bullen wimmeln wird. Sie weiß, daß sie uns bis zum Äußersten getrieben hat. Wenn sie hierbleibt, gefährdet sie das nur noch mehr. Sinnvoll wäre es, die Tommys zu erschießen und so schnell wie möglich von hier zu verschwinden.«

Megan kämpfte gegen die Tränen an.

»Und darum«, sagte Duncan, »wird sie es nicht tun.«

»Was?«

»Sie wird's nicht tun. Sie wird nicht das tun, was vernünftig wäre.«

»Aber – wie – ich verstehe nicht –«, stotterte Megan.

Duncan holte tief Luft. »Weißt du, es ist komisch, ich habe es neulich gesagt. War es Donnerstag? Mittwoch? Gott, es kommt mir vor, als wäre es ewig her. Jedenfalls habe ich es gesagt und wieder vergessen, und das hätte ich nicht tun sollen: Es geht ihr nicht um die Tommys. Es geht ihr nicht ums Geld. Was sie will, sind wir.«

Megan öffnete den Mund, um zu antworten, doch sie hielt inne.

Sie blieben beide einen Augenblick still. Dann wiederholte Duncan: »Uns will sie haben. Verstehst du! Darum ist sie noch hier. Darum will sie noch nicht weg, noch nicht. Ganz gleich, wie vernünftig es für sie wäre abzuhauen. Nicht, solange noch immer ein oder zwei Karten auszuspielen sind.«

»Was meinst du, was für Karten noch da sind?«

»Nur noch zwei«, sagte Duncan ruhig. Er zeigte erst auf Megan und dann auf sich selbst. »Der Trumpfkönig und die Trumpfkönigin.«

Megan nickte.

»Meinst du, daß sie uns töten will?«

»Vielleicht. Vielleicht nicht. Uns quälen? Uns leiden lassen? Das hat sie bereits getan. Ich weiß nicht; ich habe nur das sichere Gefühl, daß sie uns zerquetschen will – sie will etwas tun, das sie sehen und schmecken und fühlen kann. Etwas, das sie noch jahrelang auskosten kann. Vielleicht will sie uns töten. Aber vielleicht ist es etwas, mit dem wir jeden Tag leben müßten, so wie sie es mußte.« Duncan fröstelte es. »Ich bin nicht sicher. Aber ich weiß, daß die Tommys am Leben sind.«

Megan merkte, daß sie den Kopf wieder zustimmend senkte. Sie fragte sich, warum Olivia Duncan nicht draußen auf dem Land, wo sie allein waren, getötet hatte. Sie hatte eine perfekte Gelegenheit gehabt. Nur daß ich nicht da war, dachte sie.

»Meinst du, es besteht irgendeine Chance, daß sie die Tommys zurückgibt? Wenn sie wirklich uns haben will –«

Duncan schnitt ihr das Wort ab. »Nein. Absolut keine.«

Megan nickte. »Weißt du, es klingt verrückt –«

»Nichts klingt jetzt mehr verrückt.«

Sie lächelte matt. »– aber ich glaube, wenn er tot wäre, würde ich es irgendwie in mir fühlen. So, als ob etwas bricht.«

Duncan nickte. »Ich glaube das auch. Immer wenn er krank war oder Kummer hatte, dachte ich, ich könnte es in mir spüren...« Duncans Stimme verlor sich. Er entdeckte etwas in der Kellerecke, bückte sich plötzlich und hob es auf.

»Also«, sagte Megan mit jäher Entschlossenheit, die sogar sie selbst überraschte. »Was tun wir? Wie geht's jetzt weiter? Wie schlagen wir zurück?«

Duncan richtete sich auf, in den Händen einen Metallkasten von der Größe eines Schuhkartons. »Ich wußte, daß ich sie finden würde«, sagte er. Er schüttelte den Kopf. »Ich weiß nicht, warum ich nicht früher daran gedacht habe.«

»Gehen wir jetzt zur Polizei?« fragte Megan.

»Ich hatte nie gewußt, was ich damit machen sollte«, sagte er.

»Nein«, antwortete Megan auf ihre eigene Frage.

»Nein. Ich weiß, was wir tun.« Sie dachte an die Liste oben in ihrer Aktentasche mit der Karte von der Umgebung. »Daran hätten wir gleich denken sollen.«

Sie merkte, daß sie aufgestanden war, und ihre Stimme klang anders als sonst. Es war eine Härte in ihrer Stimme, die sie kaum wiedererkannte, aber sie war ihr willkommen.

Duncan ging zu ihr hinüber. Die nackte Glühbirne warf ihre beiden Schatten durch den Keller und ließ sie an den Wänden riesenhaft erscheinen. Er zog am Riegel des Metallkastens und klappte ihn hoch. Megan streckte den Hals, um zu sehen, was darin war, und dann erinnerte sie sich, als sie das fleckige Wachstuch sah, das den Inhalt so viele Jahre lang verborgen hatte.

»Wird sie noch funktionieren?« fragte sie.

»Sie hat 1968 funktioniert«, erwiderte Duncan. »Ich habe nie gewußt, was ich damit anfangen sollte«, wiederholte er. »Ich nehme an, ich hätte sie wegwerfen sollen, als wir uns hierher geflüchtet haben, aber ich habe es nicht getan, und dann bin ich sie einfach nie losgeworden. Wir haben sie bei all unseren Umzügen mitgeschleppt.«

Er hielt die Pistole Kaliber .45 gegen das Licht und prüfte sie auf Rost und Alterserscheinungen. Er ließ einen Ladestreifen aus dem Handgriff gleiten, griff nach oben, schnappte die Ladevorrichtung zurück und spannte die Pistole mit einem harten, metallischen Geräusch.

»Weißt du noch, wie sie uns damals rief?« fragte Duncan. »Wie nannte sie es? Das Morgengebet.«

»Wir sind das neue Amerika«, intonierte Megan.

Sie nahm die Pistole aus Duncans Hand und sah den Lauf hinunter. »Wir sind das neue Amerika«, wiederholte sie. Sie drückte auf den Abzug, und der Hammer klickte mit einem scharfen Laut auf die leere Kammer herunter, der im Keller hallte und sich in ihren Phantasien wiederholte.

Megan ließ Duncan schlafen.

Er war bis drei Uhr morgens im Wohnzimmer auf und ab gegangen, hundert Ideen im Kopf, aber schließlich in einen Sessel gefallen und mit der .45 Kaliber im Schoß eingeschlafen. Die Zwillinge hatten ihn, als sie aufwachten, in dieser Position entdeckt. Lauren hatte ihm vorsichtig die Waffe aus der Hand genommen, während Karen ihm die Hände auf die Schultern gelegt hatte, damit er nicht überrascht aufschreckte. Ein paar Augenblicke später hatte Megan sich zu den Zwillingen in der Küche gesellt, wo sie die Waffe in die Mitte des Küchentischs gelegt hatten und sie anstarrten, als ob es etwas Lebendiges wäre.

»Wo haben wir die denn her?« hatte Lauren gefragt.

»Und was werden wir damit tun?« fügte Karen hinzu.

»Wir haben sie seit 1968 gehabt. Wir haben sie nur nie gebraucht...« Sie war leicht verblüfft über das Verhalten der Zwillinge, die so sachlich-nüchtern darüber sprachen; sie schienen weder schockiert noch erschrocken darüber, die Waffe in ihrem Haus zu entdecken.

»Bis jetzt«, beendete Lauren die Feststellung ihrer Mutter.

»Bis jetzt«, wiederholte Megan.

»Werden wir denn –«, fing Karen an, aber ihre Mutter hielt die Hand empor.

»Gibt es einen Plan?« fragte Lauren.

»Noch keinen. Nein.«

»Was werden wir denn dann tun?«

»Jetzt im Augenblick?« Megan sah die Zwillinge an. »Jetzt bleibt ihr erst mal hier und habt ein Auge auf euern

Vater. Keiner unternimmt irgend etwas. Wenn das Telefon läutet, weckt ihr ihn auf. Das könnten sie sein. Sie haben gesagt, sie würden sich melden.«

»Ich hasse diese Warterei«, sagte Lauren mit plötzlicher Kraft. »Ich hasse dieses ewige Gewarte auf Dinge, die uns zustoßen. Ich möchte endlich etwas tun!«

»Wir kommen noch zum Zug«, sagte Megan. »Ich verspreche es euch.«

Lauren nickte und war zufrieden. Ihre Schwester beäugte die Mutter.

»Was wirst du jetzt tun?« fragte sie.

Megan nahm die Pistole vom Tisch und tat sie in ihre Aktentasche.

»Du wirst doch wohl nicht ganz allein irgendwas Albernes anstellen? Ich wecke Dad auf«, drohte Lauren. »Wir stecken hier alle drin.«

Megan schüttelte den Kopf. »Nein. Das tue ich nicht. Keine Angst. Ich will mir nur ein Grundstück ansehen«, sagte sie. »Das tun Makler nun mal am Sonntag. Da besichtigen sie Grundstücke.«

»Mom!«

»Mom, du kannst nicht ganz allein weggehen! Dad wird verrückt werden!«

»Ich weiß«, sagte Megan abrupt. »Ich weiß es. Aber ich werde das hier allein tun.«

»Warum? Und was willst du denn tun?«

»Was ich tun werde, ist ein Versuch«, erwiderte Megan vorsichtig. »Ich habe mir ein paar Grundstücke notiert, die sie gemietet haben könnten. Vielleicht habe ich Glück und finde die Tommys.«

»Ja. Und vielleicht hast du Pech und bekommst Ärger«, murmelte Karen.

»Mom, das ist doch verrückt –«, fing Lauren an.

Megan nickte langsam. »Ja. Nehme ich an. Aber es ist wenigstens irgend etwas, und das ist besser als nichts.«

»Ich glaube immer noch, du solltest auf Dad warten«, drängte Karen.

»Nein«, Megan schüttelte den Kopf. »Er hat das, was er tun mußte, allein gemacht. Jetzt werde ich das, was ich tun muß, auch allein tun.«

Sie sah die beiden Mädchen lange an. Sie fragte sich einen Augenblick, warum sie so darauf bestand, aber sie wußte, daß sie aus dem Haus sein mußte, bevor Duncan aufwachte. Er würde vernünftig und praktisch sein und ihretwegen Angst haben. Er würde sie daran hindern, diese Gelegenheit zu nutzen, und das wäre schlimmer als alle Gefahren, mit denen sie es zu tun bekommen könnte. In ihrem Innern herrschte ein Aufruhr der verschiedenartigsten Gefühle. Ich habe noch nichts getan, dachte sie. Jetzt ist es Zeit für mich, etwas zu unternehmen.

»Mom, bist du sicher, daß du auch weißt, was du tust?« fragte Lauren.

»Ja«, antwortete Megan. »Nein. Und was macht das schon für einen Unterschied?«

Sie zog die Jacke an, setzte einen Hut auf und legte einen Schal um. »Wenn euer Vater aufsteht, sagt ihm, ich rufe in ein, zwei Stunden an. Sagt ihm, er braucht sich keine Sorgen zu machen.«

Sie verließ die Zwillinge, und keine von beiden glaubte ihr das mit dem ›keine Sorgen machen‹ auch nur einen Augenblick. Als sie ging, standen die Mädchen bei ihrem schlafenden Vater, der so erschöpft war, daß er immer noch nicht erwachte.

Draußen vor der Haustür hielt Megan inne, sog etwas von der kalten Luft ein und genoß die feuchte Kälte, die half, ihre Gedanken zu klären. Sie hatte für einen kurzen

Moment Schuldgefühle, denn sie dachte daran, wie erbost Duncan sein würde, wenn er aufwachte. Dann schob sie den Gedanken von sich und ging an die Arbeit. Sie schritt, ohne stehenzubleiben, zu ihrem Wagen, während sie die Umgebung nach Anzeichen von Olivia und ihrer Gruppe absuchte. Sie sah auch die Straße hinauf und hinunter und konnte außer ihren Nachbarn niemanden entdecken. Sie beobachtete eine Familie, die in ihrem Kombiwagen Platz nahm und dann sachte rückwärts aus ihrer Einfahrt auf die Straße bog. Sie hatten den Wagen mit Hockeystöcken und Schlittschuhen vollgepackt und trugen knallrote und blaue Jacken. Sie sah einen anderen Nachbarn ein paar tote Blätter von einer Einfahrt fegen. Ein paar Häuser weiter oben an der Straße packte ein älteres Ehepaar in Erwartung des ersten Schnees Mulch auf ein Blumenbeet. Einen Augenblick lang überwältigte sie beinahe die Normalität des Ganzen. Ein Wagen kam vorbei, und sie erkannte einen der Makler aus ihrem Büro, der weiter unten an der Straße wohnte. Megan winkte ihm mit einer gespielten Heiterkeit zu, die Übelkeit in ihr erregte. Aber sie nutzte die Gelegenheit, dem Wagen der Nachbarn hinterherzusehen und dabei die Straße in Augenschein zu nehmen. Als sie sicher war, daß niemand auf sie wartete und daß auch niemand das Haus beobachtete, rutschte sie hinter das Steuer. Aber bevor sie den Motor anließ, prüfte sie ihre Ausrüstung: Landkarte. Adressen. Papier und Schreibstift. Feldstecher. Sofortbildkamera und Film. Pistole. Sie trug hohe wasserdichte Stiefel, einen dunklen Parka und auf dem Kopf eine von Duncans gestrickten Schimützen, die sie herunterziehen konnte, bis sie fast ihr ganzes Gesicht bedeckte. Sie schaltete die Zündung ein, holte noch einmal tief Luft und fuhr los.

Sie durchquerte Greenfield rasch, behielt dabei immer den Rückspiegel im Auge und fragte sich jedesmal, ob die dunkle Limousine oder der Kombiwagen oder der Sportwagen oder das Lieferauto, das hinter ihr fuhr, sie verfolgte. Ich muß es genau wissen, dachte sie. Zweimal bog sie in eine Tankstelle ein, wartete und ließ den Verkehr vorbeirauschen, aber sie war nicht sicher, ob das eine gute Methode war, um einen Verfolger abzuhängen. Schließlich ließ sie sich etwas anderes einfallen. Sie fuhr zum Eingang des Greenfield College am Rande der Stadt. Es besaß eine lange, kreisförmige Auffahrt, die zum Zulassungsgebäude führte. Sie wand sich schnell durch den Verkehr hindurch, bog auf den Rundweg der Einfahrt, beschleunigte und kam in der entgegengesetzten Richtung wieder heraus. Kurz darauf hielt sie an und suchte in den Spiegeln nach irgendeinem Auto, das vielleicht gerade wendete. Als sie keines entdecken konnte, setzte sie ihren Weg fort, noch nicht ganz sicher, wie sie ihre Aufgabe angehen sollte, aber fest entschlossen, es zu versuchen.

Im Farmhaus diskutierten die Entführer.

Die Euphorie des Geldzählens vom Vorabend war einer Debatte gewichen, die sich darum drehte, was man tun sollte. Olivia, die in einem großen Sessel saß, hörte genau zu, als Bill Lewis und Ramon Gutierrez ihre Sehnsüchte und Wünsche ausplauderten. Es war seltsam, wie ein bißchen Geld die Leute veränderte, wie schnell sie dadurch das aus den Augen verloren, worauf es wirklich ankam. Sie mußte darüber lachen, wie sehr sich ihre Haltung verändert hatte. Vierundzwanzig Stunden vorher hatten sie noch gezittert und waren unsicher gewesen, gelähmt von der Spannung. Jetzt, da der Erfolg in greifbare

Nähe gerückt schien, plusterten sie sich auf, prahlten mit ihrem Mannesmut. Sie hatte für beide nur Verachtung übrig, war aber so vorsichtig, das nicht zu zeigen. Es war Zeit für den nächsten Schritt im Plan.

»Ich versteh' das nicht«, sagte Ramon. »Warum verschwinden wir denn nicht jetzt sofort von hier? Was wollen wir hier noch? Wir haben doch erledigt, was wir wollten. Jede Minute, die wir warten, ist ein Fehler.«

»Sind wir wirklich schon fertig?« fragte Olivia kühl. »Bist du sicher, daß wir erreicht haben, was wir erreichen wollten?«

»Ich ja«, antwortete Ramon. Aber dann wurde er still.

»Ramon hat recht, Olivia. Warum sollen wir hier denn noch rumhängen? Warum springen wir nicht einfach in den Wagen und schießen ab in den Wind?«

»Du meinst, sie haben genug bezahlt?« Sie mußte diese Karte sorgfältig ausspielen, sie die eine Sache glauben machen, während sie eine andere tat.

»Es sind fast fünfzigtausend für jeden. Das ist mehr, als ich je besessen habe. Das reicht doch, um irgendwo was Neues anzufangen.«

»Meinst du nicht, daß sie mehr haben?«

»Wo denn? Er hat die Bank ausgeraubt. Was soll er jetzt noch haben?«

»Was ist mit dem Geld, das er für seine Aktien, Anleihen, Einlagen, für seinen Grundbesitz herausbekommen hat, mit dem ganzen Mist, der Duncan gehört und den er wie verrückt an den Mann bringt? Seht ihr denn nicht: Er rechnet sich wahrscheinlich aus, daß er der Bank das geraubte Geld zurückzahlen kann, ich weiß, daß er das vorhat. Ja, und dieses Geld sollte uns gehören.«

Die beiden Männer dachten darüber nach. Olivia beobachtete sie genau.

»Wie kommen wir dran?«

Olivia lächelte. Die hatte sie geleimt! »Wir könnten immer wieder kommen und uns neues Geld holen.«

»Wie machen wir denn das?« fragte Bill Lewis.

»Wir tun's einfach. Die Zeit vergeht. Das Geld geht zu Ende. Wir kommen wieder her. So einfach ist das.«

»Wie können wir sicher sein, daß er mitspielt?«

»Es bleibt ihm gar nichts anderes übrig. Für ihn ändert sich nichts. Mit uns zu kooperieren wird für ihn immer die einzig sichere und ratsame Sache sein.«

Lewis nickte.

»Ich weiß nicht«, sagte Ramon. »Wie weit können wir sie herumstoßen, bis sie —«

»Solange es mir gefällt«, erwiderte Olivia.

»Du bist verrückt«, brach es aus ihm hervor. »Angenommen, er findet, er hat genug, und ruft die Bullen?«

»Das wird er nicht tun.«

»Yeah – aber angenommen, er tut es?«

»Er wird es nicht tun. Ich kenne ihn. Er wird's nicht tun.«

»Mir gefällt das nicht. Ich möchte nie wieder hierherkommen. Ich möchte das Geld nehmen, unsere Spuren verwischen und verduften. Wir hätten ihn da draußen einfach abknallen sollen. Das hätten wir tun sollen, genau wie ich gesagt habe. Vielleicht wärst du dann zufrieden.«

Olivia nickte. »Daran habe ich auch gedacht. Aber es war nicht der richtige Augenblick.«

»Was ist mit den Gästen?« fragte Bill Lewis. Er deutete nach oben, die Treppe hinauf. »Sie werden ziemlich zappelig. Ich frage mich, wie lange sie's noch aushalten. Vor allem der Junge. Es scheint mir nicht fair.«

»Fair?« fragte Olivia. Ihr Gesicht nahm einen sarkastischen Ausdruck an, sie schien überrascht.

»Na, du weißt schon, was ich meine«, wich Bill zurück.
»Was sollen wir mit ihnen machen?« fragte sie.
»Umlegen«, sagte Ramon.
»Laß sie laufen«, sagte Lewis. Er sah Ramon wütend an. »Ich dachte nicht, daß du so wärst«, feixte er höhnisch.

Ramon schrie Lewis an: »Von denen hängt doch letztlich mein Leben ab! Sie wissen, wer wir sind. Sie können uns beschreiben. Ich möchte meine nächsten zehn Jahre nicht so zubringen, wie du es getan hast, und immer über die Schulter gucken. Ich möchte frei sein. Das heißt: keine Zeugen. Es ist verdammt einfach.«

»Ja, wirklich einfach. So wie du. Wir bringen sie um«, sagte Bill Lewis ruhig und sarkastisch. »Und wer soll Duncan oder Megan daran hindern, den Rest ihres Lebens damit zuzubringen, daß sie uns jagen? Wenn wir sie gefunden haben, wieso sollen sie uns dann nicht auch finden können? Mensch, bist du dämlich.«

»Wenn sie den Rest ihres Lebens noch haben«, warf Olivia ein.

»Jesus!« sagte Bill Lewis, in seiner Stimme war Erbitterung. »Was meinst du? Du willst wohl Charlie Manson spielen? Damit kommen wir nirgendwohin. Ich murkse keine alten Männer und Kinder ab, verstanden? Ich mache so etwas einfach nicht. Ich wollte den Kerl in Kalifornien nicht umlegen, aber das war deine Show, und so bin ich mitgekommen. Aber nicht ein Kind. Er ist auch 'n netter Junge.«

»Du brauchst doch nicht«, sagte Ramon. »Vielleicht haben andere Leute nicht dieselben Gefühle. Vielleicht haben andere keine Angst –«

»Ich sage dir, vor wem ich keine Angst habe, du Bastard – vor dir habe ich keine Angst.«

»Das solltest du aber, du verdammter Dummkopf. Merkst du denn nicht, daß du sentimental wirst und uns allen das Geschäft versaust? Das ist meine große Chance, und die lasse ich mir nicht von so einem schwulen Ex-Hippie vermasseln!«

Lewis rannte, die Fäuste geballt, durchs Zimmer auf seinen ehemaligen Liebhaber zu. Ramon sprang vom Stuhl herunter und griff nach seinem Revolver.

»Hört auf!« schrie Olivia mit gellender Stimme.

Sie zögerten und sahen sie an.

Sie zeigte auf die beiden. »Ihr werdet das tun, was ich euch sage, wenn ich es sage. Das ist meine Show, und ich sage euch, wenn's vorbei ist.«

Die beiden Männer standen da und starrten sie an.

»Also, was werden wir tun? Sie alle umlegen?« Bill Lewis spuckte aus.

»Was wir auch tun, laßt es uns sofort tun und abhauen, zum Teufel«, sagte Ramon.

Olivia schätzte die beiden Männer ein, wie weit sie sich gegen sie auflehnen würden. Sie haben beide Angst und sind mit den Nerven so ziemlich am Ende, dachte sie. Ich werde beiden das geben, was sie sich ihrer Meinung nach wünschen. Und dann tue ich, was ich will.

»All right«, sagte sie, als habe sie Kinder zu belehren. »Ihr habt beide gesagt, daß ihr die Sache abschließen wollt, richtig?«

Beide Männer nickten, während sie einander noch immer anstarrten.

»Und ich glaube, daß Duncan uns noch ein bißchen mehr schuldet.« *Viel mehr*, dachte sie.

Nun sahen sie verlegen zu Olivia hinüber. Die Falle kann zuschnappen, dachte sie und lächelte.

»Nun mal immer mit der Ruhe, ihr beiden. Ist bis jetzt

irgend etwas schiefgegangen? Habe ich mir nicht jahrelang alles genau ausgedacht?«

Die beiden Männer warfen einander einen Blick zu, dann sahen sie sie wieder an und nickten.

»Ist nicht alles genauso gelaufen, wie ich es vorhergesagt habe?«

Sie nickten wieder, offenbar etwas erleichtert.

»Über die jetzige Situation habe ich doch am meisten nachgedacht. Das ist ja der beste Dreh an der ganzen Geschichte – und er ist idiotensicher. Hier ist der Plan: Ich kontaktiere Duncan heute abend, gerade wenn er anfängt, total durchzudrehen. Ich sage ihm, er soll uns morgen früh treffen. Irgendwo, wo's nett und einsam ist. Und ich sage ihm, daß er noch nicht genug gezahlt hat. Um acht Uhr fünfzehn sind wir hier weg. Mittags sitzen wir im Flugzeug. Seid ihr nun zufrieden?«

Olivia sah die beiden Männer an. Sie waren noch ein bißchen unruhig, aber nur ein bißchen.

»Ich finde immer noch, wir sollten sie einfach abknallen und verduften«, murmelte Ramon.

»Nicht schlecht«, sagte Bill Lewis. »Es klingt gut, Olivia. Aber warum bis heute abend warten?«

»Weil er dann am verletzlichsten ist. Alle Leute sind nervöser, wenn die Dunkelheit hereinbricht. Die Welt kommt einem kleiner, enger, gefährlicher vor.«

»Aber sieh mal, wir könnten gleich abfahren und weit weg von einer Telefonzelle aus anrufen. Wir brauchen nicht hier zu sein.«

»Doch, das müssen wir«, sagte Olivia. »Meinst du, die können das nicht heraushören? Nur wenn sie glauben, daß wir hier sind, hat es einen Sinn. Sie wissen dann, daß wir jederzeit raufgehen und die Geiseln wegpusten können. Wenn alles zusammenkommt, das Warten, die Dunkelheit, die Angst, wird Duncan das tun, was wir ihm sagen.«

»Wie soll das funktionieren?«

»Ganz einfach«, sagte Olivia. »Was ich vorhabe, ist, ihn an irgendeinen gottverlassenen Ort hinauszuschicken und dann einfach die Geiseln oben zu lassen. Sie werden es irgendwann begreifen, und wir sind dann schon lange weg. Wir schleichen uns einfach weg, lassen die Tür unabgeschlossen. Der alte Bastard wird ein bißchen brauchen, bis er den Nerv hat und die Tür ausprobiert. Dann muß er sich was ausdenken, wie er hier wegkommt. Wir schneiden die Telefonleitung durch. Vielleicht nehmen wir ihre Schuhe mit. Wenn es ihm endlich gelingt, Duncan und Megan zu kontakten, sind wir auf dem Logan-Airport in Boston und fliegen irgendwohin, wo's warm ist. Dann, wenn wir kein Geld mehr haben, fliegen wir mal kurz nach Greenfield und statten unserem persönlichen Bankier einen Besuch ab. Er wird dann nicht noch einmal alles von vorn durchmachen wollen. Duncan wird den bequemen und angemessenen Ausweg vorziehen. Er besorgt uns das Geld. Ende der Geschichte. Bis wir ein bißchen mehr brauchen. Und mehr. Und mehr.«

Ramon zuckte die Achseln, aber Bill Lewis wirkte erleichtert.

»Du hast recht«, sagte er. »Der Bastard wird ewig zahlen. Und wir lassen keine Zeugen zurück, wir lassen Mahnungen da. Er wird immer daran denken, wie leicht es für uns war, sie zu schnappen. Daß wir das wieder tun könnten.«

»Ah«, sagte Olivia mit einem kleinen Lachen, »du lernst dazu.«

»Ich fänd's nach wie vor besser, wenn wir keine Zeugen zurückließen«, sagte Ramon.

Olivia zögerte, dann erwiderte sie: »Muß ich darauf bestehen?« Sie fingerte an einem Revolver herum.

Ramon zuckte die Achseln.

Olivia kniff die Augen zusammen und sah den kleinen Mann scharf an.

»Nein«, sagte er. Er schmollte.

»Gut«, sagte Olivia. Sie stand auf und ging zu Bill Lewis hinüber. Sie ließ die Finger über seine Wange gleiten und klopfte ihm dann darauf. »Du wirst weich«, sagte sie lächelnd. »Wir wußten vorher, daß es Tote geben könnte. Wir wußten es und waren uns darüber einig.« Sie stieß ihm einen Finger hart in den Bauch. »Du mußt stark sein, nicht weich.« Er schüttelte den Kopf, aber sie streckte die Hand nach seinem Kinn aus, packte es fest an mit ihren langen Fingern und zwang seinen Kopf zu einem Nicken.

Ramon lachte, und Olivia lächelte. Bill Lewis lächelte auch, aber er rieb sich die Haut dort, wo Olivias Finger sich hineingegraben hatten.

»Ich schätze, du hast recht«, sagte er. »Ich sollte einfach nur auf dich hören.«

»Das würde die Arbeit erleichtern«, erwiderte Olivia. Sie gab ihm einen spielerischen Schlag auf die Wange. »All right, nun bringst du unseren Gästen den Lunch rauf. Du kannst ihnen sagen, daß sie nur noch ein bißchen warten müssen. Keine Einzelheiten. Sag ihnen, du glaubst, daß sie morgen oder übermorgen nach Haus können. Mach ihnen ein bißchen Hoffnung und sag ihnen, sie sollen keinen Quatsch machen. Das wird Wunder tun, was ihre Geduld angeht.«

Lewis nickte und verließ den Raum. Ramon wollte ihm folgen, hielt aber inne, als Olivia sich zu ihm umdrehte – all ihre Heiterkeit war aus ihrem Gesicht verschwunden, ihre Augen waren schmal, die Kiefer mahlten, und ihr Mund sah fest und drohend aus. Ihr Blick sagte ihm, daß er zu bleiben hatte, wo er war. Einen Augenblick später hörten sie beide Lewis' schwere Schritte auf der Treppe.

»Ja?« fragte Ramon.

»Der Plan wird auch mit deiner Lösung funktionieren.«

»Ja – aber ich dachte –«

»Geld ist die eine Sache«, sagte Olivia. »Rache ist etwas anderes.«

Ramon nickte und lächelte.

Olivia trat auf ihn zu. Sie strich ihm mit der Hand durch den wirren Schopf. »Du denkst mehr so, wie ich denke«, sagte sie. »Du bist hart genug. Du siehst die Dinge so, wie sie wirklich sind. Ich frage mich, wieso ich das noch nicht früher gemerkt habe.«

Er lächelte.

»Aber wann? Ich meine, Bill denkt –«

»Nicht vor morgen früh. Genau wenn wir wegfahren. Genau dann. Bill wird verrückt spielen, also müssen wir vorsichtig sein.«

Ramon nickte eifrig.

»Zum Teufel mit ihm. Er hat von diesen Sachen keine Ahnung. Er kann mich mal.«

»Du hast ihn doch mal geliebt.«

»Das ist lange her. Er hat sich verändert. Er ist weich. Ich habe mich verändert. Ich bin hart.«

Olivia lächelte.

»Angenommen, er schafft's nicht?« fragte sie.

Ramon grinste. »Dann teilen wir uns das Geld.«

»Okay«, sagte sie. »Nun tu mir den Gefallen und überprüfe alle Waffen.«

Ramon nahm blitzschnell Haltung an und eilte hinaus, von einer unbekannten, aber berauschenden Wärme erfüllt. Olivia schüttelte den Kopf, als sie ihn hinausgehen sah. Das war leicht, dachte sie. Jetzt muß ich nur noch Bill wissen lassen, daß ich Ramon nicht traue, dann kann ich mich zurückziehen und dem Feuerwerk zusehen. Es beeindruckte sie, wie leicht Menschen im Streß zu formen waren. Aber ich führe das Kommando, sagte sie sich. So ist das von Anfang an gewesen. Sie merkte, daß sie eine Melodie vor sich hinpfiff, als sie sich wieder in ihrem Sessel niederließ. Sie sah keine dringende Notwendigkeit, die Einkünfte aus Duncans Bemühungen mit irgendwem zu teilen, was natürlich von Anfang an ihr eigentlicher Plan gewesen war.

Megan saß in ihrem Wagen und wärmte sich die Hände an einem Becher mit Kaffee. Sie hatte neben einem Imbißladen geparkt und fragte sich einen Augenblick lang, ob es derselbe war, in dessen Nähe Duncan am Tag zuvor gewartet hatte. Dann warf sie einen Blick auf ihre Liste der möglichen Adressen und schüttelte den Kopf. Sie sah hinauf in den bedeckten Himmel, während sie in kleinen Schlucken ihren Kaffee trank, und dachte daran, daß ihr nur noch zwei oder drei Stunden blieben, in denen es hell war. Sie seufzte und breitete die Landkarte auf dem Armaturenbrett aus.

Wo seid ihr? fragte sie sich.

Es dauerte lange, bis man eines dieser Häuser erreichte. Sie konnte auch nicht einfach die Einfahrt benutzen; statt dessen war sie gezwungen, das Haus zu finden, dann in einiger Entfernung zu parken und vorsichtig das Anwesen auszukundschaften. Bisher war sie erfolglos gewesen. Vor dem ersten Haus, das sie sah, spielten Kinder, und das hatte ihr einen Augenblick lang den Willen genommen, weiterzumachen. Sie hatte wie angewurzelt draußen an der Landstraße gestanden und zu diesem Schwarm von Kindern hingesehen, die in irgendeinem Spiel herumrannten, das eine Kombination von Cowboy und Indianer und Haschen und Fangen zu sein schien. Alles, was sie unterscheiden konnte, war, daß ein paar Kinder »es« waren und daß ziemlich viel geschossen wurde. Sie hatte sich zögernd von dieser Szene abgewandt und an Zeiten gedacht, in denen sie denselben Spielen von ihrem eigenen Fenster aus zugesehen hatte.

Bei einem anderen Haus rechte ein älteres Ehepaar Blätter vom Vorhof; das konnte sie schnell abhaken. Ein drittes war ausgeschieden, als sie in einem zerbeulten Kombiwagen, der davorstand, einen Babysitz entdeckt hatte.

Zwei Häuser wiesen keine Anzeichen von Leben auf. Sie hatte sich bis zu den Vorderveranden gewagt und durch die dunklen Fenster hineingestarrt auf der Suche nach irgendwelchen Anzeichen oder Spuren von Bewohnern. Aber sie hatte nur Spinnweben und Staub entdecken können.

Sie warf einen Blick auf ihre Karte. Vier Häuser blieben noch. Sie dachte an alle Möglichkeiten, die es geben konnte, daß das Haus gar nicht auf ihrer Liste war. Olivia konnte das Haus durch eine Zeitungsanzeige – und keinen Makler – gemietet haben. Aber das war nicht ihr Stil. Olivia würde höchst ungern direkt mit einem Eigentümer verhandeln.

Ein Eigentümer könnte eine Referenz verlangen oder sie sich genau ansehen, aber ein Makler würde nur ihr Geld wollen. Megan überlegte, ob Olivia etwas außerhalb des Gebiets gemietet haben könnte, das vom Greenfield Multiple-Listing Service erfaßt wurde. Möglich, daß sie in Amherst oder Northampton war. In beiden Gemeinden gab es Colleges, und Studenten hatten die Auswahl unter Dutzenden von Angeboten. Aber würde sie gern so weit fahren müssen? Megan bezweifelte es. Sie erinnerte sich an das, was sie neulich nachts gedacht hatte: nahe genug, um uns zu beobachten, weit genug, um gerade aus unserer Sicht zu sein.

Sie ist hier, dachte Megan. Sie ist auf der Liste.

Aber ihre Zuversicht hielt nicht an.

Megan war immer weiter aufs Land hinausgefahren, als sie die Häuser überprüft hatte. Sie starrte nun zu einigen grünen Kiefern hoch, die einen nahegelegenen Hügel bedeckten. Hier und da unterbrach eine Gruppe von nackten weißen Birken die Welle aus Dunkelgrün wie die Knochenhand des Todes, die durch die Meeresoberfläche hinaufgreift. Megan schüttelte es, sie trank ihren Kaffee aus und ging ein paar Schritte vom Wagen weg. Sie sah eine Telefonzelle und entschloß sich, zu Hause anzurufen.

Lauren antwortete nach dem zweiten Läuten: »Richards Residence.«

»Lauren?«

»Mom! Wo bist du? Wir haben uns Sorgen gemacht.«

»Mir geht's gut. Ich bin immer noch draußen auf der Suche.«

»Dad ist fast wahnsinnig geworden! Und als er kapiert hat, daß du den Revolver mitgenommen hast, wollte er hinter dir her!«

»Alles ist okay. Ist er da?«

»Ja. Er kommt. Ich habe ihm gesagt, er soll sich keine Sorgen machen, aber es hat nichts genützt, weil wir uns sowieso schon ziemlich Sorgen gemacht haben. Warum kommst du nicht nach Haus?«

»In einer Stunde oder so bin ich ja zurück. Nur noch ein oder zwei Häuser.«

»Was ist denn bloß los, zum Teufel?« fragte Duncan plötzlich. Megan hatte nicht gehört, daß er das Telefon aus der Hand ihrer Tochter übernahm.

»Ich überprüfe nur gerade ein paar Grundstücke.«

»Was machst du? Überprüfst *was*?«

»Nur so eine Idee.«

»Wovon zum Teufel redest du denn da? Die Mädchen sagten, du wärest los, um die Tommys zu suchen.«

»Duncan – sei nicht wütend.«

»Ich bin nicht wütend. Ich habe nur eine wahnsinnige Angst.« Er machte eine Pause. »Natürlich bin ich wütend. Ich bin wahnsinnig wütend! Nimm nur an, nimm mal an –«

»Ich bin okay.«

»Bisher. Warum hast du mich nicht aufgeweckt?«

»Du hättest mich nicht gehen lassen.«

Er war einen Augenblick still. Sie hörte ihn seufzen und wieder etwas zur Vernunft kommen. Seine Stimme wurde endlich normal, moduliert und gleichmäßig. »Du hast recht. Ich hätte dich nicht weggelassen.«

»Ich hatte einfach so ein Gefühl, daß ich es tun mußte. Allein.«

Er war wieder still. »Hör mal«, sagte er. »Bitte sei vorsichtig. Und bleibe nicht mehr so lange da draußen. Ich glaube nicht, daß wir es nach Anbruch der Dunkelheit noch aushalten könnten.«

»Ich bin bald wieder da. Paß auf die Mädchen auf.«

»Wenn ich nicht bis, sagen wir, sieben Uhr von dir gehört habe, komme ich dich suchen.«

»Bis dahin bin ich zu Hause«, sagte sie.

»Sieben Uhr.« Duncan bestand darauf.

Megan stieg wieder ins Auto und prüfte die nächste Adresse auf ihrer Liste. Etwas schlug in ihr an, ein Gefühl, daß es das sein könnte, und einen Augenblick lang mußte sie gegen eine schwindelerregende Anwandlung von Angst und Erregung ankämpfen. Ihr seid hier, dachte sie wieder. Sie griff rasch zur Pistole und überprüfte sie, dann legte sie sie unter ein paar Papiere auf den Sitz neben sich. Sie machte sich wahnsinnige Sorgen, daß die alte Munition nicht mehr richtig funktionieren könnte. Aber dann sah sie ein: Wenn sie eine Waffe benutzen müßte, wäre wahrscheinlich sowieso alles schon verloren. Sie zog Duncans Mütze tief in die Stirn und fuhr aus dem Parkplatz heraus.

Es dauerte nur einige Augenblicke, und schon war sie mitten in den Wäldern. Sie fuhr ein paar Meilen durch Hell und Dunkel und entdeckte endlich das erste der restlichen Häuser auf ihrer Liste. Es lag fünfzig Meter zurück von der ruhigen Landstraße. Möglich, dachte sie sofort. Sehr gut möglich. Sie fuhr langsamer. Seid ihr dort? Sie konnte keine Anzeichen von Leben erkennen, als sie vorbeifuhr, also lenkte sie den Wagen an den Straßenrand. Ich muß es nachprüfen, dachte sie. Ich muß mich vergewissern. Sie drehte sich auf ihrem Sitz herum und sah, daß die Landstraße leer schien, also stieg sie aus und ging die paar Meter zur Einfahrt zurück. Sie starrte, an ein paar Büschen und einer großen Eiche vorbei, das Haus an, und die große Eiche erinnerte sie einen Augenblick lang an eine auf ihrem eigenen Hof hinter dem Haus in Greenfield. Seid ihr da drin? fragte sie sich wieder. Sie zögerte, noch näher heranzugehen, und suchte nach einem Weg, wie sie sich heimlich anschleichen könnte, und plötzlich wurde ihr klar, daß sie mitten auf der Landstraße stand. Während sie noch zögerte, hörte sie, daß sich ein Wagen näherte.

Sie brauchte einen Augenblick, um zu erkennen, was für ein Geräusch es war, aber dann geriet sie in Panik.

Schnell suchte sie nach einem Ort, um sich zu verstekken, und fand keinen.

Sie ging ein paar Schritte auf ihren Wagen zu, dann fing sie an zu rennen, weil sie sich dort Sicherheit erhoffte. Hinter ihr wurde der Motorenlärm lauter. Sie erreichte ihr Auto, riß die Tür auf und warf sich hinter das Steuer, wußte nicht, ob man sie entdeckt hatte oder nicht.

Wenn ja, dachte sie, laß es hier enden.

Sie biß die Zähne zusammen und versuchte sich zu beherrschen.

Dann griff sie nach der Pistole und hob den Kopf, um in den Spiegel zu sehen, erwartete dort jeden Augenblick Olivia mit einer Waffe zu erblicken. Aber statt dessen sah sie eine graue Limousine in die Einfahrt hinter ihr einbiegen. Sie konnte die Darinsitzenden nicht erkennen.

Sie drehte sich auf ihrem Sitz herum, um noch einen flüchtigen Blick von dem Wagen zu erhaschen, aber es gelang ihr nicht. Schnell wandte sie sich wieder nach vorn, ließ den Motor an, legte den Rückwärtsgang ein und setzte mit durchdrehenden Hinterrädern auf dem knirschenden Kies und Schotter zurück. An der Einfahrt angelangt, trat sie auf die Bremse und suchte das Anwesen rasch nach irgendwelchen Hinweisen ab.

Ihre Enttäuschung war groß.

Als erstes entdeckte sie zwei junge Frauen, die große braune Einkaufstüten mit Lebensmitteln trugen. Sie sah zwei junge Männer, die weitere Pakete aus dem Wagen nahmen. Sie lachten und beachteten sie überhaupt nicht. Studenten, fuhr es ihr durch den Kopf. Wahrscheinlich zwei Pärchen höheren Semesters, die sich das Haus teilen.

Sie merkte, daß ihre Hände auf dem Lenkrad zitterten.

Dann beruhigte sie sich und sah noch einmal zu dem Haus und dem Wagen hinüber, lange genug, um einen großen roten Aufkleber der Universität von Massachusetts am Fenster zu entdecken.

Sie atmete aus, erleichtert und verzweifelt zugleich.

Fahr weiter zum nächsten, sagte sie sich.

Und beherrsche dich. Und bleib in Deckung.

Aber das nächste Haus lag direkt an der Landstraße, und sie konnte sofort sehen, daß es auch von einer Familie bewohnt war. Im Vorhof lag überall Spielzeug herum, das meiste schien nicht mehr reparierbar zu sein. Irgendwie, fand sie, war das ein Glück. Sie hielt den Wagen am Straßenrand an und wartete. In den wenigen Minuten, die sie dort verbrachte, gelang es ihr, ihre Beherrschung zurückzugewinnen.

Sie fuhr wieder los und merkte, daß der Tag sich dem Abend zuneigte. Das matte Sonnenlicht, das noch durch die Bäume fiel, schien kraftlos, und sie spürte, wie die Kälte sich für ihren Nachtangriff vorbereitete. Los, weiter, ermahnte sie sich. Komm schon.

Sie überprüfte die Adressen und die Punkte, wo sie auf der Karte lagen. Zwei blieben noch. Rasch fuhr sie zu der nächstgelegenen, bog in eine Landstraße ein, dann in eine andere. Sie kam zu einer Kreuzung und folgte einem alten, verblaßten Hinweisschild.

Schließlich holperte sie eine vergammelte Landstraße hinunter, Frostaufbrüche schaukelten sie auf und nieder, von Zeit zu Zeit fuhr sie in ein Schlagloch. Für diese Straße werden keine Steuergelder verschwendet, dachte sie. Es war der Gedanke einer Grundstücksmaklerin, und sie erstarrte. Sie sah die Straße plötzlich mit anderen Augen. Kein Verkehr. Keine neugierigen Augen. Abgeschnitten von der Welt. Keine Nachbarn. Mit niemandem Kontakt. Sie fuhr langsamer und fing an, die Nummern auf den Briefkästen am Rand der Landstraße zu prüfen. Ihr Herz fing an schneller zu schlagen, als die Nummer näher kam, die sie suchte.

Sie sah den kiesbedeckten Zufahrtsweg, der in den Wald abbog, noch bevor sie die Nummer auf dem Briefkasten entdeckt hatte, und sie wußte: Das war es. Diesmal fuhr sie aber schnell vorbei und wagte es nicht einmal, einen Blick durch den Wald zu werfen, in dem das Haus wahrscheinlich lag. Etwa fünfzig Meter weiter entdeckte sie einen Feldweg, eine schmale, ausgefahrene Schneise durch den Busch, die in den Wald führte. Ein alter Feuerwehrweg, dachte sie. Oder vielleicht der Traktorweg eines Farmers, der zu einem tiefer gelegenen Feld führte. Sie kämpfte gegen den Drang an, dort hineinzufahren, und dachte: zu nah! Sie fuhr weiter. Eineinhalb Kilometer weiter entdeckte sie einen zweiten Feldweg, dieser führte in die entgegengesetzte Richtung. Sie fuhr hinein, bis man sie von der Straße aus nicht mehr sehen konnte.

Megan schluckte heftig und sammelte ihre Ausrüstung ein. Sie nahm den Skizzenblock, die Kamera und den Feldstecher und steckte sie in einen Brotbeutel. Die Waffe verbarg sie unter dem Mantel.

Dann stieg sie aus und ging zur Straße. Sie zog die Mütze in die Stirn und rannte vorsichtig auf der Landstraße zurück.

Als sie den Feldweg nahe dem Haus erreichte, bog sie hinein und schlich sich durch den Wald. Sie konnte ihre Atemwolke vor sich sehen. Einen Augenblick lang hielt sie an und ließ sich von der Dunkelheit einhüllen. Sie stapfte am Waldrand entlang, hielt sich direkt an den

Weg, den der Farmer früher gefahren sein mußte, und hoffte, daß er sie an die Zufahrt und zum Haus selbst führen würde. Sie wußte nicht sicher, ob es der richtige Weg war, aber sie hatte so ein Gefühl, und sie konnte ihr Herz unter dem Mantel klopfen hören. Die Ranken der Büsche zerrten an ihrem Parka, aber sie befreite sich und bewegte sich so leise wie möglich vorwärts. Sie dachte, sie mache einen furchtbaren Lärm; jedes Knacken eines Zweiges kam ihr wie ein Kanonenschuß vor, jeder Schritt auf dem sumpfigen Boden wie ein Raketenstart. Sie eilte vorwärts, zwängte sich durch das Kieferngehölz und suchte nach dem Haus.

Als sie Licht sah, zögerte sie. Dann schlich sie geduckt vorwärts.

Plötzlich überkam sie Angst vor Hunden, aber sie machte sich wieder schnell davon frei. Sie dachte: Wenn ich mich irre, schulde ich bestimmt einem armen Farmer eine Erklärung. Aber sie kroch weiter.

Am Waldrand entdeckte sie eine alte Feldsteinmauer, ging in die Knie und rutschte darauf zu. Sie legte die Wange an einen moosbedeckten Stein, und die kühle Oberfläche beruhigte sie. Dann hob sie langsam den Kopf.

Sie sah zu dem alten, weißen, holzverschalten Farmhaus hinüber. Der Abendnebel schien sich darum zu sammeln. Sie konnte keinerlei Bewegung ausmachen. Einen Augenblick lang verfluchte sie die zunehmende Dunkelheit, denn auch wenn sie ihr half, sich zu verbergen, so versteckte sich doch auch das, wonach sie suchte.

Sie holte den Feldstecher heraus und richtete ihn auf einen vor dem Haus geparkten Wagen. Ihr Herz klopfte wild, als sie den Aufkleber eines Autoverleihs entdeckte. Kein Farmer fährt einen Mietwagen, dachte sie. Auch kein Student. Aber ich erinnere mich an jemanden, der es tut. Das sieht ihr ähnlich.

Sie schwang den Feldstecher herum und sah sich das Haus an. Sie konnte nichts Besonderes an dem Farmgebäude erkennen. Wie so viele bestand es aus einem Erdgeschoß und zwei Stockwerken darüber im Cape-Stil, jeder Stock sah über den darunterliegenden hinaus. Sie dachte: Wohnzimmer und Eßzimmer Parterre, Schlafzimmer im ersten Stock, dann das Dachgeschoß oben drauf. So würde es sein.

Megan setzte rasch den Feldstecher ab und skizzierte, was sie von dem Grundstück und dem Gebäude erkennen konnte, in einen Plan. Sie befand sich seitlich des Hauses und konnte die Vorder- und Rückseite sehen. Hinter dem Haus erblickte sie ein längliches, abfallendes Feld, das sich zum Waldrand hin erstreckte. Sie überlegte, ob der Feldweg wohl dorthin führte, und nahm an, daß dem so war. Sie sah, daß der Zufahrtsweg vor dem Haus einen Bogen machte, dort, wo sich eine Veranda befand. Davor lag ein Stück verwilderten Rasens, so daß jeder, der sich dem Haus von vorn näherte, fünfzig Meter offenen Geländes überwinden mußte. Sie hob die Kamera und machte rasch hintereinander eine Reihe von Fotos. Sie waren dunkel und unscharf, aber sie waren etwas, das sie Duncan zeigen konnte.

Sie legte die Kamera und den Skizzenblock weg und hob den Feldstecher auf. Die Dunkelheit breitete sich rasch aus, und sie machte sich einen Augenblick lang Sorgen, daß sie sich bei ihrem Rückweg durch den Wald verirren könnte. Dann schob sie diese Angst von sich und beobachtete wieder das Haus. Bist du da, Tommy? Sie versuchte sich zu konzentrieren, hineinzusehen in das Haus und die Gegenwart ihres Sohnes zu spüren. Gib mir doch ein Zeichen. Zeig mir etwas! Sie wollte seinen Namen rufen, aber sie unterdrückte diesen Impuls, biß sich fest auf die Lippen, bis sie Blut schmeckte. Plötzlich sah sie in einem Raum eine Bewegung und starrte in die Richtung. Es wurde drinnen Licht angeschaltet, und eine Millisekunde lang sah sie eine Gestalt.

Es war Bill Lewis. Sie wußte es sofort: Der schlaksig schlurfende Gang des Kerls war gar nicht zu verwechseln. Dann, genauso schnell, war die Gestalt wieder verschwunden.

Sie wollte schreien.

Sie ließ das Fernglas fallen, packte die Pistole und fing an, über die Mauer zu klettern, dachte an nichts anderes, als daß ihr Sohn in diesem Farmhaus sein mußte.

Ich komme, rief ihr Herz. Ich komme!

Aber sie hielt gerade in dem Augenblick an, als sie mit dem Bein über die Mauer setzen wollte. Sie schwankte einen Augenblick hin und her, von ihrer unendlichen Sehnsucht gezogen und von ihrer Vernunft zurückgerissen. Schließlich warf sie sich hinter der Mauer zu Boden. Sie japste nach Luft und brauchte eine Weile, um sich zu beruhigen. Sie versuchte ihre Chancen den drei bewaffneten Entführern gegenüber rational einzuschätzen und erkannte, daß sie minimal waren, selbst wenn man das Überraschungsmoment mit einkalkulierte.

Für einen Moment schloß sie die Augen und sammelte die Energie, die sie brauchte, um nach Haus zurückzufahren. Sie suchte verzweifelt nach einem Weg, wie sie ihrem Kind mitteilen konnte, daß sie zurückkommen würde zu ihm, aber sie wußte, daß es keinen gab.

Als sie die Augen aufschlug, sah sie ihre Fotos und die Skizzen und nahm ihren Zeichenstift. Bleib ruhig, warnte sie sich selbst. Nimm die wichtigsten Dinge auf. Du kommst wieder hierher. Sie hob den Kopf und zeichnete alle Details der Umgebung des Hauses auf, die sie erkennen konnte, und fertigte einen so genauen Plan an, wie es ihre aufgeregte Hand und die hereinbrechende Nacht erlaubten.

Dann nahm Megan das Fernglas und suchte das Haus noch einmal ab. Sie konnte niemanden darin sehen, keinerlei Bewegung. Aber das besagte gar nichts. Ich weiß, du bist da, dachte sie.

Sie flüsterte: »Tommy, ich komme.«

Sie versteckte den Revolver wieder unter ihrem Parka und packte ihre Sachen ein. Dann zwang sie sich, auf den Knien in der Dunkelheit durch die stachligen Büsche zurückzukriechen. Aber während sie dahinkroch, redete sie leise mit sich selbst und hoffte, daß ihre Worte die Kraft hätten, durch den Himmel aufzusteigen, die Wände des Gefängnisses zu durchdringen, ungehört an den Bewachern vorbeizuschlüpfen, ihr Kind zu finden und leise in seinen Ohren zu klingen: »Tommy, ich komme. Hörst du mich? Ich hole jetzt Daddy, und wir kommen wieder und bringen euch nach Haus. Wir kommen.«

Megan zog sich durch den Wald zurück, allein, entschlossen und von Kampfeslust durchdrungen.

KAPITEL 11

Sonntag abend

Duncan schritt wütend durchs Haus. Seine Füße fühlten sich an, als säßen sie im Treibsand fest. Er wollte sie losreißen, etwas anderes tun, als immer weiter nur warten. Wellen der Angst drückten ihm auf den Magen. Er warf einen Blick auf die Armbanduhr, auf das stille Telefon, zum Fenster hinaus in die Dämmerung und in die hereinbrechende Finsternis, dann wieder zurück auf seine Töchter, die wortlos dasaßen und ihn beobachteten.

»Wo, zum Teufel, ist eure Mutter?« fragte er.

Karen und Lauren antworteten nicht.

»Ich halte es nicht mehr aus«, sagte er. »Sie läßt uns hier hängen, und Christus weiß, was passiert ist.«

»Sie ist okay«, sagte Lauren. »Ich weiß, daß sie okay ist.«

»Mach dir keine Sorgen, Dad«, sagte Karen. »Sie kommt wieder.«

Und wo zum Teufel ist Olivia, dachte er. Die Ironie seines Schicksals berührte ihn: Ich warte auf die beiden Frauen, die mir geblieben sind: Megan und Olivia. Zwischen beiden gefangen.

Er spürte, daß sich etwas in ihm löste, als ob die Spannung nun zu einem Ausbruch drängte. Er holte tief Luft.

Und dann läutete das Telefon.

Beide Zwillinge zuckten erschreckt zusammen.

Duncan hob den Hörer auf. »Ja?«
»Ah, Duncan, so gut, deine Stimme zu hören.«
»Olivia, ich möchte...«
Sie überhörte den Anfang seiner Bitte und plauderte weiter in einem freundlich-spöttischen Tonfall.
»So, Zahlentyp. Du hast wahrscheinlich die Sekunden in Minuten und die Minuten in Stunden umgerechnet. Die Zinsen dafür ausgerechnet. Tageszinsen, was, Mann?«
»Olivia...«
»Ich schätze, in diesem Fall ist Zeit tatsächlich Geld.« Sie lachte hart über ihren Witz.
»Olivia, ich habe mich an meinen Teil unserer Abmachung gehalten.«
»Gesprochen wie ein Geldmann, Mister Banker. Du hast die Minuten zusammengezählt. Ich habe Dollars gezählt.«
»Ich will sie jetzt wiederhaben!« schrie Duncan ins Telefon.
»Ruhig, Zahlentyp«, erwiderte Olivia sanft. Die Drohung schwang wie immer in ihrer Stimme mit. »Vielleicht sollte ich einfach aufhängen und dich noch ein bißchen warten lassen.«
»Nein!«
»Duncan, du hast keine Geduld. Du solltest lernen, dich zu beherrschen. Ich habe Geduld. Ich rufe dich später an. Vielleicht.«
»Nein, bitte!« Duncan halbierte seine Lautstärke. »Ich bin hier. Was jetzt?« Er war sofort wütend auf sich selbst: Jedesmal, wenn wir geredet haben, hat sie dieselbe Drohung benutzt, daß sie die Verbindung abbrechen und mich hängen lassen will. Und jedesmal falle ich wieder, ohne zu überlegen, auf ihren Trick herein. Er biß die Zähne zusammen und knirschte wütend.

Aber während er wartete und das Schweigen um ihn her wuchs, begriff er, daß sie Megan nicht erwähnt hatte. Das hieß, daß seine Frau okay war. Irgendwo da draußen, aber okay. Der Gedanke erfüllte ihn mit Erleichterung.

Ein paar Augenblicke später hörte er sie langsam ausatmen. Als sie sprach, war das Zischen ihrer Stimme kaum lauter als ein Flüstern: »Es ist nicht genug«, sagte sie.

Duncan fühlte, wie sich ihm das Herz im Leibe zusammenzog.

»Ich kann's nicht glauben –«

»Es ist nicht genug!« wiederholte sie.

»Ich besorge mehr«, erwiderte er sofort.

»Das geht ja schnell«, sagte Olivia und lachte leise vor sich hin.

»Ich weiß nicht, wie. Ich besorge es«, sagte er. »Laß die Tommys frei.«

»Du verstehst nichts, wie, Duncan?«

Duncan wußte nicht, was er sagen sollte, und blieb still.

»Was wir brauchen, ist vielleicht eine Beziehung«, sagte Olivia.

»Olivia, bitte, wovon redest du, zum Teufel?«

»Was ich brauche, ist ein Banker. Meinen eigenen, persönlichen Banker und mein eigenes, privates Konto. Genau wie ich neulich schon sagte. Also, Zahlentyp, du wirst mein Konto sein. Wenn ich mehr haben will, werde ich wiederkommen und es mir holen. Und du wirst es mir einfach geben, nicht wahr?«

Er dachte: Es wird nie mehr aufhören.

Aber er sagte: »Ja.«

Olivia brach in ein heiseres, triumphierendes Gelächter aus.

»Das war zu schnell, Duncan. Viel zu schnell.«
Er holte tief Luft. »Ja«, sagte er langsam.
»Du weißt nicht, wann ich wiederkomme. Vielleicht in sechs Monaten. Oder in sechs Jahren. Aber ich komme wieder. Eine Langzeit-Kredit-Beziehung, nehme ich an. Nennst du das nicht so? Eine Hypothek auf dein Leben, Duncan, das ist es.«
Duncan dachte wieder: Es wird nie enden.
»Was ist, wenn ich einverstanden bin?«
»Dann kriegst du sie zurück.«
»Dann bin ich einverstanden.«
»So schnell und so leicht«, sagte Olivia. »Glaub nicht, daß du dich auf mich vorbereiten kannst, Duncan. Du wirst nie wissen, wann. Siehst du nicht, wie schön das ist? Du machst Geld, und dann und wann komme ich und nehme etwas. Deine Familie lebt in Frieden. Keine Kugeln in den Rücken. Wenn ich es wollte, wäre es so leicht. Vielleicht kommt eines der Kinder eines Tages aus der Schule. Von ferne aus einem Wagen wird ein Schuß aus einem Gewehr mit großer Durchschlagskraft abgefeuert. Oder Megan fährt zu einer Verabredung wegen einer Grundstückssache los, und es stellt sich heraus, daß es etwas anderes ist. Mord ist einfach, Duncan. Er ist eine alte amerikanische Tradition. Du erinnerst dich doch sicher daran? Das Jahr, das wir damals zusammen waren, war doch für seine Morde berühmt.«
Ist das die Wirklichkeit? dachte Duncan. Laut sagte er:
»Ganz wie du willst. Wie bekomme ich meinen Sohn und den Richter?«
»Bist du sicher, daß du den alten Bastard wiederhaben willst, Duncan? Er ist der streitsüchtigste Gast gewesen, den du dir vorstellen kannst. Was ist mit der Erbschaft? Kriegst du nicht ein bißchen Bargeld, wenn der Alte ab-

kratzt? Möchtest du nicht lieber, daß ich ihn gleich umlege?«

Sie lachte wieder.

»Ich will sie zu Haus haben.«

»Das hängt von dir ab.«

»Wie?«

»Erinnerst du dich an das Feld, auf dem du gewartet hast?«

»Ja.«

»Meinst du, du findest es wieder?«

»Ja.«

»Gut, morgen früh um acht Uhr. Komm nicht zu früh. Komm nicht zu spät. Jemand wird dich beobachten. Mach keine Dummheiten. Wenn ich einen anderen Wagen oder andere Leute sehe, und wenn's auch nur ein mieser kleiner Farmer auf einem Traktor ist, passieren schreckliche Sachen, Duncan. Und kommt beide hin, okay? Du und Megan, mitten auf das Feld um acht Uhr morgens.«

»Warum denn sie? Ich kann doch allein kommen.«

»Ihr beide!« flüsterte Olivia plötzlich mit großer Bestimmtheit.

»Aber...«

»Ihr beide, dort, wo ich euch sehen kann!«

»Ich verstehe nicht –«

»Verdammt, du brauchst das nicht zu verstehen. Du brauchst es nur zu tun. Kannst du das nicht einsehen? Oder vielleicht ziehst du die Alternative vor.«

In Duncans Kopf drehte es sich, während es im Telefon still blieb.

»Einverstanden«, sagte er leise. »Was auch immer du sagst.«

»Na endlich«, sagte Olivia. »Hast du's jetzt verstanden? Mach keine Dummheiten.«

»Ja. Ich verstehe. Ich verstehe vollkommen.«

Olivia lachte. »So bleibt dir noch genug Zeit, dich umzuziehen und zur Bank hinüberzugehen, bevor sie morgens aufmacht. Und wird das nicht eine aufregende Geschichte werden, Duncan? Meinst du, du wirst damit fertig? Hast du kaltes Blut in den Adern, Duncan? Zittern dir nicht die Hände? Was macht das alte Pokergesicht?«

Einen Augenblick horchte sie auf die Stille, die aus dem Telefonhörer kam, und genoß sie. Sie verspürte die Genugtuung, die eine Spinne empfindet, wenn sie die letzten Fäden ihres Netzes webt.

Dann hängte sie den Hörer auf.

Duncan legte den Hörer auf die Gabel zurück.

»Was ist?« fragte Karen. Beide Zwillinge standen da und beobachteten ihren Vater gespannt.

»Sind sie okay? Lassen sie sie frei?«

»Ich weiß es nicht«, erwiderte Duncan. Er atmete langsam aus, als käme er aus dem Wasser hoch, um Luft zu schöpfen.

»Sie ist verrückt, müßt ihr wissen. Wahnsinnig vor Haß.« Er sagte es so dahin, sachlich, was so gar nicht zu der schrecklichen Situation paßte.

»Sie sind fürchterlich«, sagte Lauren.

Karen schüttelte den Kopf. »Ganz schlimm.«

Duncan fühlte, daß sich etwas in ihm verhärtete, als hätte ein großer Winterwind all seine Gefühle mit einer Eisschicht bedeckt. Er starrte seine beiden Töchter an, und seine Augen wurden schmal von seiner ungeheuren inneren Wut. Und ich werde auch verrückt, dachte er.

»Nun, darauf gibt es eine Antwort«, sagte er.

»Was?« fragte Karen.

»Schlimmer als sie zu sein.«

Megan fuhr voller Erregung schnell und riskant durch die Dunkelheit, jagte ihren Wagen durch die dunklen Schatten der Landstraßen und dann durch die hereinbrechende Nacht in der Stadt. Sie registrierte nichts um sich herum und sah vor sich nur das weiße verschalte Farmhaus, wie es in der Abenddämmerung vor ihr gelegen hatte. Sie achtete nicht auf die Umgebung, auf die anderen Autos und die wenigen Menschen, die auf den Bürgersteigen gingen und die Mäntel im auffrischenden Wind eng an sich zogen. Sie fuhr gegen die hereinbrechende Nacht an, ihr Entschluß stand fest, doch das Herz tat ihr weh, wenn sie an all das dachte, was ihr fehlte. Sie wendete verkehrswidrig, um von einer Nebenstraße auf die Hauptstraße zu gelangen, und beschleunigte, bis sie die hellen Lichter der Parkplätze am Einkaufszentrum erblickte. Fünfzehn Minuten vor Ladenschluß traf sie ein.

Einen Augenblick lang sagte sie ein kleines heuchlerisches Dankgebet für das Einkaufszentrum, Duncans Einkaufszentrum. Als es gebaut wurde, hatte sie ihn endlos damit aufgezogen, ein bißchen Bosheit war auch dabei, und rezitiert: »...Sie haben das Paradies zugepflastert und einen Parkplatz draufgesetzt...« Jetzt winkten die hellen Lichter einladend.

Schon in den ersten Augenblicken ihres Rückzugs vom Farmhaus hatte sie ihre Entscheidung getroffen. Es hatte sie gestört, daß sie Duncan nicht anrufen und ihm erzählen konnte, was sie gefunden hatte und was sie tun wollte, aber sie wußte, daß keine Zeit dafür blieb. Er würde es verstehen, wenn sie ihm die Ergebnisse präsentierte.

Megan stieg aus ihrem Wagen und rannte über den Schotter des Parkplatzes. Sie trat durch die breiten Eingangstüren in das Warenhaus ein, wich den letzten Kunden aus, die dem Parkplatz zustrebten, marschierte rasch durch die Korridore und hörte ihre Schuhe eindringlich über den gewachsten Fußboden klicken. Sie atmete schwer wie eine Schwimmerin, die gegen die Wellen ankämpft. Die Lichter aus den Läden – eine unendliche Vielzahl von Boutiquen und Kleidergeschäften – funkelten sie an, als wollten sie ihre Panik und Verzweiflung extra beleuchten. Ich muß aufpassen, daß ich nicht durchdrehe, ermahnte sie sich. Sie schauderte, wenn sie daran dachte, was sie vorhatte. Aber sie redete sich selbst gut zu: Was ich tun werde, ist das einzig Richtige. Sie sah die steinernen Augen der Schaufensterpuppen zu ihr herausstarren, als sie an ihnen vorbeihastete und manchmal zu laufen anfing, und sie fragte sich, ob tote Augen so aussähen. Sie schlug sich den Gedanken aus dem Kopf und hetzte weiter.

Als sie in den Sportwarenladen kam, erleichterte es sie, daß sie dort bis auf einen einsamen Verkäufer, der hinter einer Registrierkasse die Einnahmen addierte, allein war.

Er war ein junger Mann, und er warf erst Megan, dann der Uhr an der Wand einen Blick zu – sah, daß es noch zwölf Minuten vor Ladenschluß war, und wandte sich ihr zu. Er kam hinter der Kasse hervor, und Megan sah, daß er Blue jeans, ein weißes Hemd und eine Krawatte sowie einen Ring im Ohr trug. Er sah nicht gerade wie ein Sportler aus.

Sie allerdings auch nicht, wie sie plötzlich erkannte.

»Hi«, sagte der junge Mann mit einer ganz angenehmen Stimme. »Noch auf die letzte Minute. Wie kann ich Ihnen helfen?«

»Ich möchte gern Ihre Jagdausrüstungen sehen«, erwiderte Megan, bemüht, möglichst sicher aufzutreten.

Der Verkäufer nickte. »Kein Problem«, sagte er. Er führte Megan zur Rückseite des Ladens, dessen Wand eine stattliche Reihe von Waffen schmückte: wildgeschwungene Bogen und buntlackierte Pfeile, die wie verrückte futuristische Schießgeräte wirkten, und ein Arrangement von Schrotflinten, Gewehren, Pistolen und Armbrüsten. An den Kleiderständern darunter hingen Parkas und Jagdhosen von fluoreszierendem Orange bis zu gedämpften Tarnfarben. Die Oberfläche des Tresens war aus Glas, und in den Schaukästen lag ein Sortiment von Jagdmessern – gezackte, glänzende, bösartig aussehende Dinger. Es lagen auch ein paar Zeitschriften aus: *Field and Stream, Guns and Ammo* und *Soldier of Fortune*. Einen Augenblick lang kam Megan sich völlig verloren und lächerlich vor, als ihre Augen über das vorhandene Arsenal wanderten. Aber dann trat das Bewußtsein der Wirklichkeit ihrer Lage an die Stelle dieses Gedankens, und sie konzentrierte sich auf das, was vor ihr lag.

»Was für eine Art von Jagdausrüstung suchen Sie denn?« hörte sie den Verkäufer fragen. »Sollen es Geschenke sein, oder sind die Sachen für Sie selbst gedacht?«

Sie holte tief Luft. »Für meine Familie«, sagte sie.

»Geschenke also. Und woran dachten Sie?«

»Für die Jagd«, erwiderte sie abrupt.

»Was wollen Sie denn jagen?« fragte der Verkäufer. Er war geduldig und wirkte leicht amüsiert.

»Wilde Tiere«, flüsterte sie.

»Wie bitte?« Der Verkäufer beäugte sie eigenartig.

Sie kümmerte sich nicht darum, wie er sie ansah, sondern dachte an die Zeit damals in dem Haus in Lodi zurück. Sie wußte noch, wie sie in dem finsteren Wohnzimmer voll von Rauch und Enthusiasmus herumgesessen und zugehört hatte, wie Olivia mit Kwanzi und Sundiata über Waffen diskutierte. Die beiden Schwarzen kannten sich mit Ghetto-Waffen aus – billigen Revolvern und abgesägten Schrotflinten. Olivia hatte mit echten Kenntnissen aufwarten können; sie sprach von Feuergeschwindigkeit und Reichweite und schmückte ihre Konversation mit Markennamen und Kalibern, sie gab an. Megan sah noch, wie Emily dazukam und ihnen allen zeigte, wie sie die Schrotflinte unter ihrem langen Regenmantel tragen wollte; sie sah die Schrotflinte in Emilys Augen. Sie sah den schwarzen Lauf und den braunen Holzschaft. Megan hob den Kopf und betrachtete die Gewehre an der Wand.

»Die da zum Beispiel«, sagte sie zu dem Verkäufer und zeigte hinauf.

»Das ist eigentlich kein besonders gutes Jagdgewehr«, erwiderte der Verkäufer und wandte sich den Regalen zu. Er musterte die Waffe, auf die sie gedeutet hatte. »Das ist eine zwölfkalibrige Anti-Aufruhr-Flinte. So etwas hat die Polizei im Streifenwagen, wenn sie Patrouille fährt. Farmer schießen damit Waldmurmeltiere und andere Schädlinge ab. Wie Sie sehen, ist der Lauf kürzer, viel kürzer, womit sich die Treffsicherheit in der Entfernung verringert. Manche Leute benutzen sie allerdings auch, um sich zu Haus zu schützen...«

»Kann ich sie bitte mal sehen?«

Der Verkäufer zuckte die Achseln. »Natürlich. Aber die meisten Jäger wollen gewöhnlich etwas Besseres...«

Er hielt inne, erstarrt von dem Blick in Megans Augen.

»Ich hole sie Ihnen herunter.« Er nahm einen Schlüssel und entfernte damit einen Riegel, der als Sicherung für die Waffen diente, nahm die Flinte heraus und reichte sie ihr.

Einen Augenblick lang hielt Megan die Flinte mit

schräg nach unten deutendem Lauf im Arm und fragte sich, was sie damit tun sollte. Sie versuchte sich an die Lektionen zu erinnern, die sie nach Anbruch der Dunkelheit bei heruntergezogenen Jalousien in dem Haus in Lodi erhalten hatte. Sie packte den Hebel unterhalb des Laufs, zog ihn mit Gewalt zurück und hörte den Lademechanismus der Flinte kräftig klicken.

»So ist's richtig«, sagte der Verkäufer. »Nur ein bißchen sanfter, bitte. Sie brauchen ihn nicht ganz so hart zurückzureißen.« Er nahm ihr die Waffe ab und richtete sie auf die Rückseite des Ladens. Dann drückte er auf den Abzug der ungeladenen Waffe.

»Passen Sie auf«, sagte er. »Eins, zwei, drei, vier, fünf, sechs. Dann müssen Sie nachladen – hier.« Er deutete auf den Schlitz in der Seite des Magazins der Flinte.

Megan nahm die Waffe und ahmte den Verkäufer nach. Das Gewicht der Flinte war befriedigend. Sie war längst nicht so schwer, wie sie erwartet hatte. Das Gefühl des hölzernen Schafts auf ihrer Schulter war beinahe verführerisch. Aber sie wußte, wie sehr sie sich täuschte: Wenn man sie abfeuerte, würde sie wie wild herumspringen und rückstoßen, und sie fragte sich, ob sie damit fertig werden würde.

Sie atmete laut aus und dachte: Wir müssen's einfach schaffen.

»Schön«, sagte sie und legte die Flinte auf den Verkaufstisch. »Ich nehme die und noch einmal genauso eine.«

»Sie wollen zwei –«, fing der Verkäufer überrascht an. Dann hielt er ein und zuckte die Achseln. »Selbstverständlich, Ma'am. Ganz wie Sie wünschen.« Er griff hoch und nahm eine ebensolche Waffe aus dem Regal. »Munition?«

Megan suchte wieder in ihren Erinnerungen. Sie dachte an Olivias Lehre: »Ihr müßt immer das benutzen, was die Schweine benutzen, oder was Besseres. Sie dürfen einem waffentechnisch niemals überlegen sein.«

Die Erinnerung zwang ein bitteres Lächeln auf ihre Lippen.

Mit einer so freundlichen Stimme, wie sie sie in dieser Situation zustande brachte, sagte sie: »Und ein paar Päckchen groben Schrot, Rehposten, Kaliber oo, bitte.«

Die Augen des Verkäufers weiteten sich ein bißchen, und er schüttelte kurz den Kopf. »Ma'am, ich hoffe, Sie jagen Elefanten oder Nashörner oder Wale.« Er griff hinter den Ladentisch und kam mit zwei Packungen Patronen hervor. »Bitte, Ma'am, mit diesen Dingern kann man ein Loch durch eine doppelte Schicht Metallblech schießen. Gehen Sie damit bitte erst mal draußen auf den Schießstand, und probieren Sie sie aus, damit Sie wissen, worauf Sie sich einlassen.«

Megan nickte und lächelte. Sie sah wieder zu dem Regal und erblickte eine andere Waffe, eine, die ihr aus hundert Abendnachrichten im Fernsehen bekannt vorkam. »Was ist das?« fragte sie.

»Ma'am, das ist ein Colt AR-Sechzehn. Es ist ein halbautomatisches Gewehr und feuert ein extrem wuchtiges Geschoß mit großer Durchschlagskraft. Es ist die nichtmilitärische Version des Gewehrs, das in der Armee benutzt wird. Es ist eigentlich auch keine Jagdwaffe. Wissen Sie, ich habe neulich gerade ein Exemplar an ein Ehepaar verkauft, das diesen Winter mit dem Boot in der Karibik segeln möchte. Ist eine gute Waffe für da unten, wenn man sie mit an Bord hat.«

»Warum denn?«

»Sie ist sehr treffsicher auf Distanzen bis zu neunhundert Metern, und man schießt damit ein Loch in etwas, das eineinhalb Kilometer oder mehr entfernt ist. Sie schießt sehr schnell, und man kann einen Ladestreifen mit einundzwanzig Kugeln dazu bekommen.«

»Warum die Karibik?«

»Da unten operieren immer noch eine Menge Schmuggler und Piraten. Sie schnappen sich manchmal gern eine Luxusyacht und benutzen sie für eine Schmuggelfahrt. Mit so einer AR-Sechzehn kann man jemandem, der sich einem mit feindlicher Absicht nähert, schon von weitem deutlich machen, was Sache ist. Mit einer Flinte oder einem Revolver bewaffnet, muß man erst warten, bis der Störenfried nahe heran ist. Aber nicht mit dieser Waffe.«

Er hielt das Gewehr hoch und zeigte, wie man es bediente.

»So funktioniert es. Es hat auch keinen großen Rückstoß.«

»Das ist richtig«, sie nickte. »Niemand möchte, daß einem der Störenfried zu nahe kommt.«

»Zum Jagen, richtig?«

»Richtig.«

»Okay.« Er zuckte wieder die Achseln. »Ganz wie Sie wollen. Und noch etwas?«

»Munition.«

»Natürlich.«

»Einen Extrastreifen.«

»Haben wir.«

»Einen Kasten .45-Kaliber-Munition für eine Pistole.«

Er sah Megan an und lächelte. »Schon da.«

»Einen Extrastreifen.«

»Hätte ich wissen müssen.«

Megan drehte sich um und ließ die Augen über die Kleiderständer wandern.

»Gibt es diese Tarnanzüge in verschiedenen Größen für Herren und für Damen?«

»Allerdings.«

»Einen großen für einen Herrn. Und drei mittlere für Damen, bitte.«

Der Verkäufer ging an den Kleiderständer und zog rasch die gewünschten Anzüge hervor. »Es ist eine wirklich gute Qualität«, sagte er. »Gore-Tex und Thinsulate. Hält Sie in jeder Situation warm, auch bei der Entenjagd. Mützen, Handschuhe, Stiefel?«

»Nein, ich glaube, das haben wir alles noch.«

»Handgranaten? Granatwerfer? Flammenwerfer?«

»Was meinen Sie?«

»Ich mach' nur Witze.«

Megan erwiderte das Lächeln des Mannes nicht. »Wickeln Sie es ein«, sagte sie. »Oh, und eines von denen auch, bitte.« Sie deutete in den Schaukasten.

Der Verkäufer griff hinein und nahm ein Jagdmesser mit schwarzem Griff heraus. »Sehr scharf«, sagte er. »Klinge aus Flußstahl. Mit der können Sie ein Loch in eine Kühlerhaube stechen, kein Problem –«

Er schüttelte leicht den Kopf. »– aber Sie jagen ja keine Autos, nicht wahr?«

»Nein, tun wir nicht.«

Der Verkäufer begann die Preise zusammenzurechnen. Als er damit fertig war, reichte Megan ihm ihre American Express Gold Card.

»Sie wollen eine Kreditkarte benutzen?« fragte der Verkäufer, es klang überrascht.

»Ja. Stimmt etwas nicht?«

»Nein, nein«, sagte er, grinste und schüttelte noch einmal den Kopf. »Nur – wenn die Leute diese Sachen kaufen, die Sie da haben, dann zahlen sie gewöhnlich in bar.«

»Wie kommt das?« fragte Megan und versuchte, den leichtfertigen Ton des Verkäufers zu übernehmen.

»Schwieriger zurückzuverfolgen.«

»Oh«, sagte Megan. »Ich nehme an, das ergibt einen Sinn.« Einen Augenblick lang überdachte sie die Situation. Dann schüttelte sie den Kopf. Es war ihr gleich. Sie warf die Karte hin. »Ich nehme an, daß Läden wie diese im allgemeinen diskret sind?«

»Da können Sie Gift drauf nehmen«, sagte er. »Wir sind nur eine kleine Filiale unter vielen anderen. Die Verkäufe werden in den Computern alle zusammengewürfelt. Aber Diskretion hilft nicht mehr richtig, wenn Sie eine Gerichtsvorladung in der Hand eines Polizeikommissars sehen.«

Megan nickte. »Sie sollten sich deshalb keine Gedanken machen«, sagte sie. »Das ist alles für unsere Freizeitbeschäftigung.«

»Klar«, sagte der Verkäufer und lachte kurz auf. »Freizeitbeschäftigung in Nicaragua oder Afghanistan.«

Er nahm die Karte und ließ sie durch die elektronische Prüfmaschine laufen. Dann fing er an, die Kleidung und die Munition in eine Tüte zu packen. »Die Waffen müßte man eigentlich in Kästen stecken«, sagte er.

»Das ist kein Problem«, sagte Megan. »Wickeln Sie sie einfach ein.«

»Bitte«, sagte der Angestellte leise. »Bitte, meine Dame. Es geht mich ja nichts an, ich weiß, aber was auch immer Sie jagen wollen, bitte seien Sie vorsichtig.«

Megan verzog ihren Mund zu einem dummen Lächeln.

»Sie haben mir sehr geholfen«, sagte sie. »Wegen der Sachen muß ich zweimal zum Wagen gehen.«

»Kann ich Ihnen behilflich sein?«

Sie schüttelte den Kopf. Er lächelte. »Hatte ich auch nicht gedacht«, sagte er.

Tommy hörte, daß der Schlüssel in der Tür herumgedreht wurde, und eilte an die Seite seines Großvaters. »Vielleicht ist's jetzt soweit?« flüsterte er, es war eine halbe Frage.

»Ich weiß es nicht«, sagte der Richter. »Hoffe nicht zuviel.«

Er wußte, daß die Entführer das Geld von Duncan bekommen hatten, ihr selbstzufriedenes Gelächter war durch die alten Holzfußböden bis in die Dachkammer gedrungen. Dann hatte Bill Lewis ihnen erzählt, nun sei es fast überstanden, und sie würden die Aushändigung vorbereiten. Dann waren Stunden vergangen, ohne daß irgend etwas geschah, nur daß ihre Hoffnungen mit jeder Minute, die verging, stiegen und dann wieder fielen.

Richter Pearson hatte sich auf der Suche nach einer plausiblen, nicht-erschreckenden Erklärung für diesen Aufschub das Gehirn zermartert, aber es war ihm nichts eingefallen. Er wußte allerdings, daß Olivia sie immer noch benutzte, um irgend etwas herauszuschlagen. Und das bedeutete: Obwohl das Geld gezahlt worden war, blieb noch immer eine Schuld zu begleichen.

In den Sekunden, die Olivia brauchte, um die Treppe hinaufzusteigen, hatte er ein unangenehmeres Gefühl im Magen als je zuvor während dieser Gefangenschaft. Er fürchtete, daß seine Hand oder Stimme zittern – und daß irgend so etwas seinen kleinen Enkel in Panik versetzen könnte. Von allen Dingen haßte er es besonders, wie sie ihn sein Alter und seine abnehmende Kraft fühlen ließ.

»Hallo, Jungs«, sagte Olivia herzlich.

»Wieso der Aufschub?« fragte er.

»Es ist nur noch eine allerletzte geschäftliche Kleinigkeit zu erledigen«, sagte sie. »Ein paar letzte Punkte abhaken, das ist alles.«

»Glauben Sie wirklich, daß Sie mit dem allen durchkommen werden?« fragte der Richter. Die Kraft seiner Worte überraschte ihn.

Aber Olivia lachte. »Wir sind es bereits, Richter. Es stand von Anfang an schon fest, daß wir damit durchkommen würden. Sie überraschen mich. Sie wissen doch, daß die meisten Verbrechen niemals gelöst werden. Dieses ist natürlich nicht gerade ›ungelöst‹. Vielleicht ist ›unvollendet‹ ein besseres Wort.«

Sie ging zu Tommy hinüber und nahm ihn beim Kinn. Sie redete mit dem Richter, starrte aber dabei in die Augen des Jungen, als ob sie darin etwas suchte.

»Die besten Verbrechen, Richter, sind die, die kein Ende haben. In denen Drohungen und Möglichkeiten weiterbestehen. Die Verbrechen nehmen so 'ne Art Eigenleben an. Sie nehmen das Leben der Menschen völlig in Beschlag. Und so läuft das hier.«

»Sie sind verrückt«, sagte er.

Sie lachte wieder. »Vielleicht, Richter. Eine Menge von den Frauen im Gefängnis sind durchgedreht – wegen des Eingesperrtseins, wegen der Langeweile, wegen der Spannung, aus Haß. Vielleicht bin ich das auch. Aber Sie sollten sich besser daran gewöhnen. Ich werde von jetzt an mit zur Familie gehören. Was meinst du, Tommy? Eine exzentrische, unverheiratete Tante vielleicht. Du weißt schon – keine Kinder, ein bißchen gemein, ein bißchen sonderbar. Der Typ, den man zu allen Familienfeiern einlädt und dabei immer hofft, daß sie bloß nicht auftaucht.«

Tommy antwortete nicht, und sie ließ sein Kinn los.

»Sie haben hier oben überhaupt gar nichts mitgekriegt. Überlegen Sie mal, was ist geschehen? Ich habe Sie hier in ein Gefängnis gesteckt und die da draußen in ein anderes. Was hatten Sie sich denn eigentlich vorgestellt? Daß ich euch allesamt nach einer lächerlichen Woche auf Bewährung freilasse? So funktioniert das System aber nicht, Herr Richter. Sie stecken im Zuchthaus drin.«

»Ist es das, was ich ihnen da draußen mitteilen soll?«

»Nein.« Olivia schüttelte den Kopf. »Ich brauche dafür keinen Boten.«

»Warum sagen Sie es uns dann?«

»Seinetwegen, Herr Richter.« Sie zeigte auf Tommy. »Damit er es niemals vergißt.« Sie starrte auf Tommy hinunter. »Ich habe Ihnen von Anfang an gesagt, wie wichtig Sie hier für die ganze Sache sind«, fuhr sie fort. »Sie hier werden die da draußen immer daran erinnern. Damit sie's nie vergessen.«

Dem Richter kam ein furchtbarer Gedanke: Wie werden wir sie da draußen erinnern? Lebend? Oder tot?

»Wann werden Sie mit uns fertig sein?« fragte er ruhig und versuchte seiner Frage den Klang einer Forderung zu geben.

»Bald. In ein paar Stunden vielleicht schon. Spätestens morgen. Nur nicht die Hoffnung verlieren! Vielleicht machen sie keine Dummheiten. Bisher haben sie allen Befehlen gehorcht wie gute kleine Soldaten, was sie nun mal sind.«

Sie zerwühlte Tommys Haar.

»Denke einfach positiv«, sagte sie.

Olivia winkte mit der Hand und ließ die beiden in der Dachkammer allein. Tommy wartete, bis er hörte, daß sie den Riegel vorgelegt hatte, und lauschte dann angestrengt auf den leisen Ton ihrer Schritte, der sich den Gang hinunter verlor.

»Großvater«, sagte er zitternd und biß sich auf die Lippen, um nicht loszuweinen. »Sie lügt. Sie denkt gar nicht daran, uns gehen zu lassen. Sie haßt uns zu sehr. Sie haßt Mom und Dad zu sehr. Sie wird uns nie laufenlassen.«

Richter Pearson zog seinen Enkel an sich.

»Das hat sie nicht gesagt«, erinnerte er das Kind.

»Sie tut nie das, was sie sagt. Sie möchte uns nur noch mehr Angst einjagen. Wenn sie sagt, daß sie uns freiläßt, glaube ich ihr nicht. Ich möchte es, aber ich kann's nicht.« Tommy wand sich aus den Armen seines Großvaters und wischte sich die Tränen aus den Augenwinkeln. »Sie könnte es nicht ertragen, uns laufenzulassen, so daß wir wieder nach Haus gehen und wieder glücklich sein können. Kannst du das nicht sehen?«

Dann warf das Kind den Kopf an die Brust des Großvaters und weinte leise. Nach einem Augenblick hob es wieder den Kopf.

»Ich will nicht sterben, Großvater. Ich habe keine Angst, aber ich will nicht.«

Richter Pearson spürte ein Würgen im Hals. Er strich seinem Enkel über das Haar, während er ihm tief in die Augen sah, vorbei an der Angst und dem Schmerz, an den Störungen, die dem Kind so viele Jahre lang zugesetzt hatten, und erblickte dort nur ein intensives Licht. Dann sagte er, was ihm zuerst in den Sinn kam:

»Tommy, ich lasse sie nicht. Du wirst nicht sterben. Wir schaffen es hier heraus. Ich verspreche es dir.«

»Wie? Wie kannst du das versprechen?«

»Weil wir stärker als sie sind.«

»Sie haben die Waffen.«

»Wir sind trotzdem stärker.«

»Was wollen wir tun?«

Richter Pearson erhob sich und musterte die Dachkammer, genau wie er es in den ersten Augenblicken ihrer Gefangenschaft getan hatte. Er streckte die Hand aus und streichelte Tommys zarte Kinderwange, ließ ein Lächeln über sein Gesicht laufen und versuchte, seinem Enkel etwas Zuversicht zu geben. Er erinnerte sich an etwas, das er in den allerersten Minuten ihres Lebens in der Dachkammer gedacht hatte. Es war vielleicht kein großartiges und ruhmreiches Schlachtfeld, aber wenn es dazu kam, konnte man auch hier den Heldentod sterben.

Er holte tief Luft, setzte sich auf das Bett und zog Tommy an sich.

»Habe ich dir je erzählt, wie die Zwanzigste von Maine am zweiten Tag der Schlacht von Gettysburg Little Round Top gehalten hat? Sie haben die Union gerettet. Habe ich dir die Geschichte erzählt?«

Tommy schüttelte den Kopf. »Nein, hast du nicht.«

»Oder wie die Einhundertste Luftlandedivision Bastogne gehalten hat?«

Wieder schüttelte Tommy den Kopf. Aber er lächelte und wußte, daß sein Großvater auf seine Fragen antwortete.

»Oder wie die Marines sich vom Jalu zurückgezogen haben?«

»Das hast du mir erzählt«, sagte Tommy. »Sogar schon sehr oft.«

Der Richter hob den Jungen vom Bett hoch und zog ihn an die Brust. »Laß uns ein bißchen von Tapferkeit reden, Tommy. Und dann erzähle ich dir, was wir tun werden.«

»Megan! Wo bist du gewesen?« schrie Duncan, als sie nach Hause gehastet kam.

Sofort war er an ihrer Seite, als sie in der Diele stand. Sie konnte die Spuren des anstrengenden Tages in seinen Augen sehen, er wirkte verwirrt, schien sich kaum mehr in der Gewalt zu haben. »Wir haben furchtbare Angst gehabt«, sagte er. »Wir hatten ja keine Ahnung. Verdammt, mach das nicht noch einmal!«

Sie streckte die Arme aus, ergriff ihn und hielt ihn in Armlänge Abstand fest. Ihre Finger krampften sich um seine Muskeln. Sie selbst war auch sehr bleich und konnte einen Augenblick nicht sprechen.

»Geht es dir gut?« fragte er, während er ruhiger wurde.

Sie nickte.

»Was ist passiert?«

Sie holte tief Luft. »Ich habe ihn gefunden«, sagte sie ruhig.

Duncan starrte sie an, und seine Augen weiteten sich.

»Wo?«

»In einem der Häuser, von denen ich dir erzählt hatte.«

»Bist du sicher?«

»Ich habe Bill Lewis gesehen.«

»Wo liegt es?«

»Nicht sehr weit. Ungefähr zwanzig Kilometer außerhalb der Stadt, auf dem Land.«

»Mein Gott!«

»Ich weiß.«

»Mein Gott«, wiederholte Duncan.

Diesmal nickte Megan nur.

»Ich habe mir solche Sorgen gemacht seit deinem Anruf heute nachmittag. Ich dachte – ich weiß nicht, was ich gedacht habe. Ich habe mir einfach Sorgen gemacht.«

»Es geht mir gut«, sagte sie. Sie glaubte es aber selbst nicht.

Duncan drehte sich von ihr weg und hieb sich mit der Faust in die Handfläche. »Verdammt! Wir haben eine Chance!«

Er wandte sich wieder Megan zu.

»Sie hat angerufen«, sagte er und wurde plötzlich still.

»Und?« Megan spürte, wie ihr Herz einen Sprung machte.

»Sie sagt, daß sie sie uns zurückgeben will – aber daß unsere Schulden bei ihr noch nicht bezahlt wären. Es sei nicht genug, sagte sie. Sie sagte, sie käme wieder, um sich noch mehr zu holen. Irgendwann, eines Tages. Sie sagt, es würde nie aufhören.«

Megan stand erstarrt da. Einen Augenblick lang glaubte sie, sie könne nun keine Schmerzen mehr aushalten, weitere Qualen nicht mehr ertragen. Sie versuchte, langsam einzuatmen, sich zu sammeln.

»Es würde nie aufhören?« fragte sie.

Duncan sagte: »Nein.« Einen Augenblick lang sackten ihm unter dem Gewicht der Worte die Schultern herab, dann riß er sich zusammen.

»Komm«, sagte er. »Wir müssen darüber reden.«

Er führte Megan ins Wohnzimmer.

Die Zwillinge waren da, ungewohnt still. Sie haben einen Mut und eine Kraft aufbringen müssen, die sie gar nicht zu besitzen glaubten, dachte sie. Es machte sie traurig. Es ist hart, ins Erwachsenenleben gestoßen zu werden. Dann ging sie zu ihnen hinüber und drückte sie beide nacheinander an sich.

»Ich glaube, es wird Zeit, daß diese Sache zu einem Ende gebracht wird«, sagte sie zu ihren Töchtern.

»Aber wie?« fragte Lauren. »Was für eine Alternative haben wir?«

»Eine«, sagte Duncan. »Eine Alternative. Wir gehen los und holen die Tommys.«

»Aber wie *machen* wir das?« fragte Karen.

»Ich weiß es nicht«, sagte Duncan. »Aber wir wissen jetzt, wo sie sie festhalten. Also fahren wir einfach hin.

Wir haben eine Pistole. Das genügt nicht, aber vielleicht könnten wir uns etwas ausdenken...«

Seine Stimme verlor sich, als er Megan aufstehen sah. Sie ging aus dem Wohnzimmer, durch die Diele und hinaus zu ihrem Wagen. Sie nahm eines der Pakete aus dem Sportwarenladen heraus und kehrte, den Nachtwind und die Kälte nicht achtend, mit schnellen Schritten ins Haus zurück.

Duncan starrte sie an. »Megan, was geht hier vor?«

Bevor er noch irgend etwas sagen konnte, wickelte sie das halbautomatische Gewehr aus und riß das Papier, das es bedeckte, weg. Sie hielt es hoch, so daß es alle sehen konnten. Das Gewehr schien im Licht des Wohnzimmers zu glänzen.

»Vor meiner Rückkehr nach Hause habe ich eingekauft«, sagte sie.

Olivia Barrow ging zum Schlafzimmerfenster und starrte in die Dunkelheit hinaus. In der Küche konnte sie Bill einen Teil des Wirrwarrs aus Papptellern und billigem Geschirr aufräumen hören, der sich im Laufe ihres Aufenthaltes angesammelt hatte. Sie wußte, daß Ramon in einem anderen Zimmer war und nervös Waffen reinigte. Sie fragte sich, ob er die Nerven haben würde, das zu tun, was er, wie er gesagt hatte, tun wollte. Sie runzelte die Stirn; der Gedanke, daß sie nicht jederzeit voraussagen konnte, was ihre Begleiter tun oder nicht tun würden, war ihr unbehaglich.

Morgen hört es auf, dachte sie.

Dann wandte sie sich vom Fenster ab und betrachtete den Geldstapel auf dem Bett. Sie ging hin und griff eine Handvoll der Scheine. Sie fühlte einen eigenartigen Widerspruch in dem ganzen Geschäft, als ob der Anblick und das Gefühl des Geldes sie nicht befriedigen konnten; es war eine Situation, wie wenn ein Liebhaber, nachdem er versagt hatte, sich in Entschuldigungen flüchtete.

Methodisch fing sie an, das Geld in einen roten Schulranzen zu stopfen, sie zählte die Packen noch einmal oberflächlich durch, während sie es tat. In Gedanken war sie bei Duncan und Megan und fragte sich, ob die beiden in dieser Nacht wohl schlafen könnten. Sie lachte ein bißchen: Das bezweifle ich.

Olivia verstaute den Rest des Geldes, legte einen Revolver oben drauf und schloß den Ranzen. Dann kehrte sie zum Fenster zurück. Der Himmel war schwarz wie Onyx, gepunktet vom Licht der Sterne. Er streckte sich von ihr aus gesehen endlos in die Ferne, und sie dachte: Die Nacht fängt hier mit mir an.

Sie stellte sich Duncan und Megan vor, wie dieselbe Nacht über sie hereinbrach und sie verschlang. Was werde ich mit ihnen machen, fragte sie sich.

Ich kann sie töten.

Ich kann sie verletzen.

Ich kann sie ruinieren.

Genau wie sie's mit mir gemacht haben.

Sie schlang die Arme um sich selbst, als ob sie den Erfolg ihres Unternehmens festhalten wollte. Dann breitete sie sie langsam aus und streckte sie. Sie hob ein Bein empor, wie es eine Ballettänzerin tut, und hielt es eine Weile in dieser Stellung. Sie erinnerte sich an ihre Mutter und mit welcher Anmut sie getanzt hatte, bevor die Krankheit ihr die Kraft und Schönheit raubte. Olivia stellte sich auf die Zehenspitzen, wie ihre Mutter es einst getan hatte. Dann ließ sie sich langsam zurückgleiten und entspannte sich.

Was wird mit den Gästen geschehen, fragte sie sich.

Bill Lewis war wie ein treuer Bluthund, Ramon wie ein verrückter Terrier. Auf wen würde sie ihr Geld setzen, wenn die beiden aneinandergerieten?

Sie lächelte. Es spielt keine Rolle.

Keiner von ihnen kommt hier lebend heraus.

Was die beiden Tommys anging – nun, sie zuckte die Achseln, was passiert, das passiert eben. Sie forschte in ihrem Herzen nach Mitleid und fand keines. Sie erkannte, daß jedes Ergebnis gut war. Wie es am nächsten Morgen auch ausgehen würde, sie würde auf jeden Fall gewinnen. Wenn sie alle starben, dann war das gut. Wenn sie überlebten, ja, dann würde sie zurückkommen können – nach Hause zurückkommen, wie sie es Duncan vorgelogen hatte.

»Ich kann alles tun«, flüsterte sie dem Fenster zu und der ungeheuren Nacht. »Ich kann tun, was ich will und wann immer ich es will.«

Dann mußte sie leise lachen und wandte sich der Vorstellung zu, wie sie ihr Geld an sonnigen Stränden ausgeben würde. Einen schnellen Wagen brauche ich, dachte sie, einen wirklich schnellen Wagen. Und teure Kleidung. Und dann werden wir sehen, was die Zukunft bringt. Lächelnd kehrte sie ins Zimmer zurück, um den Rest ihrer Sachen zu packen.

Duncan war am Nebenanschluß und hielt mit der Hand die Sprechmuschel zu, während Megan am anderen Anschluß wählte. Megans und Duncans Augen begegneten sich, sie nickte und holte tief Luft, um nicht die Nerven zu verlieren. Die Zwillinge saßen still da und lauschten.

Nach einem Augenblick hörte sie das Tuten im Hörer, und Megan vernahm ein ihr vertrautes, munteres »Hallo?«

»Barbara? Ich bin's, Megan Richards von Country Estates Realty.«

»Megan! Meine Liebe! Das ist ja Monate und Monate her.«

»Oh, Barbara«, plapperte Megan weiter, mit einer falschen Munterkeit in der Stimme. »Wir haben ein paar wirklich harte Monate hinter uns. Habt ihr es bei Premiere Properties leichter gehabt?«

»Oh, mir ist ein großer Verkauf gelungen, du erinnerst dich doch an das Halgin-Haus, das so furchtbar, furchtbar übereuert war? Ein paar Übersiedler aus New York haben es mir abgenommen.«

»Das ist ja toll«, sagte Megan. Sie sah Barbara Woods vor sich. Sie war Anfang Fünfzig und trug ihr silbergraues Haar zurückgebürstet und in einem Knoten, was ihr ein lehrerinnenhaftes Aussehen gab. Es widersprach der Designer-Kleidung, die sie trug, und dem Schmuck, der klingelte und schepperte, wenn sie ging. Sie ist kein besonders aufmerksamer Mensch, dachte Megan, sie legt auf Einzelheiten und Ausmaße keinen Wert. Megan seufzte und stürzte sich in ihr Vorhaben.

»Es tut mir wirklich leid, dich noch so spät am Abend zu Hause zu belästigen, aber ich habe gerade einen Anruf bekommen, und ich dachte, ich setze mich gleich mal mit dir in Verbindung. Erinnerst du dich an ein Objekt, das du letzten Sommer und Anfang Herbst auf deiner Liste gehabt hast, ein altes Farmhaus an der Straße nach Barrington...«

»Ein Verkauf?«

»Nein, eine Vermietung.«

»Laß mich nachdenken. Oh, klar, natürlich, das alte Haus von dem, na, wie heißt er doch noch? Nun, egal. Aber, brr, ich fand's schon unheimlich, es zu betreten, da lief mir gleich ein kalter Schauer über den Rücken. Aber die Schriftstellerin fand es einfach hinreißend, glaube ich.«

»Oh, du hast es also vermietet?«

»Ja, an so eine Dichterin aus Kalifornien, die einen Schauerroman schreiben wollte. Das hat sie gesagt. Sie sagte, sie brauche sechs Monate Einsamkeit, und hat die ersten drei in bar vorausbezahlt. Also, Einsamkeit findet sie da. Das alte Haus liegt wirklich sehr einsam. Aber ansonsten? Hattest du an jemanden gedacht, der dafür in Frage käme?«

»Ja. Ein Ehepaar aus Boston sucht etwas, das es sich als Wochenendzuflucht einrichten könnte.«

»Wenn man gern renovieren möchte, wäre es ideal. Es ist sehr viel daran zu renovieren. Möchtest du etwas arrangieren, damit sie es sich ansehen können?«

»Nun, laß mich erst mal mit meinen Kunden reden und sehen, wann sie Zeit hätten herzukommen. Wahrscheinlich irgendwann im kommenden Frühjahr. Ich wollte die Sache nur schon mal vorbereiten.«

»Oh, wunderbar.«

»Sag mal, meinst du, du könntest mir das Haus ein bißchen beschreiben?«

Megan sah zu Duncan hinüber, der nickte. Er hatte einen Notizblock und einen Stift vor sich liegen.

»Natürlich«, sagte Barbara, sie zögerte.

Komm jetzt! dachte Megan. Komm schon, du wirres altes Pferd. Erinnere dich!

»...Nun, es ist in keinem sehr guten Zustand, aber von der Bausubstanz her ist es völlig in Ordnung, du brauchst also daran nicht viel zu ändern...«

Megan schloß die Augen und fragte: »Wie sieht es im Innern aus? Wie ist es eingeteilt?«

»Mal sehen. Vorn eine schöne breite Veranda. Von der vorderen Tür aus gelangt man in eine Diele. Das Wohnzimmer liegt links davon, daneben das Eßzimmer. Ein Durchgang zur Küche – den könnte man in einen Anrichteraum verwandeln. Die Küche selbst liegt nach hinten. Von dort geht eine Tür auf ein Feld hinaus. Eine Menge Platz für einen hübschen Patio. Unten im Erdgeschoß ist ein Badezimmer. Rechts ein kleines Wohnzimmer, ein richtig hübscher kleiner Raum, aus dem man wirklich etwas machen könnte, dann ein kleines Schlafzimmer oder Arbeitszimmer. Die Treppe geht von der Mitte der Diele aus nach oben. Oben ist ein Treppenabsatz, von da aus geht es in den ersten Stock mit drei Schlafzimmern und noch einem Bad. Von den Schlafzimmern ist eigentlich keines groß genug für ein Ehepaar, also müßte man eine Wand herausreißen. Am Ende des Ganges ist eine Tür, durch die geht es in eine Dachkammer hinauf. Da oben zieht es fürchterlich. Und ein Staub! Niemand hat sich die Mühe gemacht, sie richtig zu isolieren oder auch nur in irgendeiner Weise herzurichten. Ein Haufen Staub, aber Platz wäre genug vorhanden, daß man einen Bastelraum oder so etwas daraus machen könnte.«

Megan nickte. »Barbara, du hast mir sehr geholfen. Klingt ganz so, als ob es das Richtige für meine Freunde wäre. Ich komme darauf zurück, und dann können wir einen Termin vereinbaren.«

»Es ist ein kaltes Haus. Es braucht viel Liebe. Das ist bei all den alten Farmhäusern so. Wenn du mich fragst, es spukt in allen...«

Sie kicherte. Megan dankte ihr wieder und hängte den Hörer auf. Sie sah hinüber zu Duncan.

Er hob die Faust und schüttelte sie in der Luft.

»Wir haben eine Chance«, sagte er.

Einen Augenblick lang kam sich Megan wie eine Bergsteigerin vor, die auf den Felsen ausgleitet und dann wild durch die Luft wirbelt. Sie versuchte ihre Gefühle zu bändigen, es war, als ob sie nach den Strängen eines Seiles griffe, und dann war sie ganz Aufmerksamkeit.

»Das stimmt«, sagte sie.

Es war Nacht, die Dunkelheit verband sich mit der Kälte und dem Schweigen. Megan saß auf dem Fußboden, alle Waffen und die Munition lagen um sie her ausgebreitet. Eine Lampe in der Ecke des Zimmers zeigte die harten Kanten ihres Gesichts. Sie wühlte in ihren Skizzen, Fotos und Diagrammen herum. Karen und Lauren saßen auf der Couch. Duncan stand da und sah aus dem Fenster. Dann drehte er sich herum, streckte den Arm aus und nahm das Gewehr in die Hand. Einen Augenblick lang wiegte er es im Arm, dann zog er den Ladehebel zurück.

»Sind wir verrückt?« fragte er abrupt. »Haben wir völlig den Verstand verloren?«

»Wahrscheinlich«, erwiderte Megan.

Duncan lächelte. »So sind wir uns jedenfalls alle einig. Wenn wir das tun, sind wir verrückt.«

»Wir sind verrückt, wenn wir es nicht tun.«

»Das stimmt.«

Duncan strich mit dem Finger über den Gewehrlauf. Er wandte sich seiner Frau zu. »Weißt du«, sagte er leise, »zum erstenmal seit einer Woche habe ich endlich das Gefühl, etwas zu tun. Ob's richtig oder ob's falsch ist, spielt keine Rolle mehr.«

»Dad? Eines macht mir Kopfzerbrechen«, sagte Lauren. »Es ist, tja, wir wissen nicht, ob sie sie nicht am Morgen freiläßt.«

»Das stimmt.«

»Also könnte es sein, daß wir –«

»Das stimmt auch. Wir könnten alles gefährden. Aber die Chancen stehen fünfzig, zu fünfzig und so haben wir einen mächtigen Verbündeten.«

»Wen denn?« fragte Karen.

»Das Überraschungsmoment«, sagte Duncan.

Er sah die drei Frauen in dem Zimmer an.

»Was wir tun werden, ist etwas, womit Olivia nie im Leben rechnet.«

»Eines weiß ich«, sagte Karen wütend.

»Was?«

»Wenn wir weiterhin das tun, was sie sagt, endet es garantiert mit einer Katastrophe.«

»Das stimmt«, pflichtete ihr Lauren rasch bei. »Jedesmal, wenn wir getan haben, was sie uns gesagt hat, ist es nur schlimmer für uns geworden. Das wird jetzt wieder passieren. Ich weiß es.«

Beide, Duncan und Megan, starrten ihre Töchter mit einer gewissen Verwunderung an. Die Gesichter der beiden Mädchen waren von Schatten überzogen. Das sind meine Kinder, dachte Megan. Meine Babys. Was tue ich eigentlich hier?

Lauren stand auf, kämpfte mit ihren Gefühlen. Sie brach in ein leichtes Schluchzen aus: »Ich möchte einfach, daß er wiederkommt und daß das hier aufhört! Ich möchte, daß alles wieder so wird wie früher.« Sie wollte noch etwas sagen, aber ihre Schwester legte den Arm um sie und beruhigte sie.

»Es ist okay«, sagte Duncan. Es war still im Raum.

Megan erhob sich und fingerte an der .45-Kaliber-Pistole herum. »Wißt ihr, woran ich immerzu denken muß?« Sie ging zu den beiden Mädchen hinüber und kniete sich vor sie hin, legte ihnen die Hände auf die Knie und sprach mit leiser, ruhiger Stimme. »Wenn wir es tun, und wir versagen dabei, dann werden wir es uns vorwerfen, und wir werden es ein Leben lang mit uns herumschleppen. Aber wenn wir nichts tun, wenn wir Olivia vertrauen und irgend etwas geht schief – damit könnte ich nicht fertig werden. Das hielte ich keine Minute aus.«

Sie wandte sich Duncan zu, berührte dabei aber weiterhin die Zwillinge.

»Ich habe vorhin gedacht – ich habe mich an all die Meldungen in den Abendnachrichten erinnert, an all die Bilder, wo man sah, wie eine Familie in irgendeine Tragödie verwickelt war. Sie weinen und schluchzen immer, die Kameras nehmen das auf, und es ist fürchterlich. Aber es stehen immer Fachkräfte um sie herum. Polizisten, Feuerwehrleute, Detektive, Anwälte, Ärzte, Soldaten – zum Teufel, ich weiß nicht, wer alles. Aber es ist immer einer von diesen Profis, der etwas zu tun versucht hat, und am Ende hat er gar nichts erreicht. Es klappt niemals. Die Dinge nehmen nie ein glückliches Ende, wenn man sich nicht selbst darum bemüht...«

Sie holte tief Luft und sah wieder die Zwillinge an.

»Wißt ihr noch, als Tommy klein war?«

Sie lächelten beide und nickten.

»Und er hat uns soviel Sorgen gemacht?«

Sie konnte sehen, wie die Erinnerung sie beschäftigte.

»Alle Ärzte sagten erst dies und das nächstemal das und dann wieder etwas anderes. Sie waren nie wirklich sicher, also haben wir uns nur auf uns selbst verlassen und das getan, was wir für richtig hielten. Wir haben es als Familie zusammen getan. Wir haben Tommy damals gerettet...«

Duncan sagte: »Wir werden ihn jetzt wieder retten.«

Er sah hinunter auf das Gewehr. »Wißt ihr, was mir bei dieser ganzen Sache am meisten weh getan hat? Tommy rechnet mit uns. Er weiß, daß wir kommen werden, um ihn zu holen. Ich komme mir vor, als hätte ich ihn enttäuscht und verraten.«

»Was ist mit Großvater?« fragte Lauren.

Duncan schnaubte verächtlich. »Ihr wißt, was er sagen würde. Schießt zuerst, stellt eure Fragen später. Sollen die Gerichte sich nachher mit dem Fall befassen.«

Megan sah ihren Vater vor sich. Wenn er hier wäre, dachte sie, würde er genau das sagen. Er würde den Job, den er zu erledigen hat, niemandem anderen anvertrauen. Zu wichtig, um es den Profis zu überlassen, das würde er sagen. Sie mußte an ihre Mutter denken, und ihr wurde klar, daß sie dasselbe gesagt hätte. Sie würden es aus verschiedenen Gründen tun: Ihr Vater würde prahlen und toben und schimpfen und mit seinen Erfahrungen als Marinesoldat angeben; ihre Mutter hingegen würde ganz ruhig und zielbewußt vorgehen und wahrscheinlich genauso erfolgreich sein.

»Seht mal«, sagte Duncan plötzlich mit fester Stimme. »Mag sein, daß es verrückt ist. Aber es ist nicht falsch. Es ist die einzige richtige Überraschung, mit der wir aufwarten können. Und das ist unser größter Vorteil. Sie glaubt, sie hat uns eingeschüchtert und besiegt, aber das stimmt nicht. Sie denkt, wir sind zu nichts mehr fähig, als ihr Spiel mitzuspielen. Aber sie irrt sich.«

Er machte eine Pause. Dann lächelte er. »Was ich nicht ausstehen kann, das ist der Gedanke, daß wir nicht alles in unserer Macht Stehende getan haben. Ich möchte, daß auf meinem Grabstein steht: Er war verrückt, aber er hat's wenigstens versucht.«

»Dad!« sagte Lauren. »Das ist nicht zum Lachen!«

»Aber es stimmt«, sagte er.

Einen Augenblick waren sie still, bis Lauren wieder sprach.

»Du hast recht«, sagte sie mit fester Stimme. »Wir sind dran.«

Sie stand auf und schlang die Arme um ihren Vater. Karen sah ihre Mutter an.

»Laßt uns noch einmal den Plan durchsprechen«, sagte sie.

Megan sog scharf die Luft ein, als wäre sie so heiß, daß sie ihr die Lungen versengte. Sie deutete auf eine grobe Skizze, die eine Art Grundriß des Hauses und der umliegenden Felder darstellen sollte.

»Das Feld hinter dem Haus ist zum Waldrand hin leicht abschüssig. Ihr beide nehmt die beiden Flinten, wartet da unten und deckt die Hintertür. Euer Vater und ich gehen an die Vorderseite des Hauses.«

»Was genau sollen wir dort tun?« fragte Karen.

»Ich weiß es nicht sicher«, erwiderte Megan. »Hauptsächlich aufpassen, daß niemand in diese Richtung entkommt, vor allem nicht mit Tommy oder Großvater. Urteilt selbst. Laßt euch nicht in einen Schußwechsel mit ihnen verwickeln, bleibt in Deckung, haltet die Köpfe runter und tut, was euch notwendig erscheint. Behaltet die Hintertür im Auge. Ich glaube, alles wird sich vorn abspielen, aber...« Ihre Stimme verlor sich.

Duncan nahm den Faden auf: »Ich möchte auf keinen Fall, daß eine von euch sich irgendwelchen Gefahren aussetzt, vor allem keinen Schießereien. Die Flinten sind euer letzter Ausweg. Sie sind nur zu eurem Schutz da, verstanden? Haltet euch versteckt. Mom sagt, da hinten ist eine Mauer. Ihr bleibt dahinter und rührt euch nicht vom Fleck.«

Er sah zu Megan hinüber und schwankte einen Augenblick lang. Er dachte an den Unterschied zwischen Töchtern und Söhnen. Wenn es Jungen in diesem Alter wären, würden sie wahrscheinlich unbedingt kämpfen wollen. Aber sie wären dafür nicht so ruhig und zuverlässig.

»Vielleicht...«, begann er.

»Kommt nicht in Frage!« unterbrach ihn Lauren.

»Wir stecken alle hier drin!« schrie Karen beinahe. »Wir kommen mit.«

»Wir werden euch nicht aus den Augen lassen«, erklärte Karen.

Megan hob die Hand, um Ruhe herzustellen. Sie warf Duncan einen langen Blick zu. »Wegen dieser verdammten Hintertür –«, sagte sie leise. »Ich kenne mich mit diesen Sachen nicht so gut aus, ich weiß nur, daß wir diese Hintertür decken müssen. Sonst könnte es sein, daß wir vorn hängenbleiben, und sie hauen uns hinten ab. Jemand muß dasein und aufpassen.«

Duncan nickte seufzend. »Hört mal, ihr müßt uns eins versprechen. Es wird schon schwierig genug sein, die Tommys zu holen, ohne daß wir uns auch noch um euch Mädchen Sorgen machen müssen. Wenn ihr euch irgendeiner Gefahr aussetztet, würden wir verrückt werden. Das könnte alles durcheinanderbringen. Also, haltet euch zurück, laßt euch keinesfalls sehen, haltet euch ganz heraus. Paßt nur auf die verdammte Hintertür auf und seht zu, daß wir von dieser Seite gedeckt sind. Kapiert?«

»Ja«, sagten sie übereinstimmend.

»Kein Risiko eingehen, verdammt – ihr dürft nichts riskieren! Ganz gleich, was sich vor euren Augen abspielt.«

»Wir verstehen.«

»Sogar wenn eure Mutter oder wenn ich in Schwierigkeiten kommen, ihr bleibt da, wo ihr seid.«

»Komm, Dad...«

»Okay«, sagte Duncan. Er war voller Angst.

Lauren wirkte allerdings sehr erleichtert. »Während wir also nichts tun – was spielt sich währenddessen vorne ab?«

Megan lächelte. »Euer Vater nimmt das Gewehr und deckt mich, während ich durch die Vordertür hineingehe –«

»Megan, bist du sicher –«

Sie schnitt ihm das Wort ab.

»Ja. Völlig. Ich habe eine Million Male darüber nachgedacht. Ich könnte wahrscheinlich sowieso nichts mit dem Gewehr treffen, während du das kannst, also wäre es sinnlos, wenn ich dich decken wollte. Ich bin schneller als du, obwohl du das nicht gern zugibst. Und außerdem ein kleineres Ziel. Ich weiß auch genau, wie es in dem Haus aussieht. Also gehe ich zuerst hinein.«

»Mom, bist du sicher, daß sie in der Dachkammer sind?«

»Ja. Erinnert ihr euch an das Tonband von Tommy, das Olivia uns vorgespielt hat? Er sagte: ›Es gefällt mir hier oben nicht.‹ Und da oben sind sie.«

»Was geschieht, wenn du durch die Tür bist? Und stell dir vor, sie ist abgeschlossen.«

Megan hielt das Jagdmesser hoch. »Für das Schloß«, sagte sie. »Und wenn ich drin bin, kommt euer Vater nach. Ich decke ihn mit der Pistole. Eigentlich sollte alles ganz einfach sein. Es ist noch fast dunkel, also möchte ich wetten, daß sie alle noch schlafen. Bis sie aufwachen, sind wir im Haus. Hände hoch, und das wär's. Dann ist es vorbei.«

»Ein unsanftes Erwachen«, sagte Duncan.

»Es klingt einfach.«

»Es ist einfach. Wenn wir sie überraschen.«

»Sie werden wirklich überrascht sein«, sagte Lauren zornig. Sie rieb sich rasch die Augen, als wische sie sich die Tränen einer Woche von den Wangen. Dann hob sie eine Flinte vom Boden auf und spannte den Hahn. »Mom, zeig mir doch noch einmal, wie die funktioniert«, sagte sie.

Kapitel 12

Das Ende

Hartnäckig schnitt das Morgenlicht durch das Waldesdunkel, wie eine Rasierklinge, die Fleisch zerteilt. In der Nacht hatte es gefroren, und eine dünne weiße Decke lag über den Feldern, auf den Blatträndern und den Zweigen. Sie konnten, als sie sich zwischen den Bäumen hindurchbewegten, ihren Atem sehen, er sah wie Rauch in einer grau-in-grauen Welt aus. Sie trugen die Tarnanzüge, die Megan am Vortag gekauft hatte, so daß sie mit den Schatten und den dunklen Farben verschmolzen, die das frühe Licht noch nicht berührte. Die Zwillinge mühten sich beide mit einer Schrotflinte ab; Duncan hielt das halbautomatische Gewehr gepackt, und Megan hatte sich die .45-Kaliber-Pistole und das Jagdmesser in den Gürtel gesteckt. Sie bewegten sich im Gänsemarsch vorwärts, Megan führte, dann kamen die Zwillinge, und Duncan bildete die Nachhut.

Sie bewegten sich leise und vorsichtig vorwärts, blieben immer wieder stehen und lauschten in die Leere, die sie umgab, gingen dann wieder weiter, hoben die Füße zögernd vom Boden und setzten sie ebenso achtsam wieder auf. Als sie durch den Wald gingen, schien es ihnen, als ließen sie alles zurück, das sie einmal gekannt und geliebt hatten, und als träten sie in eine andere Welt ein – in eine Welt der Kälte und eines beunruhigenden Schweigens.

Megan schob ein paar Dornenzweige beiseite und hielt sie für Lauren, die hinter ihr kam, fest. Diese gab sie an Karen weiter, die auf Duncan wartete. Megan schlich sich noch einen halben Meter weiter vorwärts und hockte sich dann hin, bis die anderen sie einholten. Als alle beisammen waren, deutete sie durch das bleiche Licht zwischen den Bäumen hindurch, und sie konnten alle das weiße Farmhaus knapp hundert Meter entfernt vor sich sehen. Wortlos wies Megan auf die Mauer am Rand des Waldes. Dann zeigte sie nach rechts und nach links – so weit reichte die Mauer auf beiden Seiten. Die Zwillinge nickten.

Duncan flüsterte: »Nimm du sie und bring sie zu ihrem Standort. Ich werde weiter vorn auf euch aufpassen, von wo aus auch die Vorderfront zu sehen ist. Ich halte mich genau an die Mauer, okay?«

Megan streckte die Hand aus und ergriff die seine.

»Sei leise«, sagte sie. »Ich brauche nur ein paar Minuten.«

Duncan wandte sich den Zwillingen zu. »Bitte!« war alles, was er sagen konnte. Er konnte seine Lippen zittern fühlen, und er hoffte, das käme von der Morgenkälte.

»Mach dir keine Sorgen, Dad«, flüsterte Karen zurück.

»Sei du mal selbst vorsichtig«, sagte Lauren. Sie lächelte und gab ihm einen schnellen Kuß auf die Wange.

Tausend Ängste und Gedanken brachen in Duncan durch. Er wollte etwas sagen, aber er unterdrückte es. Als er den Zwillingen in die Augen sah, sah er sie wieder als Babys vor sich, erinnerte sich an die wehrlosen kleinen Kinder, die in die Arme geschlossen und beschützt werden mußten.

»Sagt Tommy, er soll uns ja nicht wieder soviel Sorgen machen«, sagte Karen und lächelte.

Duncan nickte und wandte den Kopf zu Megan. Ihre Augen begegneten sich, und einen Augenblick spürten sie beide eine große, elende Hilflosigkeit. Dann gelang ihm ein dünnes Lächeln, das fast verloren war in dem fahlen Licht und der dünnen Luft. Er drehte sich um und sah zum Haus hin. »So«, sagte er leise, aber entschlossen. »Laßt es uns jetzt hinter uns bringen.«

Duncan ging gebückt, halb kriechend, zwischen den Bäumen durch. Megan wartete, bis er nicht mehr zu sehen und zu hören war, dann zeigte sie den Mädchen mit einem Kopfnicken, daß sie ihr folgen sollten. Sie legte einen Finger auf die Lippen, damit sie stillschwiegen, und hörte Karen hauchen: »Wir wissen, daß wir still sein sollen. Laß uns gehen!« drängte sie.

Innerhalb von wenigen Minuten hatten sie sich bis ans Ende des Feldes vorgearbeitet und krochen nun parallel zur Rückseite des Hauses weiter. Die Mauer war nur unvollständig erhalten, große Teile waren herausgefallen, und dort mußten sie sich jedesmal ein Stückchen weiter in den Wald zurückziehen, um in Deckung zu bleiben. Sie krochen fast immer auf Händen und Knien, den Kopf gesenkt, von einer Baumgruppe zum nächsten Busch, zum nächsten Baum, immer anhaltend und dann wieder ein Stückchen weiter. Megan sah ständig nach rechts über das Feld hinweg zum Haus. Sie fluchte innerlich, suchte verzweifelt nach irgendeiner natürlichen Barrikade oder einer Senke, die ihnen Schutz und Deckung bieten könnte. Plötzlich fühlte sie einen Arm auf der Schulter und drehte sich jäh herum.

Es war Karen, sie deutete rückwärts in den Wald. Lauren blickte auch in jene Richtung.

»Was ist denn?« fragte Megan, fast erstarrt von einer Welle der Angst.

»Guck!« flüsterte Lauren.

»Da steht ein Auto«, sagte Karen. »Da hinten, hinter den Bäumen dort.«

Megans Augen wurden schmal, und sie sah etwas Metallisches im ersten Morgenlicht aufleuchten.

»Ihr habt recht«, sagte sie. »Kommt, laßt uns gehen.«

Sie wollte weiter, aber Karens Hand hielt sie an, drängte sie stehenzubleiben.

»Was?« fragte sie.

»Siehst du nicht?« fragte ihre Tochter sie.

Megan sah wieder hin, und dann erkannte sie das Auto.

»Es ist Großvaters Wagen«, sagte Lauren.

Megan kehrte schweigend um und führte die Zwillinge durch den Wald auf den Wagen zu. Er parkte am Rande eines lange nicht mehr benutzten Waldwegs. Der Weg war zugewachsen, Gras wuchs darauf; nur die Andeutung einer schmalen Schneise verriet, daß hier früher ein Fahrweg gewesen war.

Lauren strich mit der Hand über die Seite des Wagens und betastete die Kratzer im Lack. »Armer Großvater«, sagte sie. »Er war so stolz auf das alberne Ding. Warum haben sie den Wagen wohl hierhergestellt?«

»Um ihn zu verstecken, Dummerchen«, flüsterte ihr Karen zu. »Sie durften ihn doch nicht da draußen stehenlassen, wo ihn jeder sehen und erkennen könnte.«

»Oh«, erwiderte ihre Schwester.

Megan sah sich um und entdeckte Fahrspuren, wo jemand den Wagen mit Mühe gewendet hatte. Sie sah, daß er auf die Landstraße wies, dorthin, wo der Waldweg die Landstraße erreichte. Sie warf einen Blick durchs Fenster und entdeckte, daß die Schlüssel im Zündschloß steckten. Auf dem Boden vor dem Beifahrersitz lag eine Tasche. Einen Augenblick lang überlegte sie, ob sie die Autotür öffnen und das Innere des Wagens untersuchen sollte, aber dann stellte sie fest, daß sie sie unmöglich ohne ein entsprechendes Geräusch aufbekommen würde, das die Entführer alarmieren könnte.

»Ich glaube«, sagte sie leise, »ihr Mädchen solltet das hier ein bißchen mit im Auge behalten.«

»Hierbleiben?« fragte Karen.

»Hier können wir nichts sehen.«

Megan drehte sich in Richtung Farmhaus um.

»Also gut«, seufzte sie. »Da drüben bei dem letzten großen Steinhaufen, dem Rest der Mauer dort. Paßt auf die Rückseite des Hauses, vor allem auf die Hintertür, auf, okay? Und behaltet auch das Auto ein bißchen im Auge.«

Die Zwillinge nickten beide zustimmend. Megan dachte daran, wie lächerlich ihre Anordnungen doch waren. Im Auge behalten. Sie hätte am liebsten laut losgelacht. Als ob irgendeiner von uns auch nur eine Ahnung davon hätte, was wir hier tun, dachte sie. Dann schlug sie sich diesen Gedanken aus dem Kopf und führte die beiden Mädchen zu der Stelle zurück, von der aus sie beide die Rückseite des Farmhauses beobachten konnten, das sich vor ihnen erhob. Sie sah die beiden an und zeigte ihnen, wo sie sich hinhocken sollten, damit sie hinter den Steinen verschwanden. »Bleibt da unten!« flüsterte sie besorgt. Dann blickte sie auf das weiße Haus mit der Holzverschalung. Das silbrige, von Rauhreif bedeckte Feld kam ihr wie eine Welle vor, die gegen seine Mauern schlug und von dem Ort, an dem sie warteten, wegstrebte.

»Also«, sagte sie, »ihr wartet hier. Und haltet euch zurück. Kapiert?«

»Komm schon, Mom. Geh los. Die Sonne geht schon auf, und Dad wartet.«

»Keinerlei Risiko eingehen!«

»Komm, Mom.«

Sie wollte ihnen mitteilen, wie sehr sie sie liebte, aber sie dachte, das wäre ihnen sicher nur peinlich. Darum sagte sie sich innerlich: Ich liebe euch beide. Bitte, versteckt euch gut.

Dann schluckte sie heftig. Plötzlich war sie wie gelähmt, und sie mußte ihren Muskeln befehlen, sich in Bewegung zu setzen. Sie schloß die Augen fest, nur eine Sekunde lang, drehte sich dann abrupt um und kroch wie ein Krebs zwischen den Büschen und Bäumen hindurch. Sie sah sich nicht ein einziges Mal um, denn sie wußte: Für wie tapfer sie die beiden auch hielt, wenn sie sich umblickte, würde sie nicht mehr fähig sein, ihre Töchter allein da draußen im Wald zu lassen – so nahe an soviel gnadenloser Bösartigkeit.

Duncan preßte sich mit der Brust an die Mauer und wartete darauf, daß Megan im Morgennebel hinter ihm auftauchte, während er das Farmhaus genau im Auge behielt. Er versuchte, an gar nichts zu denken; er wollte nicht über das nachgrübeln, was sie taten oder was sie vorhatten. Er versuchte, sich ganz auf den Moment zu konzentrieren, auf die Sekunden, die er brauchte, um die eisige Luft ein- und dann wieder auszuatmen. Als er im Wald Geräusche hörte, wirbelte er herum und sah seine Frau auf sich zukriechen.

»Ist alles okay?« fragte er.

»Wir haben den Wagen des Richters entdeckt. Er steht an einem Zufahrtsweg hinter der Stelle, wo ich die Mädchen zurückgelassen habe.«

»Sind sie – ich weiß nicht...«
»Ich denke, ja. Klar.«
Megan sah Duncan an und fühlte ihren Willen einen Augenblick wanken. Auch er geriet plötzlich in den Sog des Zweifels. Beide wollten sie etwas sagen, zwangen sich dann aber zum Schweigen. Megan glitt auf dem feuchten Boden vorwärts, kroch ihrem Mann in die Arme und verbarg den Kopf an seiner Brust. Einen Augenblick lang horchte sie auf seinen Herzschlag; er zählte das Heben und Sinken ihrer Brust.

Der Augenblick verging, und sie fanden neue Kraft.

»Es ist Zeit«, sagte Duncan. »Wenn wir warten, steht vielleicht einer von ihnen früh auf und –« Er machte sich nicht die Mühe, seinen Satz zu beenden.

Megan rollte herum und sah zum Himmel auf. Sie konnte in der Ferne großartige purpurrote Strahlen sehen, die auf den Rändern von Wolkenmassen lagen.

»Morgenrot«, sagte sie.

»Seemannsnot.« Duncan folgte Megans Blick und nickte. »Wahrscheinlich bekommen wir einen Sturm. Vielleicht auch Schnee.«

Megan drehte sich um und drückte seine Hand.

»Hast du an Tommy gedacht?«

»Ein bißchen.«

»Ich auch. Komm, wir holen ihn.«

Duncan zwang sich trotz der Angst zu einem Lächeln.

»Ich bin bereit. Wann immer du willst.«

Megan sah über den Rand der Mauer hinweg. Sie holte tief Luft.

»Ich laufe erst zu dem Wagen. Dann bis zum Rand der Veranda. Dann zur Tür. Wenn ich drin bin, zählst du bis fünf, und dann rennst du wie der Teufel los bis zum Wagen. Dann zur Tür. Okay?«

Duncan klickte die Sicherungsflügel des Gewehrs los. Er packte den Ladehebel an der Seite des Magazins und zog ihn zurück, bis er mit einem scharfen Klicken faßte und den ersten Schuß in die Kammer drückte.

»Tu das gleiche«, befahl er ihr mit einem selbstbewußten Flüstern.

Megan nahm die Pistole in die Hand, entsicherte und lud.

»Fertig?«

»Fertig.«

»Ich liebe dich so. Jetzt, los!«

Duncan richtete sich auf und legte das Gewehr auf den Mauerrand, während Megan hinübersprang. Einen Augenblick war ihr, als tauche sie in einen tiefen, schwarzen, unbekannten Teich. Alles, was ich je gewesen bin oder geglaubt oder gewollt habe, kommt in diesem Moment zusammen, dachte sie. Dann merkte sie, daß sie rannte – vornübergebeugt, die Luft strich um ihre geröteten Wangen, und ihre Füße berührten kaum die Oberfläche des Vorhofs. Die Entfernung bis zum Haus kam ihr mit einemmal ungeheuer groß vor, viel größer, als sie es sich je vorgestellt hatte, es war eine unermeßliche, weite, hell erleuchtete, gefährliche Welt. Sie biß die Zähne zusammen und rannte.

Ramon Gutierrez lag auf dem Bett, sah das Licht langsam die Wand erhellen und dachte an Mord.

Er versuchte sich einzureden: Es ist keine so schwere Sache. Auf seine Art unterscheidet es sich nicht von anderen Verbrechen.

Als er jung war, gab es da immer diese Einweihungen bei den Gangs. Ein Raubüberfall, eine Vergewaltigung, ein Mord; bei jeder Organisation stellte man dem Novizen eine andere Art von Aufgabe. Da, wo er lebte, hatte es keine großen Aktionen gegeben; da alle mit der Kriminalität eng vertraut waren, gehörten die Taten zum normalen Leben und stellten keine Ausnahmeerscheinungen dar. Er hatte keine Angst, Verbrechen zu begehen, wohl aber, geschnappt zu werden. Der Gedanke daran erzeugte in ihm einen Haß, der sich auf die beiden Gefangenen in der Dachkammer konzentrierte. Sie sind gefährlich, sagte er sich. Sie sind sehr gefährlich, und sie können dich viel leichter umbringen, als du denkst. Ihre Augen sind auf dein Herz gerichtete Schießgewehre. Ihre Erinnerungen sind wie Messer, die dir die Kehle aufschlitzen können. Ihre Stimmen sind wie der elektrische Strom im Stuhl. Sie können dich für immer einlochen. Sie können dich umlegen, so gut wie jeder Polizist.

Ramon konnte den Schweiß auf seiner Stirn fühlen. Etwas in ihm wünschte ihn zurück in den Schlaf, etwas anderes wollte ihn ganz aufwecken. Er bedauerte, nur die paar Stunden geschlafen zu haben. Ich muß auf Draht sein, sagte er sich. Er sammelte seine Kraft und merkte, daß seine Augen geöffnet waren und zusahen, wie die Welt um ihn herum im Morgenlicht Gestalt annahm.

Er erinnerte sich an das Gefängnis und wie er sich der Bewegung angeschlossen hatte. Wie in den Jugendbanden hatte die Führung auch hier immer vorgeschrieben, was man tun mußte, wenn man zugelassen werden wollte. Aber bei den Banden hatten die Aktionen eine praktische Seite gehabt. Bei der Bewegung mochten sie symbolische Sachen, vor allem Bomben. Er hatte immer gefunden, daß das eine feige Art war, um Leute zu töten, aber er verstand natürlich, daß das für die Organisation eine sichere Methode war. Da hatte er dann mitgemacht; er hatte geholfen, eine Rohrbombe auf der Männertoilette eines Regierungsgebäudes unterzubringen. Es war nicht sein Fehler gewesen, daß das verdammte Ding nicht zum geplanten Zeitpunkt losgegangen war.

Er vergaß die Geschichte wieder und dachte an die beiden Gefangenen oben in der Dachkammer. Er stellte sich vor, daß die beiden Tommys auf den Betten saßen und ihn anstarrten. Dann versuchte er Gewehr- und Revolverschüsse, Blut und Wunden in seine Vision hineinzumalen. Er sah sie auf dem Boden ausgestreckt steif werden.

Er stellte fest, daß er eigentlich noch nie jemanden getötet hatte, obwohl er dabei gewesen war, wenn Morde stattfanden: einmal bei einem Bandenkrieg, als man zwei Rivalen in einer engen Gasse geschnappt hatte; das zweitemal im Gefängnis nach dem Essen, als die Menge der Gefangenen zur Freizeit in die Gefängnishöfe geflutet war und man in dem vorübergehenden Wirrwarr, der immer dann entstand, wenn solche großen Mengen von Häftlingen sich bewegten, einen Spitzel niedergemetzelt hatte. Das drittemal war Olivias Besuch bei dem Beamten draußen in Kalifornien gewesen. Er erinnerte sich an den Gesichtsausdruck des Mannes, als er die Unvermeidlichkeit dessen erkannte, was mit ihm im nächsten Augenblick geschehen würde: eine Mischung aus Panik und Wut. Er hatte dagegen gekämpft. Er hatte keine Chance, und er wußte es, aber er hatte sich gewehrt, und dadurch wurde es für sie noch leichter. Er hoffte, daß der Richter und der Junge sich auch wehren würden. Dann könnte er sie im Kampf töten, und das wäre für ihn auch leichter.

Er fluchte und schwang die Beine über den Bettrand.

Das matte Licht im Zimmer beleuchtete seine Zigarettenpackung auf einem wackligen alten Tisch. Er mußte niesen, als er die Hand nach dem Päckchen ausstreckte.

Verdammter alter kalter Kasten, sagte er zu sich selbst. Verdammt für immer. Ich will ihn nie wiedersehen.

Er versuchte sich das Leben in den warmen Ländern vorzustellen. Er machte sich Mut und dachte: Heute mittag fliege ich mit einem Packen Geld in den Süden ab. Er sah zu seiner kleinen Stofftasche hinüber, die schon gepackt bereitstand.

Er stand auf und zog Hosen und Schuhe an. Obenrum trug er ein zerfetztes graues Sweatshirt. Es hatte eine Kapuze, die er hochzog wie einen Schal.

Ramon lauschte und hörte die gedämpften Schnarchlaute von Bill Lewis aus dem Zimmer nebenan. Er ballte die Fäuste und öffnete sie wieder, mehrere Male. Dann ging er zum Bett hinüber und fand seinen Revolver. Er schob ihn sich unter den Hosenbund. Von heute an, wenn das vorbei ist, wird alles anders, dachte Ramon. Es würde sehr angenehm sein, selbst neben Olivia im Bett zu liegen. Begeistert dachte er darüber nach, was für tolle Dinge sie zusammen drehen würden. Momentan tat ihm Lewis direkt leid. Aber dann zuckte er die Achseln, und es ergriff ihn eine unbestimmte eifersüchtige Wut.

Ramon trat in den Gang hinaus und warf einen Blick auf die verschlossene Bodenkammertür. Ich könnt's jetzt tun, dachte er, während Lewis schläft. Ich würde ihn überraschen, und er könnte nichts dagegen machen, genausowenig wie sie. Es wäre ein für allemal erledigt, und keiner könnte noch irgend etwas daran ändern. Ramon merkte, daß er das Schießeisen schon in der Hand hielt, aber er konnte sich nicht erinnern, daß er es aus der Hose herausgezogen hatte. Er sah hin und stellte fest, daß der Hahn schon gespannt war, aber er konnte sich auch nicht daran erinnern, daß er ihn gespannt hatte.

Wenn sie schliefen, würde es leichter sein, sagte er

sich. Er tat einen Schritt in Richtung Bodenkammer und fühlte, wie sein Entschluß ins Wanken geriet. Zuerst eine Tasse Kaffee, dachte er. Damit die Hand schön ruhig ist. Er steckte die Waffe in den Hosenbund zurück.

Die Treppenstufen knarrten ein bißchen, als er zur Küche hinuntertapste. Das Haus wirkte still und vor Kälte wie erstarrt; er haßte es, wie die Kälte überall reinkroch. Morgens war es besonders furchtbar. Im Süden wachte man auf, um den freundlichen Lärm und die wunderbare Wärme zu begrüßen, die sich dann während des Tages verstärkten und die den Tag ausmachten. Es schauderte ihn wieder, als er in die Küche kam, den Heißwasserhahn so weit wie möglich aufdrehte und nach einem Kaffeebecher suchte, der weniger schmutzig als die anderen war. Nach einigem Suchen fand er einen, der ihm genügte. Er warf zwei Löffel Pulverkaffee hinein und füllte den Becher aus dem dampfenden Wasserhahn. Dann nahm er einen kleinen Schluck, zog ein Gesicht und drehte sich um. Er lehnte sich an den Ausguß und ließ die Wärme aus dem Becher in seine Hände fließen, damit die Kälte aus seinem Körper wich.

Als er ein leises Bumsen vor dem Haus hörte, verwirrte ihn das zuerst. Was war das? fragte er sich. Wo kam denn dieses Geräusch her? Hier gibt's doch keine Geräusche. Hier doch nicht, jetzt doch nicht.

Dann durchflutete ihn sofort heiße Angst.

Seine Hand zitterte etwas, als er den Kaffeebecher wegstellte.

Er spitzte die Ohren und lauschte, ob noch so ein Geräusch kam, aber er hörte keins.

Es war etwas, dachte er. Es war nichts. Es war dieses alte Haus, das knackt vor Alter. Es war die Polizei, die Stellung bezog. Plötzlich schüttelte ihn die Spannung in seinem Innern, als er sich zu überzeugen versuchte, daß er etwas, und zugleich, daß er nichts gehört hatte. Als er hinabblickte, sah er, daß ihm der Revolver schon wieder in die Hand gesprungen war. Er überlegte einen Augenblick, nach oben zu rennen und Olivia zu rufen. Dann dachte er: Ich bin nicht so schwach, ich bin stärker. Wozu brauche ich sie, um mal nachzusehen, was das für ein Geräusch war, und dann stellt sich heraus, daß ich es mir nur eingebildet habe? Seine schlechten Nerven widerten ihn an, aber er empfand dennoch Angst.

Er ging vorsichtig, aber zielstrebig zur Vorderfront des Hauses. Er äugte durch eine Glasscheibe in der Vordertür, aber er konnte nichts außer dem vorderen Hof sehen, der vor Rauhreif glitzerte.

Es war nichts, sagte er sich. Du hast schlecht geschlafen.

Es ist jetzt bald zu Ende und du bist nervös, also regst du dich über nichts auf.

Ramon schauderte. Es ist wahrscheinlich nichts, redete er sich ein. Vielleicht war es der Wind. Aber er konnte die Bäume kahl und still vor dem bedeckten Himmel stehen sehen.

Er wollte das alte Haus mit seinem bißchen Wärme nicht verlassen, aber er wußte, daß er sich vergewissern mußte. Langsam drehte er den Türknopf herum und öffnete. Es war, als hätte jemand seinen eisigen Atem um ihn herumgeblasen. Er zögerte wieder, wollte eigentlich nicht hinausgehen. Aber er tat es.

Vor Kälte zitternd und vielleicht auch vor etwas anderem ging Ramon langsam auf die Veranda hinaus. Er hielt den Revolver in der ausgestreckten Hand, und sein Kopf drehte sich nach rechts und links, als er den Hof mit den Augen absuchte.

Lauren sah die Rückseite des Farmhauses an und fragte: »Glaubst du, sie sind okay?« Die Stille begann ihre Zuversicht zu beeinträchtigen. Sie hatte in den vergangenen Minuten ein Dutzend alptraumhafte Visionen abgewehrt. Karen legte einen Arm um sie und drückte sie an sich.

»Natürlich«, sagte sie sanft. »Warum nicht?«

»Wir haben noch nichts gehört.«

»Das heißt doch, daß die Sache so wie geplant abläuft.«

»Ich wollte, wir hörten etwas.«

»Hast du Angst?«

»Klar. Und du?«

»Nur ein bißchen. Ich bin auch wütend.«

»Ja. Meinst du, daß Tommy und der Richter –«

»Oh, die sind okay, das weiß ich einfach. Sie schlafen wahrscheinlich. Du weißt, wie Tommy ist. Wenn er ein bißchen müde ist, kannst du ihn nicht mal mit 'nem Kanonenschuß aufwecken.«

»Ich wollte, Mom wäre hier.«

»Ich auch.«

»Sie wissen, was sie tun.«

»Natürlich wissen sie das.«

»Rück näher heran. Ich friere.«

»Es ist nicht die Kälte«, sagte Karen, praktisch wie gewöhnlich. Aber trotzdem rückte sie näher. Sie sah auf ihre Waffe herunter. »Wenn du einen kleinen roten Punkt siehst, heißt das, daß die Waffe gesichert oder ungesichert ist?«

»Ungesichert.«

»Oh. Richtig.« Sie ließ den Sicherungshebel einrasten.

»Warum tust du das?« fragte Lauren.

»Dad hat doch gesagt –«

»Er hat gesagt, wir sollen vorsichtig sein. Er hat nicht gesagt, daß wir dumm sein sollen.«

»Wie meinst du das?« fragte die ältere Schwester sie leicht verärgert.

»Ich glaube eben nicht, daß ich den dummen Sicherungshebel finden würde, wenn ich müßte. Ich glaube, wir sollten fertig sein, falls wir hinlaufen und helfen müssen.«

»Sie haben gesagt, wir sollen uns nicht vom Fleck rühren.«

»Ja, aber sollen wir das wirklich?«

Karen dachte einen Augenblick nach. Sie wollte verantwortungsvoll handeln, sie wollte sich gut benehmen. Sie wollte, daß ihre Eltern stolz auf sie waren. Lauren sah ihre Schwester aufmerksam an. »Ich weiß, was du denkst«, flüsterte sie. »Ich weiß, was sie gesagt haben. Aber wir sind hier, um zu helfen! Er ist auch unser Bruder.«

Karen nickte. »Ich glaube, du hast recht.«

Beide Mädchen entsicherten ihre Waffen. Sie beugten sich vor und beobachteten das Haus.

»Kannst du es fühlen?« flüsterte Lauren plötzlich.

»Was?«

»Ich weiß nicht. Es ist, als wehte der Wind stärker oder als zöge eine Wolke über uns weg oder so etwas.«

Karen nickte. Sie lächelte. »Weißt du, in der Schule würden sie die ganze Geschichte nie glauben.«

Lauren kicherte beinahe. »Junge, das stimmt.«

Aber der leicht amüsante Augenblick verging schnell in der überwältigenden Stille des Morgens. Das Schweigen breitete sich wieder aus, und mit ihm eine unheimliche Angst vor der Ungewißheit. Sie blieben Schulter an Schulter stehen und starrten auf das Farmhaus. Lauren griff nach der Hand ihrer Schwester. Es war, als flösse eine elektrische Ladung durch sie hindurch. Sie konnten den Herzschlag des anderen fühlen, den Atem des anderen schmecken.

»Es wird alles gut werden«, sagte Lauren leise.

»Ich weiß. Ich wollte nur, etwas würde geschehen«, erwiderte Karen.

Sie warteten, während Angst und Zuversicht einander abwechselten.

Als Megans Fuß auf der eisglatten untersten Stufe der Veranda ausgerutscht war, war ihre Hand, in der sie die Pistole hielt, hart gegen die Treppe geschlagen. Der Lärm hatte sie augenblicklich anhalten lassen. Sie fand, daß es sich wie eine Explosion angehört hatte. Statt weiter die Treppe bis zur Tür hinaufzulaufen, hatte sie sich zurückgeduckt und unter der Treppe verkrochen, um abzuwarten, ob jemand sie gehört hätte.

Das kratzende Geräusch der sich öffnenden Haustür lähmte ihre Willenskraft. Starr, die Pistole in der Hand, versuchte sie sich unter die Veranda zu zwängen, damit man sie nicht von oben sähe.

Als sie den ersten knarrenden Schritt hörte – fast über ihr –, zitterte sie. Aber sie hob die Waffe und dachte: So wird es nicht enden.

Sie kämpfte gegen die Angst an, die sie zu lähmen versuchte, indem sie an Tommy dachte. Ihr Herz schlug rascher, und sie spürte, daß Adrenalin durch ihren Körper schoß. Ich komme, verdammt. Ich komme jetzt und hole dich.

Sie spannte ihre Muskeln an, als sie Schritte auf ihr Versteck zukommen hörte.

Duncan hatte sie ausrutschen sehen, den leichten Bumslaut gehört und geflucht. Er hatte auch gewartet, die Augen auf seine Frau gerichtet. Sie kam ihm wie ein kleines Tier vor, das sich gegen die Angst zusammenduckte.

Der Anblick der Tür, die sich auf die Veranda öffnete, gab ihm vor Entsetzen einen Stich ins Herz.

»Oh, mein Gott«, flüsterte er. »Sie haben sie gehört.«
Einen Augenblick lang war ihm, als hätte ihm jemand all seine Kraft ausgesaugt. Er kam sich leicht, fast gewichtslos vor.

Dann sah er Gutierrez auf die Veranda hinaustreten.

»Oh, mein Gott«, sagte er wieder. »*Megan – paß auf.*«
Seine Stimme war ein bloßes Flüstern.

Er bemerkte den Revolver in Ramons Hand und sah ihn einen, dann noch einen Schritt auf die Nische zugehen, in der seine Frau sich zusammengekauert hatte.

Er versuchte sein rasendes Herz zu beruhigen und wußte: Es bleibt mir keine Wahl.

Er wollte schlucken, aber sein Mund war völlig trokken. Eine Erinnerung blitzte ihm durch den Kopf: Er konnte die Straße in Lodi sehen und wie er selbst zögerte und in dem Lieferwagen festsaß, als berühre er den Rand eines dunklen Meeres und hätte Angst, sich hinunter in die Tiefe ziehen zu lassen. Diesmal konnte er nicht warten, nicht wieder zögern und alles wegen eines Zweifels verlieren.

»Unten bleiben, Megan«, flüsterte er.

Er holte tief Luft und senkte die Wange auf den Gewehrschaft. Seine Welt wurde plötzlich ganz winzig, lag hinter dem schwarzen Visier, jenseits des Hofs. Über dem Kopf seiner Frau und genau auf Ramon Gutierrez' Brust. Er sah Ramon noch einen Schritt gehen und anhalten, nur noch einen oder zwei Fuß vom Rande des Vorbaus entfernt, unter dem seine Frau sich zu verbergen suchte.

Er atmete langsam aus.

»Es tut mir leid«, flüsterte er. Der Druck in seinem Finger gegen den Abzug schien ungeheuer groß, fast schmerzhaft. Er zog ihn langsam zurück und schoß. Der Knall schien die porzellanene Luft zu zerschmettern.

Olivia wurde aus einem Gefängnistraum gerissen. Sie hatte wieder in ihrer Zelle im Hochsicherheitstrakt gesessen, nur wollte die Gittertür diesmal nicht richtig schließen. Sie hatte sie nach Belieben aufmachen können. Im Traum konnte sie die Kälte des Stahls fühlen und das rasselnde Geräusch hören, als die Gittertür zurückschwang. Sie hatte sich über den Laufsteg vor den Zellenreihen losgehen sehen, allein und frei gehen, wohin sie wollte. Eine ungeheure Glückseligkeit hatte sie erfaßt, eine Leichtigkeit, fast als ob ihre Füße nicht mehr die Erde zu berühren brauchten, als ob sie fliegen könnte. Im Traum war sie freudig erregt rasch von der Zelle fortgegangen, als sie einen Donnerschlag hörte, und einen Moment lang dachte sie, ein Gewitter entlüde sich über ihrem Kopf.

Dann stolperte sie aus dem Schlaf in ein plötzliches, schreckliches Erwachen.

Sie richtete sich ruckartig im Bett auf, die morgendliche Kälte nicht achtend, und horchte angestrengt.

»Was war denn das, zum Teufel?« verlangte sie zu wissen, und ihre Stimme klang schrill.

Bill Lewis war neben ihr aufgewacht und streckte den Kopf empor. Im schwachen Frühlicht wirkte seine Haut blaß, beinahe durchsichtig. Seine Augen waren weit geöffnet, seine Stimme zitterte weinerlich in fast panischer Angst:

»Ich weiß nicht. Was war das? Ich kann's nicht sagen, ich hab' geschlafen.«

»Es klang wie ein Schuß.«
»Wo ist Ramon?«
»Ich weiß nicht. In seinem Zimmer?«
»Ramon? Ramon! Wo steckst du?« rief Olivia.
Niemand antwortete. Olivias einziger Gedanke war: Er ist raufgegangen und bringt sie um. Sie schwenkte die Beine aus dem Bett und stand nackt daneben. Dann müßte aber noch ein Schuß kommen. Dann müßten Schreie zu hören sein. Dann müßte er mir antworten. Was ist bloß los?
»Was macht er?« wollte Bill plötzlich wissen, die Worte gerieten ihm in seiner Angst durcheinander. »Ist er – verdammt – wo ist er hin? Was macht er denn? Ich versteh' nicht – das gehört nicht zum Plan.«
Bill Lewis sah Olivia mit wilden Augen an.
»Das ist nicht oben«, schrie Bill. »Das kommt von draußen. Ramon!«
Olivias Gedanken rasten verwirrt durcheinander. Sie schrie sich selbst Befehle zu: *Denken! Handeln!* Sie schnappte sich eine Maschinenpistole vom Nachttisch. Plötzlich war eine wunderbare Ruhe in ihr, ein friedliches Gefühl, fast wie das Entzücken eines zufriedenen Kindes, als wäre sie wieder in ihren Traum zurückgekehrt. Sie spürte, wie sie am ganzen Körper errötete, rot glänzte in der plötzlichen Wärme ihrer Nacktheit.
»Was ist los?« schrie Bill.
»Komm«, sagte Olivia ruhig. »Das ist das Ende.«
Sie ging durch das Badezimmer zum Fenster und sah hinaus. Sie hörte, wie Lewis hinter ihr sich damit abmühte, in seine Hosen zu steigen, und über seine steif gewordenen Jeans fluchte, und sie dachte, wie albern, wie absurd das war, und lachte laut.

Der Knall des ersten Schusses riß auch Richter Pearson aus einem Traum. Er war am Strand gewesen, umgeben von seinen Enkelkindern, und alle hatten sie im Sand gespielt. Die heiße Sonne hatte ihn gewärmt, und er hatte die Augen im grellen Licht zusammengekniffen und geblinzelt. Er konnte Megan und Duncan auf den blaugrünen Wellen reiten sehen. Er hatte sich umgedreht und mit seiner Frau gesprochen, die neben ihm saß. »Aber du bist doch tot«, hatte er ihr gesagt.

»Und ich bin allein.« Sie hatte gelächelt, den Kopf geschüttelt und erwidert: »Niemand stirbt jemals wirklich. Niemand ist je wirklich allein.« Aber dann, als er sich von ihr abwandte, war seine Familie fort, und der Strand war der rotgefleckte Sand von Tarawa, und er war wieder ein erschrockener junger Mann. Er hörte einen einzigen Schuß über seinen Kopf jagen, und er wühlte sich in den Sand und drückte sein Gesicht tief hinein, als die Kugel in der Luft pfiff, nur um ihn wieder zu heben und im Traum zu sagen: »Aber das war die Wirklichkeit.«

Und so wurde er wach.

Er drehte sich schnell zu Tommy herum, der kerzengerade aufgerichtet in seinem Bett saß.

»Großvater!«

»Tommy, es geht los. Mein Gott, sie kommen!«

»Großvater!« Tommy sprang von seinem Bett herunter, dem Richter in die Arme.

Richter Pearson drückte ihn fest an sich, aber dann stieß er ihn zurück.

»Jetzt, Tommy, jetzt! Wir müssen uns retten.«

Tommy schluckte und nickte. Der Richter schwang die Beine vom Bett und ergriff den Metallstab.

»Jetzt«, sagte er. »Hilf mir bitte.«

Sie hörten einen zweiten Schuß.

»Schnell, Tommy. Genau wie wir es besprochen haben!«

Er war voll Kraft, ein Ziel war da; er erinnerte sich an hundert entsetzliche, lähmende Augenblicke in der Schlacht, wenn er trotz der sterbenden Menschen und des Grauens gehandelt hatte. Es war, als hätten seine Knochen und Muskeln das Alter abgestreift. Er fühlte die anmaßende Kraft der Jugend in seinen Gliedern.

Der Richter hob eines der Eisenbetten hoch und zerrte es durch den Raum. Mit großem Schwung und Krachen ließ er es die Treppe hinunter gegen die Dachkammertür fallen. Dann trat er zurück und packte Tommys Bett. »Jetzt deins!« Er stieß es ebenfalls die Treppe hinunter und blockierte damit den Eingang noch weiter.

Tommy war schon angezogen, saß an der Wand und stieß mit dem Eisenstab vom Bett gegen die gelockerten Bretter. Richter Pearson sprang ihm zur Seite. Er nahm das Stück des Bettgestells und schob es unter eine der Planken. Er holte tief Luft, dann riß er an dem Hebel, so fest er konnte. Ein krachendes Geräusch ertönte und das Knacken des splitternden Holzes. Das erste Brett brach los wie ein zerschmetterter Knochen. Der Richter schrie einmal auf; ein Splitter hatte seinen Daumen geritzt, und Schmerz durchschoß seinen Arm. Aber er achtete nicht darauf und hackte statt dessen mit dem Metallstück in den freiliegenden Mörtel. Er zerfiel in einer Staubwolke. Er hieb wieder in die Öffnung hinein und dann ein drittes Mal. Dann trat er außer Atem zurück, bereit, noch einmal dreinzuschlagen, als er Tommy rufen hörte.

»Großvater, wir sind durch! Ich kann den Himmel sehen!«

Er biß die Zähne zusammen, Alter, Zweifel, Krankheit waren vergessen, er ging gegen die Wand vor, riß und schlug den zerbröckelnden Verputz und das morsche Holz mit einem mächtigen Siegesschrei heraus.

Duncans erster Schuß hatte Ramon wie der Schlag eines Schwergewichtboxers in die Brust getroffen und zurückgeworfen, so daß er krachend gegen die Haustür fiel und dort wie festgenagelt hängenblieb. Er zuckte einmal wie eine spastische Marionette. Dann rutschte er langsam in eine sitzende Position hinab, fast als ob er sich ausruhen wollte. Er starrte auf den Hof hinaus, sah noch immer nichts und fragte sich, was denn mit ihm geschehen sei. Er fragte sich auch, weshalb die Kälte verschwunden war: Das war sein letzter Gedanke.
    Duncans zweiter Schuß explodierte im Gesicht des Toten.

Megan erhob sich, nachdem der zweite Schuß aus dem Gewehr ihres Mannes verhallt war, und starrte entsetzt Ramon Gutierrez' mit Blut und Hirn verschmierten Leichnam an. Sie wich einen Schritt zurück und wollte bei dem alptraumhaften Anblick schreien.
    Duncan erhob sich hinten an der Mauer.
    Einen Augenblick lang war wieder alles still, und Schweigen herrschte in dem von Rauhreif bedeckten Hof.
    Er spürte, wie es ihm trocken in der Kehle würgte, als er seine Frau zögern sah, und er krächzte so laut er konnte: »Geh! Geh, Megan! Geh! Jetzt!«
    Duncan kletterte über die Mauer, wobei er fast das Gewehr fallen ließ. Er packte es fester, richtete sich auf und rannte stolpernd auf sie zu, wobei er immer wieder rief: »Geh! Los, geh! Jetzt!«
    Seine Frau drehte sich verwirrt nach ihm um. Sie sah

ihn wild gestikulieren und auf die Haustür zeigen. Ihre Augen begegneten sich für einen Moment, und er sah sie nicken. Sie drehte sich wieder zu der Leiche auf der Veranda um und schrie vor Wut und Angst und wilder Entschlossenheit.

Mit der Waffe in der Hand sprang sie die Verandatreppe hinauf und lief an Ramons Leichnam vorbei ins Haus.

»Sie!« schrie Olivia, und es klang wie ein Lachen.
»Wer?« brüllte Bill Lewis und packte seine Maschinenpistole.
»Wer wohl?« erwiderte Olivia und entsicherte ihre MP. Sie stieß den Lauf klirrend durch die Fensterscheibe und sah gerade, wie Duncan auf das Haus zulief.
»Du übernimmst die Treppe!« schrie sie Lewis gellend an.
Er zögerte.
»Los, du Idiot, bevor sie näher kommen!«
Er wirbelte herum, sprang durch die Schlafzimmertür und tappte in das Innere des Farmhauses.

Karen und Lauren hatten die Schüsse gehört und schnappten nach Luft.
In dem Schweigen, das darauf folgte, empfanden sie beide eine panische Angst, wie in dem ersten Augenblick, wenn ein Auto auf einer regennassen Straße ins Schleudern gerät.
»Oh, mein Gott«, flüsterte Lauren. »Was ist los?«
»Ich weiß nicht«, erwiderte Karen. »Ich weiß nicht.«
»Sind sie getroffen?«
»Ich weiß nicht.«
»Was sollen wir tun?«

»Ich weiß nicht.«
»Wir müssen etwas tun!«
»Was?«
»Ich weiß nicht!«
Beide Mädchen kämpften gegen den Drang, aus ihrem Versteck wegzulaufen, und blieben stehen, starr vor Erregung.

Megan stolperte, als sie in die Diele rannte, und fiel hin. Eine Sekunde war sie wie betäubt, dann rollte sie sich herum und kam, die Pistole in der ausgestreckten Hand, auf die Knie hoch. Sie schwenkte sie hin und her, um sofort loszufeuern, falls irgendein Geräusch ertönte oder eine Bewegung sichtbar wurde oder ein Gespenst auftauchte oder die Angst sie überkam. Sie konnte ihren heißen, hechelnden Atem hören.

Sie richtete sich auf und ging auf die Treppe zu, die vor ihr lag.

Plötzlich hörte sie über sich das Tappen von Schritten auf dem Holzboden, und sie warf sich seitlich gegen die Wand und starrte die Treppe hinauf. Sie hob den Revolver, um sofort abdrücken zu können, und sah das Gesicht von Bill Lewis über das Geländer lugen. Einen Augenblick lang hielten sie beide inne, dann sah sie die Waffe in seinen Händen. Beide schrien etwas Unverständliches; Megan schoß einmal, wich dann in die Wohnzimmertüröffnung zurück, während Lewis das Feuer erwiderte. Aber durch dieses kurze Zögern verlor er seine Überlegenheit. Die Kugeln schlugen in den Verputz und in die Holzverkleidung, und Staub und Splitter flogen umher.

Megan schrie auf, als ein Splitter in ihren Unterarm drang. Sie sprang zurück und starrte das Blut an, das durch ihren Ärmel sickerte. Ein gezacktes Stück Holz steckte in dem Stoff und hatte sich in ihre Haut gebohrt. Sie brüllte und riß es aus ihrem Arm. Blut tropfte zwischen ihren Fingern hinunter. Dann drängte sie vorwärts, hob die 45er und feuerte eine wilde Serie von Schüssen ab, wobei sie den großen Revolver in ihrer Hand stoßen und zerren fühlte. Die Welt über ihr schien vor Lärm und Entsetzen zu explodieren.

Bill Lewis sprang zurück, als die Kugeln in die Decke über ihm einschlugen, und hielt bei dem plötzlichen Angriff den Arm mit der Waffe schützend vors Gesicht.

Dann feuerte er wieder wie ein Rasender aufs Geratewohl los und füllte die Luft mit tödlichem Blei.

Im Schlafzimmer wartete Olivia beinahe geduldig auf Duncan, der aufs Haus zugerannt kam. Er lief geradeaus, nicht im Zickzack, ohne zu zögern, kam er genau auf die Haustür zu. Es kam ihr vor, als ob er sich im Zeitlupentempo bewegte; einen Augenblick lang überraschte es sie, daß er überhaupt da war. Ich dachte nicht, daß du das Zeug dazu hättest, Zahlentyp, dachte sie. Ich hätte nie gedacht, daß du es versuchen würdest. Und jetzt bist du dran. Sie konnte einen mächtigen Zorn in sich aufsteigen fühlen, der ihre Arme, Beine und ihr Herz elektrisierte. Sie merkte, wie ihre Hand zuckte und feuern wollte. Und das tat sie, während sie Verwünschungen brüllte, die das Tacken der automatischen Waffe übertönte.

»Stirb!« schrie sie. Aber das Wort dehnte sich und klang eher wie eine gutturale, wortlose Totenklage. Die Waffe in ihrer Hand schien von derselben Wut besessen, krachte heiß und wahnsinnig, hüpfte und zuckte, während sie sorgfältig zu zielen versuchte.

Sie feuerte immer weiter auf die Gestalt, die auf sie zukam und nicht zusammenbrach. Duncan hielt eine Hand hoch über den Kopf, als ob das die Schüsse abwehren könnte. Durch die Rauchwölkchen hindurch konnte sie den Dreck um Duncans Füße herum aufspritzen sehen, den die einschlagenden Kugeln hervorriefen. Ihre Nasenlöcher füllten sich mit dem heißen, beißenden Korditgestank.

»Stirb, du Feigling!« schrie sie wieder.

Dann lachte sie, denn Duncan fiel plötzlich hin, als hätte ihn eine große unsichtbare Hand zu Boden gerissen. Er streckte alle viere von sich und lag genau in ihrer Schußlinie.

»Ich habe dich erwischt, du Bastard!«

Sie zielte sorgfältig und versuchte, wieder zu feuern, fluchte aber, als sie merkte, daß das Magazin leer war. Sie wirbelte herum und griff sich einen neuen Ladestreifen.

Schmerz durchflutete ihn.

Er schmeckte bitteren, trockenen Dreck, wo er zu Boden gefallen war.

In diesem Augenblick wußte er nicht, ob er tot war oder noch lebte. Er blickte an sich hinunter und sah Blutbäche über seine Beine rinnen. Jetzt bringt sie mich um, dachte er.

Aber er merkte, daß er wieder auf die Füße kam.

Die Haustür schien so weit entfernt, daß er sie unmöglich noch erreichen konnte. Er wunderte sich einen Augenblick, wo die nächste Salve blieb. Worauf wartest du? schrie er sich selbst zu. Dann sah er nur ein, zwei Meter weit entfernt zu seiner Linken den Wagen der Entführer stehen. Er bückte sich, bekam das Gewehr beim Lauf zu fassen, hüpfte und stolperte hinter das Auto. Bevor er zur Besinnung kommen konnte, schlugen schon die ersten Kugeln kreischend in den Wagen ein und erzeugten ein jaulendes Geräusch, wenn sie von dem Metall abprallten und querschlugen. Das Fensterglas über ihm zerplatzte krachend und regnete ihm auf den Kopf herunter.

Er preßte sich seitlich an die Karosserie und starrte auf seine zerfetzten Beine hinunter. Gebrochen? fragte er sich. Kaputt? Was? Er dachte an Tommy und die Zwillinge, an Megan und den Richter.

Er zuckte die Schultern. Kann man nichts machen, dachte er. Muß sehen, daß ich weiterkomme. Er richtete sich auf, stand und rang nach Luft wegen der plötzlichen Schmerzflammen, die ihm durch die Knie und Schenkel schossen. Tränen traten ihm in die Augen, er biß die Zähne zusammen und versuchte, sich zu entspannen. Die Schmerzwelle raste ihm durchs Gehirn, machte ihn schwindlig. Er biß sich auf die Lippe, dachte an seine Familie und fühlte neue Kraft in sich aufsteigen. Er lehnte den Kopf gegen die Wagenseite und holte tief Luft.

Noch hast du mich nicht getötet, dachte er. Wenn er die Kraft besessen hätte, hätte er gelacht.

Er holte noch einmal tief Luft und fragte sich, wo der Schmerz geblieben war. Er ist da, dachte er. Versteckt sich bloß. Wahrscheinlich eine Einbildung, erkannte er. Er lächelte.

Noch nicht tot. Tommy, ich bin noch immer auf dem Weg zu dir.

Duncan riß sich zusammen, richtete sich auf und hob das Gewehr an die Schulter. Er drehte es in die Richtung auf das Zimmer im ersten Stock, aus dem Olivia, wie er wußte, auf ihn schoß. Dann fing er an zu schießen und drückte die Schüsse so schnell hintereinander ab, wie es ging. Aus seinen zusammengekniffenen Augen konnte er die Kugeln in den Fensterrahmen einschlagen und durch die Scheiben schmettern sehen. Schießend stolperte er von dem Wagen weg auf die Seite des Hauses zu, um aus der Feuerlinie zu kommen. Er fragte sich, wie lange seine Beine wohl noch mitmachen würden, und wunderte sich, daß sie es überhaupt noch taten.

Olivia taumelte überrascht zurück, als die Kugeln aus Duncans Gewehr in das Fenster, die Wände und die Decke schlugen und Glas, Staub und Trümmer auf sie herabregneten. Sie landete auf dem Bett, richtete sich auf und schaukelte rückwärts und vorwärts, unverletzt, aber erstaunt über diese wilde Attacke. Eine neue Salve pfiff um sie her, und sie merkte, daß sie stürzte. Sie schlug hart auf dem Fußboden auf und brauchte eine Sekunde, um zu begreifen, daß es sie umgehauen hatte. Dann raffte sie sich auf und sprang zurück ans Fenster. Unten sah sie Duncan, humpelnd und die Beine nachziehend, immer noch aus seinem Gewehr feuernd um die Ecke des Farmhauses verschwinden. Sie gab eine letzte Sperrfeuersalve auf ihn ab und fluchte dabei, als sie aus dem Fenster lehnte.

Dann drehte sie sich um und ging in das Zimmer zurück.

Es sind nur die beiden, dachte sie. Er und Megan.

Sie konnte die Schüsse von der Treppe hören und dachte an die Gefangenen in der Dachkammer.

Das bellende Geräusch der Maschinenpistole hörte auf, und ein zorniges Brüllen aus Megans Waffe folgte. Olivia sah zu Boden und erblickte ihren roten, mit Geld gefüllten Schulranzen. Sie schloß ihn rasch und warf ihn über die Schulter. Als sie den Kopf hob, sah sie Bill Lewis in der Türöffnung stehen.

»Gib mir noch einen Streifen!« schrie er.

Sie warf ihm einen Ladestreifen hin, den er fallen ließ und dann, sich bückend, aufhob.

»Töte sie«, flüsterte Olivia.

Er starrte sie an.

»Geh in die Dachkammer und töte sie«, sagte sie in einem normalen Tonfall, aber streng, wie man ein kleines Kind rügt, das nicht hören will.

Seine Kinnlade fiel herunter.

»Töte sie!« schrie sie, während ihre Stimme anschwoll.

»Aber –«

Sie kreischte, und ihre Stimme wurde zu einem Sirenenschrillen: »Töte sie! Töte sie! Töte sie beide! Mach es jetzt, verdammt! Mach es jetzt! Töte sie!«

Er sah sie mit weit aufgerissenen Augen an. Dann nickte er und verschwand durch die Tür, während Olivia ihm ihre Befehle nachkreischte. Sie folgte ihm in den Korridor hinaus und wandte sich der Treppe zu, um Megans Angriff zu erwarten. Hinter sich konnte sie Lewis am Schloß herumfummeln hören.

Megan kniete im Schutz der Türöffnung zwischen der Diele und dem Wohnzimmer und versuchte die 45er nachzuladen, als Olivias Schreie das Singen in ihren Ohren übertönte. Die Worte ließen sie erstarren und elektrisierten sie zugleich, erfüllten sie mit der verzweifelten Angst einer verwundeten Mutter. Sie richtete sich stöhnend auf, und aus ihrem Mund kam ein lauter Schrei der Verzweiflung und Entschlossenheit.

»Nein!« brüllte sie. »Tommy!« Von Wut und Schmerz erfüllt, hastete sie die Treppe hinauf und dachte nicht daran, was ihr selbst passieren könnte, dachte nur an ihr Kind und feuerte im Laufen.

Olivia wurde von der plötzlichen Wildheit ihres Angriffs überrascht und feuerte ziellos in Richtung der wie von Furien getriebenen Megan. Die Kugeln klatschten wütend in die Wand über Megans Kopf. Die Wucht der Salve ließ sie zu Boden stürzen, sie blieb unverletzt, aber verlor an Geschwindigkeit, was, wie sie wußte, ihren Tod bedeuten konnte.

Sie raffte sich wieder auf und kroch verbissen weiter, klammerte sich an die Stufen, aber blieb schußbereit.

Olivia schrie nun immer wieder: »*Töte sie! Töte sie!*« Sie drehte sich um und sah Lewis gegen die Tür trommeln.

»Es steht etwas davor!« schrie er gellend.

»Schieß es weg!«

»Was?«

Bevor sie antworten konnte, hörte sie Megans Revolver krachen, zwei, drei Meter entfernt. Die Kugel schlug neben ihrem Kopf in die Wand, ritzte ihr die Wange auf und riß ihr ein Stück vom Ohrläppchen ab. Olivia stolperte zurück, als ob ein mächtiger Schlag sie getroffen hätte. Ihr war sofort schwindlig und wirr im Kopf: Sie kann mich nicht getötet haben, dachte sie im starken Schock. Es ist nicht möglich. Sie berührte ihr Gesicht mit der Hand und fühlte, wie ein klebriges Blutrinnsal aus dem zerrissenen Fleisch herausquoll. Ein Kratzer, dachte sie. Sie hat mir einen Kratzer zugefügt. Sie brüllte und feuerte wieder einen Stoß auf Megan ab, aber ihre Schüsse trafen nicht mehr, weil sie gleichzeitig ins Schlafzimmer zurückstolperte.

Richter Pearson holte zu einem letzten, wilden Schlag gegen das Loch in der Wand aus, wandte sich keuchend zu Tommy um und fragte: »Kommst du da durch?«

»Ja, aber, Großvater –«

Der Richter warf rasch einen Blick hinaus und sah ein Stück vom Wald und vom Himmel, der sich endlos in die

Ferne erstreckte. Dann zog er sich wieder ins Innere zurück.

»Geh einfach, Tommy, geh! Laß dich aufs Dach hinunterfallen. Verschwinde! Verschwinde jetzt!«

In der Sekunde, in der das Kind zögerte, hörten sie beide Olivias Stimme, als sie Bill Lewis ihre Befehle zuschrie. Die Worte schienen sich in der Luft um sie herum auszudehnen, ihr Echo hallte in der alten, sich nun mit eisiger Winterluft füllenden Dachkammer nach.

»Großvater!« schrie Tommy mit gellender Stimme.

»Geh los! Verdammt, los jetzt!«

»Großvater!« Tommy packte Richter Pearsons Hand.

Richter Pearson hörte Bill Lewis gegen die Tür stoßen. Er hörte, wie die Tür aufging und gegen die Barrikade aus Betten krachte. »Jetzt, Tommy – bitte!«

Er packte seinen Enkel und stieß ihn, die strampelnden Beine zuerst, durch das schmale Loch. Einen Augenblick schien es, als ob der Junge darin steckenbliebe; dann rutschte er endlich durch. Der Richter konnte Tommys Hände sehen, die sich am Rande des Lochs festklammerten, während er sich zum Absprung auf das Vordach fertig machte.

»Los, Tommy, los!« rief er gellend. Hinter sich hörte er Lewis fluchen und gegen die Tür donnern. Tommys Hände verschwanden, und der Richter hörte ein Bumsen, als der Junge auf dem Dach darunter landete. Er beugte sich hinaus, nur um zu sehen, ob sein Enkel in Sicherheit war, und brüllte ihm wieder zu: »Verschwinde!« Dann drehte er sich um und hob den Metallstab auf. Er brach in einen Schlachtruf aus und stürmte, das Eisen über dem Kopf schwingend, auf den Dachkammereingang zu.

Als er sich gegen die Barrikade warf, schien die Welt

um ihn herum zu explodieren. Bill Lewis zersiebte die Tür mit seiner Maschinenpistole, und Kugeln, Metallsplitter, Federn aus den Kissen und Holzsplitter aus der Tür sausten jaulend um ihn her. Er warf sich herum, als hätte ihn ein plötzlicher Sturm gepackt, und stürzte zu Boden. Er wußte in diesem Augenblick, daß es ihn erwischt hatte, einmal, zweimal, vielleicht hundertmal. Sein Körper schrie ihm Befehle zu, wütete über das Eindringen des rotglühenden Metalls in das kalte Fleisch. Eine Welle des Schocks und des Schmerzes überwältigte ihn, und er war nahe daran, ohnmächtig zu werden. Aber er kämpfte dagegen an. Ich kann atmen, dachte er. Ich bin schwer verwundet, aber ich bin noch nicht tot. Er richtete sich halbwegs auf und warf sich vorwärts, versuchte die Tür mit seinem Körper weiter zu blockieren.

Aber sein Gewicht und sein Körperumfang waren zu gering. Er fühlte hilflos, wie man ihn beiseite schob.

»Geh, Tommy«, flüsterte er. Aber immer noch versank er nicht in Bewußtlosigkeit. Statt dessen wurde er von Schmerzen überwältigt, er sah auf und erblickte Bill Lewis, der über ihm stand und seltsamerweise zögerte.

Lewis wartete, bis die Augen des Richters ihn ansahen.

»Es tut mir leid«, sagte er. »Es sollte nicht so ausgehen.«

»Er ist draußen«, erwiderte der Richter. »Er ist in Sicherheit.«

Lewis zögerte erneut.

»Ich wollte das nicht...«, sagte er. »Ich hätte nicht...«

Richter Pearson glaubte es nicht. Er drehte den Kopf zur Seite und wartete auf den Tod.

Nach Olivias letzter, ungezielter Salve war Megan die Treppe hinaufgehastet und sah ihre Feindin in das Schlafzimmer zurückweichen. Fast im gleichen Augenblick sah sie den Rücken von Bill Lewis, der sich durch eine Türöffnung quetschte.

In diesem Augenblick wußte sie, daß sich die Tommys dort befanden. Sie wußte, daß sie dort hinein mußte. Sie wußte, daß niemand sie aufhalten durfte. Sie rannte vorwärts, an dem Schlafzimmer vorbei, sich nur am Rande der Tatsache bewußt, daß Olivia nackt und blutend zwei, drei Meter entfernt von ihr stand. Megan griff an und kreischte wie eine berserkerhafte, hysterische Walküre.

Sie warf sich in die Türöffnung zur Dachkammer, stolperte und stürzte hinein. Als sie hochsah, erblickte sie einen Meter weit entfernt Lewis, die Maschinenpistole in den Händen, starr wie ein Schuljunge, den man bei etwas Ungehörigem erwischt hat. Neben ihm auf dem Boden lag der Richter. Sie schrie und feuerte wie wild.

Die erste Kugel hob Lewis hoch und warf ihn rückwärts auf den Hosenboden. Scharlachrotes Blut breitete sich sogleich auf seiner Brust aus. Er sah Megan seltsam an, als ob sie etwas Unerwartetes getan hätte.

Sie schoß wieder, und diesmal wirbelte er herum und landete verrenkt als unförmiger Haufen in einer Ecke der Dachkammer und seine blicklosen Augen schauten auf das Loch in der Wand.

»Tommy!« rief Megan. »Tommy!«

Sie sah den Richter, der sich zu erheben versuchte und auf das Loch zeigte.

»Draußen«, ächzte er. »In Sicherheit. Wir haben's geschafft.«

»Dad!«

»Hol ihn, verdammt, hol ihn jetzt!« rief der alte Mann, und seine ersterbende Stimme war kaum noch ein Flüstern. »Laß mich! Hol den Jungen!«

Er sah Megan nicken und schloß zufrieden die Augen. Er wußte nicht, ob der Tod ihn in diesen Minuten finden oder ob er es überleben würde, aber ein unbeschreiblicher Stolz erfüllte ihn, und er atmete langsam, vorsichtig, bereit, alles, was nun kommen mochte, zu akzeptieren. Er konnte seinen Herzschlag fühlen, stetig pumpte es in seiner Brust, und er dachte: Es ist stark. Er dachte an all die Männer, die er in seiner Jugend gekannt hatte, wie sie an all den Stränden gekämpft hatten und gefallen waren. Sie würden stolz sein, dachte er. Er dachte an seine Frau: Ich hab's vollbracht, sagte er sich.

Er wartete leichten Herzens.

Olivia sah Megan an sich vorbeirennen und drückte auf den Abzug, aber die Waffe klickte sinnlos auf einen weiteren leeren Ladestreifen. Sie nahm das letzte volle Magazin vom Tisch und packte den roten Schulranzen mit dem Geld. Flüchten, dachte sie. Es ist aus. Sie machte einen vorsichtigen Schritt auf die Tür zu, dann noch einen und rannte schließlich los. Laufen! Weg hier! Kämpfe ein anderes Mal weiter. Ihre nackten Füße kamen ihr so leicht vor, als ob es Flügel wären. Sie sprang aus dem Zimmer und rannte den Gang entlang, während Megan gerade an der blockierten Dachkammertür vorbeizukommen suchte.

Olivia packte das Geländer, jagte die Treppe hinunter und wollte die Rückseite des Hauses erreichen. Sie fiel am Fuß der Treppe beinahe hin, als sie auf einem kleinen Teppich ausglitt, fing sich aber gerade noch. Sie wich den Möbelstücken aus und rannte quer durchs Haus bis zur Küche. Dort hielt sie ein, überdachte einen Augenblick lang ihre Situation und nutzte die Zeit, um ihre Waffe nachzuladen. Sie war warm, ihr ganzer Körper prickelte und brannte vor Kampfeslust. Sie schmeckte das Blut auf den Lippen, sah hinab und merkte, daß es ihr von der Wange hinunterfloß und ihre Brüste wie mit einer Kriegsbemalung verschmierte. Sie brüllte los, nicht vor Schmerz oder Wut, sondern in einer Art Triumphgeheul. Sie sah sich um, um alles ihrem Gedächtnis einzubrennen, und dachte: Goodbye! Ich löse mich von alldem. Ich bin vollkommen frei.

Sie erinnerte sich an die Kleidung, die im Wagen des Richters wartete, und dachte: Flieh jetzt. Einen Augenblick dachte sie daran, daß sie ihnen ewig im Nacken sitzen und sie quälen würde, sie niemals in Ruhe ließe, daß sie niemals unterginge, sondern immer irgendwo verborgen auf das Comeback in der Zukunft warten würde, und zwar, wann immer sie wollte. »Ihr könnt mich nicht besiegen!« brüllte sie, so laut sie konnte. »Ihr schlagt mich niemals.« Sie machte eine Pause und hoffte auf eine Antwort, aber als keine kam, packte sie ein unbändiger Zorn. Sie zögerte, starrte hinunter auf ihre neu geladene Waffe und kämpfte gegen den Drang, wieder die Treppe hinaufzurennen und weiterzukämpfen. Sie brauchte einen Augenblick, um sich zu beruhigen. Du gewinnst, indem du fliehst, sagte sie sich. Sie lachte einmal laut auf, es war ein falsches Lachen, aber sie hoffte, daß Megan es hören würde, dann stürzte sie durch die Hintertür, in einer Hand die Maschinenpistole, in der anderen den Schulranzen mit dem Geld, und dachte an die Freiheit, die vor ihr lag.

Tommy klammerte sich an die Dachkante und versuchte, auf der stark abschüssigen Oberfläche nicht das Gleichgewicht zu verlieren. Vom Frost der vergangenen Nacht war das Dach glatt, und jede Bewegung war gefährlich.

Er hörte die letzten Gewehrfeuersalven und fing an, wegzukriechen. Der kalte Wind zerrte an ihm, und er zwang sich, nicht an seinen Großvater zu denken und nicht zu zögern. Er hatte die Schreie seiner Mutter gehört und wußte, daß sie irgendwo dort war und auf ihn wartete. Er kämpfte gegen Tränen und Verwirrung, biß die Zähne zusammen und näherte sich dem Rand des Daches.

Megan kletterte über die Barrikade zurück auf den Korridor im ersten Stock und hörte Olivias höhnisch-herausfordernde Schreie aus dem Erdgeschoß. Sie konnte nur an Tommy denken, fast überwältigt von dem Verlangen, ihn zu sehen und festzuhalten. Sie rannte in ein Schlafzimmer und sah aus dem Fenster, das auf das Dach hinausging.

»Tommy!« schrie sie auf.

Sie sah ihn plötzlich, wie er am Rand des Daches hockte wie ein Vogel – als bereitete er sich vor, hinabzuspringen in die Leere.

»Tommy!« schrie sie wieder. »Ich bin hier!«

Er wandte sich um, als er ihre Stimme hörte, und schrie: »Mom!«

Megan konnte die riesige Freude in den aufleuchtenden Augen ihres Sohnes sehen. Sie rüttelte verzweifelt an dem Fensterrahmen. Das Schiebefenster war offenbar verklemmt. Dann drehte sie sich herum und sah einen Stuhl in der Ecke. Sie ergriff ihn, hob ihn hoch und schlug damit in das Glas und Holz. Dabei schrie sie immerzu aus voller Kehle: »Hier bin ich, Tommy. Hier bin ich!«

Das Glas zersplitterte nach draußen. Sie stieß die verbleibenden Scherben weg und stieg durch die Öffnung hinaus. Ihre Hände waren dutzendfach zerschnitten und bluteten reichlich, aber sie achtete nicht darauf. Keinerlei Schmerz, Verletzung oder Angst konnte die Aufwallung des Gefühls durchdringen, als sie ihren Sohn über das Dach auf sich zukrabbeln sah. Sie winkte und rief: »Hier, Tommy, hier!«, und eine ungeheure Erleichterung erfaßte sie.

Dann aber sah sie hinter ihrem Sohn Olivia. Sie stand auf dem Hof hinter dem Haus und starrte hinauf zu der kleinen Gestalt, die über das Dach krabbelte.

Furchtbare Angst packte Megan.

»Nein!« schrie sie und streckte ihre Arme nach denen ihres Sohnes aus.

Als sie durch die Hintertür hinausgesprungen war, hatte Olivia die kratzenden Geräusche von Tommys Füßen auf dem Dach gehört, die dort oben nach einem Halt suchten.

Das Geräusch hatte sie auf ihrer Flucht einhalten lassen, und neugierig hatte sie sich umgedreht. Sie hatte das Kind fast im gleichen Augenblick wie Megan entdeckt. Als sie es beobachtete, sah sie Megan den Stuhl durch das Fenster werfen und dann die Arme nach dem Kind ausstrecken.

Olivia trat ein paar Schritte weiter vom Haus zurück, um ein besseres Schußfeld zu bekommen. Sie zog den Hebel der Maschinenpistole zurück und zielte sorgfältig auf die beiden, die sich nun in einer Schußlinie befanden.

Duncan war um die Seite des Hauses herumgekrochen, und jeder Zentimeter, den er zurücklegte, erfüllte ihn mit einem brennenden Schmerz. Er fühlte sich wie ein von einem Auto verletzter Hund, der zu erschreckt und zu dumm ist, um zu begreifen, daß seine Beine zerschmettert sind, der dem Schmerz davonzulaufen versucht und jaulend sein Leben aushaucht.

Er war schon zweimal fast ohnmächtig geworden und hatte jedesmal den verführerischen Drang bekämpft, in irgendwelchen Träumen zu versinken.

Als er Tommy auf dem Dach erblickte, wollte er ihm etwas zurufen, aber seine Stimme war so leise, daß man ihn nicht hören konnte. Er schleppte sich weiter, und schließlich gelang es ihm zu schreien: »Tommy! Ich bin hier!« Seine Stimme klang kräftig und zuversichtlich, und das wunderte ihn. Er spürte einen neuen Ansporn, eine frische Kraft trieb ihn vorwärts, schwankend, aber unbeirrbar.

Und dann hatte auch er Olivia entdeckt.

Er erstarrte, als er sie erblickte, denn gerade hob sie ihre Waffe, und er wußte, was geschehen würde. Er schrie los: »Nein! Nein!« und hob gleichzeitig sein Gewehr. Er feuerte in seiner Panik dorthin, wo sie stand, er feuerte und schrie, und seine Augen waren fast geschlossen vor Schmerz und Entsetzen.

Gerade als Olivia auf den Abzug drücken wollte, pfiff die erste von Duncans schlechtgezielten Kugeln über ihren Kopf hinweg, und die zweite jaulte nur Zentimeter an ihrer Nase vorbei.

Einen Augenblick dachte sie, sie wäre getroffen, und stolperte nach hinten, fing sich aber gerade noch, bevor sie am Boden landete. Ungewollt löste sich dabei eine Salve, die sinnlos in den Himmel hochjagte. Sie brüllte los vor Angst und Wut, wirbelte herum und wandte sich ihm zu. Sie sah ihn ausgestreckt am Boden liegen, auf dem Bauch, zum Teil noch hinter der Hausecke verborgen, ein schlechtes Ziel. Sie konnte die Mündung seines Gewehrs aufblitzen sehen. Noch ein wilder Schuß zerriß die Luft direkt über ihrem Kopf.

Olivia feuerte auf Duncan und sprühte Kugeln dorthin, wo er sich befand, bis die Maschinenpistole leer klickte. Sie warf sie beiseite und griff wütend in ihren roten Ranzen. Sie riß ihn auf und griff nach der Pistole, die auf den Geldscheinen lag. Sie sah, daß die meisten Schüsse, die sie auf Duncan abgefeuert hatte, in die Hauswand über seinem Kopf gefahren waren, und fluchte vor Verzweiflung. Dann drehte sie sich zurück, suchte das Dach ab und sah, daß Megan Tommys Hand ergriffen hatte. Einen Augenblick lang, während sie zögerte, schienen die beiden sich im Zeitlupentempo zu bewegen. Dann, als sie zielen und feuern wollte, begannen sie sich plötzlich blitzschnell ins Haus zurückzuziehen, und bevor sie handeln konnte, hatte Megan das Kind vom Dach durchs Fenster gezogen, und sie sah nur noch einen Augenblick lang seine Füße in der Luft strampeln wie bei einem Schwimmer, der gerade in ein Becken hinabtaucht und dann ganz verschwindet.

Sie fühlte eine jähe Leere in sich und drehte sich wieder zu Duncan um.

Er muß wohl tot sein, dachte sie. Sie duckte sich und machte einen Schritt auf ihn zu. Aber dann sah sie die Gewehrmündung wieder hochgehen und sie direkt anstarren. Sie ließ sich fallen, und ein weiterer Schuß krachte an ihr vorbei.

Megan zog Tommy mit ihrer allerletzten Kraft zu sich herüber und stöhnte laut vor Anstrengung, dann fielen die beiden zurück ins Haus und landeten auf dem Fußboden. Megan rollte herum, um seinen Körper zu bedecken und ihn vor irgendwelchen letzten Schüssen zu beschützen. Sie hörte ihn ächzen, und nach ein paar Sekunden stieß er sie von sich hinunter. Sie setzten sich auf, und sie zog ihn an sich. Sie merkte, daß sie schluchzend seinen Namen sagte, und sie umarmte ihn und drückte ihn an sich, während Wellen der Freude und Erleichterung sie durchdrangen. Einen Augenblick später spürte sie seine Tränen auf ihrem Gesicht, aber er schob sie etwas von sich. Sie nahm sein Gesicht zwischen ihre Hände und wußte nicht, was sie sagen sollte, so sehr zitterten ihre Lippen vor Glück.

Er wischte sich die Tränen aus den Augen, mit einemmal ein tapferer kleiner Krieger. »Komm, Mom, es ist schon alles gut.« Sie nickte dankbar.

Duncan hatte Tommy durchs Fenster in die Arme seiner Mutter fallen sehen und fühlte, wie ein wildes, großes Glücksgefühl alle Schmerzen, die in ihm waren, beiseite schob. Wir haben es geschafft, dachte er. Oh, mein Gott, es ist vollbracht.

Dann sah er Olivia dastehen. Er bemerkte, daß sie die eine Waffe weggeworfen hatte und nun eine andere in der Hand hielt. Er gab noch einen Schuß in ihre Richtung ab und sah, wie sie sich umdrehte und weglief. Einen Moment blickte er ihr nach.

Er holte tief Luft und versuchte, das Gewehr ein letztes Mal auf sie zu richten. Einen Augenblick lang tanzte Olivias nackter Rücken direkt in seinem Visier auf und ab, und er drückte auf den Abzug. Aber kein Schuß fiel. Auch er hatte seine Munition verfeuert.

Es spielt keine Rolle, dachte er. Wir haben es geschafft. Wir sind am Leben, und wir haben es geschafft.

Er rollte sich zurück, versuchte seinen Oberkörper aufzurichten und sich gegen die Hauswand zu lehnen. Er atmete tief ein, zwang sich auf die Füße und ignorierte die Schmerzen, die in ihm wieder lebendig zu werden schienen. Dann hob er den Arm, um seiner Frau zuzuwinken und ihr zu zeigen, daß er okay war, was, wie er wußte, nicht stimmte. Er starrte hinab auf seine blutigen Beine. Die kann man wieder hinkriegen, dachte er. Alles, was gebrochen ist, kann man wieder hinkriegen. Er schloß die Augen und legte den Kopf hin, um auszuruhen. Er dachte nicht über die Bank nach oder das Geld oder die Vergangenheit oder die Zukunft. Er fühlte eine ausgeglichene Leere in sich. Er wollte schlafen, denn es war ihm nicht bewußt, in welche Richtung Olivia sich bewegte.

Olivia rannte. Nackt, blutig, mit wehendem Haar rannte sie von der Rückseite des Farmhauses den Abhang hinunter und dann über das langgestreckte, abschüssige Feld auf den Waldrand zu. Ihre Beine verschlangen den Boden, und ihre Arme schwangen vorwärts und rückwärts in schnellem, gleichmäßigem Tempo wie bei einem Sprinter, der sich der Zielgeraden nähert. Unter ihren nackten Füßen spritzte der Rauhreif auf, während sie gegen die Kälte und den Tagesanbruch anrannte, um die dunklen Schatten der Bäume zu erreichen, die sie verbergen und ihr die Flucht erlauben würden. Sie hielt die Pistole mit der einen, den roten Ranzen mit dem Geld mit der anderen Hand umklammert. Sie riß den Mund auf, um in tiefen Atemzügen die eisige Luft zu trinken, und eine wilde Kraft erfüllte sie: Ich bin frei, schrie sie sich zu. Als der Wind an ihr vorbeiwehte, sah sie sich im Wagen, auf dem Flugplatz, im Flugzeug, das nach Süden flog, für immer aller Fesseln ledig. Sie überließ sich dem Gefühl des Trotzes und des Erfolgs, stürmte mit großen, weiten Schritten immer schneller den Hügel hinab der Sicherheit entgegen, und das klatschende Geräusch ihrer nackten Füße auf dem Boden stieg zum grauen Morgenhimmel auf.

Karen und Lauren hatten Tommy auf dem Dach herumtanzen und sich abmühen sehen, hatten gesehen, wie Olivia auf ihn anlegte und wie man ihren Bruder ins Haus hineinzog. Sie hatten einmal vorwärtsstürmen wollen, waren dann aber doch in die Deckung der Steinhaufen zurückgewichen. Sie sahen, wie Olivia ihren Vater mit der Maschinenpistole beschoß, hatten nach Luft geschnappt und wütend voller Angst losgeschrien. Aber sie hatten auch gesehen, daß sie ihn nicht getroffen hatte, und als sie Olivia wenden und auf sie zurennen sahen, beobachteten sie, wie ihr Vater einen Arm hob und zu dem Fenster hinaufwinkte, wo Tommy und ihre Mutter waren.

Ihre eigenen Rufe und Schreie hatten sich im Schatten des Waldes und dem hartnäckigen Gewehrfeuer verloren, das vom Haus herübergehallt war.

Sie waren verwirrt, sie hatten Angst und weinten.

»Was tun wir jetzt?« schrie Lauren mit gellender Stimme, als sie Olivia direkt auf die Stelle zufliegen sah, an der sie sich versteckt hatten. Sie sahen die blutigen Rinnsale auf ihrem nackten Körper, sie kam ihnen wie ein Wesen halb Mensch, halb Dämon vor, das entschlossen war, sie anzugreifen.

»Ich weiß nicht!« kreischte Karen.

Dann, im selben Augenblick, wußten sie es beide doch.

Sie erhoben sich zusammen, ihre Waffen im Anschlag, und zielten ganz ruhig, genau wie ihre Eltern es ihnen beigebracht hatten.

Olivia sah die beiden Mädchen vor sich aus dem Boden wachsen wie eine Erscheinung.

Es verwirrte sie einen Augenblick, aber sie verlangsamte ihren Ansturm auf die Zwillinge nicht. Sie hob ihren Revolver und zielte auf sie. Was ist das? fragte sie sich irritiert. Das kann nicht sein. Das darf einfach nicht sein. Ich bin frei. In Sicherheit. Sie versuchte sich zu konzentrieren, langsamer zu laufen, genau zu zielen und so ihr Leben zu retten, aber ihr eigener Schwung stieß sie unerbittlich vorwärts.

Karen und Lauren sagten nichts, aber sie fühlten beide dasselbe. Wortlos feuerten sie gemeinsam; zwei laute Schüsse hallten durch die stille Luft des plötzlich hereingebrochenen Winters und schlossen für immer die Tür zu ihrer Kindheit, ihrer kindlichen Unschuld und den naiven Träumen der Jugend.

Der doppelte Schlag hob Olivia Barrow hoch und warf sie zurück auf den kalten Boden. Der Ranzen mit dem zweimal geraubten Geld wurde ihr von der Gewalt der Schüsse aus der Hand gerissen, beiseite geschleudert und flog durch die Luft. Sie spürte, daß ihr wie von einer mächtigen Kraft die Waffe aus der Faust geschlagen wurde. Sie konnte den Himmel über sich sehen, wie er schwindelerregend zu wirbeln begann, und sie konnte ihren Atem in ihrer zerschossenen Brust rasseln hören. Die Kälte des Bodens schien in sie einzudringen und sie einzuhüllen wie eine unerwünschte Umarmung. Es fröstelte sie tief in ihrem Innern. Sie erinnerte sich an die Augen ihrer Geliebten aus einer anderen Zeit, als Emily von der staubigen Straße sterbend zu ihr aufgeblickt hatte. Aber es ist alles falsch, dachte sie. Alles falsch. Nein, ich habe es geschafft. Ich bin frei.
 Dann schwand ihr endgültig das Bewußtsein, und sie war tot.

Die beiden Schüsse aus den Waffen der Zwillinge drangen durch die eisige Luft an Tommys Ohren und schreckten ihn aus der Umarmung seiner Mutter hoch. Er sprang durchs Zimmer zum Fenster hin, starrte über die Splitter der zertrümmerten Scheibe hinweg, über das Dach und über das Feld hinunter auf den Wald. Einen Augenblick lang hatte er Mühe, seine Schwestern zu erkennen; ihre Tarnanzüge verschmolzen mit den Braun- und Grautönen des Waldrands. Aber dann sah er sie; sie standen beide stockstill, wie erfroren im Morgenlicht. Während er noch schaute, wurden sie lebendig und kamen aus dem Wald heraus. Wie ein erschrockenes Paar Rehe rannten sie über das Feld und stürmten zum Haus hinauf. Tommy konnte sehen, daß keine der beiden den hingestreckten Körper ansah, als sie daran vorbeiliefen.

Hinter sich hörte er seine Mutter durch den Schutt und die Trümmer im Zimmer krabbeln. Sie redete mit sich selbst. »Verdammt, wo ist das Telefon? Wo ist bloß das Telefon?« Es war ein harter Klang in ihrer Stimme, den er noch nie gehört hatte. »Tommy! Wo ist ein Telefon?« schrie sie los. Er sah nur einen Augenblick vom Fenster weg und bemerkte, daß sie das Telefon in einer Ecke unter einem Nachttisch entdeckt hatte. Sie wählte eilig eine Nummer.

Er kehrte zum Fenster zurück und sah, wie Karen und Lauren zum Haus heraufgestürmt kamen und ihren Vater umarmten. Tommy beugte sich hinaus und winkte, aber er sagte nichts. Sie sahen ihn nicht, aber das war ihm gleich, statt dessen kam ein großes, wildes Gefühl in ihm auf, das er nicht in Worte fassen konnte, aber das sein Inneres völlig veränderte, wie ein elektrischer Strom, der ihn hochhob und ihn an das Gefühl erinnerte, das er am Weihnachtsmorgen hatte, wenn er den Schlaf abschüttelte und aus dem Bett sprang. Er konnte die Zwillinge sehen, wie sie Vaters Arme um sich legten und ihm halfen, zum Haus zu gehen. Da wollte er zu ihnen laufen und mithelfen.

Seine Mutter hatte inzwischen die Nummer zu Ende gewählt, und er hörte sie eine Adresse angeben und sagen: »Bitte, schicken Sie augenblicklich Hilfe her. Krankenwagen. Schußwunden. Bitte, beeilen Sie sich.« Ihre Stimme klang verstört.

Bei diesen Worten drang etwas Dunkles und Schreckliches in sein Herz. Eine Sekunde lang fühlte er die ganze Wärme und Freude von sich wegfließen, und eine schwindelerregende Dunkelheit überkam ihn. Er japste nach Luft, wandte sich jäh vom Fenster ab und rannte an seiner Mutter vorbei, während sie weiter in das Telefon sprach und ihre Bitte um Hilfe wiederholte. Als er vorbeirannte, streckte sie die Hand nach ihm aus, dann zog sie sie zurück und ließ ihn laufen. »Bitte, beeilen Sie sich«, hörte er sie sagen, aber dann jagte er den Korridor hinunter, zurück zu der Dachkammer, in der man ihn gefangengehalten hatte. Er wand sich an den Trümmern vorbei und stieß den Wirrwarr des Bettzeugs beiseite, der in der Türöffnung lag. Dann sprang er, immer zwei Stufen auf einmal nehmend, die Treppe hinauf und dachte an nichts als an die Angst, die ihn bedrückte.

Der Richter hatte den Oberkörper aufgerichtet und saß mit dem Rücken an eine Wand gelehnt da. Aber seine Augen waren geschlossen, und sein Atem war flach und mühevoll. Der Junge schnappte nach Luft, als er die Wunden des alten Mannes sah. Er wollte sich auf seinen Großvater werfen, aber er hatte Angst, daß er den alten Mann dann irgendwie noch mehr verletzen könnte. Einen Augenblick lang stand er unentschlossen neben der regungslosen Gestalt. Dann ließ sich der Junge vorsichtig neben seinem Großvater auf die Knie nieder. Er hatte Angst, ihn zu berühren, Angst, es nicht zu tun. Die Augenlider des Richters flatterten, als er seinen Enkel neben sich spürte.

»Großvater?«

»Ich bin hier, Tommy.«

Tommy holte tief Luft, um seine Angst zu beherrschen.

»Bitte, stirb nicht. Mom hat Hilfe angerufen, und sie sind bald hier. Du schaffst es.«

Richter Pearson antwortete zuerst nicht, aber als er es tat, schien seine Stimme weit entfernt. »Ja«, sagte der alte Mann, »wir haben es geschafft, nicht wahr?«

»Ja.«

»Sie alle —«

»Dad ist verletzt, aber er kann gehen. Mom ist okay. Karen und Lauren sind auch hier, und sie sind okay.«

»Und?«

Tommy antwortete nicht.

»Gut«, sagte der alte Mann. »Deine Mom hat den da erwischt, sonst hätte der mich bestimmt umgelegt.« Tommy folgte dem Blick des Richters und entdeckte Bill Lewis' verrenkten Körper in einer Ecke. Der Junge wandte sich schnell von ihm ab. »Ist gut so«, sagte der Richter. »Ließ sich nicht vermeiden.« Nach einer Sekunde fügte er hinzu: »Nun, wir haben's geschafft. Ich habe dir gesagt, daß wir es schaffen würden, und das haben wir.« Diesmal wirkte die Stimme des alten Mannes fester, und Tommy platzte eilig heraus:

»Du wirst nicht sterben, Großvater?«

Richter Pearson antwortete nicht. Tommy konnte sehen, wie die Augen des alten Mannes sich wieder schlossen.

»Bitte mach deine Augen auf, Großvater«, sagte er. Er wußte, daß ihm die Tränen aus den eigenen Augen flossen, und er wischte sie weg, ohne darüber nachzudenken. Er redete ein bißchen lauter und sagte im Befehlston: »Mach die Augen auf. Bitte.«

Der alte Mann blinzelte und sah seinen Enkel an.

»Ich wollte mich gerade ausruhen«, sagte er. »Bitte. Rede einfach weiter mit mir.

Ich bin ein harter Kerl«, sagte er, als redete er mit Geistern. »Viel härter, als sie gedacht haben.«

Tommy lächelte.

»Ich lasse dich nicht sterben, Großvater. Erinnerst du dich an das Rätsel mit den drei Beinen? Erinnerst du dich? Du hast gesagt, ich sollte daran denken, wenn ich Angst hätte, und es würde uns helfen wie ein Glücksbringer. Ich tue das jetzt. Vier Beine, zwei Beine, drei Beine, Großvater. Ich lasse dich nicht sterben.«

Der alte Mann schloß wieder die Augen, und Tommy beugte sich vor und sagte: »Großvater! Antworte auf das Rätsel. Wer ist das?«

Richter Pearson schien zu erwachen. Er räusperte sich, lächelte etwas und antwortete: »Der Mensch.«

Tommy streckte den Arm aus und nahm die Hand des Richters. Für nur einen Augenblick spürte der alte Mann, wie die ganze Jugend und Zukunft des Kindes durch seine eigenen Adern floß, als sögen all seine Wunden Kraft aus der unerschöpflichen Vitalität des Jungen. Sie lief durch ihn hindurch, und er empfand eine große innere Befriedigung.

»Ich lasse dich nicht!« wiederholte der Junge wütend.

»Ich weiß«, erwiderte der alte Mann.

»Wirklich. Ich sage das nicht nur so. Ich lasse dich nicht.«

»Ich weiß.«

Sie waren einen Augenblick still.

»Ich bin müde«, sagte der Richter. »Ich bin sehr, sehr müde. Drei Beine.« Tommy drückte seine Hand, und er beantwortete den Druck mit einem Gegendruck.

Dann warteten sie Hand in Hand zusammen, so wie sie die ganze Woche hindurch gewartet hatten, auf das, was nun geschehen würde.